萬里江山入畫圖迤邐徑西蜀引東
吳屏藩形勝今猶昔煙雨澄濛
有苕菁晨唱霞歌開巨艦暮授
野店問前途初陽迎曙千峯
見怠浪飛花片月孤白古殊方
連越嶺從來遠俗帶巴渝重
重筧利高僧隱處，鵲亭停客
酣地氣溫燕雲夢泽天光例入
洞庭湘魻門鳥道曠能包亚峽
稀聲若可呼聲檣中漾室归棹
攬鞍肯向謗長呼御風我欲赵起若
境挽作鋼波一約徒

鸣沙

014

居乡怀国

南宋乡居士人刘宰的家国理念与实践

Living Locally, Thinking Nationally

The Life and Ideals of Liu Zai,
a Local Literatus of the Southern Song

黄宽重 著

社会科学文献出版社
SOCIAL SCIENCES ACADEMIC PRESS (CHINA)

序

　　黄寛重教授は中国古今の文献学に精通して国際的に令名の
高い碩学である。教授は中央研究院歴史語言研究所所長および
台湾大学史学系教授の要職を歴任し、史語所所長の任内に中央
研究院が収蔵する世界有数の貴重漢籍を数字化資料庫として構
築し内外の研究者の検索の便に提供するという一大事業を推進し、
日本においても稀観資料の検索、閲読に絶大の裨益に浴してい
る。教授は唐末、五代、南北宋において科挙と文治政策とが生み
出した士大夫階層が発揮した政治文化が、二千年余の中国官僚制
国家及び社会の中国的特質を前後期に二分する大きな変革をもた
らしたことに特別に関心を払い、北宋、南宋にわたる政治史、官
制史の基本構造、民間軍事力も合わせた軍事史の諸問題を緻密
かつ明晰に解明した。さらに教授は視野を一層広め、郷居の〈郷
紳〉階層の登場と社会貢献に着目し、その具体的事例として南宋

末鎮江の貧困な学者の家に育ち、官は県令に止まるが、持病で退官しても広く官民から郷賢と目された劉宰を取り上げ、同郷、同年（進士）、道学の同門、姻戚、同僚などの機縁で築いた人脈を介する盟友関係を背景として、民生の安定または行政の不備を補うべく、義田、義荘、施粥、賑災、疏浚、祠廟の建設と賜額、義学、学校の設置、学田の設置など多方面な義行を実践し、他方、南宋末の国難に際しては天子および上級の朝臣の求めに応じて政見を開陳した。南宋においては、科挙の受験定員は広がる一方で、官員のポストは限りがあって、科挙を通過しても入仕を郷里で待機する〈郷居の士人〉は多数いた。劉宰も、病身の故もあるが、〈郷居の士人〉に属する。彼には道学の師から学んだ儒教的経世致用の理想があった。ただし、郷紳の身として、その実践の範囲は地方の民生の改善を対象とし、いわゆる〈儒教の地方化〉の一例である。

　　ここで思い起こされるのは〈義〉の用法である。宋の洪邁の《容斎随筆》に〈義〉を説いて、「衆と之を共にするを〈義〉と曰う」とあり、公共の行為を義と言った。南北朝時代に仏教の義邑、社會という組織は福祉の団体であった。また同じく南北朝のあたりから〈義利の辨〉という用法が記録され、その昔は〈利〉は欲望の所産として儒家も道家も排斥していて、儒家は〈名〉の対極に〈利〉を置いていたが、〈義〉のための〈利〉は容認されるという風に、解釈が変わった。隋が大運河を開いて交通と流通が改良された機に、Adam Smith のいう Smithian Dynamics つまり分業化と特産化（商業化と都市化）の道が開け、商業と都市が起こり、社会上下の生活は競合的となり、資産は貧富に別れ、〈養生の道〉すなわち生存の保障は貧者、富者を問わず容易ではなくなった。

　　以上、黄教授の近著《居郷懐国：南宋郷居士人劉宰的家国理念與実践》は、宋代にはじまり、明代、清代へとさらに拡充していく〈郷紳〉層が、官民両階層を中間で媒介する社会の領袖・指導層として果たした機能を解く関鑰となるという重要な中国社会史上の論題に厳密な実証的方法を駆使して挑み具体的映像を描出した本格的な研究である。劉宰の活動を語る資料は、《宋史本傳》にはじまり、劉宰の撰した《漫塘集》、《京口耆舊傳》、《嘉定鎮江志》、その続《至順鎮江志》に収まる総計 300 数十件に達する書信、書啓を枢軸の資料に置き、補助資料として多くの伝記、墓誌、婚啓、劄子、奏劄などを取り上げ、而も各書信の授受の事情の解説を付した、いってみれば、〈郷紳劉宰の伝記研究〉の〈長編〉と称すべき一大実証的郷紳研究に結実している。近年、中国史研究の関心は政治史、制度史、法制史から、むしろ社会史、そして全体史の構造と変遷に移ってきたことは心強いことである。ただし、直接資料の伝存は限られ、また宋代は戦乱の影響があって資料の伝世自体が数量的に乏しいと言う隘路がある。新規の研究の開拓には資料知識の深い理解と方法の進展が望まれる。黄教授の近著は、この意味で唐宋変革の研究者、また郷紳問題研究者の必読の必携書として参考に供されるべきである。ここに一文を草して江湖に閲読を推薦する次第である。

　　　　　　　　　　　　　　　　　2023 年 8 月 17 日
　　　　　　　日本　東洋文庫文庫長　斯波義信識

* * *

　　黄宽重教授是一位于中国古今文献学领域造诣深厚并享有国际声誉的知名学者。黄教授历任中研院历史语言研究所所长及台湾清华大学历史研究所教授兼所长等要职。在担任历史语言研究所所长期间，黄教授推动了一项重大事业，将中研院典藏的世界顶级珍贵汉籍数字化，建成数据库（即"汉籍电子文献数据库"），供研究者检索使用，在寻找和阅读罕见资料方面为日本的研究者提供了莫大的帮助。黄教授长期关注唐末、五代、南北宋时期科举和文治政策在政治文化层面对士大夫阶层所产生的影响，对两千年来中国官僚制下国家和社会的特色在前后期所产生的重大变革也有浓厚的兴趣。在此基础上，黄教授在北宋、南宋时期的政治史、官制史的基本结构，以及包括民间军事力在内的军事史等各种问题上都做出了细致而清晰的研究成果。近年来，黄教授进一步拓展视野，以南宋末年镇江的刘宰为例，关注乡里中"乡绅"阶层的出现及其社会贡献。刘宰出身于贫困的书香世家，官位仅止于县令，他虽因长期的病痛而辞官，却被乡里视为乡贤。黄教授注意到，辞官后的刘宰通过同乡、同年（进士）、道学同门、姻亲、同僚等人际网络形成的盟友关系，能在民生与地方行政有所不足的时候加以补足。刘宰力行多方面的善举，如设置义田、义庄，施粥，赈灾，疏浚，建设祠庙，赐额，设立义学、学校，设置学田等。同时，在南宋最后遭逢国难的时刻，他也应皇帝和朝臣的要求，提出了自己对朝政的看法。南宋时期虽然科举考试的名额大幅增加，但官员的职位却很有限，这导致许多读书人即使通过了科举，也只能在乡里等待职缺，成为"乡居士人"。刘宰虽然因为病痛而乡居，但理论上还是属于"乡居士人"。他遵从道学治国安邦的儒家理念，作为一个乡绅，他把这个理想在地方转化为实践，用以改善民生，可以说是"儒教地方化"的一个例子。

在此我想到关于"义"一词的用法。宋代洪迈在《容斋随笔》中提到"与众共之曰义"，也就是公共行为可以称为义。南北朝时期，佛教出现以"义邑""义社"为名的慈善组织，也就在这个时候，出现关于"义利之辨"的记载。过去"利"被儒家和道家视为欲望的产物而加以排斥，儒家原亦将"利"与"名"视为两极，但后来解释出现了一些变化，开始认为可以为了"义"而容许"利"。隋代开凿大运河改善交通与流通，开启了亚当·斯密（Adam Smith，1723~1790）所谓的"斯密动力"（Smithian Dynamics），即专业分工和专业生产（商业化和城市化）之路，商业和城市的兴起，造成社会上下阶层的生活变动频繁，资产有了贫富的差异。"养生之道"，也就是关于生存的保障，不论对贫还是对富而言，都变得不再容易。

黄宽重教授的近著《居乡怀国：南宋乡居士人刘宰的家国理念与实践》是一部运用严谨的实证方法，具体描绘出宋代以至明清"乡绅"如何以社会领袖的角色，作为官、民两个阶层的中间媒介，为社会史研究提供了一个坚实的研究基础的著作。关于刘宰的活动记载见于《宋史·刘宰传》，其他资料包括刘宰撰写的《漫塘集》《京口耆旧传》《嘉定镇江志》，及其后的《至顺镇江志》等，总共有300多封书信、书启等。黄教授以这些资料为核心，辅以多个传记、墓志、婚启、札子、奏札等补充资料，并针对每封书信的收信背景加以解说。可以说，这是一部关于"乡绅刘宰传记研究"的长篇实证性的研究成果。近年来，中国历史研究的关注点已从政治史、制度史、法制史逐渐转向社会史和整体史的结构和变迁，相当令人期待。然而，囿于直接资料存世有限，加上宋代受战乱影响，资料的保存本身也存在匮乏。新研究领域的开拓有赖于更深度地理解史料及研究方法的推进。从这个角度来看，黄教授的近著可以说给研究唐宋变革和乡绅问题的学者提供了一个不可不读的重要参考。在此草成此文，以荐诸史学同好。

2023 年 8 月 17 日

日本　东洋文库文库长　斯波义信识

（山口智哉　译）

目 录

图表目录

Contents

Contents of Figures and Tables

导　言

　　宋宁宗嘉定二年（1209）春，镇江金坛人（今属江苏省常州市）刘宰（1165~1239）以颜面致病为由，辞官归乡。这年他四十四岁，在绍兴出任浙东常平司幕僚职。此职是刘宰父丧除服之后，因岳父梁季珌提携，首次离开久任的沿淮边区州县幕职官，到京城附近任职。对大多数进士及第、追求仕进的南宋士人而言，能够到近临安之地任职，是扩展人脉、争取晋升的绝佳契机。特别是南宋官多缺少，无论是服丧或任满，官员往往需要等候多年，才能有机会获得新的职缺。从这个角度看，相较于多数出身寒门、艰辛争取仕进的士人，刘宰显然较为幸运。不过，就在同一年，南宋对金战局遽变，朝廷中枢换血，甫跻身侍从的岳父骤然离世。在此仕途不明朗之际，刘宰决定远离尘嚣，回归乡里，选择走向迥异于众多南宋士人官僚的人生道路。当此风华之年，刘宰为何作此抉择，着实耐人寻味；他如何安顿尔后漫长的退休生涯，更值得深入探讨。

通过士人重新理解宋代，是我长年致力研究的重要议题。我自 1993 年开始关注在宋代科举社会中成长茁壮的士人家族。首先，锁定南宋政治、社会、文化方面具有影响力的若干富盛家族，探究在宋代社会流动因科举而强化的背景下，这些家族的成长、兴衰，及其所反映的地域社会文化特色。① 之后，又从不同面向探讨士人群体推动、参与的各项社会与文艺活动。② 在研究过程中，我发现大家族固然是影响宋代的主要群体，但绝大多数在科举社会挣扎的一般士人，乃至通过科举、取得功名后，仍在州县任职、浮沉宦海的众多基层士人官僚，也是南宋政治社会发展中不可忽视的角色。然而，学界长期以来多关注高官名儒的事迹或学术成就，视之为时代的总体展现，相较之下，基层士人群体则多乏人问津。

为扩展研究视野，探索不同阶层士人的成长轨迹与人生历程、时代角色、生活样态，我决定将研究焦点转移到中低阶士人官僚，期待对宋代历史发展有更多样的认识。

首先，我选择出身寒门，勠力兼顾学宦的绍兴士人孙应时，以及与他成长背景相似的道学学友为研究对象，试图探讨这群投身举业的士人受教、成长之过程，以及中举后为了争取仕进而经历的各种生涯试炼。③ 孙应时和他的学友学习成长期间，正值宋孝宗到宁宗的南宋中期。当时，道学大儒并起，各自引领风骚，

① 黄宽重：《宋代的家族与社会》，台北：东大图书，2006。

② 黄宽重：《艺文中的政治：南宋士大夫的文化活动与人际关系》，台北：台湾商务印书馆，2019。

③ 黄宽重：《孙应时的学宦生涯：道学追随者对南宋中期政局变动的因应》，台北：台大出版中心，2018。

并吸引众多既追求仕进，亦欲领略道学理念的士人成为门徒，开启道学竞合的历程。此际，宋朝内外面临诸多挑战，也使这些标榜强化内在修为、精进内圣功夫的道学名儒，关注时局国政的发展，致力得君行道的外王事业。这些名儒遂集结门徒，形成群体，标举教化理念，批评掌政近习，试图影响君王、扭转政局。如此一来，一连串政治冲突于焉发生。[①]

宁宗继位之后，道学与执政之间的冲突加剧，进而引发整肃道学的"庆元党禁"，[②] 这一政治情势的骤变，让原本追求学宦兼容的道学门徒，顿时面临学术理念与仕宦现实难以兼顾的严肃挑战。处于严峻的政治风暴下，这群道学门徒在因应骤变的环境及维持师门关系时，将承受巨大考验。我所关注的，正是长期以来鲜获学界重视的道学追随者，在政治环境变动时的遭遇及其生涯转折的历程，并由此观察南宋政治与社会发展动向。

在探究以孙应时为主的士人群体之后，我选定另一位基层士人官僚刘宰为研究对象。以刘宰为题，源于早年刘子健教授的启发。1985 年，我获刘教授推荐，到普林斯顿大学东亚系进修一年，有缘亲炙教诲，并拜读 1979 年他在《北京大学学报》所发表的《刘宰和赈饥》一文。该文揭示了刘宰乡居期间进行的三

---

① 余英时：《朱熹的历史世界：宋代士大夫政治文化的研究》，台北：允晨文化，2003。

② 学界对这一议题的研究，成果丰硕，包括黄俊彦《韩侂胄与南宋中期的政局变动》，硕士学位论文，台湾师范大学，1976；谢康伦（Conrad Schirokauer）著，何冠环译《论伪学之禁》，收录于海格尔（John Winthrop Haeger）编，陶晋生等译《宋史论文选集》，台北："国立编译馆"，1995，第 159~200 页；程志华《学术与政治：南宋庆元党禁之研究》，硕士学位论文，台湾清华大学，1996；高纪春《道学与南宋中期政治——庆元党禁探源》，博士学位论文，河北大学，2001；蔡涵墨（Charles Hartman）《历史的严妆：解读道学阴影下的南宋史学》，中华书局，2016；李超《南宋宁宗朝前期政治研究》，上海古籍出版社，2019。以上是近年就此议题对伪学逆党籍问题提出新见的著作。

次大规模设粥局救助乡亲壮举，其中第二次就食者最多，达每日一万五千多人，是当时世界上少见的私人救济事业。[1] 这篇论文受到日本学界高度推崇，曾译成日文，开拓了我的研究视野。拜读之后，我立志深入探讨南宋士人与政治社会关系的议题。起初，限于学力，乃先由讨论士人家族的相关议题入手，才逐渐转向基层士人。到开始投入孙应时专题后，自觉对南宋中期的政治与社会变迁有更深入的认识，资料掌握也较充分，因见学界仍未对刘宰议题有进一步讨论，于是在刘子健教授研究基础上，着手撰写《刘宰的人际关系与社会关怀》（「劉宰の人間関係と社会への関心」）一文，补充刘教授观点，进而开启本书有关刘宰的研究。[2]

刘宰与孙应时等人的成长时代相近，也同样追求仕进。不同的是，刘宰在仕途顺遂时，却毅然辞官归乡。在乡居的漫长岁月中，他又与绝大多数远离官场的退休官员不同，选择积极凝聚乡亲，致力乡里建设，并向官府反映民意，乃至关切国政发展。像刘宰这样远离权位却心系家国的士人，引起了我的关注，意欲探究其缘由。投入刘宰研究后，我更注意到除了刘宰的个人理念，他的家乡镇江也值得深入探究。因此，我不仅试着从我和学界同道以往未曾措意的议题——南宋中晚期镇江的地理环境与面临的挑战入手，以期对刘宰的人生、作为，乃至南宋军政与社会的变化，有更深切的认识与理解；同时另辟蹊径，着力于刘宰退休后，如何以具体行动组

---

[1] 刘子健：《刘宰和赈饥》，收入氏著《两宋史研究汇编》，台北：联经出版事业公司，1987，第307~357页。

[2] 黄宽重著、山口智哉訳「劉宰の人間関係と社会への関心」宋代史研究会編『宋代史研究会研究報告（10）中国伝統社会への視角』東京：汲古書院、2015、151~189頁。

织、凝聚乡亲，共同推动泽及乡里的慈善活动与公益事业，以及评议国政、提供说论，开启兼具家国情怀意义的生命历程。

在南宋，士人官僚退居乡里后的生涯发展各异、类型多样。由于中举入仕的人数多于官职，宋廷设计出一套严谨又复杂的选官举荐制度，[①] 加上政治环境变动频繁，故官员因待阙甚或遭到罢黜而退居乡里的比例甚高。遭遇此类情况，官员多谋求复职再任，孙应时就是一个很好的例子。至于引年致仕或以各种理由乞辞回归乡里的官员，若身心健康，仍过着多彩的退休生活，活动类型相当多元。与同好诗词唱和，组成真率会、五老会及诗社等，以文会友，颐养天年，如周必大、范成大等人。部分关心乡里社会的致仕官员，则组成群体，除怡情养性之外，亦致力地方建设及慈善公益活动，如四明史浩、汪大猷、沈焕、楼钥等人，成立乡曲义庄、致力地方公益并教育乡里，培养后进人才，为乡里争辉。[②] 这些高官显宦，即使到晚年，在乡里仍发挥影响力。此外，部分因政争或政见不同而辞罢的官员，则过着低调的生活，如陆游、王厚之；[③] 更有以病请辞或致仕之后力辞朝廷征召

---

① 参见邓小南《宋代文官选任制度诸层面（修订本）》，中华书局，2021；胡坤《宋代荐举改官研究》，上海古籍出版社，2019。王瑞来《金榜题名后："破白"与"合尖"——宋元变革论实证研究举隅之一》，收入氏著《近世中国——从唐宋变革到宋元变革》，山西教育出版社，2015，第215~234页。

② 周扬波：《宋代士绅结社研究》，中华书局，2008，第66~69、95~127页；梁庚尧：《家族合作、社会声望与地方公益：宋元四明乡曲义田的起源与演变》，收入中研院历史语言研究所出版品委员会主编《中国近世家族与社会学术研讨会论文集》，台北：中研院历史语言研究所，1998，第231~237页；黄宽重：《宋代的家族与社会》第二篇《四明家族群像》，第67~200页。

③ 陆游之例，参见包伟民《陆游的乡村世界》，社会科学文献出版社，2020；于北山《陆游年谱》，上海古籍出版社，1985。王厚之之例，参见黄宽重《南宋中期士人的〈兰亭序〉品题》，收入氏著《艺文中的政治：南宋士大夫的文化活动与人际关系》，第223~268页。

者，如崔与之。[①] 这些官员，虽然辞罢官职后的生活样态各具特色，但其主旋律是从华丽归于平淡，与朋友止于情谊交游，甚少评议朝政、人事或参与地方的实际事务运作，尤其回避敏感的时政议题。

刘宰在盛年之时以颜面致病为由请辞，其颜面损伤，虽有碍外貌，但并非致命恶疾。况且，此时他是支撑家计的梁柱，提早辞官，自是一项考验。不过，刘宰辞官后，心理依然康健，同时和大多数退休的士人官僚一样，是地方官征询意见、访问消息、采撷风谣的对象，且能充分掌握朝廷政策与地方官府的施政和人事异动。[②] 然而，在享受晴耕雨读的退休生活之余，刘宰更积极关心、参与乡里事务，进而组织乡亲，推动地方建设与赈饥活动，甚至关怀国政，发表意见，为时长达三十年。这样的人生道路，在绝大多数追求仕进的宋代士人官员群体中，显是异类。

刘宰关心家国事务，除了个性上具强烈使命感之外，更和镇江所处的地理环境及当时军政变动密切相关。镇江是长江下游与江南运河交汇地，既邻近宋金边境的淮南地区，又能通过水路与行政中枢临安便捷往来，是联结首都与前线，乃至境内各地的转输要地，也是商业繁盛兼具防卫南宋北门任务的重镇。他乡居的金坛，是镇江府的属县，与建康府所辖句容县及常州所辖武进县

---

① 崔与之辞官，可见朱瑞熙《勤政廉政的一生——南宋岭南名臣崔与之》，收录于朱泽君主编《崔与之与岭南文化研究》，人民出版社，2010，第385~399页；王明荪《崔与之的体病与心志》，收录于朱泽君主编《崔与之与岭南文化研究》，第400~412页。

② 邓小南与高柯立均以宋代苏州士人与地方官的互动为例，显示各类士人在地方的角色，参见邓小南《北宋苏州的士人家族交游圈——以朱长文交游为核心的考察》，《国学研究》第三卷，1996，第479~481页；高柯立《宋代地方的官民信息沟通与治理秩序》第六章，国家图书馆出版社，2021，第277~321页。

境接壤。与镇江府城所在的丹徒县及运河沿线的丹阳县相较，金坛地位偏僻、地势较高，经济实力稍弱。到南宋中、后期，由于宋金蒙关系变化及淮海地方武装力量坐大，淮南战火相继不绝，紧邻淮边的镇江，直接感受到战争硝烟的震撼。宋廷为强化后勤支援，遂积极动员当地百姓，整治运河与转输军需。刘宰既久居乡里，长期观察到边事的发展与官府的举措，对镇江百姓的身家生计带来冲击特别有感，或因此在关心乡里处境的同时，也关切中央朝政、人事与政策的变动。

　　刘宰长期在家乡求学成长，并历任淮东及建康等临边地区的基层亲民官，可长期感受到边境与政局的变化，以及这种变化对家乡社会的冲击，特别是其称疾居乡之后，对地方风土民情、社会环境及其问题的了解更深。因此，当亲民官员莅任，向他征询地方民瘼时，他既勇于反映民意、提供具体意见，也关切中枢政策对乡里社会的影响，成为南宋中后期为镇江地区民众代言的乡贤。不过，以刘宰的家境与官历，要在乡里发挥实质的影响力，仍需要多方面条件配合。刘宰虽以路级幕职官及家境尚称富庶的条件辞官，但较诸当时拥有丰富资产的富室或以宰执致仕的名宦，如史浩、汪大猷、沈焕、楼钥等四明大家族，资源与声望仍难以相比。这些世家大族不仅任官时能一呼百应，影响乡里，退休后更以乡里耆老结合各方，推动惠及乡亲及彰显地方特色的社会文化活动，展现乡贤对地方社会的影响力；四明的社会条件也胜过刘宰居住的镇江。因此，刘宰尚需运用多方途径来强化与乡里社会的联结，以及号召、组织乡亲，凝聚人力，只有这样才能成功推动乡里建设。他居官时虽与当朝执政建立了关系，但在退休之后，朝中人事已有显著的变化，其是如何开展人脉、扩大人际能量以有效结合官民力量，推动惠及乡里的政策，解决地方社会问题的？此外，在推动地方建设，累积知名度、提升声誉，成为朝廷招揽贤能标举的对象时，其又是如何应对进退，并与宰执维持关系保持距离，乃至提供对时局政策建言的？诸多复杂而多元的议题，都是他要面对与解决的。

上述众多具体的问题，都严峻考验刘宰的应对能力，正是观察、评断其人格特质的所在。可以说，请辞乡居以后，才是刘宰发挥理念、展现生命力与价值的起点，也将是本书论述的重心。

本书首章探讨刘宰出生长成的镇江，阐述镇江成为南宋政权北方门户的发展进程。本章首先由人员、物资转运枢纽，以及国防战略的地理位置切入，分析镇江作为赵宋边防重镇的政治、经济与军事架构。接着，探究宋廷如何通过强化漕运功能与管理等，改善整体环境，惠及镇江百姓的实况，并指出宋金淮边战事爆发对镇江百姓造成的压力。本章通过整合国政变动，以及镇江环境变化交织的时空因素，为读者勾勒出镇江的历史图像，以利理解后续章节中，刘宰如何在辞官乡居后，得以结合在地力量，推动各项建设以维护乡里，并为地方代言。

第二、三章描绘刘宰先世致力仕进的努力、家境与家人的艰辛成长，以及刘宰本人业举仕宦发展历程，包括其人际关系、政绩作为，乃至政局变动对他的冲击及其决定以病辞官的生命转折点。第四章则聚焦刘宰乡居后所开展的乡里建设与赈济，旨在探讨其何以能以一介平民之身，组织乡亲，集群体之力，在家乡推动三次大规模的救荒赈饥，又如何能领导开展一系列公共建设与地方互助的公益活动。

第五章关注刘宰如何以具体行动，实现其家国理念。该章分为两部分，第一部分是关于刘宰参与表彰乡贤陈东的行动，旨在述论身处边防重镇的镇江士人如何通过书写与行动，形塑陈东的爱国形象，不仅凝聚了乡里意识，更凸显镇江社会与赵宋政权之间休戚与共的命运联结。在陈东形象的重塑过程中，刘宰虽非发起者，但他将陈东塑造为乡里典范，更以和战议题宣扬家国一体的联结性，是引领平反陈东议题且全程推动的核心人物。第二部分则讨论刘宰如何以在地乡贤的身份为乡里百姓发声，向镇江及金坛官府指出赋役与动员漕运对在地社会造成的压力。

相较于第四、五章聚焦刘宰对在地社会的关怀与行动，第六、七章则呈现刘宰对国政的关心，以及对政治权力与个人出处的态度，二者合而观之，正体现了刘宰家国理念的一体两面。第六章以书信为主要材料，探讨在乡居期间刘宰如何借人际网络之助，持续针砭国政，向朝廷中枢进言。宋宁宗、理宗二朝，正是宋朝对外关系政局与人事变动激烈的时代。在此政局下，先后执政者立场迥异，刘宰社会声望却持续上升。本章探究个中原因，指出除刘宰个人性格耿直敢言，也关乎南宋政治禁忌的敏感氛围中寓含之政治分际。①

第七章的主题为刘宰二度奉召入朝经历。理宗继位初期，宰相史弥远曾召揽刘宰赴京任官，迨理宗亲政后，时任宰相郑清之亦曾极力延揽刘宰入朝，然而二次召贤都为刘宰婉辞。二次奉召过程中，留下刘宰与朝廷和各级官员往返的诸多奏札、书启。通过这些公私函札，我们可以理解南宋召贤的运作机制，并掌握刘宰沟通内外的人际网络，以及理宗初期内外政局的变化与人事更

---

① 参考黄宽重《南宋政治史研究中的三重视角》，收入氏著《艺文中的政治：南宋士大夫的文化活动与人际关系》，第51~78页。

迭。从中既可观察到当朝宰执对他的尊崇与优遇，也可清晰看到刘宰的政治立场与不恋权位的心意。他因义举善行及淡泊名利而赢得朝野尊崇，死后受封谥号"文清"，传记获列《宋史》，是宋代中低士人官僚中少有的殊荣。

第八章和结论部分是总结全书的全景观照。第八章以刘宰《漫塘集》《京口耆旧传》中所撰乡里人物传记为主要材料，统整个案，分成不同群体，分别加以梳理、描述，观察镇江士人家族的举业发展，以及其所呈现的社会样态。结论部分作为全书总结，将刘宰和镇江社会的个案置于南宋整体时空脉络中，与本人过去投入甚深的四明地方社会进行比较观察。该章聚焦学界长期关注的两项议题：南宋士人在某一区域中的发展和其在基层社会中所扮演的角色，盼借本章阐述个人观点，并与既有研究，特别是与欧美同道成果对话。

为搭配全书结构设计，在结论外，本书也在各章末针对该章所涉议题分别提出小结综述。同时，本书另在"附录一"收录专文，探讨现存刘宰书信所呈现的人际网络，以及《漫塘集》《京口耆旧传》中所勾勒的人物图像。该文为全书讨论提供辅助，尝试引领读者掌握哪些刘宰生命中的重要人物成就了其乡居事业。同时在刘宰笔下，传记又如何展现出地方社会丰富多元的生命百态。在众人中，以刘宰挚友王遂所扮演的角色尤其值得关注，其不仅是刘宰同乡、亲家，也是学术和政治同道。可以说，如今我们所见的刘宰实形塑于王遂的作为之中。更盼望借本书传统取径的书信材料利用，对数字人文方法提出粗浅的研究反思，提醒读者关注史料"数量"与"质量"之间的平衡与联动关系。

刘宰虽非达官显宦且乡居三十年，但其奉献乡里、为国建言的事功不逊于在朝的侍从重臣。他虽官履政绩不显，但生前受朝野尊崇，死后更获谥号、《宋史》立传。但其传记简略，难以详究生平事迹。因而家属亲友将其著作汇编成《漫塘集》流传于世，让世人可以以该材料补《宋史·刘宰传》记述之不足，可更全面地展现其行谊与事功。然而，他身处临淮的镇江与政局变动频繁的南宋中晚期，交往人物、涉及事务乃至时间相当复杂，若非详为稽考，不易掌握具体事迹的始末及其发展脉络。为此，特就《漫塘集》中篇幅多且重要的墓志、行状等传记资料及书札、启等书信，加以整理、考订、系年；此外亦整理镇江与建康知府与淮东、淮西总领所任期，及甲申金坛粥局捐赠资料，列在本书"附录一"之后。这一项汇整编辑工作，既使本书研究论述的基础或具学术意义，也希望有助于读者认识刘宰的人生历程与镇江社会环境。

刘宰的生命精彩多姿，留存的史料相当丰富，可开展多元的研究议题。不过，以个人性格与治学态度，要全面探讨刘宰的一生，不仅耗时且容易滋蔓失焦，其中诸多议题，均涉专业学识，浅学如我，力不足以涉深。因此，本书未采取既有人物传记的书写模式，巨细靡遗阐述刘宰各项事迹；而是选择个人感兴趣、较有把握的议题，深入钻研。

本书结合内外政局变动，梳理若干刘宰所关注、推动的家国事业，探究个人与时代、环境之间的紧密联结性，凸显刘宰的人生亮点与价值；更借刘宰的乡居事业，探讨具时代特色的社会力，如何在乡里群体中凝聚、运作，也可认识刘宰的人格特质与生命意义。本书旨在借刘宰一生反映其身处的时空环境，以及南宋基层士人官僚的生命处境。期待以此书抛砖引玉，带动学界将视野望向更多足以彰显历史多样性的研究议题，关注其发展的可能性。但个人学浅，兼以受资料及视野之限，不免侧重从刘宰及镇江社会的角度讨论问题，疏漏、不当之处必多，谨请海内外学界先进、同道指教。

第一章

南宋镇江的形势与环境

刘宰的人际网络与出处关怀，受到其所在的地缘政治及地方社会的影响。为深入理解刘宰的理念与实践的空间场域，以及更立体地呈现出刘宰的生命与时空环境之间的作用及变化，首先要探讨以转输闻名的长江下游的镇江地区，如何在南宋时代，因着政治环境的变迁，扮演具全国性影响的角色，并给当地社会、人民带来改变。

镇江地处长江南岸，是中原动乱时人民迁移的中继站，也是南北对峙局势下的边陲重镇。自隋大业六年（610）开凿江南运河后，杭州至镇江八百余里与江北运河串接，成为带动江南地区生产力与经济发展的契机。随着隋唐宋三朝对江南财富的倚重，镇江与扬州、真州（今江苏仪征）并为中国南北交通贸易转输重镇。南宋建立后，在立国形势的转变、大运河运输功能的提升及战略部署的政策指引下，此地更从原来承担区域物资转输的区域中心城市，跃升为兼具政治、军事、经济等多项功能的大城市。①其蜕变的景象，诚如曾知镇江的史弥坚所说："昔者南徐特一郡耳，四方之舟至者有限……今天子驻跸钱塘，南徐实在所北门。

---

① 　包伟民：《宋代城市研究》第六章"人口意象"，中华书局，2014，第316页。

萃江淮荆广，蜀汉之漕，辐辏于此，过客来往，日夜如织。"① 镇江遂与六朝古都建康，同为护卫南宋的北门。

这一情势的发展既增强军备与建设，也明显地改变镇江地区的社会环境与生态。观察镇江在南宋崛起与发展的过程，有助于了解南宋立国的环境，更可以通过地方社会的反应，深度认识中央与地方、国家与社会的关系。然而除了嘉定与元至顺年间所编纂的二部方志外，镇江的相关资料相当零散。为突破史料缺乏的

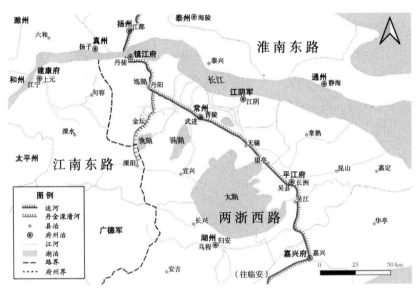

图 1　南宋镇江地理示意

资料来源：中研院人社中心 GIS 专题中心（2020）中华文明之时空基础架构系统，http://gissrv4.sinica.edu.tw/gis/cctslite.aspx(2023/3/2)，"南宋历史地图"。运河参酌青山定雄『唐宋時代の交通と地誌地図の研究』（東京：吉川弘文館，1969）「北宋時代主要交通路図」図版Ⅱ；曾国藩、丁日昌纂修《苏省舆地图》，哈佛大学汉和图书馆藏清同治七年（1868）刻本。图中地理位置由复旦大学鲁西奇教授校订。

---

① 史弥坚修，卢宪纂《嘉定镇江志》卷六《山川·丹徒县》，《宋元方志丛刊》，中华书局，1990，第 41 页下。

局限，本章利用刘宰的书信、传记等文字，聚焦于宁宗、理宗二朝，宋与金蒙爆发战争，及地方武装势力在边境活动最炽的时刻，呈现镇江在南宋时期的重要性。

第一节　战略重镇

镇江位于长江下游南岸，东距海一百余公里。在《禹贡·周职方氏》中，记载此地为扬州之域。秦、西汉属会稽郡，东汉属吴郡；三国时期，吴之孙权自吴徙治于丹徒，建京城，此地也称京口。[1] 南朝时期为南徐州治所，是南朝重镇。隋开皇十五年（595），改置为润州。唐玄宗开元二十一年（733），分天下为十五道，属江南东道；永泰以后，常为浙西道观察使治所。[2] 宋开宝八年（975），改军号为镇江军，州名仍是润州；政和三年（1113），升润州为镇江府。[3] 建炎三年（1129），浙西安抚司移于镇江；绍兴五年（1135）浙西安抚使移临安府，镇江府兼沿江安抚使。[4] 绍兴十二年（1142）冬，诏依沿海制置使例，罢带沿江安抚使。润州在唐代统有六县，后上元、句容二县改隶升州，

---

[1] 《汉书》卷二八上《地理志上》，中华书局，1962，第1590~1591页；《后汉书》卷一一二《郡国志四》，中华书局，1965，第3489页；《嘉定镇江志》卷一《地理》，第2页上~2页下。

[2] 《宋书》卷三五《州郡志一》，中华书局，2018，第1130~1131页；李吉甫：《元和郡县图志》卷二五《江南道一·润州》，中华书局，1985，第589~591页；乐史：《太平寰宇记》卷八九《江南东道一》，中华书局，2004，第1756~1757页；《嘉定镇江志》卷一《地理》，第5页上。

[3] 《嘉定镇江志》卷一《地理》，第7页下。

[4] 《嘉定镇江志》卷一《地理》，第9页上。

润州领四县。① 宋熙宁年间，延陵县降为镇，润州（镇江府）所辖存丹阳、丹徒与金坛三县。②

自秦朝开发水陆交通，为交通运输奠定基础以来，随着地理环境的变化及历朝的经营，镇江成为南北人员、商旅往来的交会要津；当战乱或南北政权对峙时期，如三国、两晋南北朝，镇江则居边防前线，凭借长江天险，成为屏护南方政权的重镇。③ 隋代开通江南运河后，镇江（时润州）与华北政治中枢的往来更密切，成为控扼江南运河进入长江的重要口岸。④ 安史之乱以后，中国经济中心南移，由于唐王朝对江南财粮的倚重，位居南北漕运要冲的镇江，重要性更为明显。

靖康二年（1127）金兵攻陷开封，徽钦二帝被俘，北宋政权覆亡。在兵马倥偬之际，徽宗之子康王赵构被朝臣拥立，于南京应天府即帝位，以延续赵宋的国祚，是为高宗。南宋草创之初，金兵强势逼迫，高宗君臣仓促南下，以避兵锋，虽表明愿奉正朔、乞封藩国，仍不可得，幸赖各地民间武力据险抗御，才得以缓和受敌压力。建炎四年（1130）金知无法灭宋，遂改变战略，在淮北立刘豫为帝，组建伪齐政权。⑤ 宋廷则推动安内政策，于江北设置镇抚使以为缓冲与屏障，加上韩世忠、张俊、岳飞等大将领重兵镇守江淮边境，奠定以杭州为都城、倚江南经济及长江防御，背海立国的偏安政权。

---

① 《嘉定镇江志》卷一《地理》，第9页上。

② 《嘉定镇江志》卷一《地理》，第18页下。

③ 张立主编《镇江交通史》第一章"先秦至南北朝时期"，人民交通出版社，1989，第1~31页。

④ 张立主编《镇江交通史》第二章"隋唐宋时期"，第33~34页。

⑤ 《宋史》卷二六《高宗本纪》，"建炎四年七月丁卯"条，中华书局，1977，第480页。

淮南东路是南宋边防临敌的前线。高宗选定杭州为行都，旨在凭借富庶的江南奠下立国基业。但在宋金长期的对峙中，宋廷的压力主要来自淮东：金兵只要越过淮河、长江，即能长驱直入杭州。因此，终南宋一朝，江淮不但是宋金之间的主战场，更是南宋生存与发展的国防生命线，而须部署重兵防卫，此一部署方略即刘子健教授所称的"前卫"。[1]

镇江在南宋前卫地位的重要性，可谓后来居上。南宋淮东的江淮防线有四个临江的重要据点，即江北的扬州、真州和江南的建康、镇江。镇江位于宁镇山脉之中，三面环山，地势虽不高，但足以阻却沿河之敌；城区内有三山五岭之说，具备防御优势，自吴、晋以来即为战略要地，[2] 更因位于长江与江南运河的交汇口，得二河水道之便，与京城和四方的联系都非常便捷，无疑是战略部署上的最佳选择。因此，在南宋淮东防线上的镇江，遂能脱颖而出，与六朝古都建康并列，成为兼具国防、财政调度与商业活动功能的重镇。

在开封沦陷，宋室南迁初期，江淮地区一直是宋金争夺的焦点，两国分别在此建立伪齐政权及建制镇抚使作为缓冲，且宋廷还相继在沿淮、沿江筑城防卫。镇江既居临江倚山之险，利于水战，而被赋予防御重责。[3]《方舆胜览》即称镇江为"浙西门户，控扼大江，内蔽日畿，望海临江，险过金汤"。[4] 是以建炎

---

① 刘子健：《背海立国与半壁山河的长期稳定》，收入氏著《两宋史研究汇编》，第21~40页。

② 洪婉芝：《宋元时期镇江地区的造桥活动》，《新北大史学》2005年第3期，第6页。

③ 周必大：《文忠集》卷一七○，《景印文渊阁四库全书》，台北：台湾商务印书馆，1983，第12页上~16页上。

④ 祝穆撰，祝洙增订《方舆胜览》卷三《镇江府》，施和金点校，中华书局，2003，第56页。

三年（1129）二月宋廷命吕颐浩知镇江府，刘光世的军队驻守镇
江，防护瓜洲渡口。① 绍兴五年（1135），宋廷在镇江置淮东宣
抚司，② 命韩世忠的军队屯驻，负责淮东防务。绍兴八年（1138）
王庶措置江淮，以刘锜军驻镇江，为江左根本。③ 此后宋金各
自为化解内部矛盾，以及感到无力击溃对方，遂于绍兴十一年
（1141）冬缔结和约，即所谓的"绍兴和议"，开启宋金近百年和
平的基本架构，奠定双方以淮河为界南北对峙的立国形势。和议
缔结后，张俊毁海州城，迁其军于镇江府，并命楚州军马钱粮迁
于镇江。④ 这一连串的措施，就是在和约的规范下，将防卫江北
的主要兵力，撤回长江一线。

绍兴十一年宋金和约的重点，是君臣关系、划定疆界、使臣
往来、岁币进奉和不纳流民。⑤ 两国在界定边境线的同时，更确
立共同遵守约定，"沿边州城，除自来合该置射粮军数，并巡尉等
外，不得屯军戍守"。⑥ 这是两国维系和平的重要规范，与宋辽
澶渊之盟《景德誓书》中所载"所有两朝城池，并可依旧存守，
淘壕完葺，一切如常，即不得创筑城隍，开拔河道"相同，⑦ 都

---

① 徐松辑《宋会要辑稿》职官四〇《制置使》，"建炎三年二月四日"条，四川大学古籍整理
研究所标点校勘，王德毅校订，台北：中研院历史语言研究所汉籍电子文献数据库电子版
《宋会要辑稿》编委会，2008；《嘉定镇江志》卷三《攻守形势》，第11页下。参考刘云军
《吕颐浩年谱》，河北大学出版社，2011，第71页。

② 《宋会要辑稿》职官四〇《宣抚使》，"绍兴八年三月六日"条。参考刘云军《吕颐浩年谱》，
第71页。

③ 《嘉定镇江志》卷三《攻守形势》，第11页下。

④ 徐梦莘：《三朝北盟会编》卷二〇六，"绍兴十一年六月十七日"条，上海古籍出版社，
1987。

⑤ 李心传编纂《建炎以来系年要录》卷一四二，"绍兴十一年十一月庚申"条，胡坤点校，中
华书局，2013，第2686页。

⑥ 《建炎以来系年要录》卷一四二，"绍兴十一年十一月庚申"条，第2686页。

⑦ 李焘：《续资治通鉴长编》卷五二，"景德元年十二月辛丑"条，中华书局，2004，第
1299页。

具有实质约束力，宋金双方也都慎重遵守。如绍兴十一年十一月宋高宗向秦桧称："和议已成，军备尤不可弛，宜于沿江筑堡驻兵，令军中自为营田，则敛不及民，而军食常足，可以久也。"[1]其中，"沿江筑堡驻兵"的"沿江"指长江南岸。即使到宁宗时期，朝臣讨论军队驻防部署，宁宗仍以"临边不许屯兵"所指"临边"即是淮南沿边地区，呼应条约的规范：

> 宰执进呈臣僚札子《论大军屯江南不如屯江北形势利害》。京镗奏云："自讲和，有誓约，彼此临边不许屯兵，所以只是分兵出戍。"上曰："天时若至，却不问此。况师直为壮，曲为老，若临边屯兵，则我先背约，为曲矣。"[2]

金国同样也遵守此一约定。《金史》引金世宗与宰相的对话中，魏子平不赞成在宿、泗州以女真兵代汉军时，即说誓书称："沿边州城，除自来合设置射粮军数，并巡尉外，更不得屯军守戍。"[3]可见不在沿边屯军驻守，是宋金双方和平稳定的重要前提，彼此不轻易违背协议，以免招致战端。

在这样的规范下，居于弱势的南宋，为了生存与发展，其推动与执行的边防策略深具弹性。宋金双方边界线相当明确，东以淮水中流、西以大散关为界；但不得屯军戍守沿边州城的"沿边"一词略嫌模糊，当是指江北广阔的淮南地区。从前述高宗对秦桧说"宜于沿江筑堡驻兵，令军中自为营田"的话语中，知道

---

[1] 《建炎以来系年要录》卷一四三，"绍兴十一年十二月乙丑"条，第2691页。

[2] 《宋会要辑稿》兵六《屯戍下》，"庆元元年十二月三日"条。

[3] 《金史》卷八九《魏子平传》，中华书局，1979，第1997页。

南宋君臣将"筑堡驻兵"与"军中自为营田"联结，驻守的边防重点在"沿江"之地。

　　既然"沿边"的淮南不得驻军，宋廷的边防策略乃兼顾和约规范及江淮的地势与环境，规划出极边与近边的两道防御线，也就是将两淮视为国境的藩篱，长江为护国的门户。① 所谓"极边"是指邻近敌境的淮河地区，宋廷鉴于淮河某些地段河道浅，易为敌军突破，却又有许多山寨与水寨连接的特殊地形，因此以陆防为主，"不必尽守故城，各随所在，择险据要置寨栅，守以偏将"。② 精锐重兵则驻守在金兵难以渡越的长江南岸，视需要调派军队携带粮食到淮南州县，分区戍守。如乾道四年（1168）十一月，金平定涟水军侍旺叛乱，其余众越过淮河逃至楚州，有激发宋金军事冲突之虞，时知楚州左祐急请调扬州选锋军，旋又请调殿前司一千五百人屯驻楚州以备疏虞，即称"本州（楚州）地居极边，抵接对境"，明确指出淮南地区是极边防区。③ 宋廷同时在淮南组织、团结当地据守山寨与水寨的民间自卫武力，建构以正规军分成为主、在地民间武力为辅的极边防御网。④

　　在极边防御网之南的长江，是守卫政权的天然屏障，宋廷将之建构成以江防为主的近边防御带。长江的水域宽广，水流量多，船舶成为最主要的移动载具，擅长骑战、不谙水性的女真

① 程珌：《洺水集》卷六《江淮形势》，线装书局，2004，第5页上~6页上。
② 马光祖修，周应合纂《景定建康志》卷三八《武卫志一·江防》，《宋元方志丛刊》，中华书局，1990，第12页上~12页下。
③ 《宋会要辑稿》兵九《讨叛三》，"乾道四年十二月十三日"条。参见胡斌《隆兴和议誓书"叛亡"条款与乾道初年宋金外交博弈》，《史学月刊》2022年第6期，第20~33页。
④ 黄宽重：《南宋地方武力——地方军与民间自卫武力的探讨》第五章"两淮山水寨——地方自卫武力的发展"，台北：东大图书，2002，第203~239页；陶晋生：《南宋利用山水寨的防守战略》，《食货月刊》第7.1、7.2复刊，1997，第1~10页。

及蒙古兵，确难以跨江南犯，长江遂为南宋立国命脉。金海陵王南侵受阻，即为明证。反之，对习于利用水流驾驭船舶，往来移动的南宋政权，水既是天然屏障，又利于交通、联络，防御效果明显；而且宋代造船技术精进，船体既大，机动性又强，水战确具优势。从南宋建政以来不断遭到女真进犯，但始终能维持守势的情形来看，倚江为守不仅避免受到直接攻击，更有利于后勤补给。因此宋廷构建的防江守备战略，是以江北阵地阻止敌兵入江，江中诸洲用来阻绝敌船靠岸，而自鄂州以迄镇江之江南岸口所构成的带状防御网，则是重兵屯驻、舟楫停泊的重地。将重兵驻防长江以南的战略要地，是兼具策应与攻守优势的规划。[1]

因此，当宋廷度过初期的危机后，将稳定内部及强化江防，列为立国的重要战略，并逐步推动。宋金和议，南北对峙之局已定，高宗在解除韩世忠、岳飞与张俊等诸大将兵权后，不论是都统制或总领所的设置，都结合守江为主的边防策略。特别明显的是绍兴十一年，宋廷罢大将兵权，将诸将屯兵改隶御前，并设置十个御前诸军都统制司，其中镇江府、建康府、池州、江州、鄂州、江陵府等六个正规军，均在长江南岸。[2] 依李心传在《建炎以来朝野杂记》所载，宋廷的四十一万正规军中，除殿前司七万三千人、马军司三万人、步军司二万一千人外，建康都统司五万人、池州都统司一万二千人、镇江都统司四万七千人、江州都统司一万人、鄂州都统司四万九千人、荆南都统司二万人、兴州都统司六万人、兴元都统司二万七千人、金州都统司一万一千

---

① 黄纯艳：《南宋江防体系的构成及职能》，《河北大学学报》（哲学社会科学版）2016 年第 5 期，第 10~17 页。

② 王曾瑜：《宋朝军制初探（增订本）》第五章，中华书局，2011，第 245~262 页。

人。[①] 从正规军驻扎数量可知，镇江与四川兴州、湖北鄂州、江东建康并为宋廷倚重的边防重镇，镇江与建康更共同成为拱卫临安的北门。据日本学者长井千秋的研究，置于镇江的淮东总领所供养兵力，在乾道时期约有六万八千人、嘉定时期约七万七千人、嘉熙时期约七万九千人，均超乎原定额度，显示其重要性甚为突出。[②]

　　驻守各地的都统司，再视极边防守的需要，分派所需人数到淮南各据点、险要、县城戍守。《宋会要辑稿》所载乾道七年（1171）鄂州、荆南与江州都统司所辖戍守州县与抽回人数的资料，即相当明确。[③] 镇江都统制调派戍守地区与人数虽不如鄂州等三个都统司详细，但依据《嘉定镇江志》所记载，在乾道六年的四万七千人中，分为前、后、中、左、右、游奕、水军等七军，水军领五千人，余各军以七千人为率。[④] 其中一定兵力"分遣淮东诸州防托及沿淮巡检、扬州牧放差使之类"。[⑤] 淳熙十二年（1185）九月，淮东总领吴琚呈报朝廷，期望比照步军司派遣士兵到六合县戍守，于离家即支付旅费；他指出镇江屯驻诸军的

---

① 李心传编纂《建炎以来朝野杂记·甲集》卷一八《乾道内外大军数》，徐规点校，中华书局，2000，第405~406页。兴元都统司，《朝野杂记》作一万七千人，应为二万七千人之误，见王曾瑜《宋朝军制初探（增订本）》，第179页。《宋会要辑稿》兵六《屯戍下》，"淳熙九年二月一日"条，载诏文合计约二万五千人。感谢陈希丰副教授提供资料。

② 另一个长江中游南岸的重要据点鄂州，亦是因军事防御与交通水路便捷，形成南宋繁盛的重镇。参见杨果《南宋的鄂州南草市》，《江汉论坛》1999年第12卷，第80~84页。长井千秋「淮東総領所の財政運営」『待兼山論叢』第22号史学篇，1988、26~27页；雷家圣《聚敛谋国——南宋总领所研究》，台北：万卷楼图书公司，2013，第90页。

③ 《宋会要辑稿》兵五《屯戍上》，"乾道七年九月十七日"条。

④ 《嘉定镇江志》卷一〇《子目缺》，第22页上。参见李萍《〈嘉定镇江志〉研究》，硕士学位论文，上海师范大学，2016，第38页。

⑤ 《嘉定镇江志》卷一〇《兵防》，第21页下。

旅费计算不合理，"每遇差出盱眙、高邮军、海（原文作'梅'，当误）、楚州守戍，所支盐菜钱米，自来粮料院直候到戍守处方起支"。说明上述淮南各地，是由镇江派遣分戍的。①

通过军队分层驻防、调派的方式，南宋从上而下、分区指挥的完整战略防御网于焉成形：以临安为轴心，调控十个邻近长江近边诸军的驻守战略重镇，各都统制再视江北防区的远近及险易程度，分派军队戍守极边。都统制所辖军队各有不同番号，且自有营寨，避免军民杂居。除上述正规军之外，为维护长江沿线安全，镇江亦设置防江军，最多时有二千四百余人，并设有新兵、闸兵、巡铺等各类州兵三千四十六人，以加强城池的维修及疏通渠堰，保证防地安全。②

镇江既是南宋长江南岸的主要屯兵之所，在宋廷背海立国的战略考量下，其雄踞淮东边防线上重镇的地位，遂告确定。③ 清人顾祖禹总结历史发展形势，指出："唐之中叶，以镇海为重镇，浙西安危，系于润州。宋南渡以后，常驻重军于此，以控江口。"并举陈亮所说："京口连冈三面，大江横陈于前，江旁极目千里，势如虎之出穴。昔人谓京口酒可饮，兵可用，而北府之兵，为天下雄，盖地势使然也。"④ 若进一步结合两淮地理形势、宋金战争的进程及金蒙南下进军路径观察，更可以印证镇江在南宋边防守

---

① 《宋会要辑稿》兵二〇《军赏》，"淳熙十二年九月十九日"条。

② 《嘉定镇江志》卷一〇《兵防》，第 12 页上 ~15 页下。洪婉芝：《宋元时期镇江地区的造桥活动》，《新北大史学》2005 年第 3 期，第 11 页；李萍：《〈嘉定镇江志〉研究》，第 38~39 页；黄纯艳：《宋代运河的水情与航行》，《史学月刊》2016 年第 6 期，第 102 页。

③ 汤文博：《南宋初期（1127—1141）江淮战区研究》，天津古籍出版社，2014，第 79~80 页。

④ 顾祖禹：《读史方舆纪要》卷二五《南直七·镇江府》，中华书局，2005，第 1249 页。所举润州、京口均指镇江，参见《嘉定镇江志》卷一《地理》，第 2 页上 ~5 页下。

备承受的压力；这让居住在临界极边重镇的士庶，对周遭环境变动的感受，较远离边境的人更为敏锐、深刻。

第二节　转运枢纽

镇江在中国历史上的重要性，因着时代推移日益显现。当南方开垦与经济发展之后，镇江成为北方政权汲取南方资源的据点，特别是大运河的开凿，此地更成为南北转运的重镇；不过，在沟通南北的功能上，建康、扬州、真州等江淮流域的重要城市各具优势，镇江的地位尚不突出。

建康、扬州与真州三地，都曾在历史进程中扮演重要角色。建康是六朝古都，长期作为长江下游的重镇，地位最为显著；大运河开通后，扬州、真州则先后成为南北米粮物资的转输要地。隋唐两朝到北宋，政治中枢在华北，边患来自西北，朝廷所需的庞大财政资源多来自江南，通过大运河北运，扬州因此在中唐以前成为南北米粮货物集散转输重镇，经济繁荣、富甲天下，有"扬（扬州）一益（益州，今四川成都）二"之称。不过，经历藩镇割据，运河时阻，加上唐末及五代军阀混战的摧残，及镇、扬一带长江入海口东移与泥沙淤积，江流南摆，北岸滩淤涨与瓜洲相连，江面骤缩，扬子津口门堵塞等诸多因素，导致盛极一时的扬州荣景不再。①

从北宋起，中国经济中心的南移已告确定。国家的中枢在汴

---

① 全汉昇：《唐宋时代扬州经济景况的繁荣与衰落》，《历史语言研究所集刊》第11号，1947，第149~176页；参见张立主编《镇江交通史》第二章，第34~36页。

京，面对强邻压境，宋廷对江南的仰赖更甚，通过开凿汴河入淮的遇明河，将江东南各路庞大的钱粮军需，及茶、盐与民生用品，上供京师。[①] 为此，宋廷特在真州、扬州、楚州（今江苏淮安）与泗州（今江苏盱眙）等四州设置转般仓。其中原属扬子县、居水路要冲的真州，因位于大运河与长江联系接口，遂取代扬州，成为南方茶盐及上贡物资的转运枢纽。其情况如楼钥所说："真之为州未远也……而实当江淮之要会。大漕建台，江湖米运，转输京师，岁以千万计。维扬、楚、泗俱称繁盛，而以真为首。"[②] 宋廷在此设置榷货务，乃至发运使，承担米粮及商品转运重任，真州成为水路转运的重要城市。[③]

宋室南迁后，前述的淮南、江北重镇受战火破坏，变成战区及临敌的边区，转输优势不再，原有生产力也随之消退。绍兴以降，淮水既成为边境，往昔大运河汇通南北的功能，因政权对峙而受到阻隔。绍兴三十一年金海陵王南侵的军事行动，更使江北的真州遭受巨大的破坏，陆游即称："仪真（真州）焚荡无余，已不复往昔荣景。"[④] 受政治情势的冲击，原来在北宋居于南北与东西漕运枢纽的真州，除了仍然将淮南盐产向长江中游西运，及

---

① 史念海：《中国的运河》第六章"政治中心地的东移及运河的阻塞"，陕西人民出版社，1988，第233~235页。参见张勇《宋代淮南地区经济开发若干问题研究》第一章"宋代淮南地区的物资转输"，中国社会科学出版社，2019，第2页。

② 楼钥：《楼钥集》卷五一，顾大朋点校，浙江古籍出版社，2010，第958页。参见史念海《中国的运河》第六章"政治中心地的东移及运河的阻塞"，第234页；张勇《宋代淮南地区经济开发若干问题研究》第一章"宋代淮南地区的物资转输"，第42~48页；陆游《渭南文集》卷四四《入蜀记二》，《四部丛刊·初编》，上海书店，1989，第1页上。

③ 梁庚尧：《从南北到东西：宋代真州转运地位的转变》，《台大历史学报》第52号，2013，第105页；包伟民《宋代城市研究》第五章"市政建设"，第285页。

④ 陆游：《渭南文集》卷四四《入蜀记二》，第1页上。

由长江中游转输米粮、上供临安以外，往淮东防御或渡淮与金交易，乃至淮南与临安的交通上，真州的重要性则被镇江取代。[1]

可以说，金海陵王南侵宣告了江北大城扬州、真州边防布置及转输优势的消退。相对的，宋廷基于国防战略的考量，积极建构位居长江南岸、又可通过运河与各方联络的镇江，使之扮演了联结长江上、中游和行都临安的重要角色，承担了转输江南州县物资及人员至淮东沿边正规军驻扎地区的任务。镇江府大军岁用米六十万石，"系于洪、江、池、宣、太平州、临江、兴国、南康、广德军科拨"。[2] 宋廷在此建转般仓、丰储仓、大军仓和都仓，以及户（部）大军三仓等，仓储能力在两百四十万石以上。常年出入仓库的粮谷达一百四十余万石。[3] 此外，南宋都城临安每年合计转输超过三百万石米粮，加上预储的大量粮食，是江南运河历史上漕运量最大的时期。[4]

长江和运河的汇流，使镇江一跃成为南宋各方人员、物资转运的枢纽。曾任淮东总领所的钱良臣就指出："京口当南北之要冲，控长江之下流。自六飞驻跸吴会，国赋所供，军须所供，聘介所往来，与夫蛮商蜀贾，荆湖闽广，江淮之舟，凑江津入漕渠，而径至行在所，甚便利也。"[5] 显示自南宋定都临安以后的局

---

[1] 梁庚尧：《从南北到东西：宋代真州转运地位的转变》，《台大历史学报》第 52 号，2013，第 90~108 页。

[2] 《建炎以来系年要录》卷一八四，"绍兴三十年正月癸卯"条，第 3553 页。

[3] 江苏省交通厅航道局、江苏省航道协会编《京杭运河志（苏南段）》第八章"港口"，人民交通出版社，2009，第 339 页，指出江南运河每年运往临安的漕货，不低于五百万石，似有夸大。

[4] 江苏省交通厅航道局、江苏省航道协会编《京杭运河志（苏南段）》，第 5 页。

[5] 《嘉定镇江志》卷六《水·丹徒》，第 26 页上。

势，扭转了隋唐迄北宋以北方为中心的水运体系，江南运河反而成为关系赵宋政权命脉的黄金水道。地处江南运河起点的镇江，居于江、河汇合的地理形势，既承担防卫边陲的重责，又是临安与境内人员物资交流的必经之地，成为南宋江、河、海运输网络的重心。[①] 嘉定年间臣僚所言："国家驻跸钱塘，纲运粮饷，仰给诸道，所系不轻。水运之程，自大江而下至镇江则入闸，经行运河，如履平地，川、广巨舰，直抵都城，盖甚便也。"[②] 此一人流与物流的频繁会集、转输的景象，创造镇江空前活络的商业贸易。

从南宋人员赴职、旅游、使臣往来与军需、商业活动等角度，都可以看到镇江在人员、物资转运上承担的角色。

人员流动方面，首先是官员因履行职务的移动。宋代实施官员轮调制，各级官吏多按任期轮调获得职缺，移动频繁。南宋官员欲由江南赴长江上、下游，经由镇江赴任，最为捷便。这类事例很多，仅举三例说明。陆游在乾道五年（1169）十二月被任夔州（今重庆奉节）通判。他于次年闰五月十八日从家乡山阴（今浙江绍兴）启程，十月二十七日抵达任所。他将经过的路途以游记的形式写成《入蜀记》，其中记载六月十三日到常州，经奔牛闸、吕城闸、丹阳，十七日抵达镇江，在镇江停留十一天后，转向西前进。其间曾于六月二十八日应出使金朝的范成大之邀，在金山玉鉴堂餐叙。[③] 他在通过丹阳进入镇江时，曾表达江南运河

---

① 张立主编《镇江交通史》，第50~51页；全汉昇：《唐宋帝国与运河》第九章"宋金的对立与运河"，台北：台湾商务印书馆，1995，第122~123页。

② 《宋史》卷九七《河渠志·浙西运河》，第2406页。

③ 陆游：《渭南文集》卷四三《入蜀记一》，第14页上~14页下。

对南宋立国的重要性:

> 自京口抵钱塘,梁陈以前不通漕。至隋炀帝始凿渠八百里,皆阔十丈,夹冈如连山,盖当时所积之土。朝廷所以能驻跸钱塘,以有此渠耳。汴与此渠皆假手隋氏而为吾宋之利,岂亦有数耶! [1]

陆游同时在《常州奔牛闸记》文中,提到运河是南宋京口地位显著提升的关键因素:

> 岷山导江,行数千里,至广陵、丹阳之间,是为南北之冲,皆疏河以通饟饷。北为瓜州闸,入淮汴以至河洛。南为京口闸,历吴中以达浙江。而京口之东有吕城闸,犹在丹阳境中。又东有奔牛闸,则隶常州武进县……自天子驻跸临安,牧贡戎赞,四方之赋输与邮置往来、军旅征戍、商贾贸迁者,途出于此,居天下十六七。 [2]

另一例是周必大,他在次年(1170)四月,奉命任知南剑州。他于五月一日自家居的庐陵出发,返京述职,途经南康军(今江西九江)、铜陵(今安徽铜陵)、繁昌(今安徽繁昌)、太平州(今安徽当涂)、真州,于三十日到镇江,随即过吕城闸、奔牛镇到常州,转赴平江府崑山(今江苏昆山)祭岳父王葆后,

---

[1] 陆游:《渭南文集》卷四三《入蜀记一》,第10页上。

[2] 陆游:《渭南文集》卷二〇《常州奔牛闸记》,第11页上~12页下。参见梁庚尧《从南北到东西:宋代真州转运地位的转变》,《台大历史学报》第52号,2013,第102页。

抵达临安。[①] 又一例是孙应时，他经镇江到四川任职。绍熙三年（1192）四月，丘崈被任命为四川制置使，即邀聘时任遂安（今浙江淳安）县令的孙应时到四川担任重要幕僚。孙应时排除困难，直接由严州西行，预定六月中旬到镇江与丘崈会合。因孙母无法同行，他未能按时会合，特别向丘崈报告，预定是二十三日才到镇江。[②] 孙应时虽没有详细记录下他从遂安到成都的行程，但他致丘崈与陆九渊的书信中，都明确提到镇江是赴蜀行程中的一个转运站。[③]

除官员赴任之外，士兵在镇江移动也很频繁。镇江是宋廷直辖十个都统制司之一，[④] 不论是常驻或轮戍的军队及其眷属，都以镇江为中心来往移动。陆游记乾道六年（1170）赴蜀任职旅程，六月下旬在瓜洲观察到"两日间阅往来渡者无虑千人，大抵多军人也"。[⑤] 随后他更在七月初途经真州时，感叹当地城外东园，自建炎兵火后荒废四十余年，并在绍兴三十一年（1161）被金兵焚毁无余；真州的残败景象与镇江的熙来攘往，形成强烈对比。[⑥]

对南宋朝廷而言，途经镇江更重要的人流与物流，是宋金双方的使臣往来及岁币致送。宋金缔结和约的内容，除界定彼此从

---

① 周必大：《文忠集》卷一七〇《乾道庚寅奏事录》，第1页上~33页下。李仁生、丁功谊：《周必大年谱》，江西人民出版社，2014，第112~116页。

② 孙应时：《烛湖集》卷六《上象山陆先生书》，《景印文渊阁四库全书》，台北：台湾商务印书馆，1986，第11页下。

③ 黄宽重：《孙应时的学宦生涯：道学追随者对南宋中期政局变动的因应》，第74~75页。

④ 有关都统制司，详见本章第三节。

⑤ 陆游：《渭南文集》卷四三《入蜀记一》，第10页上。

⑥ 陆游：《渭南文集》卷四四《入蜀记二》，第1页上。

属关系、维持边界稳定外，更重要且常态化的互动，是双方使臣往来与宋向金递解岁币。宋金的都城杭州与中都（今北京）之间，使臣在南宋境内的路程仍是循江南运河到盱眙军（今江苏盱眙）出、入境，镇江即是重要转折站。在和平时期，使节来往频繁，每年两国常态性使臣经运河往返的就有八次。此外尚有特殊使命，包括通问使、通谢使、祈请使、奉迎梓宫使等泛使或专使。[①] 每趟使臣往来，双方均动员众多朝臣，组成使节团及接待团队，派遣人力及调动物资十分浩大。

使臣经过的地点因涉及安全与接待问题，路程相当一致。兹以楼钥在乾道五年（1169）以书状官的身份，随同他的舅舅汪大猷到金贺正旦为例。他于十月十八日离家，二十九日到临安，经历拜会、习仪活动，十一月十日登船离临安，步上使路。十六日到镇江，十八日渡江到瓜洲（今属江苏扬州），傍晚到扬州，经高邮（今江苏高邮）、宝应（今江苏宝应）、楚州，二十四日到盱眙军。在此，偕金朝接伴使于二十九日进入泗州，十二月九日抵达开封（金称南京），二十七日抵达金中都，参加一连串贺正朝仪，六年一月五日结束贺正活动，循路南返，二十七日宿泗州，次日入宋境，二月十三日到临安，三月六日返抵家门。楼钥将整个使程撰成《北行日录》，文中对路程记载相当完备。[②] 次年五月，范成大奉命赴金任祈请国信使，求陵寝地及更定受礼书，虽然所经路程失载，但六月二十八日，他与入蜀的陆游相会于镇江

①　李辉：《宋金交聘制度研究（1124—1234）》，上海古籍出版社，2014，第30~35页。
②　楼钥：《楼钥集》卷一一九、一二〇《北行日录》上、下，第2082~2125页。

金山，可见的确经过镇江。①

这条路线，从杨万里于淳熙十六年（1189）冬担任接伴金国贺正使旅途中所写的一系列诗文，同样可以得到证明。杨万里诗中所记，从平江府（今江苏苏州）起，经过无锡（今江苏无锡）、常州（今江苏常州）、丹阳（今江苏丹阳）、丹徒（今属江苏镇江）、新丰（今属江苏镇江）、丹阳馆，渡长江过瓜洲、扬州、高邮、宝应、抵达盱眙军，都与楼钥的使路吻合。② 可见这一条使路是定型化的。

镇江也成为设宴接待宋金使臣的场所。赵彦卫在《云麓漫钞》中说："金国每年贺正旦、生辰遣使，所过州县日有顿；盱眙、镇江、平江、赤岸有宴。"③ 文中列出接待、护送的浩大阵容与豪华宴席，如平江府一地接待金使所费即高达四万贯。镇江是南宋官方四个接待金使的地点之一，接待费用当不逊于平江。④《宋会要辑稿》绍兴十三年（1143）的诏书记："内侍省差使臣三员，沿路赐御筵，一员于平江府排办，一员于镇江府排办，一员于盱眙军排办。"⑤ 绍兴二十年（1150）十二月诏书也说："使人

---

① 陆游：《渭南文集》卷四三《入蜀记一》，第 14 页下。参见于北山《范成大年谱》，上海古籍出版社，1987，第 131 页。又范成大《揽辔录》，收入赵永春编注《奉使辽金行程录》，吉林文史出版社，1995，第 276~293 页，只记八月返宋路途上金国境内活动，未见出入宋境的行程。

② 杨万里撰，辛更儒笺校《杨万里集笺校》卷二七《诗·朝天续集》，中华书局，2007，第 1375~1422 页，散见使路所见所思诗句。见《嘉定镇江志》卷一二《宫室·驿传》，第 12 页上。

③ 赵彦卫：《云麓漫钞》卷六，朱旭强整理，上海师范大学古籍整理研究所《全宋笔记·第六编》，大象出版社，2013，第 164~166 页。

④ 赵彦卫：《云麓漫钞》卷六，第 166 页。

⑤《宋会要辑稿》职官三六《主管往来国信所》，"绍兴十三年十一月二十四日"条。

到阙，赤岸等处锡宴。"[1] 为接待金国使者，宋廷在绍兴十四年（1144）命知镇江府郑滋在千秋桥前建丹阳馆。[2] 因接待使臣的需求，丹阳馆的规模超出境内其他驿馆。它同时也作为镇江知府及其官员接待、宴请高级官员公务往来之用，乾道六年（1170），相继路过镇江的陆游和周必大都曾在这里接受知府蔡洸的宴请，所见馆内设施应当与平江等地一致。[3]

人使例行往返，是宋金和平时期的盛事，两国均慎重以待。以宋而言，不仅每次出使人员达百人，沿途所经州县也须承办接待的人力、物力，责任甚重。其中镇江不仅动员浩大，甚至出动军队护送。乾道六年（1170）镇江都统制成闵在奏文中即指出："缘本司路当要冲，每岁护送国信人使，分遣淮东诸州防托及沿淮巡检，扬州牧放差使之类，皆要有心力将官。"[4] 具体参与护送的人数，据淳熙十六年（1189）四月接伴使张涛的报告中指出："递年使客往回、例于镇江都统司及楚州出戍军中，差步卒二百余人，骑卒一百人，服乘小马九十五人。"动员人力既多，对所过州郡的官府与民间造成负担。[5]

在宋金和平时期，岁贡银绢亦是循使节路线，每年通过运河运送。周密即指出：

① 《宋会要辑稿》职官三六《主管往来国信所》，"绍兴二十年十二月十八日"条。

② 陆秀夫：《宋左丞相陆公全集》卷三《丹阳馆记》，线装书局，2004，第5页下。

③ 陆游：《渭南文集》卷四三《入蜀记一》，第11页上；周必大：《文忠集》卷一七〇，第11页上~12页上。

④ 《嘉定镇江志》卷一〇《兵防》，第21页下。

⑤ 《宋会要辑稿》职官五一《国信使》，"淳熙十六年四月十六日"条。参见张立主编《镇江交通史》第二章第三节，第57~62页。

绍兴（误，当作绍熙）岁币银二十万两、绢二十万匹。枢密院差使臣四员管押银纲，户部差使臣十二员管押绢纲。同左帑库子、秤子，于先一年腊月下旬，至盱眙军岁币库下卸。续差将官一员，部押军兵三百人，防护过淮。交割官正使，例差淮南漕属；副使，本军倅或邻州倅充。[1]

周密的记载并未说明银绢运输路线。据梁庚尧教授研究，当是由江南运河，经镇江渡江到瓜洲，进入淮南运河。[2] 可见宋廷在金蒙对峙时期，基于防御战略的策略及交通联络的优势，择定镇江承担淮东军需补给及人员使臣往来的重任。

由于镇江地处都城与四方联络的枢纽地位，除人员与军需之外，大量的米粮、茶盐等民生消费性物资，乃至金银器、丝织品等精致手工业产品，都受惠于长江与江南运河便捷的水运，于此汇流、转输南宋境内；也经长江、淮南运河，在边境进行榷场贸易，贩卖到金朝甚至海外。镇江遂成为长江流域上一座对外贸易活络的港口，及商业最盛的重要城市。[3] 对宋廷而言，镇江是广征税源，挹注国防支出的绝佳场域，因此在境内设置常平仓及众多相关的税务机构，如榷货务、江口务、都商税务、都酒务、都仓厅、转般仓监厅、大军仓官厅、织厅务、贡罗务等。[4] 如临长江的江口务，在嘉定中岁收十三万一千三百四十九贯，其数量接

①　周密:《齐东野语》卷一二《淳绍岁币》，张茂鹏点校，中华书局，1983，第 3 页。

②　梁庚尧:《从南北到东西：宋代真州转运地位的转变》，《台大历史学报》第 52 号，2013，第 105 页。

③　刘建国:《古城三部曲——镇江城市考古》，江苏古籍出版社，1995，第 251~289 页。

④　俞佳奇:《镇江运河文化的历史考察》，《镇江高专学报》第 31 卷第 4 期，2018，第 7 页。

近都商税务的两倍；[①] 再加上对外贸易，收入更为可观。税务所在的江口镇，在嘉定时即有六千多居民，遗留的文化堆积丰富，印证商业的蓬勃发展。[②] 此外，镇江城内更出现五市的繁荣商业现象。[③] 其中大市即是镇江府城的商业中心，而漕渠上的渌水桥，自北宋以来即为商业及茶文化兴勃的场所。[④]

长江流经镇江城区，缔造了此地繁盛的商业活动，江南运河流经镇江府全境，更带动所辖乡镇的发展。顾祖禹即指出："漕河在城西二里，自江口至城南水门凡九里，又南经丹阳县至吕城堰百二十四里。"[⑤] 是京城与淮边等联络的主要管道。一如《宋会要·方域》所称："自临安至于京口，千里而远，舟车之轻从，邮递之络绎，漕运之转输，军期之传，未有不由此涂者。"[⑥] 运河的路途长、运量大，加上沿线设置不少转输、储存、停泊的闸、堰，遂产生众多制造造船材料的作坊，以及贩卖各类米食蔬果的行业，[⑦] 不仅促发商业繁荣的镇江城及境内市镇的崛起，并且与其他运河沿岸城市相系联结，形成相互辉映的城市群。其中的丹徒镇、新丰镇、陵口镇（今属江苏丹阳）、吕城镇（今属江苏丹阳）、平望镇（今属江苏苏州）、练壁镇、车阳镇、龙潭镇、柴沟市、仓头市、高资镇（今属江苏镇江）、大港镇（今属江苏镇江）

---

① 俞希鲁编纂，杨积庆等校点《至顺镇江志》卷六《赋税·嘉定志》，江苏古籍出版社，1999，第252页。

② 刘建国：《古城三部曲——镇江城市考古》，第206~207页。

③ 俞佳奇：《镇江运河文化的历史考察》，《镇江高专学报》第31卷第4期，2018，第7页。

④ 刘建国：《古城三部曲——镇江城市考古》，第199~205页。

⑤ 顾祖禹：《读史方舆纪要》卷二五《南直七·镇江府》，第1255页。

⑥ 《宋会要辑稿》方域一〇《道路》，"嘉定十七年二月六日"条。

⑦ 安作璋：《中国运河文化史》，山东教育出版社，2001，第857页。

乃至常州的奔牛镇，及由陆路到建康的各镇，都因地处运河沿岸而商业繁荣，形成商业城市带。[1] 如吕城镇即是宋初船舶经过闸口、聚集人货而形成的商业市镇，更于淳熙四年（1177）置镇。[2]

总之，由于南宋立国形势的转变，及江南运河的畅通，让镇江在人员往来、米粮物品及军需转输都居于首要地位，更影响指挥系统的运作，是守护南宋政权的重要门户。

第三节　政务架构

宋代地方行政可区分成路—府、州、军、监—县三个层级，府不直接面对民户，而是通过基层行政的县级机构，执行税赋征收、力役调遣、司法刑狱等业务。[3] 以镇江而言，在宋代虽有润州、镇江府的改制与改名，但都隶属于两浙西路，下辖丹徒、丹阳与金坛三县。此外，基于战略的部署，于绍兴十一年（1141）以后，宋廷也在镇江建置了二个与知府功能有别，却互有关联的军政机构：镇江都统制司与淮东总领所。

镇江都统制司是南宋军政体系的一部分。绍兴十一年，宋廷收大将兵权后，将行营护军的番号，改名御前诸军，并先后设置

---

① 俞佳奇：《镇江运河文化的历史考察》，《镇江高专学报》第 31 卷第 4 期，2018，第 7 页。江苏省交通厅航道局、江苏省航道协会编《京杭运河志（苏南段）》第十章，第 614~615 页。张立主编《镇江交通史》，第 66 页。

② 参见何荣昌《唐宋运河与江南社会经济发展》，收录于唐宋运河考察队编《运河访古》，上海人民出版社，1986，第 322 页。

③ 参见高柯立《宋代地方的官民信息沟通与治理秩序》第一章 "宋代地方官府的构成与信息沟通"，第 37~46 页。

十个都统制司，由朝廷直接领导指挥，镇江都统制司即是其中之一。这是宋廷在部署国家防御网中，为联结四方、策应淮南，特别驻扎于镇江的军事机构，并与鄂州、建康构成防护南宋东南的根本。① 都统制司自有营寨、教场及分营戍守地区，也得兼办营利事业。而其军需米粮、装备及后勤补给，则由总领所承担。

总领所的设置则是宋廷在绍兴和议后，为确保军队国家化，由中枢官员直接统理军需调度、提供军用钱粮及掌握军情的重要机构，具有跨部统合的功能；虽在财政体制上隶于户部，但直接获得朝廷配付固定额度的经费。② 绍兴十一年（1141）五月，宋廷为供应各地驻军的粮饷装备，设置淮东、淮西、湖广等三个总领所。③ 其中淮东总领所原置于韩世忠驻扎地楚州，韩世忠调任御前后，宋廷派张俊、岳飞将驻楚州的韩部迁驻镇江府，并考量镇江联结长江与运河，具有军需粮饷补给与联络临安及长江上下游的便捷优势，而将淮东总领所移置于镇江。绍兴十五年（1145），宋廷又设置四川总领所。④ 这四个总领所是南宋朝廷为应付长江沿线及蜀地屯戍诸御前大军钱粮，由中央直接控制的机构，有外司农之称："虽直（置）司于外郡，而系衔则必以中都

---

① 《建炎以来朝野杂记·甲集》卷一八《绍兴内外大军数》，第404~405页。参见王曾瑜《宋朝军制初探》，第158、184页。

② 学界关于总领所隶属职权有不同观点，日本学界提新置财政机构之说，中国武汉大学张星久教授则认为是户部派出机关，另袁一堂则认为是以供军为主要目的，兼有多方面职能的综合性财政管理机构。参见张星久《关于南宋户部与总领所的关系——宋代财政体制初探》，《中国史研究》1987年第4期，第9~16页；袁一堂《南宋的供漕体制与总领所制度》，《中州学刊》1995年第4期，第132~135页。本人的观点与袁一堂相近。

③ 《建炎以来系年要录》卷一四〇，"绍兴十一年五月辛丑"条，第2637页。

④ 参见雷家圣《聚敛谋国——南宋总领所研究》第二章"南宋高宗收兵权与总领所的设置"，第9~44页。

官，盖以名曰'出使'，而实非任外之职。"[①] 所需经费，占全国赋税的一半，[②] 是由邻近各路按规定的定额，从上供、课利收益中通过漕运分摊筹措供给。[③] 此举使中央军的军费从地方岁计中分离出来，并确保中央对地方财政的控制。[④] 这种将军需分区供应而非集中运作的设计，充分显现南宋财政统筹配合边防部署的战略考量，正如《古今源流至论》所论：

> 四总之官既立，上可以备边境不虞之用，下可以省老弱转运之劳。通融出入，裁制盈虚，其于军用甚便，岂非储于边塞而无乏用之急乎！大抵国家用度多糜于兵，西蜀、湖广、江淮之赋，类归总司；所供京师者惟仰闽浙而已。[⑤]

镇江的淮东总领所，负责调动淮南东路、两浙西路及江南东路部分地区的财赋，供应淮南防务所需。李心传即说："淮东总领所岁费为钱七百万缗，米七十万石，而诸郡及盐司所输之缗多愆期者。每月五十八万缗，内浙盐司三十万，平江、镇江府及常州共十五万，江西九郡共十三万。"[⑥] 若与淮西总领所供应建康、池

---

① 林駉：《古今源流至论·续集》卷二《兵粮》，《景印文渊阁四库全书》，台北：台湾商务印书馆，1986，第 12 页上 ~12 页下。

② 《宋会要辑稿》职官四一《总领所·杂录》，"嘉定六年十一月十四日"条。嘉定六年监察御史黄序之言。

③ 斯波义信：《宋代江南经济史研究》序章，方健、何忠礼译，江苏人民出版社，2001，第 93~95 页。

④ 包伟民：《宋代地方财政史研究》第三章，上海古籍出版社，2001，第 54 页。

⑤ 《古今源流至论·续集》卷二《兵粮》，第 11 页下 ~12 页上。包伟民：《宋代地方财政史研究》第三章，第 53 页。

⑥ 《建炎以来朝野杂记·甲集》卷一七《淮东西湖广总领所》，第 390 页。

州（今安徽池州），湖广总领所供应鄂州（今湖北武汉）、荆南（今湖北江陵）、江州（今江西九江），四川总领所供应兴元（今陕西南郑）、兴州（今陕西略阳）及金州（今陕西安康）相比，显示其支应业务范围较单纯，但总数量较大，任务相对繁重，①洪适在绍兴三十二年（1162）的《淮东总领所记序》中，对淮东总领所的职权有具体的说明：

> 凡供军之物，民部计其实，下江浙数州，水输陆送无虚旬。督其稽逋，劝其能，则有刺举之权，颇得淮盐所算、酒垆所榷以赡用。月受诸军所作戎器，藏之库；岁收营田所获，归之官。招选士卒，则甲乙呼辨，涅之于庭下；删汰老疾，则集有秩者第功伐，如铨注之法；川蜀纲马至，别其良驽则印之；濒塞有互市，则提其要。凡关所隶者，听其讼。或边防军政不常之事，则唯朝廷所命。至于察虚伪，谨出内，抱公灭私，则存乎其人。其表笺谢庆之式，大抵同外台。以王人故，序乎方伯部使者之上，所谓报发军马文书，或曰犹古之监军，非也。②

为因应其职责，总领所下设许多主责的单位，包括负责辖下文武官吏军士俸禄的粮料院、负责审查粮料院俸禄数目的审计

---

① 内河久平「南宋総領所考——南宋政権と地方武將との勢力関係をめぐって」『史潮』78、79合併号、1962、8頁。

② 洪适：《盘洲文集》卷三二《淮东总领所记序》，《景印文渊阁四库全书》，台北：台湾商务印书馆，1986，第7页上~8页下。《嘉定镇江志》卷一七《寓治·总领所》，第13页上~13页下。長井千秋「淮東総領所の財政運営」『待兼山論叢』第22号史学篇、1988、41~64頁。雷家圣：《聚敛谋国——南宋总领所研究》，第59~60页。

院、负责米粮与钱物储存的大军仓与大军库、负责收藏及发放御前诸军所需兵器的御前封桩甲仗库以及榷货务；其中镇江榷货务都茶场，每年以四百万缗为额，月支三十万为赡军之用。此外，总领所也从事东南会子与两淮交子兑换业务，并设置赡军酒库、惠民药局、赎药库及市场抵当库等机构，以筹措钱粮、支应军需。①

除了军备粮饷供应之外，淮东总领所也提供安顿正规军营寨的经费，如淳熙十六年（1189）六月，镇江暴发水灾，运河河水倒灌城中，淹没三千余军人家屋，都统制刘超上请救助办法，宋廷即令总领所依所请支付。②绍熙二年（1191）十一月，宋廷也以镇江大军寨屋窄狭，下令收回韩彦古家租地，增建七百间寨屋，由总领所支付费用。③此外，淮东总领所也负责管理由各路府调度、支应的费用，如镇江府支应十一万余缗的经总制钱，以及通过兼营商业和榷场贸易的获利等多项收入来充裕经费，以支撑军防重责。④

淮东总领所在行政上与知府各自独立，但运作机制却有紧密

①　雷家圣：《聚敛谋国——南宋总领所研究》，第45~52、127~134页。又见王曾瑜《宋朝军制初探（增订本）》，第428~440页；汪圣铎《宋粮料院考》，《文史》2005年第1辑，第185~200页；张亦冰《宋代官员俸禄勘给程序研究——以财务文书为中心》，硕士学位论文，中国人民大学，2013。镇江大军仓是淳熙戊戌年（1178）由知府司马伋、总领叶翥、转运副使陈岘共同创置，后分建南、北、西等三仓。见《永乐大典》卷七五一六《仓·大军仓》引《镇江志》，台北：大化书局，1985，第3页下。参见杨芳《宋代仓廪制度研究》第四章，上海古籍出版社，2019，第167~169页。又见王书敏《关于镇江宋元粮仓的几个问题——转般仓、淮东总领所、大军仓》，《东南文化》2011年第5期，第72~73页。

②　《宋会要辑稿》瑞异三《水灾》，"淳熙十六年六月五日"条。

③　《宋会要辑稿》兵六《营垒》，"绍熙二年十一月二十七日"条。此外，还有参与疏浚运河河道的经费等。

④　王曾瑜：《宋朝军制初探（增订本）》，第428~430页。

联结。总领所既以支援国防军需为要务，业务范围横跨军政、财政与民政，与诸多行政区域有所关系，又为讲求时效，需要具备独立运作、统筹协调各方的职权，故组织架构相当精简，但所属官员多为京朝官。同时它是中央设置监督地方的官员，资序在地方官之上；财政征调则是由府、州级的通判负责。[①] 基于此一特殊功能考量，总领所的职权与主管民政的镇江府不相统属。不过，在实务运作上，凡涉及钱粮调度与运输、财务划分与业务经营等层面，承平时期是通过府州循行政程序运作，而非直接指挥调度县级行政衙署；当战情紧张时，才出现直接指挥调度的情况。因此，多数时期总领所与各基层社会及百姓的关系，显然较为间接。

总领所的权职随军政环境逐步强化。它的原初设计，负有户部部分之权，可以秉命催督、按劾拖欠或违期的监司，[②] 也可视军情的发展，调整职权，显现南宋朝廷适应现实的能动性。[③] 同样的，宋廷为提升钱粮供应淮东诸军的效能，同意总领所可以视成效荐举淮东官员，作为激励；但尚未纳入两浙西路的拘催绩效，致供应常有延迟，为此总领所吴彦璋特请准宋廷对"浙西见

---

① 《宋会要辑稿》职官四一《总领所》，"庆元元年正月五日"条、"乾道七年九月二十四日"条。参见雷家圣《聚敛谋国——南宋总领所研究》，第61页。

② 通判任总领所财赋主管，见不著撰人《两朝纲目备要》卷七，"嘉泰二年十月壬申"条，《景印文渊阁四库全书》，台北：台湾商务印书馆，1986，第28页上。《宋会要辑稿》职官四一《总领所》，"绍兴十六年六月二十八日"条。包伟民另举刘克庄知饶州所申科降米状，见氏著《宋代地方财政史研究》第三章，第71~72页。

③ 《京口耆旧传》即指出，绍兴中，都絫以太府少卿为淮西总领。时总司之权尚轻，絫上言："江东所屯见兵，岁费钱七百万缗，米七十万石，而监司守令恬不加意。乞将弛慢之尤者，按劾黜责，以儆其余，朝廷从之。自是总司之权始重，文移往复，州郡无敢玩者。"刘宰著，王勇、李金坤校证《京口耆旧传校证》卷二，江苏大学出版社，2016，第64页。

任官有职事相干，许通行荐举"。^① 淳熙四年（1177）起，宋廷又同意镇江务场官员的推举，也须先经总领所审实才能施行，以避免镇江知府未知会总领所，即据贩卖茶场之业绩呈请朝廷推赏的偏失。^② 此外，宋廷还同意淮东总领所核对各路州军供应钱米实况："检察按治，再送刑部、大理寺看详。"^③

到宁宗朝，淮南军情紧急，总领所责任加重，其考核权更深入州县。开禧元年（1205），宋廷即应官员之请，扩大总领所对地方长官征调财赋的考核权。^④ 嘉定以后，淮东地区承受金朝与李全势力的双重压力，总领所筹粮备边权责既重，遂请求朝廷增加兼摄重要州县官员，并逐步强化职权。例如岳珂受命任淮东总领所后，于嘉定十五年（1222）奏呈楚州情势紧急，事体比邻州尤重，但每月总领所由镇江府支出的一万四千五百余石，向由州官兼摄，无法专心管理，致纲运积压，因此请求比照扬州专任一官员，直隶总领所；^⑤ 此外，也请比照淮西总领所事例：

> 特赐札下楚、扬、真、泰、盱眙军通判，高邮军判官，天长、六合知县，并各带淮东总领所受给钱粮职事入衔。除扬州已有专官外，余并于满替前一季预申本所，于见任官内

---

① 《宋会要辑稿》选举三〇《举官》，"绍兴十三年九月二十八日"条。

② 《宋会要辑稿》职官四一《总领所》，"淳熙四年七月二十四日"条。

③ 《宋会要辑稿》职官四一《总领所》，"绍熙三年七月十二日"条。

④ 官员请"乞于郡守离任之日，各令具本任内合解总所财赋有无亏欠。如亏者即诘其由，重加责罚。至若在任尤弛慢者，亦许总所按奏。如此则诸郡知畏，而财赋必不致有亏，缓急必不致误事"。获朝廷同意。见《宋会要辑稿》职官四一《总领所·杂录》，"开禧元年十一月三十日"条。

⑤ 《宋会要辑稿》职官四一《总领所·杂录》，"嘉定十五年正月二日"条。

从本所踏逐选差。或见得下政可委就差承代管干，其受给并仓库官遇差兼满替，并赴本所批书。①

嘉定十七年（1224）三月，宋廷依岳珂之请下令："临安、平江、绍兴三府带行浙西、江东、淮东总领所主管茶盐官入衔，到、罢从本所批书，庶得专意督办。"② 这些事例说明，每当战况趋紧时，总领所每以调度军需为名，呈请朝廷强化对州县长官的督责与考核权力。

值得注意的是，在镇江新增机构的管辖权，常在知府与总领所等机构之间转移，显示总领所职权的弹性变动。其中，尤以镇江转般仓为要。转般仓的设置，是为了转运江浙粮食至两淮，以供应军需。绍兴二十九年（1159）九月，户部呈请由总领所措置镇江转般仓。③ 淳熙五年（1178）闰六月正式设置时，规定隶属户部，各置文武监官一员，由总领所专一提领。④ 但到淳熙九年（1182），宋廷应知建康府范成大之请，将建康转般仓及大军仓专委知府桩管，以统一事权。⑤ 此一改变，当同样适用于镇江总领所。⑥ 镇江转般仓在开禧初增为五十四座敖屋，储米六十万余石，

---

① 《宋会要辑稿》职官四一《总领所·杂录》，"嘉定十五年正月二日"条。

② 《宋会要辑稿》职官四六《提举茶盐司》，"嘉定十七年三月二十三日"条。

③ 《建炎以来系年要录》卷一八三，"绍兴二十九年九月辛卯"条，第3053~3054页。参见张小军《南宋镇江转般仓有关问题研究》，《镇江高专学报》第27卷第2期，2014，第2页。

④ 《宋会要辑稿》食货六二《诸州仓库》，"淳熙五年闰六月十一日"条。

⑤ 《宋会要辑稿》食货六二《诸州仓库》，"淳熙十年四月七日"条。于北山：《范成大年谱》，第314页。孔凡礼辑《范成大佚著辑存》，《奏乞蠲免大军仓欠负札子》，中华书局，1983，第39~40页；《奏拨隶转般仓札子》，第40页。参见张小军《南宋镇江转般仓有关问题研究》，《镇江高专学报》第27卷第2期，2014，第3页。参见汪圣铎《宋代转般仓研究》，《文史》2011年第2辑，第192页。

⑥ 汪圣铎：《宋代转般仓研究》，《文史》2011年第2辑，第193页。

嘉定六年（1213）改直隶尚书都省。[1] 嘉定七年（1214）史弥坚另建二十座敖屋，以利储米百万石，规模甚大。[2] 理宗嘉熙年间，转般仓又改隶发运司。景定二年（1261），再改由提刑司主管。[3] 转般仓隶属的转移，说明宋廷为因应现实环境的变动，当新置机构的业务兼涉军政与民政时，管辖权常在知府与总领所之间挪移。

综上可知，镇江地区的政务架构，呈现民政体系与军政体系混存的现象。在这一双轨系统设计下，民政首长镇江知府与军政首长淮东总领所，除职权及主要业务有所异同之外，官员任期也都有差别。宋代各级官员原有明确的任期与轮调制度，但镇江知府与淮东总领所的实际任期相形之下却颇见弹性。从绍熙元年（1190）到嘉熙三年（1239）五十年间，镇江知府与淮东总领所的任期，可以看到其差异性。

这五十年间，镇江知府多达四十四人、五十三任次，其中多达三十任次的知府任期不满一年；一年以上至两年者有十八任；两年以上至三年者有两任次（张子颜两年七个月、史弥坚两年）；三年以上者有三任次（韩大伦三年、丘寿隽四年半、赵善湘五年），显示两年以上仅五任次，合计十七年一个月。其余三十九人、四十八任次，合计三十二年十一个月，平均任期不及一年，特别是开禧三年（1207）八月到嘉定元年（1208）十一月间，共调派八次，嘉定十二年（1219）五月到次年一月的八个月内即

---

① 汪圣铎：《宋代转般仓研究》，《文史》2011年第2辑，第193页。

② 《嘉定镇江志》卷一二《仓·丹徒县》，第8页下~9页上。参见杨芳《宋代仓廪制度研究》第二章，第106页。王书敏：《关于镇江宋元粮仓的几个问题——转般仓、淮东总领所、大军仓》，《东南文化》2011年第5期，第72~73页。

③ 张小军：《南宋镇江转般仓有关问题研究》，《镇江高专学报》第27卷第2期，2014，第4页。

更动了五次。值得注意的是，镇江知府外调后，由总领所兼权的例子多达十三人次［朱晞颜、沈作宾、薛绍、梁季珌、叶籈（三任）、汪文振、林祖洽、钱仲彪（两任）、程覃（两任）、岳珂（三任）、韩大伦、桂如琥、吴潜，共十九任］，除吴潜兼知府是一年九个月，桂如琥与岳珂各六个月，薛绍、梁季珌各五个月及沈作宾、林祖洽各四个月外，其余时间均短，如叶籈三次兼权共仅三个月。[①] 可见镇江知府调动频繁；不仅知府人事变动频率高，由总领所兼权的人数也多，显示镇江知府的任期浮动而短暂，具体原因尚待探讨。

淮东总领所更动的频率则与知府有别。同样从绍熙元年到嘉熙三年的五十年间，淮东总领所共任命二十二人、二十四任次（林祖洽任两次），其中任期不到一年者有七人，集中在绍熙元年及开禧元年到嘉定元年间；有五人的任期二到三年（吴珽、叶适、薛绍、宋均、程覃）：三年以上者共四人：梁季珌、钱仲彪、岳珂、吴渊。平均任期超过两年，岳珂更长达十二年；显示淮东总领的人事较镇江知府稳定。[②]

通过进一步比较其他地区，将能对镇江这两类官员的任职情形，会有更清楚的了解。南宋有四个与府、州并置的总领所：镇江、建康、鄂州及兴州。后两州人事资料不足，难以比较；建康府则保留与镇江府一样完整的人事资料，可以以绍熙元年到嘉熙三年共计五十年间的任职，进行观察讨论。

---

① 镇江知府任期参见《嘉定镇江志》卷一五《宋润州太守》，第 12 页上 ~15 页上。俞希鲁编纂，杨积庆等校点《至顺镇江志》卷一五《宋太守》，第 589~593 页。

② 见附录四"镇江知府与淮东总领所任期"，淮东总领所任期请参见雷家圣《聚敛谋国——南宋总领所研究》附表一"淮东、淮西、湖广总领年表"，第 173~178 页。

　　这五十年中，知建康府共任命二十四人、二十五任次（仅李大东担任过两次知府）。其中不满一年者有四任次，一年至两年者七任次，两年至三年者十四任次（辛弃疾、余端礼、张杓、吴琚、丘崈、黄度、刘榘、李珏、余嵘、丘寿迈、别之杰、陈铧、李大东，其中李大东两次共四年六个月，为最久），从时间上来看，开禧三年（1207）九月至嘉定二年（1209）十二月的两年三个月中，更替四人最为密集；理宗以后的任期则较长，[①] 每人平均任期在两年以上。淮西总领所，五十年内共有二十八任次，其中不满一年者有七任次，一年至二年者有十二任次，二年以上者有四任次（郑湜、商飞卿、商硕、吴潜），三年以上者有五任次（赵不儳、胡槻、李骏、戴桷、蔡范，其中胡槻任期达六年九个月，为最久），平均任期不及两年，较知府稍短。

　　交叉比较镇江与建康两地的知府与总领所在任时间，显示建康知府在任的时间通常较淮西总领所为长，且担任知府超过两年者占一半以上；反之，担任知镇江府两年以上者仅有五人，约九分之一。由淮东总领所兼权知府的人数达十三人，占知府的三分之一，淮西总领所则无兼权建康府的情况，显示后两者各自独立的性质较为明显。此种差异的产生，与镇江、建康二府的政治地位有关。镇江府隶于两浙西路安抚使，建康府则是江南东路安抚使所在，知府同时也由安抚使兼任，并且基于地理形势及历史地位的考量，南宋朝廷更视之为"留守"。在宋金关系紧张之际，南宋为备战而强化指挥权，遂于建康置沿江、江淮制置使，并兼任

---

① 　见附录五"建康知府与淮西总领所任期"，建康知府任期见《景定建康志》卷一四《建康表十·国朝建炎以来为年表》，第31页上～39页上。淮西总领所任期请参见雷家圣《聚敛谋国——南宋总领所研究》附表一"淮东、淮西、湖广总领年表"，第173～178页。

知府，统合军事指挥与民政权力。如丘崈曾任江淮安抚使，徐谊、黄度、叶适、刘榘、李珏、李大东、余嵘、丘寿迈、赵善湘、李寿朋、陈铧、别之杰等人，都是由江淮制置使或沿江制置使兼知府，甚至都督等位高权重的职务，其权位凌驾于淮西总领所之上。因此，在镇江获朝廷肯定的知府，如李大东、赵善湘才改知建康府。知建康府一旦由制置使兼任，其指挥权则及于镇江，如黄度、赵善湘及陈铧任上都有涉及镇江的事务。

从上述讨论可知，直接主管民政与地方关系的知镇江府，在行政上除受浙西路提刑、常平（在平江府）安抚、转运司（在临安府）长官的指挥监督外，其所承办漕运、财政业务、上供运输等，亦兼受淮东总领所的督导与考核。[1] 一旦战事发生，更要听命于江淮制置使指挥。总领所及制置使基于国防任务，不必直接面对基层社会，而是通过行政程序指挥知府执行。显著的例子是刘宰在宝庆元年（1225）代表金坛县上呈镇江府的一件申诉案件。该案说明镇江府因应支付淮东总领所定额的经总制钱，要求所属三县缴纳额钱数目不合理，请求知府协调改进，以避免官府为催缴钱赋，下乡骚扰百姓。[2] 从申诉案的内容看来，总领所的经总制钱是通过知府，依照分摊数额，遵循行政程序，责由县衙直接向地方百姓催征的；县级官员及百姓，与总领所的关系是间接的，接触的机会明显较知府为少。

在镇江，由于知府的任期短暂、调动频繁及不时由总领所兼权，知府的人事相当不稳定；这些官员莅任后，对基层社会与地

---

①　张勇：《宋代淮南地区经济开发若干问题研究》，第 57 页。

②　刘宰：《漫塘集》卷一三《代金坛县申殿最钱札子》，《景印文渊阁四库全书》，台北：台湾商务印书馆，1986，第 15 页下~19 页上。

方事务相对生疏，又要承受来自不同军政层级的压力，面对庞杂的业务与较陌生的人际关系与地方生态，势必借由征询地方耆老意见，来认识、掌握所辖事务，以利推动上级交付的任务。基层社会反映舆情的对象，也多是知府及辖下的县级亲民官，这一点从《漫塘集》所载刘宰与地方官长来往书信的数量可以得到印证。《漫塘集》中收录刘宰与淮东总领所、知镇江府及金坛、丹阳、丹徒三县长官的书札与启，合计六十六件，其中淮东总领所两人、共六件，知镇江府十四人、共四十六件，县级长官八人、共十四件，从数量上即能显示刘宰与府、县行政官员来往较总领所频繁。若进一步探求书札内容，可以更明显地区别知府、县衙与总领所主管业务的性质，和所涉地方事务的属性。[1]

第四节　漕运与民生

由于南宋行政中枢南移到富庶的江浙，让居于江河航道转折点的镇江，因应人员移动与物资转输，跃升为商业活动兴盛的重要城市；宋廷既得借以吸纳财赋并裕国养军，民间也因人口移动与贸易活络而获利。不过，要让位于江南运河、长江及淮南运河交汇口的镇江，发展出活络的商机，必须仰仗畅通的漕运。为此，宋廷持续设置闸、堰、埭及转般仓等各种设施，并建立经营、运作机制，甚至开辟水源，调节运河与长江之间的水位落差，期使漕运发挥最大功效；各种作为，都对镇江社会造成影响。

---

[1]　刘宰与知府、县衙及总领所往来书札的具体讨论内容与差异，详见本书第四、五章。

一　闸渠、水运

长江是镇江联络东西、发展贸易的主轴。由于长江水深，利于大型船舰航行，是上下游人员与物资交换的捷径。不过长江在镇江境内的路程较短，且因河岸线的变化，水位、潮汐的差异，加上泥沙淤积严重，江面渐窄，导致江水汇入运河常受阻碍。宋廷为了便利通航，相继在江河汇流处辟建积水澳、归水澳，以及在漕渠间修建京口闸、腰闸、上闸、中闸、下闸等五个闸门，也整治练湖，丰富运河水量，确保航运畅通。[①]

与长江相比，江南运河对镇江境内官民的影响更为明显。运河在镇江境内贯穿三县，是联系南北的动脉；它以人力打通洮湖水系，包含香草河、丹金溧漕河、越渎溧河，从丹阳向南，经金坛到溧阳与南河（吴中运河）相接。[②] 其中丹阳一段冈阜连绵，是江南运河中地势最高的河段。当长江水位较高时，尚可借由江潮引江水济运，畅通航运；然而每年十一月至次年四月长江枯水期，江水难以引入，不利于运河的船舶发挥运输功能。淳熙十一年（1184）冬，臣僚上言："运河之浚……独自常州至丹阳县，地势高仰，虽有犇（同'奔'）牛、吕城二闸，别无湖港潴水；自丹阳至镇江，地形尤高，虽有练湖，缘湖水日浅，不能济远，雨晴未几，便觉干涸。运河浅狭，莫此为甚，所当先浚。"[③]

---

① 张小军：《镇江京口闸澳系统研究》，《镇江高专学报》第 25 卷第 3 期，2012，第 91~108 页。黄纯艳：《宋代运河的水情与航行》，《史学月刊》2016 年第 6 期，第 91~108 页。

② 江苏省交通厅航道局、江苏省航道协会编《京杭运河志（苏南段）》，第 61 页。

③ 《宋史》卷九七《河渠志·浙西运河》，第 2405~2406 页。

运河水量的丰枯，影响军需及民生物资的运送。乾道五年（1169）冬出使的楼钥，记奔牛闸到吕城闸一段说："十五日丁卯晴……明月水深，挽舟甚驶，夜行五十四里。"① 与楼钥、陆游、周必大同样具丹阳到常州航行经验的杨万里，则对吕城及奔牛两个闸口影响船只通行，有更深的体会。他有六首诗描述过吕城闸的经验，其中四首即说：

> 泊船到得暮钟时，等待诸船不肯齐。等得船齐方过闸，又须五鼓到荆溪。
>
> 等到船齐闸欲开，船船掁拖整帆桅。一船最后知何故，日许时间独不来。
>
> 才闻开闸总欢欣，第一牵夫有喜声。只得片时天未黑，后来天黑也甘行。
>
> 道是行船也未行，老夫误喜可怜生。要知开闸真消息，记取金钲第二声。②

楼钥与杨万里两个例子，说明水道深浅与闸门开闭，都是影响纤夫过闸的因素。

为使航运畅通，宋廷亦通过设置堰闸与疏浚工程，调节水量，充沛水源。嘉泰四年（1204）三月，陆游应其外甥知常州赵善防之请，写《常州奔牛闸记》，即表扬赵知府建奔牛闸对漕运的贡献：

---

① 楼钥：《楼钥集》卷一一九、一二〇《北行日录》上、下，第 2087 页。
② 杨万里撰，辛更儒笺校《杨万里集笺校》卷二八《诗·朝天续集》，"过吕城闸"，第 1433~1434 页。

　　　以地势言之，自创为运河时，是三闸（按指京口闸、吕
　　城闸、奔牛闸）已具矣。盖无之，则水不能节，水不节则朝
　　溢暮涸，安在其为运也……自天子驻跸临安，牧贡戎赟，四
　　方之赋输与邮置往来、军旅征戍、商贾贸迁者，途出于此，
　　居天下十七，其所系岂不愈重哉！①

李埴在嘉定七年（1214）的《京口闸记》中也强调，知镇江府史
弥坚整建京口闸后，"由城南出，达于吕城，间石其途，挽夫上下
妥视安行。甚雨淫潦，免于旋淖"。② 说明闸口的修建，可以发
挥调节水位之效，既便利劳力者纤引，也让漕运通畅。

　　因此，宋廷为维护南北漕运畅行，竭尽所能地组织人力，致
力于推动各项闸、堰的建设；更建立定期检视维护的运作机制，
让这段运河发挥转输军需民食的功能。③ 不过这些建设、疏浚等
工程，都涉及在地民夫、民力的动员与资源的征集，亦可能影响
农业灌溉，是镇江官府与民间社会共同关注的重要课题。④

---

① 陆游：《渭南文集》卷二〇《常州奔牛闸记》，第 11 页上～12 页下。系年参见于
　北山《陆游年谱》，第 501 页。

② 《嘉定镇江志》卷六《京口闸记》，第 28 页下～29 页上。

③ 这类研究很多，可参见安作璋主编《中国运河文化史（中册）》第三编"宋元时期的运河
　与运河文化"，第 658～780 页。陈桥驿主编《中国运河开发史》第五编第六章至第六编
　第二章，中华书局，2008，第 331～379 页。黄纯艳《宋代运河的水情与航行》，《史学月刊》
　2016 年第 6 期，第 91～108 页。张小军《宋代镇江京口闸澳系统研究》，《镇江高专学报》
　第 25 卷第 3 期，2012，第 13～17 页。张小军《南宋镇江转般仓有关问题研究》，《镇江高专
　学报》第 27 卷第 2 期，2014，第 1～5 页。张小军《南宋镇江转般仓考述》，《南京博物院
　集刊》第 13 卷，2012，第 81～85 页。汪圣铎《宋代转般仓研究》，《文史》2011 年第 2 辑，
　第 187～209 页。江苏省交通厅航道局、江苏省航道协会编《京杭运河志（苏南段）》，人民
　交通出版社，2009。

④ 张立主编《镇江交通史》，第 62 页。

对生活在运河沿岸的镇江居民而言，感受最深的是难以摆脱被征调运送供应前线军需的问题。为确保河道畅通、军需转运顺利，从调节闸、堰水流到维护输送安全，都需要动员人力，对当地百姓而言构成沉重的负担。[1] 从刘宰给总领所辖下粮料院王抾的信札，和他回应知镇江府赵范的征询意见中，可以看到镇江百姓与运河的密切关系。嘉定十二年（1219），金坛县承担上供军需计一万九千石，这项任务一向通过漕运运送。但该年秋天适逢干旱，无法由河道运送，须改由陆运，对县民而言负荷更重，然

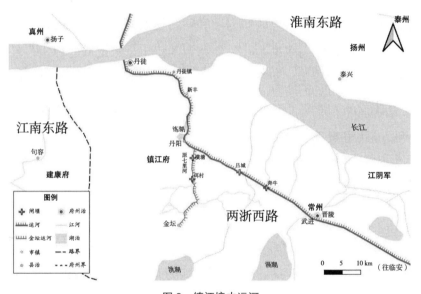

图 2　镇江境内运河

资料来源：中研院人社中心 GIS 专题中心（2020）中华文明之时空基础架构系统，http://gissrv4.sinica.edu.tw/gis/cctslite.aspx(2023/3/2)，"南宋历史地图"。运河参酌青山定雄『唐宋時代の交通と地誌地図の研究』（東京：吉川弘文館，1969）「北宋時代主要交通路図」図版Ⅱ；曾国藩、丁日昌纂修《苏省舆地图》，哈佛大学汉和图书馆藏清同治七年（1868）刻本。图中地理位置由复旦大学鲁西奇教授校订。

① 　张立主编《镇江交通史》，第52~62页。

而镇江府无力推卸总领所交付的任务。此时，一向负责统筹总领所军用钱粮、装备运补与调拨重任的粮料院王抧，体恤民艰，决定停止征调百姓陆运，自行承担。而刘宰对王抧能苦民所苦、免除百姓负担深为感激，故特别致函道谢。①

到绍定二年（1229）秋，新知镇江府赵范上任后，鉴于淮东忠义军李全势力坐大，为祸淮边，亟须筹谋供应盐粮、军备以利军需，故承上级之命，打算开凿从丹阳到金坛的一段运河，于是向金坛乡贤刘宰征询意见。刘宰上呈两个方案，并分析施作方案与经营、动员民力的差异，提供给知府参考。刘宰虽没有表明自己支持的方案，但明显较倾向于进行小规模的施作，主要是为避免妨害农事，影响乡民生计。② 赵范的决定未见记载，但宋廷基于军事战略的需要，仍于端平年间开凿长达七十里的金坛运河，从溧阳县引荆溪水到金坛，再经由珥渎河（即七里河）至丹阳附近，与江南运河衔接。③

二　经函灌溉

让镇江境内众多农民感受更为深刻的，则是漕运与农业如何兼顾的难题。镇江这段运河的通塞，受地势及气候的制约明显，宋廷一方面曾有意深挖河床，贯通长江与太湖，取代堰

---

① 刘宰：《漫塘集》卷一五《谢王料院林免起夫运上供米纲启》，第18页上~19页上。按王林当为王抧，参见俞希鲁编纂，杨积庆等校点《至顺镇江志》卷一七《寓治·粮料院》，第699页。

② 刘宰：《漫塘集》卷一三《回赵守问开七里河利便札子》，第19页上~21页上。

③ 穆彰阿、潘锡恩等纂修《大清一统志》卷九〇《镇江府》，上海古籍出版社，1997，第15页下。参见史念海《中国的运河》，陕西人民出版社，1988，第256页。

闸的设置，期能一劳永逸地改善航行受阻的现象。治平四年（1067），官府在镇江与常州间试掘，却因"浚之，河反狭，舟不得方行，公私以为不便"而作罢，[1] 仅能采举疏浚、设堰闸调节等治标的做法。另一方面则积极开发水源，引导镇江境内河川、湖水挹注运河，以利航行。其中，丹阳境内的练湖，是镇江官民在漕运灌溉中受影响较深，却难以解决的问题。

从镇江治所丹徒到丹阳奔牛堰长达一百四十里的河段，地势高昂，河谷浅狭，如何修治以利船运，自孙吴以来即是棘手问题。西晋惠帝时，陈敏据江东，引水汇聚，成周四十里的巨湖，名练湖。此后经东晋联结新丰塘，范围扩大，水源充足，成为济运兼利灌溉的重要水源。[2] 唐代宗永泰二年（766）再经润州刺史韦损修治练湖，水面扩增，导湖水入运河，成为此段江南运河稳定的水源补给地。[3] 不过，代宗以后，因豪强侵湖为田，及遭兵乱，致浚废无常。[4] 北宋建立后，对漕粮仰赖更殷，遂在唐朝引湖济运的基础上，对练湖进行浚治。宋廷虽放宽决水禁令，嘉惠农田水利，但为保护练湖水源充足，多次诏令不得占用湖面、围湖造田，既经常督责官府修筑，也重视引湖水济运河："修筑严甚，春夏多雨之际，潴蓄盈满，夏秋虽无雨，漕渠或浅，但泄湖水一寸，则为河一尺矣。故夹冈亦未始有胶舟之患，公私两便焉。"其后又因受战乱无力整治，加上豪强侵耕，湖水淤积，致

---

① 《嘉定镇江志》卷六《地理三·山水·丹徒水》，第23页下。

② 唐宋运河考察队编《运河访古》，第266页。张立主编《镇江交通史》，第6~7页。

③ 张强：《江苏运河文化遗存调查与研究》第三章"运河镇江段文化遗产保护与利用"，江苏人民出版社，2016，第153~154页。

④ 张立主编《镇江交通史》，第40页。

漕运与民田受害均重。①

南宋初期，练湖漕渠浅涸，影响漕运及金使接伴的行程，引起宋廷的关注。绍兴二十九年（1159）四月，宋廷特别要求两浙转运副使赵子肃委专人检视镇江境内运河情况，并"支拨钱米，多雇人夫，差县官巡尉监督车畎，并将练湖水措置引导，指期通放添注运河"。② 于是将全湖分为上下两部，北为上练湖，南为下练湖。设涵闸节制，湖之东堤设斗门，泄水济运，湖之西南堤上则设涵闸引水溉田。③ 乾道七年（1171）七月，宋廷令两浙西路转运使沈度专一措置修筑练湖，各级官员亲自督视，设法改善并立法禁盗决侵耕，"庶几练湖渐复其旧，民田获灌溉之利，漕渠无浅涸之患"。④ 此后，再经多次整治，练湖水便不易走泄，保证了这段运河的畅通。⑤ 但由于练湖的水量对农田灌溉和航行漕运同样重要，如何权衡两者，遂成为官民的难题。

整治运河的措施中，对社会民生影响最大的是开掘经函。经函，又称函管或泾函，是运河开凿过程中，兼顾农田灌溉与船舶航行的一项水利设置，自北宋就已建成。政和中，蔡佑《竹窗杂记》记镇江城所见经函：

---

① 《宋会要辑稿》食货八《水利下》，"乾道七年七月二十四日"条。对北宋中晚期修治江南运河，及在常州与镇江置闸、堰与函管的变化，有较完整的记载。参见江苏省交通厅航道局、江苏省航道协会《京杭运河志（苏南段）》第一章"形成与变迁"，第31~42页。

② 《宋会要辑稿》方域一七《水利》，"绍兴二十九年四月十五日"条。参见张立主编《镇江交通史》，第40页。

③ 江苏省交通厅航道局、江苏省航道协会编《京杭运河志（苏南段）》第一章"形成与变迁"，第32页。

④ 《宋会要辑稿》食货八《水利下》，"乾道七年七月二十四日"条。

⑤ 《宋代浚治徒阳运河情况表》《修浚练湖工程概况》，收录于张立主编《镇江交通史》，第37~39页。许辉：《历经沧桑的江南运河》，收录于唐宋运河考察队编《运河访古》，第267页。

京口漕河，自城中至奔牛堰一百四十里皆无水源，仰给练湖。自郡城至丹阳中路，谓之经函，东西贯于河底。河西有良田数十顷，乃江南名将林仁肇庄，地势低于河底，若不置经函，泄水即潴而为湖，不可为田。经函高四尺，阔亦如之，皆巨石磨琢而成，缝甚缜密，以铁为窗棂，自运河泄水东入于江。①

在丹阳县上练湖有五个经函，下练湖有八个经函。② 宜兴人单锷在所著《吴中水利书》中也说："盖古之所创泾函，在运河之下，用长梓木为之，中用铜轮刀，水冲之则草可刈也。置在运河底下，暗走水入江。今常州有东西两函地名者，乃此也。"③ 可见经函在运河沿线长期存在，是调节灌溉的设施。

熙宁初年，两浙路提点刑狱元积中开凿常州与镇江间河夹岗置堰时，还见过函管，认为管中积淀泥沙甚多，疏浚极费工夫而罢，他最终因治河无功而去职。④ 后来疏浚运河与函管的关系不明。有一说是："议者卒请废吕城堰，破古函管而浚之，河反

---

① 《嘉定镇江志》卷六《地理三·山水·丹徒水》，第 25 页上 ~25 页下。

② 俞希鲁编纂，杨积庆等校点《至顺镇江志》卷二《函·丹阳县》，第 59 页。

③ 单锷：《吴中水利书》，《百部丛书集成·守山阁丛书》，台北：艺文印书馆，1968，第 4 页下 ~5 页上。而在《京杭运河志（苏南段）》中将涵管与缆线并列，视为保障航道畅通的设施，显然与唐宋之作用有别。见江苏省交通厅航道局、江苏省航道协会编《京杭运河志（苏南段）》第七章"跨河设施"，第 303 页。

④ 单锷《吴中水利书》作"治平中罢"，误。当从《宋会要辑稿》食货八《水利下》，"崇宁二年二月二十三日"条引《三朝国史志》，作"熙宁初"。参见俞希鲁编纂，杨积庆等校点《至顺镇江志》卷二《津渡》，第 53~54 页。

狭，舟不得方行，公私以为不便，官吏率得罪去。"[1] 但此说可能有误，宣和五年（1123）八月发运提举司廉访所建议深浚时仍有函管。[2]

宁宗嘉泰三年（1203）宋臣指出练湖湖面阔远，蓄水多，有利于旱时漕运，"然其弊有二：斗门之不固、函管之不通是也。为今之计，莫若修筑斗门、开掘函管，工用省而惠济博。乞下镇江府差官相度，疾速条具施行"。[3] 于是再次开掘函管，以利练湖之水注入运河。显然宋廷由于对漕运仰赖甚切，而丹徒至丹阳运河段有赖练湖引入济运，故视治理练湖以利漕运为要务。

不过，官府开掘函管以利漕运的做法，却引起农民的恐慌。关于运河函管与农田水利关系的记载不多，但刘宰在《运河行》诗中有详细的描述，这是从民间角度看问题的重要文献，内容虽长却值得全录，诗云：

> 运河岸，丁夫荷锸声缭乱。红莲幕府谁献言，运河泄水由函管。函管掘开须到底，运材归府供薪爨。庶几一坏不可复，民田虽槁河长满。民田为私河则公，献言幕府宁非忠。我闻此言为民说，急趋上令毋中辍。小民再拜为我言，函管由来几百年。大者用钱且十万，小者半此工非坚。厥初铢积

---

① 《宋会要辑稿》食货八《水利下》，"崇宁二年二月二十三日"条引《三朝国史志》。另见《宋史》卷三一二《王珪传附从兄王琪》，第 10246 页。

② 《宋会要辑稿》方域一七《水利》，"宣和五年八月七日"条。"数内镇江府地名新丰界，运河底有古置经函，系准备西岸民田水长泄入江。今来若行取折开浚，恐雨水连并，欲致损坏堤岸，无以发泄。今相度，镇江府丹阳县界运河，可开深至经函上下，却于两岸展出河身作马齿开阔外……并委逐州县守令检计工料，并将来差顾人夫、合用钱粮，管干开浚，委是经久利便。"

③ 《宋会要辑稿》食货六一《水利杂录》，"嘉泰三年二月十一日"条。

费民力，厥后世世期相传。岂但旱时须灌溉，亦忧久潦水伤田。向来久旱河流绝，放水练湖忧水泄。州家有令塞函管，函管虽存谁复决？小须雨泽又流通，函管犹存不费工。只今掘尽谁敢计，但恐民田从此废。丰年余水注江湖，涓滴不为农亩利。有时骤雨浸民田，水不通流禾尽弃。况今农务正纷纭，高田须灌草须耘。尽驱丁壮折函管，更运木石归城闉。吕城一百二十里，不知被扰凡几人？太守仁民古无比，凝香阁下宁闻此。愿传新令到民间，函管须塞不须毁。已填函管无尾闾，大舶通行水有余。函管不毁民欢娱，异时潴泻无妨渠。忆昔采诗周太史，不间小夫并贱隶，试袤俚语扣黄堂，铁钺有诛宁敢避。①

诗文是刘宰替当地农民向知府呼吁保留函管的心声。他痛斥知府幕僚为维持漕运畅通，下令掘开函管，将材料运回府城充作薪材；此举不仅危害农民的生计，农忙时动员民力，更影响民生。因此吁请知府改变政策，只塞而不毁函管。

　　刘宰的呼吁显示，函管对农田水利与漕运的作用是相互矛盾的。这种情况也见于乡居高邮军的陈造，向淮东提举王宁陈述运河疏浚的建议中。② 可见漕运与灌溉一直是运河沿岸官民共同关注，却难以两全的难题。③

①　刘宰：《漫塘集》卷四《运河行》，第 23 页上 ~23 页下。

②　陈造：《江湖长翁集》卷二五《与王提举论水利书》，《景印文渊阁四库全书》，台北：台湾商务印书馆，1986，第 5 页上 ~11 页上。《宋会要辑稿》食货六一《水利杂录》，"庆元三年六月三十一日"条。

③　宋末至元，练湖的疏浚与淤塞一直是困扰官民的难题，也是导致运河难以发挥漕运功能的主要原因，见俞希鲁编纂，杨积庆等校点《至顺镇江志》卷七《湖》，第 283~288 页。

函管置废涉及农地利用，是南宋财政与民生的两难，可以与两浙及江南诸路的圩田问题并观。由于涉及地方豪强等权势之家，宋廷在侵湖辟田或废田成湖的圩田政策之间，变动频繁，影响重大。这方面梁庚尧教授有深刻讨论，足以为证。[①] 不过，从史料与梁教授论述所及中可以看到，函管似与漕运的关系较弱。

第五节　边境与边区社会

绍兴十一年宋金议和后，宋朝以淮河与金为界形成南北对峙的立国形势，镇江也由长江流域的普通城市，转为拱卫江淮的军事要地，加上人员、军需、米粮乃至南北货物的频繁流转，让镇江在南宋发挥了经济、政治与军事上的全国性影响力。到蒙元灭宋、统一中国后，国家权力中枢转移至北京，由于江南运河壅塞严重，加上豪强侵湖占田，失去蓄水功能，江南财赋改由海道运送，镇江转运优势消退。可见镇江的地理地位，既因南宋偏安之势而跃起，也随其政权覆灭而归于平淡。

镇江在南宋时代的战略地位与经济重要性，南宋史籍，特别是两本镇江志都有不同程度的记载，不过这些史料多偏于官方，且侧重制度、静态的描述，以致学界仍难以掌握此一变化如何影响镇江社会，地方社会在不同时期又如何因应。在资料有缺的情况下，刘宰所著的《漫塘集》是从个人的角度联结家族与所处的乡里，理解南宋中晚期镇江军政与社会的锁钥。本章通过爬梳

---

① 见梁庚尧《南宋的农地利用政策》第三章"南宋圩田政策"，台北：台湾大学文学院，1977，第131~190页。

镇江史料及刘宰的著作，尝试拼凑出镇江地区的社会样态及时代意义。

如前述，镇江自古凭借江、河便利，成为人民与货物流动的中继站，带动商业的发展，并在宋代形成带状商业市镇，镇江府城尤为繁华。

便捷的水道固然带动镇江地区的贸易活络，但商业繁盛仍限于航运所经部分市镇，刘宰即指出："润境土瘠而贫，为浙右最大家不能十数，以岁入之不厚，类寡储蓄。"① 这样的陈述也反映在他所撰镇江亲友的传记中，不少在地乡亲家境富裕且乐于参与公共建设与慈善救济活动，但除他的姻亲高与之外，鲜少显贵富豪之家；结合现存南宋各类文献所记，显见镇江虽臻繁荣，仍鲜少沿海州府所见之豪门巨室。且镇江百姓除沿江市镇外，多数仍以务农为生。

这些经商或务农的庶民和南宋众多家族一样，在致力营生成为小康之家后，皆重视教育，积极培养子弟学习举业，追求仕进，因此带动教育的发达。读书识字，乃至通过乡试，具士人身份的人数明显增加。不过据统计，在南宋一百五十三年的历史中，镇江士人仅一百名中进士，在南宋两浙路的十六个府州军中，列第十一名。② 说明镇江在举业竞争上，与富盛的沿海地区相较，仍属弱势。同时，由于每届录取人数少，且颇多是高龄或以累举恩中举，因此在仕途上也难有竞争力。镇江入仕者鲜少位居宰执、侍从，连路级中阶官员也不多，多是幕职低阶官。可见

---

① 刘宰：《漫塘集》卷二〇《重修金坛县治记》，第 3 页下 ~4 页上。

② 贾志扬：《宋代科举》附录三 "根据方志名录编列的宋代各州进士总数"，台北：东大图书，1995，第 289~298 页。

镇江士人在举业竞争与仕途发展上，均居弱势。

镇江士人中举者不多且年龄偏高，难以在中枢争取高位并形成有力群体；他们遂多半选择到邻近家乡的两淮地区，出任基层亲民官。镇江既近淮边又距中枢不远，这一地理区位，让当地人士一方面关注边境动态及宋廷的政策与人事变动，另一方面又与淮边地区有唇齿相依的一体感。临边任官，既无贬抑之感，且得与家族、乡里保持联络，可以公私兼顾；反之，远离战区的闽浙士人，往往视到淮南任官为畏途，两者对比强烈。①

商业兴盛、社会臻于繁荣的镇江，士人家族何以在争取举业、功名上成就有限，有诸多可能，但资料有限，稽考不易，个人认为地理位置是其中一个因素。即镇江在南宋虽然因政治环境及朝廷战略政策，凸显其地理的重要性，乃至提升经济；却也因处于特殊地理位置，限制了社会发展。

镇江地处长江南岸，与邻近金蒙的两淮边地隔江相望，且据一衣带水、三面环山的险峻地势，并倚长江天险及江南运河联络之便，成为"折淮北之冲，固浙右之圉"②护卫政权的北门。但江北的淮东地区，时常遭受金兵的进犯，而且山东、淮海一带，长期以来由民间自卫武力盘踞，属易肇发乱事的边区。不论是金兵或民乱，若突破长江天险经由镇江或是直驱苏杭，都会直接威胁南宋政权。因此，临江的镇江是最敏感的边防重区，对居处其地的百姓而言，随时要担心可能遭受敌犯，危害身家性命；常规性或紧急的各项动员与征调，也干扰百姓的生活。这些因素皆在

---

① 黄宽重：《孙应时的学宦生涯——道学追随者对南宋中期政局变动的因应》，第51~52页。

② 刘宰：《漫塘集》卷八《通知镇江倪尚书思》，第9页下~11页上。

一定程度上影响镇江的社会稳定性，限制经济的发展，也不免影响举业的竞争。

江南运河与镇江的繁荣及人民经济水平的提升，因果相续。但这条结合各地大小水源及人力开凿出来的运河，如何维持调节水量、水位，畅通漕运，是南宋朝廷与民间共同关注的重要问题。但相关的设施与疏浚工程，都涉及在地民力的动员与资源的征集，这是镇江百姓在受惠于运河带来的便利繁荣之外，无法逃避的责任。尤其宋廷为确保军需供应，以畅通漕运为要务，严格限缩水利灌溉，对大多数以务农为主的百姓造成冲击。

同时，镇江和其他地区的百姓一样，平时常规性的赋役征收及差役的摊派，已是地方社会极大的负担。一如刘宰在家乡所见："当役者，不胜棰楚，沿道呻吟，其未役者，前期百方以求苟免，余则畏惧蹙缩，至不敢名其先人之丘墓。"[①] 基层亲民官若疏于关注甚或同流合污，更会让乡书手等地方胥吏，借催征赋税狼狈为奸，上下其手，谋取私利。例如于征收米粮时，增收数额，"斛斗更易，官吏并缘增加，视正数几倍蓰。……而斛斗之增大，顾以为细故弗察，民是以无告"。[②] 这类基层政治的各种弊端，即屡屡为镇江社会与官府之间带来困扰、矛盾与冲突。[③]

一旦军情紧急，地方社会承受压力更大。当淮南面对敌军侵犯或地方武装势力倡乱时，供应军需的总领所通过府、县行政程序，紧急征集、运送税赋米粮，让地方社会的负担更重。从嘉定

---

① 刘宰：《漫塘集》卷二一《游仙乡二十一都义役庄记》，第 27 页下 ~29 页下。

② 刘宰：《漫塘集》卷二三《镇江府减秋苗斛面记》，第 21 页下 ~22 页下。

③ 刘宰：《漫塘集》卷二三《金坛县厅壁记》，第 12 页上 ~14 页上。又参见卷一三《回魏知县文中到任札子》，第 5 页下 ~7 页上。

十七年（1224）刘宰给新任金坛知县叶岘的启中，可以看到金坛社会受经总制钱征集的冲击：

> 经总制数千缗之入，骤益于一朝，前后政三四年以来，已同于常赋。加以州家迫甚，县计索然。编民死徙几半，而急征累岁逋负之租，纲运交发已足，而责偿到仓折阅之数。吏胥之追逮略尽，田里之济恤未闻。①

刘宰在绍定三年（1230）给魏了翁的信中，就直陈李全在淮海倡乱、坐大以来，镇江百姓承受的巨大威胁与忧惧："李全竖子犹得恐喝于淮南，大率淮浙间人如燕巢幕上。况乡邑去江最近，忧端实多，帅守极力诛求，民生更有可念者。"②次年，宋廷在扬州戡定李全之乱的最后阶段，为邻近的镇江社会带来更大的冲击，刘宰在为金坛县陈采所写的《厅壁记》中有沉痛的控诉："而前此军务方殷，为邑者救过不暇，政是以庞，盖犴狱人命所系，而去来弗知；帑庾邦赋所聚，而支移莫考；征榷之地所以与市民交关，而庭户阒然，昼无人迹，则他可想。"③

镇江人平时既须承受日常赋役、紧急催征与力役征召，感受到边境变动的心理威胁，也要克服水旱灾荒的破坏；面对这些难题，镇江社会往往需要凝聚人心、强化对乡里社会的向心力，于平时共同推动公共建设与活动，更于灾荒来临时群集勠力推动赈济活动。上述种种，皆是镇江社会常态性的景象。

---

① 刘宰：《漫塘集》卷一五《回叶知县岘到任启》，第 19 页下 ~20 页下。

② 刘宰：《漫塘集》卷一〇《通鹤山魏侍郎了翁札子》，第 16 页上 ~16 页下。

③ 刘宰：《漫塘集》卷二三《金坛县厅壁记》，第 12 页下 ~13 页上。

第二章

家境与家务

由于缺乏翔实可信的家谱和墓志为稽，我们只能通过刘宰《漫塘集》中揭橥的族人资料，以及保留在《京口耆旧传》中刘宰父亲刘蒙庆及刘宰的传记，追探其家族的发展历程。而京口刘氏的发展，显然和宋代大多数致力举业求取功名的家族一样，都经历了相当曲折的过程。

第一节　从丹阳到金坛

在刘宰与其子刘汝进所撰的《京口耆旧传·刘蒙庆传》中，较为详细地保存了京口刘氏的发展史。此份传记可回溯的刘氏先人，是刘蒙庆的六世祖，其名守节，原居沧州景城。① 五代时期为避乱，南迁至润州的丹阳县，是落籍丹阳的始迁祖。守节的生平事迹不详，仅知死后葬在丹阳郭草堰之东，由乡人张溥撰墓志。守节的子孙包括刘日新及刘昱，他们的事迹均不详，到第四

---

① 　俞希鲁编纂，杨积庆等校点《至顺镇江志》卷一九《刘蒙庆传》，第785页。

代的刘瞻才出现任官记录。刘瞻，字去华，是胡瑗的高足，[①] 曾
试将作监主簿，娶在仁宗、神宗二朝声誉甚著之刁约的堂侄女为
妻。[②] 死后由擅长诗作、号称"南郭先生"的陈辅撰墓志，并曾
将其偈语刻石传家。[③] 刘宰的曾祖父刘藾为刘瞻之子，曾入府学，
升内舍，其妻是神宗朝曾任枢密副使、追谥"安简"的邵亢之侄
女。[④] 刘氏到刘藾时，已是家业繁盛的丹阳豪门大族，刘宰即说：
"居处高明，环而居者皆所隶。"[⑤]

　　不过到刘藾的儿子，也就是刘宰的祖父刘祀这一房，则从丹
阳迁到金坛，成为金坛刘氏的奠基者。据刘宰的记载，刘祀原名
微，字成德，生于哲宗元祐六年（1091）。他年轻时与一般士人
一样致力场屋，但举业不顺，中年后不事科举，转将心力放在
培养两个儿子致力举业。大约在此时，丹阳刘氏族内出现严重纷
扰，迫使刘祀迁家。丹阳刘氏原是聚族同居的大家族，不过，刘
祀的一位从弟喜欢酗酒滋事，对家族造成困扰，刘祀乃偕同妻子
由丹阳搬到金坛。[⑥] 唯金坛地处偏远，不如丹阳有运河之利，交
通不便，新屋也不如旧宅宽敞，再加上邻里相处并不融洽，刘祀
迁到金坛初期的生活似不顺遂。[⑦]

---

① 刘宰著，王勇、李金坤校证《京口耆旧传校证》卷九，第284~285页。亦作"景城裔"，
　　见刘宰《皇考云茅居士朝奉圹铭》，《漫塘集》卷三五，第35页下。

② 刁约资料见刘宰著，王勇、李金坤校证《京口耆旧传校证》卷一，第28~29页。

③ 陈辅，不事科举，工诗。见刘宰著，王勇、李金坤校证《京口耆旧传校证》卷三，第
　　110页。

④ 邵亢资料见刘宰著，王勇、李金坤校证《京口耆旧传校证》卷三，第86~88页。唯刘蒙庆
　　传将邵亢误为枢密使。

⑤ 刘宰：《漫塘集》卷三二《先祖十九府君墓志》，第34页下。

⑥ 刘宰：《漫塘集》卷三二《先祖十九府君墓志》，第34页上~34页下。

⑦ 刘宰：《漫塘集》卷三二《先祖十九府君墓志》，第34页下。

迁居金坛的刘祀，可能与丹阳的族人有纠葛，因此逝世前坚持与妻合葬于新居的金坛方山之原，不愿归葬祖坟。① 刘祀这一房虽然迁居并葬在金坛，但丹阳仍是祖厝、产业与祖坟的所在。新居与祖宅间距离约四十华里，要如何割舍或维系与祖地的联系，对刘祀之子嗣庆与蒙庆兄弟而言，是一个令他们困扰的难题。嗣庆于临终前对弟弟蒙庆说："吾家世葬丹阳而吾父葬金坛。吾与汝俱葬丹阳，则子孙与吾父母之茔必疏；俱葬金坛，则吾先世之松楸又可知矣。吾与汝分焉。"② 二人商定嗣庆归葬丹阳祖坟，蒙庆则葬距先茔五里的方山之麓，此后嗣庆与蒙庆子孙均遵此规定。这也是此后刘宰活动与关注的地区兼及金坛与丹阳的原因。

第二节 举业维艰

刘祀搬到金坛后，家境逐渐宽裕，决心栽培两个儿子追求仕进。为强化儿子的举业能力，刘祀主动出资参与当地富家汤氏教育子弟的事业。丹阳富人汤东明为让三个儿子在举业竞争上居于优势，欲延揽上饶王姓名士为师，但无法筹足三千缗的费用，刘祀慨然允诺，贩卖部分家产，出资五百缗，凑足全部费用；他的两个儿子嗣庆与蒙庆遂得与汤家子弟一起接受举业教学。这个机缘，既开启了嗣庆、蒙庆兄弟的仕进之途，也让他们与汤氏三兄

① 刘宰著，王勇、李金坤校证《京口耆旧传校证》卷九，第284页。刘宰：《漫塘集》卷三二《先祖十九府君墓志》，第34页上。

② 刘宰著，王勇、李金坤校证《京口耆旧传校证》卷九，第284页。

弟汤乔年、汤修年与汤颐年，经由共学，缔结了长达五十年的情谊，甚至发展出姻亲关系。①

　　在宋代，培养子弟受教、致力举业，是士人家族认为的改变命运和社会地位最重要的途径。宋朝科举以府州为单位，配置定额的乡试（又称乡贡）拔擢人才，录取的人称为乡贡进士。除拥有进京参与礼部考试（又称省试）的资格外，同时可以享有减免部分赋役及法律上的优待，成为地方社会精英。参加省试、殿试的进士则被视为天子门生，得以跃进仕途。在层层关卡中，士人家族即首先积极争取通过乡试，以获得后续应举资格。嗣庆与蒙庆兄弟在致力举业的学习过程中，不但交友广阔、厚植人脉，更在举业上初有斩获。长子嗣庆中乡举后，在金坛报恩寺旧址创设书院，教育乡里后进。蒙庆也在父亲逝世后十一年（乾道九年，1173）中乡举。② 嗣庆兄弟中乡举，是这一支刘氏迈入仕途的敲门砖，在地处偏远的金坛社会已可视为起家。刘祀教子有成之后，进一步教导嗣庆的三个儿子刘釜、刘缉和刘桂嵒，③ 及刘蒙庆的长子刘革，继续向科举之路迈进。

　　刘祀晚年，虽尚处于期待子孙仕途顺遂、荣耀家门的心情，但儿孙致力举业，加上乡里从游受教于其子嗣庆者多达百人，让他悠游于故地与新居之间，享桃李春风之乐，也让乡里子弟得不

---

① 刘宰：《漫塘集》卷三二《先祖十九府君墓志》，第34页下。另在《汤贡士（颐年）行述》中提到汤东明三个儿子与刘氏兄弟缔交，见刘宰《漫塘集》卷三三《汤贡士行述》，第16页下。汤东明之兄汤东野的事迹则见于刘宰著，王勇、李金坤校证《京口耆旧传校证》卷五，第142~151页。

② 刘宰：《漫塘集》卷三二《先祖十九府君墓志》，第35页上。

③ 刘桂嵒在《至顺镇江志》作刘谦终，字恭叔，唯误为刘宰堂弟。见卷一八《人材》，第742页。

言之教，自是他晚年的乐事。① 绍兴三十二年（1162）十一月，刘祀以七十二岁高龄逝世于金坛，除两个儿子外尚有四孙。不幸的是在他死后不久，举业初有斩获的长子嗣庆也遽然逝世，以至于无法为他写志立碑。直到五十七年后的嘉定十二年（1219）八月，才由他的孙子刘宰，以相对简要的文字撰写墓志，追述他一生尽心家族举业的艰辛事迹。②

刘嗣庆，字继先，是刘祀的长子，生年不详，卒年约为隆兴元年（1163）。他早年事迹相当简略，仅知在父亲支持下到汤东明家与其三子一同受教于上饶王姓名士。随后他曾任汤东明第三子颐年的老师，他的弟弟蒙庆也接受他的教导。③ 他在家乡报恩寺的旧址开馆授徒，受惠的乡里子弟颇多；其春风化雨的精神，受到乡里奇士钱弼的推崇。④ 通过乡试，也让父亲引以为荣。他的妻子姓洪，大约于嘉泰四年（1204）逝世，死时八十二岁。⑤

次子刘蒙庆，字茂先，号云茅先生，生于绍兴二年（1132）。蒙庆幼时与兄同在汤家受教，与汤颐年情谊长达五十年。⑥ 他三十一二岁时因父兄相继过世，须承担家计，遂以授徒为业，受教者包括他的侄儿桂喦、有志于场屋的壮年乡人陈武龄，⑦ 及日后以特奏名入仕，担任低阶官员的乡人诸葛埴。⑧ 他一生除了在

① 刘宰：《漫塘集》卷三二《先祖十九府君墓志》，第34页下。

② 刘宰：《漫塘集》卷三二《先祖十九府君墓志》，第35页上。

③ 刘宰：《漫塘集》卷三二《汤贡士行述》，第7页上。

④ 刘宰：《漫塘集》卷三三《钱贤良行述》，第11页下。

⑤ 刘宰：《漫塘集》卷二六《祭伯母太孺人洪氏》，第4页上～4页下。文中有"吾父之丧，马鬣新封；哀号之声，两家相闻。……虽然人希七十，已八十二；人有病苦，已倏而逝"。

⑥ 刘宰：《漫塘集》卷三二《汤贡士行述》，第21页上。

⑦ 刘宰：《漫塘集》卷三一《西园陈居士墓志铭》，第19页上。

⑧ 刘宰：《漫塘集》卷三二《故监江陵粮料院诸葛承直墓志铭》，第5页下。

金陵（今江苏南京）十年（1171 年以后）外，多数时间是在家乡租屋教学。① 刘宰在为诸葛埴写的墓志铭中曾记下其父于淳熙六年、七年间（1179~1180），在金坛河下地方开班授课时的情景：

> 淳熙己亥、庚子间，我先君云茅居士授徒于金坛之河下，远近之士，闻风而来，户外履满。时我先君僦屋为书会，隘不可容，故来学之士寝食多散寓于他处，君（诸葛埴）与其族日就盥颒，及造膳于逆旅主人之馆，而寝食必归于书会。夜非三鼓不寝，晨起蓬首垢面而扣逆旅，天未明已整冠肃容而至，以为常。②

刘蒙庆在乡里成长、受学乃至长期开门授徒，既受乡人敬重，也结交不少好友。除汤颐年外，包括深通兵家韬略的乡贤钱弼、③ 同乡翟汝霖及有姻亲关系的范克信兄弟、④ 耕读于洮湖之旁的袁清卿，⑤ 以及居句容以助边补官的施世英（字俊卿）。⑥ 叶适的学生、在庆元五年（1199）任金坛县令的孔元忠，也与他有深厚的情谊。⑦

授徒营生之余，蒙庆仍孜孜于举业，却不顺利，直到乾道九

---

① 应当在 1171 至 1180 年约十年间，刘蒙庆在金陵授徒，见刘宰《漫塘集》卷二六《外弟大祥祭文》，第 21 页上 ~21 页下。

② 刘宰：《漫塘集》卷三二《故监江陵粮料院诸葛承直墓志铭》，第 5 页下。

③ 刘宰：《漫塘集》卷三三《钱贤良行述》，第 8 页上 ~12 页上。

④ 刘宰：《漫塘集》卷二九《故翟文学母周氏墓志铭》，第 1 页上 ~2 页下；同卷《故广西经略司干办范承事墓志铭》，第 6 页上 ~10 页下。

⑤ 刘宰：《漫塘集》卷三二《袁清卿妻邵氏圹志》，第 25 页上 ~26 页下。

⑥ 刘宰：《漫塘集》卷三二《施俊卿墓碣》，第 27 页下 ~29 页上。

⑦ 刘宰：《漫塘集》卷三五《故长洲开国寺丞孔公行述》，第 27 页下 ~29 页上。

年（1173）四十二岁才预乡贡。由于家口众多，负担至重，已无余力再购置田产。嘉泰三年（1203）逝世，享年七十二岁，可能因刘宰之托，由乡贤王万枢写行状。[1]蒙庆的元配可能姓范，[2]早死；生三子刘革、刘宰及刘宁，二女嫁乡人蔡氏及孙泳。庶妻姓名、生年不详，约死于绍熙元年（1190）；[3]生二子刘达民（一作"明"）及刘庚，其中刘庚过继给陈姓乡人。蒙庆死后二十四年的宝庆三年（1227）冬，才因其子刘宰之故，获赠承事郎。[4]

刘嗣庆与蒙庆二兄弟在父亲刘祀倾力教育下，乡试虽初有斩获，但仍难以完成仕进的愿望。这项艰难的任务，有待刘祀的孙辈实现。

第三节　曲折起家

一　刘嗣庆子嗣

对以授课为业的金坛刘氏而言，期待通过举业起家是一条漫长而曲折的路。刘嗣庆、蒙庆二兄弟虽初有小成，却因阻碍重重，终难实现功名梦。嗣庆三个儿子刘釜、刘缉与刘桂喦，虽都

---

① 刘宰著，王勇、李金坤校证《京口耆旧传校证》卷九，第 10 页上。

② 刘宰说范克信的兄长是"某母党，而先君之执友也"，见刘宰《漫塘集》卷二九《故广西经略司干官范承事墓志铭》，第 7 页上。

③ 刘宰：《外弟大祥祭文》："后此十有五年，吾始擢第太常，未几而汝所生物故。"刘宰中第在绍熙元年，见刘宰《漫塘集》卷二六，第 21 页上。

④ 刘宰：《漫塘集》卷二六《皇考朝奉焚黄祝文》，第 17 页下。刘庚过继给陈姓乡人之事，于本章第三节第二小节"刘蒙庆子嗣"中有详细讨论。

曾于刘祀在世时受教, 但关于刘釜、刘缉的生平资料甚少, 仅知刘缉的儿子刘应龙于嘉定十二年 (1219) 通过乡试。[①] 桂嵒的资料相对丰富, 有助于了解嗣庆一房的科举路。

刘桂嵒 (1152~1224), 字恭叔, 被尊为恭靖先生, 生于绍兴二十二年 (1152)。桂嵒幼曾受父祖之教, 十二岁时父亲逝世, 由母亲支撑家计, 生活相当清苦。刘宰为他所写的祭文即说: "人生多艰, 孰如吾兄。早岁而孤, 屋敝而倾。家徒四壁, 瓶无斗升。日晏从师, 朝餐未营。十月绨绤, 晓风泠泠。"[②] 其困苦致学的情景得到乡贤钱弻同情, 而留住传授。[③] 桂嵒二十岁 (乾道七年, 1171) 时随叔父蒙庆到金陵就学, 依然刻苦勤读, 如刘宰所述: "空囊羞涩, 只影伶俜。雪凛残更, 犹依短檠。月书季考, 稍稍呈能。有友招徕, 并案分灯。榻每夜悬, 门常昼扃。"[④] 由于勤力举业, 曾五次预乡贡, 且于淳熙七年 (1180) 与十年 (1183) 两度为首举。刘宰曾有两首诗为他赴省试送行, 其中一首是: "秋荐吴江北雁来, 几看文阵夺标回。鸧飞鹊喜情何限, 龙化鹏抟兆有开。礼部定知当一得, 大廷端可压群才。春秋正学非阿世, 莫作公孙愧草莱。"[⑤] 这首诗说明桂嵒专治春秋学, 也表露刘宰对堂兄的能力充满信心。可惜桂嵒这两次均无缘中举, 只得长期在家

---

① 刘宰:《漫塘集》卷三二《先祖十九府君墓志》, 第 35 页上。《漫塘集》中有一篇刘宰于宝庆三年 (1227) 替乡人徐汝士妻李氏写的墓志铭, 提到汝士之子徐椿是刘宰堂兄刘德勤的女婿, 此位堂兄或即是刘缉, 由文中提及 "先兄没余二十年" 推测, 德勤可能死于开禧年间。见刘宰《漫塘集》卷三〇《李氏墓志铭》, 第 21 页上。

② 刘宰:《漫塘集》卷二六《恭靖兄大葬祭文》, 第 8 页上。

③ 刘宰:《漫塘集》卷三三《钱贤良行述》, 第 8 页上 ~8 页下。

④ 刘宰:《漫塘集》卷二六《恭靖兄大葬祭文》, 第 8 页上。

⑤ 刘宰:《漫塘集》卷二《送恭叔兄赴省二首》, 第 15 页下。

乡教授《春秋》维生，却也因此与地方贤达建立紧密联系。京口
丹徒县人孙泳、孙泝兄弟，即与金坛刘家由师生进而联姻。孙泳
迎娶刘宰的妹妹；① 而孙泝于嘉定四年（1211）中进士，后将次
女嫁给桂嵒的孙子刘子敬。② 桂嵒也教育族中子弟，刘宰幼年时
即曾受教于堂兄。③

　　经历多年的努力，刘桂嵒终于在嘉定七年（1214）以恩科廷
对第七名入仕，此时他已六十三岁高龄。嘉定八年（1215），江
东发生大规模灾荒，宋廷命真德秀、李道传主导救灾。时任建平
尉的桂嵒参与救灾，表现杰出，曾获李道传举荐关升，④ 也与真
德秀有书信往来。⑤ 日后，刘宰撰写桂嵒祭文，道出基层亲民官
奔劳救民的艰辛："小试警曹，值岁不登。幸部使者，恻怛哀矜。
檄参郡掾，以拊饥婷。朝驱夕驰，殆遍郊坰。致使流离，迄臻牧
宁。"辛劳的县尉工作，对白首宦途的桂嵒而言诚然辛苦，但他
也因政绩甚佳，改任江阴军司法参军。⑥ 可惜他在江阴屡与长官
意见相违，难获肯定，只得愤然辞归。桂嵒晚年又不良于行，最
终衰悴而死，年七十三岁，时为嘉定十七年（1224）。其妻汤氏
为汤东明之族人，德才兼称，帮助丈夫立家，著有声誉，⑦ 生三

---

① 刘宰：《漫塘集》卷二九《故张氏孺人墓志铭》，第 6 页上；卷三二《继室安人梁氏墓志》，
　　第 15 页下 ~16 页上。

② 刘宰：《漫塘集》卷三一《故常熟县丞孙承直墓志铭》，第 32 页上。

③ 刘宰：《漫塘集》卷三三《钱贤良行述》，第 8 页上 ~8 页下。

④ 刘宰：《漫塘集》卷一六《代建平尉兄谢李仓举关升启》，第 30 页上 ~31 页下。另有同卷
　　《代恭靖兄调建平尉谢钱总领》，第 30 页上 ~31 页下。二启均为刘宰代书。

⑤ 刘宰：《漫塘集》卷二四《书曹德发与建平尉兄书后》，第 19 页下 ~20 页上。及同卷《书
　　真西山漕江东日与建平尉兄往复救荒历后》，第 20 页上 ~20 页下。刘宰应自此时与真德秀
　　结识，日后互动更为频繁。详见第七章讨论。

⑥ 刘宰：《漫塘集》卷三二《先祖十九府君墓志》，第 34 页下。

⑦ 刘宰：《漫塘集》卷三二《先祖十九府君墓志》，第 34 页下。

子：益之（仲益）、用辰（通伯）与用厚（崇隽），一女嫁同乡蔡大醇。①

　　桂喦的长子益之，生于淳熙三年（1176），娶同乡徐氏，不幸于嘉定七年（1214）逝世，享年三十九岁，有一子一女。② 次子用辰生于淳熙六年（1179），娶汤氏，于嘉定六年（1213）及十二年（1219）两次预乡举，却在嘉定十七年（1224）父母亲死后亦逝世，享年四十六岁。用辰有二子：子勤、子才，其中子勤曾中乡试；此外用辰有三女年龄较轻。③ 桂喦的三子用厚则为嘉熙元年（1237）免省进士，娶刘宰同乡好友张汝开之女为妻；约在端平元年、二年间，在郡守张偘支持下，辑纂桂喦的著作《家说》并刊刻出版。④ 张汝开虽有一子，名张窠，却早汝开三日逝世，且无子嗣。由于没有昭穆相当者可继嗣，经族人商定，由用厚的从侄更名为张烨，作为张窠的子嗣。⑤ 这也说明用厚似也无子嗣。

　　由于《漫塘集》的记载止于刘宰晚年，加上其他史料不足，无法完整掌握刘嗣庆这一房的发展情况。但从既有记载看来，桂喦的子嗣在举业仕进上并未超越他。即使桂喦艰辛致力举业，几经煎熬、磨难，终以特奏名入仕，荣宗耀祖；但晚年才任官，且只能在底层的宦海浮沉，最终郁郁而卒。对于受到桂喦教导、照顾的堂弟刘宰而言，心中实有无限感慨，他即在祭文中谓："某

---

① 　刘宰：《漫塘集》卷三一《蔡希孟墓志铭》，第 21 页上 ~21 页下。

② 　刘宰：《漫塘集》卷二八《仲益侄墓志铭》，第 20 页下 ~21 页上；卷二六《恭靖兄大葬祭文》，第 8 页上。

③ 　刘宰：《漫塘集》卷二九《通伯侄墓志铭》，第 25 页上 ~25 页下。

④ 　刘宰：《漫塘集》卷一九《恭靖先生家说序》，第 16 页上 ~17 页下。

⑤ 　刘宰：《漫塘集》卷三二《故监行在北酒库张宣教墓志铭》，第 11 页上。

幼荷提携，长获齐名，中年得疾，灰心槁形。所望吾兄，克振家声。而止于斯，哀何可胜。"[1] 更写了九首挽诗，哀悼终生辛勤致力学宦生涯的兄长，其中两首有云："雪压茅茨半欲倾，夜阑犹听读书声，苍苔翠竹迷遗址，尚想寒窗对短檠。""论心海内几亲朋，岁晚相依只弟兄，夜雨对床无复昔，春风回首独伤情。"[2] 格外流露出感伤之情。

二　刘蒙庆子嗣

嗣庆、蒙庆两兄弟虽各立门户，但两家相近，相互扶持，互动频繁，情谊甚笃，在追求举业上更携手并进。[3] 不过，对蒙庆而言，父兄逝世时，他刚过而立之年，在致力科场的同时，还须承担家计和子侄教育的重任。蒙庆的应对之策称得上两全其美：选择以乡先生为业，既得以谋生，也能兼顾自身举业与教育子弟。然而，他的五个儿子中，除三子刘宰最能符合自己的期待之外，其他四人都存在着让他烦忧的问题。

蒙庆长子刘革，又名刘成忠。他的一生甚为坎坷，幼时聪慧，提笔成诗，受到家人的赞赏，认为可以继承父业。在他十二岁丧母后，约有十年是跟随父亲到建康学习举业，乡举的表现曾备受瞩目。不过，他个性叛逆不羁，举业受挫之后，意志消沉，毅然弃学从军。但此举无法获得父亲的谅解，他在绝望之余，遂决定与父亲断绝来往。刘革在军中娶妻，生有一儿一女，生活相

---

① 　刘宰：《漫塘集》卷二六《恭靖兄大葬祭文》，第9页上。

② 　刘宰：《漫塘集》卷三六《挽恭靖司法兄九首》，第20页下。

③ 　刘宰：《漫塘集》卷二六《祭伯母太孺人洪氏文》，第4页上~4页下。

当艰苦。① 刘宰约在绍熙四年任江宁县尉时，接回兄长刘革的长子；到真州任法曹时，又接回其女，由刘宰的继室梁氏教养。② 嘉泰年间宋廷边备繁兴，军队调动频繁，刘宰担心战事一旦发生，兄长难以幸免，设法为其解除兵籍。最后可能获刘宰的岳父、时任淮东总领梁季珌的协助，才得"脱伍符"回归平民。嘉泰三年（1203）父亲蒙庆逝世，刘宰正式迎接兄嫂回到家园，并将部分田园给兄弟，梁氏也善待他们，希望兄嫂回到云茅故居后，可以过上优渥而悠闲的日子。不意返家后不久，刘革似乎罹疫疠而死。由于处置不当，乡人唯恐避之不及，刘宰也因职务在身，无法返乡治丧，以致刘革草率殡土，相当凄凉。在祭文中，刘宰哀叹："何意得免于兵而不免于病，曾畎亩之未历，而死期之已至乎。"③ 自己须待"官事有摄，秋风既清，某当亲归，祔兄先茔"。尤其令在外任官的刘宰感伤的是，期待返乡的长兄能协助家务的愿望完全落空，"呜呼痛哉！某宦学远方，家有弱弟，所望兄归，缓急有恃。吾兄去我而死，吾弟懵然于事"，④ 感叹自己仍须承担全家教养的重大责任。

　　刘革大约死于嘉泰、开禧年间，死后葬在离父墓相距百步的薛村，与先祖母之坟距离五里。⑤ 刘宰承诺照顾其家人，并教育其子女成长，刘宰的继室梁氏尤为费心照顾抚育，也让刘革之女有所归，因此，嘉定十二年（1219）梁氏逝世，刘革的夫人深感

---

①　刘宰：《漫塘集》卷二六《祭成忠兄文》，第 5 页上 ~6 页下。

②　刘宰：《漫塘集》卷三二《继室安人梁氏圹志》，第 16 页上 ~16 页下。

③　刘宰：《漫塘集》卷二六《祭成忠兄文》，第 6 页上。

④　刘宰：《漫塘集》卷二六《祭成忠兄文》，第 6 页下。

⑤　刘宰：《漫塘集》卷二六《祭成忠兄文》，第 6 页上。

哀痛。[1]

刘蒙庆的三子刘宁，比刘宰小六岁，生于乾道七年（1171），[2] 死于嘉定十二年（1219），[3] 享年四十九岁，元配聂氏，继室不详。[4] 刘宁幼年丧母，生病时缺乏看护，致右手残废，加上长期疮痍，童年即疾病缠身，其后虽有继母照料，生活仍然惨淡。刘宰在外任官时，其弟在家养身，弟妇聂氏料理家务。后来刘宰将田园分给兄弟，"维桑维萃，力谨树芸"。[5] 刘宁夫妻相依为命，尚能支撑。不料聂氏猝死，刘宁再娶后，又遭继妻算计、遗弃，遂至郁悒成病，药石无效，痛苦而死，留有二子一女。刘宰在刘宁生前将其爱女嫁给茅氏为妻，其子也由刘宰安排受教育。由于家产不多，丧葬一切从简，并依刘宁期待，夫妻均埋葬于其母茔旁。[6]

蒙庆的庶妻生有二子，长子名达民，大约生于淳熙元年（1174）。[7] 幼年勤奋苦学，甚受期待，但在其生母死后三年，即绍熙四年（1193）得疾而逝，年仅二十岁，未婚无子。后以其弟刘庚的第四子为嗣。[8]

---

① 刘宰：《漫塘集》卷三二《继室安人梁氏墓志》，第16页上~16页下。

② 刘宰：《漫塘集》卷二六《祭亡弟二居士文》，第11页下~12页下。刘宰中第时年二十六。

③ 刘宰在《回倪监盐祖智》中说："某以平生未及登门，不敢致鸡黍之奠，亦以自有亡弟之戚，不及端拜慰唁。"这封信是回复倪思的儿子祖智请他为倪思遗奏写跋语的信，倪思死于嘉定十二年（1219），刘宁当亦死于同年。见刘宰《漫塘集》卷一二《回倪监盐祖智》，第22页下。及同书卷二四《跋倪尚书思遗奏》，第5页上。

④ 刘宰：《漫塘集》卷二六《祭亡弟二居士文》，第11页下~12页下；同卷《祭弟妇聂氏文》，第23页上~23页下。

⑤ 刘宰：《漫塘集》卷二六《祭亡弟二居士文》，第12页上。

⑥ 刘宰：《漫塘集》卷二六《葬亡弟祭文》，第12页下。

⑦ 刘宰：《外弟诸子归宗告家庙文》（《漫塘集》卷二六，第23页上）作"达明"，但在《先祖十九府君墓志》则作"达民"（《漫塘集》卷三二，第34页下），当以"达民"为是。

⑧ 刘宰：《漫塘集》卷二六《祭外弟文》，第19页上~20页下。

　　蒙庆幼子刘庚的遭遇, 更是曲折坎坷。刘庚大约生于淳熙三年 (1176), 当时父亲蒙庆正在金陵教书, 得知生子的消息, 担忧家境难以支撑, "盍及其未有知也, 求者予之", 遂将他出继给没有子嗣的乡人陈姓夫妻, "幸其家之近而鸡犬之相闻也, 幸其累之轻而衣食之可营也, 不至于使乳下子啼饥而号寒也"。[1] 等到刘宰中第为官之后, 深觉天伦不可泯, 征得父亲同意, 令其归家。但刘庚认为: "方其初, 我以贫而弃遗, 彼以绝而求继。已弃而复取之, 不原其初, 不仁; 已继而复绝之, 不顾其后, 不义。不仁不义, 吾何可安?"[2] 几经折冲, 刘庚仍居住于陈家, 等到养父死后, 才携养母回刘家, 而且直到养母死后, 才改回刘姓。

　　外弟回家后与刘宰同门异户, 且本身有田两顷, 家境宽裕。[3] 兄弟二人共商家务, 感情密切; 本期待营建新屋, 子弟成家后共享晚年, 没想到新屋未成, 刘庚就过世。刘宰深以为憾地说: "吾视听已衰, 齿已摇, 发已秃, 自计在世, 曾几何时。方将委家事于汝, 以休吾心, 而汝反委家事于吾。"刘庚约死于宝庆二年 (1226), 享年五十一岁。[4] 有子四人, 其幼子过继给庶兄达民为嗣, 刘宰答应: "凡吾所有, 异时此子与吾子同之。"[5] 但幼弟姓陈, 终是刘宰心头憾事, 因此在幼弟三年丧满之时, 正式告祭祖宗, 乞请归宗, "白之宗党, 俾其一家尽还刘姓, 惟留已娶之子为陈氏孙, 世奉其祀"。也就是已婚生子的长子仍姓陈, 其余都回

---

① 刘宰:《漫塘集》卷二六《外弟大祥祭文》, 第 21 页上。

② 刘宰:《漫塘集》卷二六《祭外弟文》, 第 19 页上。

③ 刘宰:《漫塘集》卷二六《祭外弟文》, 第 19 页下。

④ 见刘宰《漫塘集》卷二六《外弟大祥祭文》, 第 22 页上; 同卷《祭外弟文》, 第 20 页上。从绍定元年满丧推估, 刘庚可能死于宝庆二年 (1226)。

⑤ 刘宰:《漫塘集》卷二六《祭外弟文》, 第 20 页上。

归刘姓。刘宰也顾念他"子众而更事浅"，[1] 因此特别撰文劝诫其诸子修身、谦卑、存恕、勤俭、睦邻、守法，"勿恃有理，易兴牒诉。勿恃有援，迟输税赋。一有追系，辱及门户。邻里贵和，细故宜忍。交友必择，邪谄勿近。一或反是，必生悔吝"。[2]

刘宰安排外弟归宗，除表示家族团圆外，更是基于科役的现实考虑。他在《外弟大祥祭文》中有详细说明，值得节录要文：

> 吾昔虽取汝以归，而汝尚非本姓，沉思有大不可者。凡今民庶之家，皆不免科役，惟尝仕者则否。吾幸借先世之泽，忝为命士，吾父亦以恩典列于八品，凡我同世之人，其子若孙皆可藉荫，自别于民庶。而姓不复，深恐诸子或未能自取科级以立门户，则了无藉荫之亲，可不为大哀乎。故吾及汝几筵未彻，告之家庙，白之宗党，使汝一门尽还刘姓，惟留汝长子为陈氏嗣。或虑嗣陈氏者疑于无父，则在昔论继绝者谓无子可以立孙，若尔，则汝子之为陈氏孙，不亦宜乎。[3]

刘宰做这一决定的时间大约在绍定元年（1228）外弟三年丧满之后。宝庆三年宋廷郊祭后，赠刘宰之父蒙庆为承事郎，[4] 故刘家依例可享有官户的优遇。这一安排充分体现了刘宰兄弟的深

---

① 　刘宰：《漫塘集》卷二六《祭外弟文》，第 20 页上。
② 　刘宰：《漫塘集》卷二五《戒陈外弟诸子》，第 12 页上。
③ 　刘宰：《漫塘集》卷二六《外弟大祥祭文》，第 22 页上～第 22 页下。
④ 　刘宰：《漫塘集》卷二六《皇考朝奉焚黄祝文》，第 17 页下。

厚情谊。①

　　对刘蒙庆及其诸子而言，这一家人的成长，较其兄嗣庆尤为曲折艰辛。刘宰在《外弟诸子归宗告家庙文》中做了沉痛的说明："吾先考以家之贫，早以季弟庚出继陈氏后。以长兄出外，长弟残疾，第二弟达明实庚同胞兄，又以疾逝，复命庚以归，为之娶妇，为之立家，亦既有子，子又生孙矣。"② 又说："惟我兄弟五人，庶弟者二。"刘宰的亲母早逝，嫡系三兄弟除了年幼时得到伯母洪氏照顾外，也受到庶母尽心抚育，刘宰即说："吾少多艰，母丧弟病，而兄不顾家，吾父为贫所驱，在家日少。吾与病弟得不死于髫龀，则惟汝母是赖。"③ 刘蒙庆本人追求举业诚然艰辛，却难以圆梦，因此更期待通过教育诸子来光耀门楣。但除次子刘宰外，四个儿子不是放荡漂泊、难以为生，就是早逝或疾病缠身，甚至出继外姓，仅能耕织度日。在如此艰难的环境下，难以期待他们在举业上有所成就。次子刘宰遂成为刘氏家族起家之所系，所承担的责任甚是艰巨沉重。

---

① 官户身份涉及的层面至广，可参见王曾瑜《宋朝的官户》，《涓埃编》，河北大学出版社，2008，第290~360页；周曲洋《何以为户：宋代主户的性质、形态与功用》，稿本。

② 刘宰：《漫塘集》卷二六《外弟诸子归宗告家庙文》，第22页下~23页上。

③ 刘宰：《漫塘集》卷二六《祭外弟文》，第20页上。

第三章

生命的转折：从举业到乡居

第一节　仕进与婚姻

一　举业生涯

刘宰是刘蒙庆的次子。他出生时，祖父刘祀和伯父嗣庆都已逝世，父亲蒙庆正值而立之年，就须担负家计。刘宰幼时曾从父亲及年长十四岁的堂兄桂嵒受业，淳熙七年（1180）十六岁时获选入镇江府学就读。镇江府学由北宋初著名儒者柳开（947~1000）于太平兴国八年（983）创置，庆历兴学时增置养士田，并确立教育典制。南宋初年，镇江多次遭受战火，学校罢废。宋金议和后境土稍安，绍兴十三年（1143）知府刘子羽兴复府学，再聚才养士。[①]淳熙年间，知府钱良臣检核当地富人杨灵年与因胜寺土地纠纷，将所余十三顷土地拨归府学。[②]府学既有学田的支持，经费也相对充裕，在教授的努力下，招收众多有志举业的学子入学，展现办学的优势，刘宰即说："淳熙间，京口郡

---

①　《嘉定镇江志》卷一〇《镇江府学》，第1页下~3页上。
②　刘宰:《漫塘集》卷二一《镇江府学复沙田记》，第4页上~4页下。

博士志于作成，士之来学者众。"①

刘宰在府学与牛大年、陈景周和姜君玉是同窗。他与上述诸人来往密切，② 成为一辈子相互关怀的好友。这些同窗中，仕途较顺遂的是扬州人牛大年，字隆叟，庆元二年（1196）进士，先为将作监主簿，在绍定末年任四川茶马使时，曾修葺扬雄故地之墨池。③ 端平元年（1234）起相继任吏部郎中、宗正少卿、起居舍人等职，④ 以宝章阁待制提举太平兴国宫致仕，《宋史》有传。⑤ 陈景周则是金坛人陈嘉言的第三子，字仲思，嘉定十六年（1223）进士，当时他已五十七岁。景周首任溧阳县尉，于绍定二年（1229）离职前夕暴卒，享年六十三岁。⑥ 姜君玉的人生则有诸多遗憾，他个性疏朗，终生致力举业，但始终不能如愿，宝庆三年（1227）死。⑦ 刘宰曾述说三人的不同个性及遭遇：

> 余未冠游乡校，惟牛隆叟、陈仲思及君玉屑与为友。隆叟圆而君玉疏，仲思庄而君玉易。余性与君玉近，故君玉顾余尤厚。后十余年，余与隆叟相继登第，仲思晚得官，科名尤高。隆叟官达，今为四川茶马使；仲思满溧阳尉，当路荐

① 刘宰：《漫塘集》卷三一《故溧阳县尉陈修职墓志铭》，第 6 页下 ~7 页上。

② 刘宰：《漫塘集》卷三一《陈府君行述》，第 12 页上 ~16 页下；卷三六《姜君玉哀辞》，第 4 页下 ~6 页下。

③ 魏了翁：《鹤山先生大全文集》卷六《四川茶马牛宝章大年修杨子墨池以书所题咏》，《四部丛刊正编》，台北：台湾商务印书馆，1979，第 664 页。

④ 不著撰者：《宋史全文》卷三三，"嘉熙二年四月乙未"条，汪圣铎点校，中华书局，2016，第 2730 页。

⑤ 《宋史》卷四二二《牛大年传》，第 12617~12618 页。

⑥ 刘宰：《漫塘集》卷三一《故溧阳县尉陈修职墓志铭》，第 6 页下 ~7 页上。

⑦ 刘宰：《漫塘集》卷三六《姜君玉哀辞》，第 6 页下。

之，方为时用。余虽疾废，然少也亦尝奔走州县。独君玉抱负挺挺，终老场屋。①

刘宰在府学受业之后，曾于淳熙十三年（1186）参与乡试，获首选。② 当时一起通过乡试的乡友有四人，其中张镇后来曾任徽州歙县东尉，③ 其子张介（字宽夫），是刘宰的女婿。④ 另有丹阳人诸葛锴，⑤ 以及刘宰同乡富室张汝永（字端表）及其弟汝玉。⑥ 士人通过乡举，可以参加省试，是迈向仕途的第一个门槛，也是乡里荣耀，亲戚和郡县长官都馈赠盘缠，刘宰并未接受。⑦可惜他们均未能通过省试。

省试失利后，刘宰可能和众多追求举业的士人一样，一面以教书谋生计，一面继续刻励举业。这段时间，他也接受道学的洗礼，启蒙者是曾长途跋涉到武夷山师从朱熹的丹阳老儒窦从周。⑧窦从周，字文卿，年过五十因乡先生都师中推重，决意师从朱熹，建阳人游九言（1142~1206）为他撰序送行。⑨ 淳熙十三年（1186）从周到建阳后，曾记录大量朱子语录，日后被纳入《语

① 刘宰：《漫塘集》卷三六《姜君玉哀辞》，第 5 页上~5 页下。

② 刘宰：《漫塘集》卷三二《先祖十九府君墓志》，第 34 页下。

③ 刘宰：《漫塘集》卷三一《故韦氏孺人墓志铭》，第 13 页下。

④ 刘宰：《漫塘集》卷三一《故韦氏孺人墓志铭》，第 13 页下。

⑤ 刘宰：《漫塘集》卷二九《故诸葛贡元墓志铭》，第 25 页下~26 页下。

⑥ 刘宰：《漫塘集》卷三一《故溧阳县丞张承直墓志铭》，第 14 页上。

⑦ 刘宰著，王勇、李金坤校证《京口耆旧传校证》卷九，第 285 页。

⑧ 刘宰：《漫塘集》卷三一《故贵池卫主簿墓志铭》，第 25 页上。

⑨ 游九言：《默斋遗稿》卷下《送窦君入闽序》，《景印文渊阁四库全书》，台北：台湾商务印书馆，1982，第 6 页下~9 页上。

类》中。① 他返乡后筑室讲道，倡导为己之学，发扬程朱学说。②

　　三年后的淳熙十六年（1189），刘宰以首举通过乡举，进京参与省试，并在光宗绍熙元年（1190）四月正式跃登新科进士。③ 这年刘宰二十六岁，正值青春风华，既为个人开启仕进之途，更为久历举业煎熬的金坛刘氏，创造了起家的荣耀。

　　刘宰的金榜题名也是镇江府的盛事。当年全国共录取五百三十七人，其中镇江士人仅有刘宰与赵崇恧。④ 这个数字显示，镇江府虽是南宋南北贸易转输及军事重镇，但在科举竞争中明显居于弱势。⑤ 但物以稀为贵，基于镇江进士的科举表现，以及刘宰自祖父以来经历举业的艰辛，刘宰的中举不仅荣耀家族，更让他和金坛刘氏在地方社会赢得声望。

二　同年与仕宦

　　绍熙元年的中举，为刘宰的仕宦与生涯历程开启新篇。从《漫塘集》中可见与刘宰有联络的同年进士共有十九人，包括李壁（1159~1222）与李埴（1161~1238）兄弟、李燔（1156~1225）、度正（1166~1235）、史宅之（1205~1249）、丁黼（1166~1236）、丰有俊等当代名儒大臣。但早期与他关系密切的

---

① 见黄士毅《朱子语类后序》，收录于黎靖德编《朱子语类》，王星贤点校，中华书局，1986，第7~8页。

② 刘宰：《漫塘集》卷二四《书叶元老渠阳送行诗卷后》，第14页上~14页下。

③ 《宋史》卷三六《光宗本纪》，"绍熙元年四月戊申"条，第698页。

④ 刘宰：《漫塘集》卷三一《故赵训武墓志铭》，第1页上~1页下。

⑤ 参见黄宽重《南宋两浙路社会流动的考察》，《宋史丛论》，台北：新文丰出版社，1993，第73~103页。

有朱晞颜（字景渊，1163~1221）、周南（字南仲，1159~1213）。刘宰曾说："绍熙龙飞，吴门同年进士居郡城者八人，多与余善，其尤厚者周君南仲、朱君景渊。"[1] 虽然除了他为朱晞颜撰写的墓志铭之外，有关他与二人交游的资料不多，但从他与另一位友人——乡居武将周虎的书信中，即可见他与周南、朱晞颜情谊笃厚。

朱晞颜，平江人，由太学入仕。他大刘宰三岁，绍熙四年（1193）二人都在建康府辖下任县尉；刘宰是江宁尉，晞颜是上元尉，两地相邻，他们的父亲也随同到建康就养，两家互动频繁、关系密切；晞颜视宰如弟，"至于有善相勉，有过相规，则又有兄弟所不及知者"。[2]

在建康三年的任期中，朱晞颜对刘宰有两方面的重要影响，一是为官之道。《京口耆旧传·刘宰传》称赞刘宰的吏才，说他"调建康之江宁尉。始至置三峡，一曰受委，以籍符移之自至于台府者。一曰受词，以籍牒诉之关于职守者。一曰追会，以籍帖引之下于乡都者。日治事已，即手自勾校，吏不能欺，而事无不理"。[3] 据刘宰自述，这样的做法是仿效晞颜的。[4] 由于二人处事明，绩效佳，"时人称两尉"。二是不求举的态度。刘宰说："君之尉上元也，同志以世道之薄，约不求举，惟君为能践言。"并举廉洁自持的实例为证。[5]

---

① 　刘宰：《漫塘集》卷二九《故湖州通判朱朝奉墓志铭》，第 15 页下。

② 　刘宰：《漫塘集》卷二七，《祭同年朱景渊通判文》，第 4 页下。

③ 　刘宰著，王勇、李金坤校证《京口耆旧传校证》卷九《刘宰传》，第 285 页。

④ 　刘宰：《漫塘集》卷二七《故湖州通判朱朝奉墓志铭》，第 15 页下 ~18 页下。

⑤ 　刘宰：《漫塘集》卷二七《故湖州通判朱朝奉墓志铭》，第 17 页下 ~18 页上。

朱晞颜此后一直都在扬州、湖州等地担任基层亲民官。他的继室卫璪是卫季敏之女，卫泾的妹妹。卫泾在庆元三年（1197）后，屡受拔擢，历任中枢要职，晞颜仍甘于基层庶政，与权位保持距离。他出任湖州通判时，刘宰有八首诗相送，其中有两首倾诉三十年来二人的情谊："念昔从子游，金陵佳丽地，幕府盛宾僚，东南称两尉，子才清而通，我拙世无二，栎社虽轮囷，灵根同晚岁。""古人重结交，一诺轻千金，嗟我与夫子，论交岁月深，一别三十年，两鬓霜雪侵，愿言益自强，雁来时寄言。"① 由于二人情谊甚深，理念又近，因此嘉定十四年（1221）晞颜以五十九岁逝世时，刘宰既写祭文又撰墓志铭。② 曾任江南东路安抚使干办公事的游九言，③ 也对晞颜的为人多所赞誉，说："庆元乙卯（1195）某官金陵，得友三人，金沙之林、金坛之刘，景渊朱兄其一也。……自知其质如此其柔弱矣，又有时而急躁，或妄发不能制，则审详宽裕之德，于景渊乎取之。是三友者，亦不余鄙，过从独亲。"④

周南是刘宰的另一个好友，曾为刘宰元配陶氏之父陶士达撰写墓志铭。周南也是平江人，先娶卫季敏的女儿卫琼，又娶黄度之女。十五六岁即就学于永嘉学派叶适，后也曾向朱熹请益。他与朱晞颜同由太学考上绍熙元年进士，是与刘宰亲近的同年之一。周南曾在殿试对策中，指摘光宗受小人蒙蔽，强烈批评执政

① 刘宰：《漫塘集》卷二《寄同年朱景渊通判八首》，第 7 页下。
② 刘宰：《漫塘集》卷二七《故湖州通判朱朝奉墓志铭》，第 17 页下~18 页上。参见本书附录一"文集中的刘宰世界：兼论其书信、传记撰述的史料价值与利用"第三节"以传记撰述传递价值理念"。
③ 马光祖修，周应合纂《景定建康志》卷二五《安抚司金厅壁记》，第 40 页下~42 页下。
④ 游九言：《默斋遗稿》卷下《送朱景渊序》，第 12 页上。

官员,遂由举首降为一甲第十五名,此后仕途受阻,到庆元二年(1196)才任池州教授。从庆元到嘉定十余年间,是南宋中期政局巨变的年代,周南和叶适师徒均相继卷入政争的旋涡中,官位升降频繁。[1]

三 二次婚姻

刘宰在绍熙元年(1190)中举后,有三年未见仕历,当是居乡待缺;为家计,以执教为业。此时,刘宰成为嘉兴(今浙江嘉兴)富人陶士达的女婿,此事与登金榜同为他一生中的重大事件。陶士达字仲如,绍兴七年(1137)生,嘉定五年(1212)去世,享年七十六岁。士达是嘉兴富豪,以赈济善举闻名乡里。嘉定二年、三年间(1209~1210),江淮大饥,士达率先赈饥,活民甚多,又在华亭(今属上海市)创义役,消弭争端,创义廪救乡党。二子大章、大甄先后中进士;士达因之赠宣义郎。[2]陶氏是刘宰的元配,二十岁时嫁给刘宰,但她"生于大家,长于幽闺,父母钟爱,未尝知道路之艰,离别之苦,米盐之琐细"。婚后随刘宰学官漂泊,生活并不惬意。[3]

绍熙四年(1193)是刘宰生命中悲喜交织的一年。喜的是他获任为江宁县尉,正式担任起亲民官,可以展布吏干长才,同时也有个落脚的官舍迎侍父亲与妻子,摆脱漂泊生活。然而

---

① 黄宽重:《孙应时的学宦生涯: 道学追随者对南宋中期政局变动的因应》,第223~228页。

② 周南:《山房集》卷五《陶宣义墓铭》,《景印文渊阁四库全书》,台北: 台湾商务印书馆,1983,第16页上~18页下。刘宰:《漫塘集》卷三二《故宣义郎致仕陶公圹志》,第24页下~25页上。

③ 刘宰:《漫塘集》卷二六《前室安人陶氏焚黄祝文》,第18页上。

"尉职猥烦，尉廨卑陋"，对长期困于场屋的父亲而言，固能享受以子为贵的荣耀，但对生长于富家的陶氏则未必适应，在迁居不久后即因病逝世，年仅二十三岁。[①] 因岳母沈氏的坚持，陶氏暂时葬于嘉兴父家祖茔。两年后，沈氏死，只得权殡岳母之坟。一直到刘蒙庆死后，陶氏才正式归葬金坛祖坟所在的沙墅山。[②] 时为嘉泰三年（1203），已是陶氏死后十年。

庆元二年（1196）刘宰改调淮南东路真州司法参军。陶氏之丧满三年，他因父亲督责再娶，以延血脉；于赴临安铨选时，在同年好友张嗣古（字敏则）媒合下，与光州知州梁季珌之女结婚。张嗣古是当时权势正炽之权臣韩侂胄的外甥，在京担任著作郎兼考功郎官，[③] 人脉甚广。这时梁季珌知光州任满返京，因公务"数与敏则会公卿间"，[④] 季珌以长女过适婚之年，托他推荐良婿，嗣古力荐刘宰。刘宰说："余时丧陶氏妇甫三岁，痛未艾，辞屡矣，敏则言益力，且道君（梁氏）所以辞婚于乡里者，若有契于心。亦会先君书来，责以不亟娶，无以承宗祀。"[⑤] 遂于庆元三年（1197）与梁氏结婚，并相偕赴仪真任官，时刘宰三十三岁，梁氏二十八岁。

与梁氏（1170~1219）结婚，对刘宰仕途和生活都有重大的影响。岳父梁季珌，字饰父，丽水人，是孝宗朝名宦梁汝嘉（1096~1153）的儿子，以遗泽恩荫入仕。其在韩侂胄当政期间，

①　刘宰：《漫塘集》卷二六《前室安人陶氏焚黄祝文》，第18页上。
②　刘宰：《漫塘集》卷二六《前室安人陶氏启殡祭文》，第15页上。
③　《宋会要辑稿》选举二一《选试》，"庆元三年二月二十五日"条。
④　刘宰：《漫塘集》卷三二《继室安人梁氏墓志》，第16页上。
⑤　刘宰：《漫塘集》卷三二《继室安人梁氏墓志》，第16页上。

相继担当湖北、江西提举常平茶盐公事、尚书户部郎中、总领淮东军马钱粮，及中书门下检正诸房公事、户部侍郎、吏部侍郎等职。即使其后钱象祖继任相位，他仍持续任职，可见除行政历练丰富、熟稔财政之外，他与当朝枢要均能维持密切关系。[①] 这是刘宰婚后结识朝中名宦大儒、开拓人脉的重要推手。而梁氏的嫁妆，虽然具体数目不明，但显然十分丰厚，足以让初任幕职的刘宰有能力以父亲之名在金坛购置田产、为嫁给孙泳为妻的妹妹提供丰厚嫁妆，乃至无微不至地援助、照顾多位贫弱的兄弟及其子女；[②] 刘宰辞官后，也因梁氏的支持而有能力在家乡灾荒时捐米施粥、推动三次大规模赈饥。[③] 可见与梁氏结婚，是刘宰后半生最重要的资助力量保障。

四　州县浮沉

在江宁尉任上，刘宰展现吏治的长才。虽经历妻丧弟死的家庭悲剧，他仍积极尽心于亲民官的职务，认真推动治安工作。他一方面仿效同年朱晞颜治理上元县的模式，推动县政，"日治事已，即手自勾校"，工作效率高且权责清楚，政绩受到肯定。[④] 同时以百里风教自守，为了破除江宁巫风盛行的现象，他下令保伍互相纠察，强力禁绝妖术，让乡人改业归农。[⑤] 绍熙五年

---

① 刘宰：《漫塘集》卷三三《故吏部梁侍郎行状》，第 1 页上 ~8 页上。
② 刘宰：《漫塘集》卷三二《继室安人梁氏墓志》，第 17 页上。
③ 刘宰：《漫塘集》卷一〇《回知遂宁李侍郎札子》，第 4 页上 ~6 页上。
④ 刘宰著，王勇、李金坤校证《京口耆旧传校证》卷九，第 285 页。
⑤ 《宋史》卷四〇一《刘宰传》，第 12167 页。

（1194）江宁发生旱灾，刘宰承安抚使张构之命，从事救灾，活民甚多，并捕获趁灾打劫的巨盗。他自律甚严，以廉洁自持，以"毋轻出文引，毋轻事棰楚"自许。[1] 若因公务下乡，生活食宿与吏卒一致，不享特权；县务政绩卓著。[2] 他感慨世道日薄，奉行与朱晞颜相同的终任不求举的准则，拒绝安抚使张构有条件的举荐。[3] 离任时只带走江宁主簿赵师秀的酬唱诗而已，可谓两袖清风。[4]

除了积极任事推动县政之外，他更与建康的各级官员建立良好的关系。除前引他送朱晞颜赴任诗中所述的周南、周虎、游九言之外，还有游九言所指金陵三友中被称为"金沙之林"的林维国。[5] 他于嘉泰元年（1201）所写《怀林维国二首》诗中，强调"维国知我爱我，我视他友为甚"。显示二人相知甚深。[6]

刘宰任真州司法参军时，逢韩侂胄启动庆元党禁，揭开整肃道学党人的序幕。当时宋廷为扩大钳制道学入仕之途，通过各地方转运司，要求与试者"有出身见任人状，称不系伪学，不读周程氏书，方许充考试"。[7] 刘宰虽非道学门徒，但对朝廷禁绝道学、钳

---

① 《宋史》卷四〇一《刘宰传》，第 12167 页。

② 《宋史》卷四〇一《刘宰传》，第 12167 页。

③ 刘宰著，王勇、李金坤校证《京口耆旧传校证》卷九，第 285 页。

④ 《宋史》卷四〇一《刘宰传》，第 12167 页。

⑤ 游九言：《默斋遗稿》卷下《送朱景渊序》，第 12 页上。

⑥ 诗说："四海论交二十年，知心一见似前缘。情亲尚记通宵语，忠告难忘送别篇。梦入蓬壶重会面，座看书史尚堆前。应怜废学从农圃，要使留心在简编。""尚记升堂拜母时，满前儿女竞牵衣。凤雏想见今成立，雁序遥闻已奋飞。身后声名终不朽，家传诗礼足相辉。伤心白下金陵道，无复班荆话昨非。"刘宰：《漫塘集》卷二《怀林维国二首》，第 14 页上～14 页下。

⑦ 俞希鲁编纂，杨积庆等点校《至顺镇江志》卷一九《人材·隐逸》，第 795 页。

制思想的政策颇为反感，曾表示："平生所学谓何，首可断，此状不可得也。"① 遂不参与考校工作。但他也未直接涉入道学与执政的纠葛，对时局与人际关系有自己的观点，他与石宗昭的来往与评价即为显例。约在庆元四年（1198）后，他曾与当时担任淮南转运使兼提刑的石宗昭有书启往来，② 也在为钟将之、钟颖父子撰写的墓志铭中，表达对石宗昭的推崇："庆元初，（宰）以郡掾事故转运使检详石公宗昭于仪真。石问学之粹，盖余所仰以为师表者。见其言在淮西时，君（钟颖）奉亲来，相与讲学甚久。"③ 其实，石宗昭从学与仕宦的历程曲折，时人对他的评价也不一致，并往往将之视为立场漂浮的道学追随者。他是陆九渊的早期门人，后来与永嘉学者陈傅良、叶适、陈亮等人往来密切，也一度自视为吕祖谦的门人，与朱熹也有联系。他转易多师的行径，曾引起陆九渊极度不满。党禁爆发后，他既与道学者保持距离，又出任高官，朱熹也抨击他政治立场转变。④ 刘宰对他的态度却颇为正面，可见刘宰并没有特定的立场，而是依自己的观察，直观地提出评论。

刘宰在真州司法兼领全郡仓库任上，严守职任，杜绝知州贪赃违法之行，持身廉洁、积极任事。同时积极筹措经费，重建安置老疾无告百姓的"居养院"。真州居养院在淳熙年间因火灾罅坏，庆元初年由提举常平汪梓重建，但屋陋地窄，加以财政短缺，难以收容、运作。刘宰到任后，获得淮东转运使韩㮟与通判

---

① 刘宰著，王勇、李金坤校证《京口耆旧传校证》卷九，第285页。《宋史》卷四〇一《刘宰传》，第12167页。

② 刘宰：《漫塘集》卷一四《通石漕宗昭》，第6页上~7页下。

③ 刘宰：《漫塘集》卷三一《故知建昌军朝议钟开国墓志铭》，第29页上。

④ 黄宽重：《孙应时的学宦生涯：道学追随者对南宋中期政局变动的因应》第五章，第147~150页；第六章，第219~222页。

郑炤大力支持，于庆元六年（1200）再度重建一个宽敞且适于老弱残疾居住的居养院，并作记述其过程，唯对未能筹募足资养育的经费而感到遗憾。^① 此外，他受韩樌之托撰写庙记，表扬绍兴三十一年（1161）金兵南侵时，在真州胥浦抗御金兵而牺牲的三位军将梁渊、元宗与张昭的功绩。文中特别称颂三位将军守护乡里的勋绩，"以一身之死，易百万众之生，以胥浦跬步之地，为江淮数千里保障"。^② 一连串的事迹受到主管官员韩樌的肯定，并在嘉泰元年（1201）被韩氏举荐为"练达科"。^③

不过，刘宰在真州司法任上的后期，身体已出现病兆。他在绍定六年（1233）致信曾知於潜县的程燾，说他任其父（程建昌）的僚属时，"已得软疾，后更忧患，疾日深，遂不可为，因之弃官"。^④刘宰正值壮年之龄，健康状况出现警讯，加上对朝廷严令学禁及官吏逢迎长官的风气感到不满，颇有乞退之意，只是受家计之累而难以实现；他曾赋诗感怀"锦城不似还家乐，独立津头欲问船"。^⑤

嘉泰二年（1202）刘宰改授泰兴（今江苏泰兴）县令，这是他首次担任主导基层县政的亲民官。对刘宰而言，出任泰兴县

---

① 刘宰：《漫塘集》卷二〇《真州居养院记》，第1页上~2页下。

② 刘宰：《漫塘集》卷二〇《仪真胥浦桥三将军庙记》，第6页下。此记作于嘉泰元年（1201）四月。

③ 刘宰在谢韩樌的书启中有："谓某青衫十载，或颇熟于民情，以某白沙三年，亦粗了于官事。骤加荐达，罔使闻知，云笺忽堕于目前，衮字已驰于天上。足以起末俗之风靡，居然破公举之天荒。"从文中提到"青衫十年""白沙三年"的文字，推断他被荐举的时间或在嘉泰元年（1201）。刘宰：《漫塘集》卷一四《谢韩漕樌举练达科》，第10页上。

④ 刘宰：《漫塘集》卷一二《回前於潜程知县燾》，第18页上。

⑤ 刘宰著，王勇、李金坤校证《京口耆旧传校证》卷九，第285页。从刘宰在《仪真法曹日作》诗中，也明显看到他对时局反感，有不如归去的心情。诗云："纷纷恶直喜阿谀，局束英豪气不舒。万事付渠三昧手，此生自放五车书。"刘宰：《漫塘集》卷一《仪真法曹日作》，第7页下。嘉泰二年（1202）刘宰改任扬州泰兴县令。

令，是公私兼顾、两全其美的安排。泰兴县为扬州辖县，隶属于淮南东路，与镇江仅隔长江，相距不远，联络方便。任官于此，得以就近照顾年迈的父亲刘蒙庆。刘宰给知扬州赵师𥪡、郭姓通判、蔡姓金判的书启中，分别提到"亲年喜惧，虑远宦之非宜""穷涂久厄，而学问废矣；俗状已成，而疾疢因之。既祗严命以促装，适值慈亲之伏枕，莫遑遄迈，何以自文。幸少宽人子之心，将丞箧隶人之列。宁须良月，即托二天"。[①] 显示此时刘蒙庆卧病在床，需人照料，当是刘宰受命上任的要因之一。况且，他的岳父梁季珌次年八月出任知镇江府兼总领淮东军马钱粮（即淮东总领所），[②] 他在泰兴可以就近协助处理相关运作及文字，《漫塘集》保留的若干代笔的书启文字可以为证。[③] 此项工作既可为岳父分劳，也有助于刘宰开展人际关系。[④]

刘宰任泰兴县令仅一年，即因父丧丁忧返家，因此留下的施政资料不多。不过从他撰作的《泰兴劝农文》，可以看到他的施政理念。发布劝农文字，是地方长官例行公事。一般官员多借劝农文，训诫百姓努力务农、勤于耕作，不要嬉戏、怠惰，或介绍与农作有关的新品种、新方法。[⑤] 刘宰则是在劝农文中，提出不

---

① 刘宰：《漫塘集》卷一四《通扬帅赵尚书师𥪡启》，第12页下；同卷《通郭倅启》，第12页下~13页下；同卷《通蔡令启》，第12页上~13页下。

② 《嘉定镇江志》卷一七《寓治·总领所》，第15页下。嘉泰三年九月因知镇江府张孝伯调任同知枢密院事，宋廷以季珌兼知府，见《嘉定镇江志》卷一五《宋润州太守》，第13页下；及刘宰《漫塘集》卷三三《故吏部梁侍郎行状》，第1页上。

③ 梁季珌为了改官为淮东总领淮，向举荐者致谢，遂交刘宰代笔。具体可见刘宰《漫塘集》卷一六《代外舅梁漕谢举自代启》，第20页上~21页上；卷三三《故吏部梁侍郎行状》，第3页上；及《嘉定镇江志》卷一五《宋润州太守》，第13页下。

④ 刘宰：《漫塘集》卷一《回江东陈侍郎札子》，第9页上~10页上；卷六《回宜兴赵百里与恕》，第8页上~9页下。

⑤ 蔡文地：《宋代劝农文之研究》，硕士学位论文，台湾大学，2007。

同的观点。在他看来，地方官若仅是发布一篇劝勉性的文章，对农家难有具体的改善。他自言来自乡里，了解基层社会不重视农民的原因，因此在文中明确指出妨害农民的三个重要因素：一是豪民、奸民的阻碍或骚扰，影响农民耕作意愿；二是地方各种工役、狱讼繁多，降低农作成效；三是渔取无度的赋税与兼并之家、僧道游手的诳惑，影响农民利益。他于是说："继自今以往，凡害农之事如前所云，令念兹在兹，敢不良图，怨谤黜责，非令所惮。父老归而语其子弟，相与专心致志，服田力稼，虽休勿休。或犹有遗害，则相率而告于令，令弗敢辞。"①特别鼓励农民在勤耕之余，向官府反映妨害农作的具体情况。刘宰不把劝农文当成例行的官样文章，而是直接点出问题的核心，呼吁农民向官府反映，期能解决问题。可惜由于任期中辍，以致未能看到实际作为及其成效。

其后，刘宰在守丧期间，于嘉泰四年（1204）春，代梁季珌撰写《劝农文》。文中指出："比年蠲丁赋百万，实始此邦，兵兴政烦，而是邦独晏然，无异于平时，顾不甚幸欤。"但认为百姓"力田尚寡，浮食尚众"，也缘于"狃于私贩之利而轻于冒法，倚台省诸司之近而果于终讼"，希望杜绝这些可谓"害农之本"的社会现象。②

刘宰在泰兴令任上，为导正民众因迷信而误身伤财的错误观念与习惯，而发布《劝尊天敬神文》，说："盖闻非其鬼而谄祭之，圣门所戒；假于神而疑众者，王制必诛。"③更上报扬州，摧毁丛

---

① 刘宰：《漫塘集》卷一八《泰兴县劝农文》，第3页上。

② 刘宰：《漫塘集》卷一八《劝农文代外舅梁总权镇江府作》，第1页上~1页下。

③ 刘宰：《漫塘集》卷一八《劝尊天敬神文》，第3页上。该文不署年月及地理，但衡之该文意且与上报扬州摧毁丛祠之内容相近或泰兴县任上。

祠，处死假借神威杀人的神棍。[①] 此外，针对邻境租牛的纠纷、仆妇盗金钗及媳妇养姑等涉及刑罚的问题，都究明实情，辨明曲直。[②] 从文字的宣示及具体的作为，皆可看到他导正社会习俗及处理地方纠纷的态度。

第二节　局势更迭

一　丁忧与起复

嘉泰三年（1203）刘宰因父亲蒙庆逝世，丁忧守丧。[③] 刘宰在江宁与真州任职期间，父亲多与他同居官舍。刘宰再婚后，梁氏变卖嫁妆，在金坛购置田产，父亲返乡居家。[④] 刘宰改任泰兴令，曾有意营造官舍，亲侍父亲，不过蒙庆已无法远行，刘宰在祭文中说：

> 矧某承乏近邑，惟迎侍是便，惟甘旨是图。方整茸园池，以迟安车之来；庶以邀以嬉，不重去乡之感。选徒来迓，近在朝夕。何图迓者未行而报者已至，曰有寒疾，日就危困，某弃官亟归，医药百端，竟至不起。[⑤]

① 《宋史》卷四〇一《刘宰传》，第12168页。
② 《宋史》卷四〇一《刘宰传》，第12168页。
③ 刘蒙庆享年七十二岁。刘宰：《漫塘集》卷三二《皇考云茅居士朝奉圹铭》，第33页下~34页上。
④ 刘宰：《漫塘集》卷三二《继室安人梁氏墓志》，第17页上~18页下。
⑤ 刘宰：《漫塘集》卷二六《皇考云茅先生成服祭文》，第1页上~2页下。

　　刘宰对其父"生平力学，贯通今古，乃不能登一第、居一官以成其志"，① 及晚年独居陋室，未得含饴弄孙之乐，深为感慨。当年十月蒙庆葬于其生前所居金坛薛村之原方山之岐，② 也就是在刘宰诗文中一再出现的"云边"。

　　刘宰丁忧期间，以家务为重。在梁氏费心安排下，既让先前被父亲拒斥的长兄夫妇归家，又将先前以父亲名义购买的田地平分给兄弟，安顿他们的生活；更安排过继给陈姓的庶弟认祖归宗，让全家团圆。③ 这些细心规划与具体照顾，让刘宰兄弟团聚，克服兄弟生命中的难关及手足支离的局面，展现其维系家族的用心。

　　此外，他也协助岳父梁季珌处理文书，除上所述的劝农文之外，还有《代外舅贺司谏启》《代外舅贺丘宣抚密启》等文字。④

　　这时，刘宰与辛弃疾的互动也很频繁。⑤ 辛弃疾与长居镇江的范如山同为由金归宋的归正人，且缔结婚姻；⑥ 范氏父子与刘宰关系密切，刘宰或因此与辛弃疾有所联络。⑦ 嘉泰四年（1204）三月，辛弃疾赞韩侂胄开边，被任命为知镇江府。丁忧中的刘宰有《贺辛待制弃疾知镇江》书启，称颂辛帅"卷怀盖世之气，如圯下子房；剂量济事之策，若隆中诸葛。……皇图天启，虏运日衰，

---

① 刘宰：《漫塘集》卷二六《皇考云茅先生成服祭文》，第 1 页上 ~2 页下。

② 刘宰：《漫塘集》卷二六《皇考云茅先生大葬祭文》，第 3 页上。

③ 刘宰：《漫塘集》卷三二《继室安人梁氏墓志》，第 17 页上 ~18 页下。

④ 刘宰：《漫塘集》卷一六《代外舅贺司谏》，第 21 页上 ~22 页上；同卷《代外舅贺丘宣抚密》，第 22 页上 ~23 页上。

⑤ 刘宰：《漫塘集》卷一四《上安抚辛待制》，第 18 页上 ~19 页上。时间大约在嘉泰四年。

⑥ 邓广铭：《辛稼轩年谱》，上海古籍出版社，1997，第 4、24~30 页。

⑦ 刘宰：《漫塘集》卷一五《贺辛待制知镇江》，第 1 页上 ~1 页下。

壶浆以迎, 久郁遗民之望; 肉食者鄙, 谁裨上圣之谋。星拱百僚,
雷同一说"。① 辛弃疾在回文中以国士待刘宰, 期待他对镇江治理
提出建言; 刘宰回信感谢赠金, 也坦诚地向稼轩反映地方舆情:

> 今岁之稔, 虽及七八, 时雨之愆, 岂无二三。如闻里正
> 不申被旱之图, 县吏悼受诉灾之牒; 倘陈词有逾于八月, 则
> 吁哀莫彻于二天。仰冀慈祥, 亟垂矜悯, 赐之揭示, 许以实
> 闻, 庶使穷阎尽被邦君之惠, 是为小子不孤国士之知。②

此外, 可能是因着岳父梁季珌与同事的关系, 刘宰与侍从官
员如卫泾、钱象祖、邓友龙等也有所互动, 其中关系比较清楚的
是卫泾。卫泾在开禧二年（1206）兼任中书舍人, 曾撰梁季珌出
任户部侍郎的制词, 盛赞梁季珌在提举茶盐、总领所以及中枢的
杰出表现"深简朕知, 亟仪禁序""矧已观心计之精明, 俾分典
于民曹, 庶共裨于国事"。③ 及卫泾由吏部侍郎改任礼部尚书, ④
甚至晋升参知政事等职, 梁季珌也接任其职; 加上刘宰的同年周
南、朱晞颜与卫泾关系更亲厚, 都让刘宰在此后有机会与朝政决
策者保持绵密互动。

除家务与建立人脉外, 刘宰也持续经营乡里关系。《漫塘集》

---

① 刘宰:《漫塘集》卷三四《故公范大夫及夫人张氏行状》, 第24页下。

② 刘宰:《漫塘集》卷一五《谢辛待制弃疾》, 第3页上。参见邓广铭《辛稼轩年谱》, 第
147~150页。

③ 卫泾:《后乐集》卷二《朝议大夫中书门下省检正诸房公事兼国用司参计官丽水县开国男食
邑三百户梁季珌依前官特授权尚书户部侍郎兼同详定敕令官官制》,《景印文渊阁四库全书》,
台北: 台湾商务印书馆, 1983, 第5页下。

④ 何异:《宋中兴学士院题名》,《续修四库全书》, 上海古籍出版社, 1997, 第11页下。

中即有一篇记文，语及刘宰与同乡好友汤泳（字叔泳）、王节夫、卫翼之、卫晦仲等人，到茅山探访由道士韦道元营运的玉液庵，并记述道庵兴建的历程。①

开禧二年（1206），刘宰免丧后，出任浙东仓司干官，即浙东路提举司干办公事，协助处理茶盐事务兼同详定敕令官等职。②此时，韩侂胄积极谋划北伐，战争一触即发；刘宰到邻近临安的绍兴，既得以远离淮南边区，增加不同的行政历练经验，且有机会接触中枢官员，得以掌握朝政与时局的变化。③

此时宋金战事骤兴，国计孔亟，浙东茶盐事务繁重，涉及地区广袤。他只身前往绍兴赴任，全力供职，《漫塘集》收录了与永嘉留教授、唐提干、台州刘通判等各地官员请益讨论的书启，以筹思谋财之道。④梁氏则在家操持家务，他在梁氏的墓志中说："在越及温，所偃居皆它人所不能居，余中间奔走在外，君独与儿女居，安之如家。"⑤由于他积极任事，得到提举浙东茶盐章燮的肯定，并获举荐。⑥不过，日后刘宰回忆这段往事，指出此时战事方殷，他参与筹财充国用，工作十分艰辛，固让长官欣赏，却未必符合各方期待："又赋性疏率，仕宦处虽为君子所知，然

①　刘宰：《漫塘集》卷二〇《玉液庵记》，第12页上~13页下。
②　周南：《山房集》卷五，第18页上。《宋史》卷四〇一《刘宰传》，第12168页。
③　刘宰：《漫塘集》卷一六《上邓侍郎友龙启》，第2页上~3页上。刘宰致书邓友龙，反对开禧北伐，详见本书第六章第一节。
④　刘宰：《漫塘集》卷一六《通永嘉留教授启》，第16页上~16页下；卷一七《通唐提干》，第17页上；卷一七《通台州刘倅》，第17页上~18页上。
⑤　刘宰：《漫塘集》卷三二《继室安人梁氏墓志》，第18页下。
⑥　刘宰：《漫塘集》卷一四《谢章仓燮改官已上浙东干官时作》，第19页上~20页上。章燮在开禧元年十一月十六日任浙东提举，举荐刘宰改官之事或在开禧三年。见《宋会要辑稿》食货二八《盐法杂录》，"开禧元年十一月十六日"条。

亦为小人所恶。"① 此情形显然影响刘宰的心情，使他"意有所不惬，将告归"。②

二　辞官归乡

战局与政局的急骤转变，让刘宰面临进退两难的抉择。开禧三年（1207）十一月三日，主宰北伐大计的权臣韩侂胄被杀。钱象祖、卫泾、史弥远成为新的执政者，推动对金议和并调整中枢人事。钱象祖先在开禧三年四月出任参知政事，十一月兼知枢密院事，并在韩侂胄被杀后，于十二月升任右丞相兼枢密使；同时卫泾任签书枢密院事兼参知政事，史弥远则由礼部侍郎除同知枢密院事；③ 刘宰曾分别向钱象祖与卫泾致贺。④ 此时岳父梁季珌也已跻身侍从执政的行列。⑤

嘉定新政成立之初，刘宰曾有机会在中枢发展。韩侂胄死后，钱象祖、卫泾掌政的新局面形成，宋廷有意召刘宰出任太学新职。他担心招来非议，决定先行乞祠，等待时局稳定后再议。宝庆二年（1226）刘宰有一封给时任参知政事薛极的幕僚赵御干的书信，对他在这段时期徘徊进退的过程，有很简要却深刻的描

① 刘宰：《漫塘集》卷六《回赵御干书》，第21页下。

② 刘宰：《漫塘集》卷三二《继室安人梁氏墓志》，第18页上。

③ 黄宽重：《孙应时的学宦生涯：道学追随者对南宋中期政局变动的因应》，第233、247~249页。

④ 刘宰：《漫塘集》卷一三《上钱丞相论罢漕试太学补试札子》，第11页上~15页下；卷一六《上卫参政泾》，第6页上~6页下。关于刘宰代钱象祖所拟更新朝政及检讨太学补试两札子，涉及国政要务，亦详见本书第六章第一节。

⑤ 蔡幼学：《育德堂外制》卷二《梁季珌试吏部侍郎》，《续修四库全书》，上海古籍出版社，1997，第3页上~3页下。

述，是了解刘宰此时心境的重要文献，引录如下：

> 方来归时，钱丞相、卫大参秉政，欲以掌故相处。命且
> 下矣，某辞以自属官得掌故，人必以为入京考图而后得之，
> 不若且畀岳祠，异时陶铸未晚。荷二公相许，以二月八日奉
> 祠归。归甫两月，以四月八日降堂审之命。明年又荷庙堂具
> 未赴堂审之人姓名，行下催促，某以贱疾形于面目，不可
> 复出。①

此时刘宰虽已罹病，但预期可以治愈，且对时局的发展抱审
慎乐观的态度。对照他同时致予临安通判的乡贤赵时侃信中所
说：虽曾因病痛乞祠，但他在春间赴都后，因钱、卫挽留及时侃
建议，改受堂审之命，期待秋天身体好转再进京；② 以及宝庆元
年（1225）他在获宋廷召入朝任籍田令的第一次辞免状中也说："曾
未两月，复拜堂审之命。某是时犹意此疾可疗，欲俟小愈，奔走赴
国。"③ 都呈现一致的说辞。刘宰书信中所述嘉定元年（1208）二月
八日奉祠、四月八日降堂审之命，正是钱、卫诸人权势正盛的时
刻，说明他也在权衡个人健康与时势的发展，决定进退。

但不到半年，随着南宋政局的巨大变动，刘宰对仕途发展的
计划有了重大改变。先是嘉定元年六月，卫泾罢参知政事，由史
弥远兼任参知政事；十月史弥远再升为右丞相兼枢密使，钱象祖
由右丞相迁左丞相。其后史弥远虽因丁母忧去位，但钱象祖却在

---

① 刘宰：《漫塘集》卷六《回赵御干书》，第 22 页上。
② 刘宰：《漫塘集》卷八《回临安赵通判》，第 18 页上。
③ 刘宰：《漫塘集》卷六《辞免除籍田令第一状》，第 1 页下。

十二月一日罢相。在韩侂胄死后的一年内，宋朝中枢人事变动频繁，钱、卫与史虽曾短暂合作，终因支持史弥远的杨皇后与皇子荣王合作，影响宁宗的人事布局，[①] 钱、卫的权柄遂转而被史弥远掌握。

而梁季珌的逝世，对刘宰的冲击更大。位居侍从的梁季珌在朝政更化期间，积极参与各项政务更革，积劳成疾，嘉定元年四月起即数度乞请外调，宋廷均不允。[②] 至九月二十九日病死，享年六十六。[③]

中枢人事更迭加上岳父的逝世，让刘宰对未来的仕途越发感到不安，如宝庆初年在致李燔的信中他道出担忧: "后以钱、卫俱去，今相国未尝识面，到堂既不可，赴部又不可。"[④] 然而，刘宰实为全家生计所系，若失去官位，家业恐怕无以为继。[⑤] 在暗潮汹涌的政局环境中，面临仕宦难卜与经济现实的双重困难时，夫人梁氏的尊重与支持，让刘宰下定决心。根据刘宰的记述，梁氏曾说: "是岂谋及妇人者哉? 继自今，君当卖剑买牛，吾当力蚕缫纺绩尔。"[⑥] 梁氏的表态，坚定了刘宰的心意。次年季春，刘宰致书同为金坛出身的乡贤张镐，表示他已乞退归乡;[⑦] 此后，虽然朝中仍催促刘宰入京堂审，他遂以残疾形于面目为由，决定走上

---

① 　参见黄宽重《孙应时的学宦生涯: 道学追随者对南宋中期政局变动的因应》，第248~249页;李超《南宋宁宗朝前期政治研究》第六章，第267~294页。

② 　楼钥:《楼钥集》卷四四《吏部侍郎梁季珌乞待次州郡不允诏》，第12页上;同卷《吏部侍郎梁季珌乞宫观不允诏》，第3页下~4页上。

③ 　刘宰:《漫塘集》卷三三《故吏部梁侍郎行状》，第5页下。

④ 　刘宰:《漫塘集》卷一〇《回李司直燔》，第24页上~25页上。

⑤ 　刘宰:《漫塘集》卷三二《继室安人梁氏墓志》，第17页上~18页下。

⑥ 　刘宰:《漫塘集》卷三二《继室安人梁氏墓志》，第17上~18页下。

⑦ 　刘宰:《漫塘集》卷八《通张潮州前人二》，第16页上~17页下。

与众多争取仕进功名的宋代士人有别的道路，远离朝政，回归乡里。此时他四十四岁，尚值壮盛有为之风华，正是开拓仕途的绝佳时机。

关于刘宰选择辞官居乡的时机，自来即有不同的讨论。学界最早认为是源于庆元三年（1197）刘宰在真州司法任上，不满宋廷推动党禁所下的"仕者非伪学，不读周敦颐、程颐等书，才得考试"之令；此说出自《京口耆旧传》和《宋史·刘宰传》。① 另一种说法则是他在浙东幕府任上"默观时变，顿不乐仕，寻告归"。② 此外，刘宰罹疾而影响脸部外观，也很值得注意。检阅《漫塘集》可以看到他一再公开提到这个问题，如："一自辟属仓台，偶得风疾，浸淫满面，乃丐岳祠以归，百药不效，以迄于今。形容改变，语音仅存。"③ "某不幸蚤迫亲养，奔走田间，皮肤为风毒所乘，得疾白驳，虽无疮痏，亦无痛楚，而风毒浸淫，自头面达于四体，强半变白，形容之恶，见者骇异。"④ 这些书信指向刘宰在开禧二年任浙东仓司干官时罹疾。不过，刘宰于绍定六年给前知於潜县程焘的札子中，提及庆元六年到嘉泰元年（1200~1201）"某方在仪真时，已得驳疾，后更忧患，疾日深，遂不可为，因之弃官"，⑤ 可见刘宰提到得病的时间是在嘉泰元年，也就是三十六七岁之际。刘宰所谓的风疾、驳疾，可能是白癜风（vitiligo，也称为白斑、白蚀），是一种皮肤脱色的疾病。

---

① 刘宰著，王勇、李金坤校证《京口耆旧传校证》卷九，第 285 页。《宋史》卷四〇一《刘宰传》，第 12168 页。

② 《宋史》卷四〇一《刘宰传》，第 12168 页。

③ 刘宰：《漫塘集》卷六《辞免除籍田令第一状》，第 1 页下。

④ 刘宰：《漫塘集》卷五《辞免除太常丞第二状》，第 13 页下 ~14 页上。

⑤ 刘宰：《漫塘集》卷一二《回前於潜程知县焘》，第 18 页上。

从上述资料看来，相信缠身甚久的颜面疾病，对刘宰任官的心情与意愿有一定的影响；不过，如果综合参酌《漫塘集》中刘宰所举的其他书信资料，影响刘宰仕进的因素显然相当复杂，并非单一。刘宰在基层任官，已然感受当朝借党禁整肃异己，对此颇难认同，加上健康早有警讯，影响他对仕进的期待。不过他的兄弟多需仰仗其照顾，基于支持家族、安顿手足的使命，刘宰仍持续苦撑。但开禧以来宋廷战和决策的巨大变动，导致人事更迭，与刘宰亲善的卫泾、钱象祖相继被罢，加上岳父的逝世，让他顿失仕途发展的支持力量，遂决心选择辞官乞退一途。总之，刘宰的辞官并非肇端于一时或单一因素，而是由多项因素、多重考虑促成的。

第四章

刘宰的乡居事业

刘宰以病隐退乡里后，仍积极与各级官员联络，受邀为各州县兴修衙署、寺庙及公私公益设施或相关活动撰文，阐述其历程及意义。除此之外，他也曾表彰投身乡里公益的乡贤，更曾汇集社会资源、集结众力，与乡亲共同推动公益建设，乃至实施三次大规模的赈饥活动。刘宰的诸多行动，并非为个人谋求东山再起，而是向官府反映当前军政作为对乡民的影响乃至苛扰，并以这些具体行动，关怀他所居的镇江与金坛乡里。

第一节　建设乡里

刘宰通过题记阐发亲友对各项建设的具体贡献。现存的《漫塘集》保留有六十六则记文，是刘宰应众多官府与亲友之请所写，内容十分广泛。除衙署兴修之外，多在阐扬学校教育、表彰忠义先贤，也记录有许多有关社会互助、照顾弱势及减免赋税等维护乡里、促进社会福祉的具体事迹。[①]

---

① 阐扬教育者，如黄州麻城、梁县、绍兴、句容、虎丘山等地县学与书院题记，见刘宰《漫塘集》卷二一《黄州麻城县学记》，第25页上；卷二二《梁县学记》，第25页上；卷二三《绍

在二十八件有关镇江的记文中，除衙署、寺庙外，有三项关于当地家族及公众建设与互助组织的记述。其一是借由义庄，阐述、强化与维系家族在地的竞争力，具代表性的记文是金坛"洮湖陈氏"及"希墟张氏"两个家族。洮湖陈氏自陈亢疏浚古速渎，以接通洮湖后，因殖货治产，成为金坛富室；他致富后，曾于熙宁六年（1073）以家储救助为数极多的乡民，到其裔孙陈稽古晚年，因担心宗族不竞，遂拨田为义庄，既可赡族人，也可维护祖茔。① 为避免后世败坏成规，故请刘宰撰文为记。② 希墟张氏是高宗名臣张纲在金坛的家室。张氏聚族而居，广置田宅，在照顾族人之余兼及施善乡里。③ 到张宗湜时，更"损所置义兴良田四百亩，设置义庄"，以利家族的永续发展。④ 刘宰有一首七言律诗，赞扬张宗湜：

> 叔世谁怜族派同，高情真有古人风。
>
> 宗分大小稽周典，惠匝亲疏比范公。
>
> 二项开端能不吝，一编垂训可无穷。
>
> 欲书盛事传千载，预愧衰孱语不工。⑤

兴尹朱二先生祠堂记》，第6页下；卷二三《句容县重建县学记》，第14页上；卷二三《平江府虎丘山书院记》，第29页上。表扬忠义者，如记录金军侵犯时，淮边真州、濠州低阶军将抗金壮烈牺牲的英勇事迹，见刘宰《漫塘集》卷二〇《仪真胥浦桥三将军庙记》，第5页上；卷二一《濠州新建石韩将军庙记》，第11页上。减少地方及百姓生活压力的记录，则见刘宰《漫塘集》卷二二《宜兴县漏泽园记》，第28页上；卷二一《宜兴县尉司免发茶引记》，第16页上；卷二二《扬州拨还泰兴县酒税记》，第3页下；卷二二《建康平止仓免回税记》，第5页下。

① 刘宰著，王勇、李金坤校证《京口耆旧传校证》卷六，第180~184页。

② 刘宰：《漫塘集》卷二三《洮湖陈氏义庄记》，第10页下~12页上。

③ 刘宰著，王勇、李金坤校证《京口耆旧传校证》卷七，第237~239页。

④ 刘宰：《漫塘集》卷二一《希墟张氏义庄记》，第32页上~35页下。

⑤ 刘宰：《漫塘集》卷二《读张氏义庄画一寄持甫辂院湜》，第37页上。诗作"湜"，当为"宗湜"。

张氏家族除设置义庄外，曾任太府寺丞的张镐，更以家距县学甚远，而自建书院教育族人，"病其居之僻，闻见之隘，建学立师，以训其族之子弟，名曰申义书院"。刘宰盛赞他"更修庠序之教，以收族党之英。以陶靖节之高风，而有范文正之义举"的善举，① 并赠送朱熹的《近思录》，以充实书院典藏。② 更拨田以利持续，亦造桥方便乡人渡河就学。③

除张氏申义书院外，刘宰另有两篇有关教育事业的记文。一是记镇江府设置学田及其后三十五年的变迁过程，并期勉诸生"知所自养，而不孤所以教之者，与同志共相警云"。④ 二是记录丹徒杨氏自杨樗年、杨恕以迄其孙杨克己、克立三代运营宝经堂储书教子的过程。⑤

其二是刘宰记述亲身协助推动乡里互助的两件义役记。催征赋税和治安是帝制时代朝廷统治基层社会的两件大事，通过"县"这一层级直接执行。由于宋朝支应防务的财政负担加重，催征赋税成为乡村管理的重要项目；南宋尤甚，为强化稽征，更通过保甲制度融入役法的方式，由底层催征单位来执行，形成以"都"为管理的组织架构，重组催税单位。⑥ 然而沉重赋税

---

① 刘宰：《漫塘集》卷二《贺张寺丞镐得郡》，第 14 页上。

② 刘宰：《漫塘集》卷六《回汤德远镇书》，第 24 页上~26 页上。

③ 刘宰：《漫塘集》卷二一《希墟张氏义庄记》，第 35 页下。

④ 刘宰：《漫塘集》卷二一《镇江府学复沙田记》，第 5 页上~5 页下。

⑤ 刘宰：《漫塘集》卷三三《杨提举行述》，第 21 页上~26 页上；卷二二《杨氏宝经堂》，第 14 页上~16 页上。

⑥ 参见包伟民《近古乡村基层催税单位演变的历史逻辑》，《北京大学学报》（哲学社会科学版）2021 年第 1 期，第 99~115 页。及包伟民《名实之间：关于乡里单位文献记载辨析漫谈》，《唐宋历史评论》第八辑，社会科学文献出版社，2021，第 8~23 页。包伟民《乡役论与乡里制的演变》，《中国社会科学》2022 年第 7 期，第 152~172 页。

不仅加重百姓的负担，更是催税吏员与应役人难以摆脱的枷锁，从《宋史·食货志》中所述，即可看到役次之繁、责任之重，与承役者受害之深。逃避、兴讼的现象，是基层社会治理的一大挑战。乡里百姓为解决此一难题，由承役者自相集结，集资置田，收取租米，以弥补损失的民间互助组织"义役"于焉产生。①

南宋义役是绍兴十九年（1149）汪灌在两浙路婺州东阳县长仙乡所创，②由于推行有成，各地相继仿效。刘宰指出这个制度的优点是："力出于众，而不偏弊于一家；事定于豫，而不骤费于一日。又权不在官，而吏无所容其私，故役至而人不争；役可募人，而己不专任其责，故役久而人不病。嚚讼以息，礼逊以兴，兹岂非法之良、民之幸欤！"③孝宗乾道七年（1171），宋廷接受范成大的建议，将义役改由地方官推动，但实际执行仍然因地而异，刘宰即说："义役肇自括苍，数十年来，所在推行，名同实异。"④

金坛大约也是依循朝廷的命令，采行"计产入田，或计田入租，或计租入钱"的办法。⑤后来因参与者的意见不一，推行并不顺利。刘宰以他祖墓所在的二十一都为例，说："以祖考俱葬是都，视都之长者如父兄，幼者如子弟，见当役者不胜棰楚，沿道

---

①　王德毅：《南宋役法考》，收入氏著《宋史研究论文集》，台北：台湾商务印书馆，1993，第253~283页。

②　王德毅：《南宋役法考》，收入氏著《宋史研究论文集》，第239~240页。

③　刘宰：《漫塘集》卷二三《二十三都义庄记》，第17页下。二十三都隶于游仙乡，见俞希鲁编纂，杨积庆等校点《至顺镇江志》卷二《地理·乡都》，第20页。

④　刘宰：《漫塘集》卷二一《游仙乡二十一都义役庄记》，第27页下。二十一都隶属于游仙乡，见俞希鲁编纂，杨积庆等校点《至顺镇江志》卷二《地理·乡都》，第28页。

⑤　刘宰：《漫塘集》卷二一《游仙乡二十一都义役庄记》，第27页下。

呻吟。其未役者,前期百方以求苟免,余则畏惧蹙缩,至不敢名其先人之丘墓,余窃悲之。"[1] 嘉定六年(1213),他说服二十一都下五保的居民合资买下吴兴人张氏拥有的三百亩土地,加上当时金坛县令王塈资助的因争讼没官的田地,建置"义役庄"。[2]大约在嘉定九年(1216),他受托详细记录义役庄的发展经过,包含地产的地号、亩数、四至以及参与捐助者姓名等,列于庄壁,[3] 并有诗记其事。[4] 这是刘宰首次记下乡亲为克服应役纷扰而组成的自发性组织。

绍定六年(1233)刘宰在记录金坛县二十三都义庄组织情况时,进一步阐述乡亲将义役、义庄与朱熹社仓结合,形成更具制度性的互助组织。他记该都乡亲蒋拱兄弟与族人的做法,说:"吾曹之生理虽未至甚裕,而都之人莫先焉。继自今役日频,事亦日难,为谋之长,莫如义役,而不公则不足以服人。故舍田各称其力,而不敢有不及。又以为不宽则不足以传远,故计费必公其赢,而常储之使有余。"[5] 认为需要推举乡里信服的人主持,并宽筹经费,建立制度,才能行之久远。二十三都义役的组成时间不明,可能因孳生问题,难以持久,经乡人商议,共谋改进,并在要冲之地买地为基,结屋为庄,作为储存场,"缭以墙垣,固其扃镉,使出纳惟谨,而数易以稽"。每岁若有结余经费,则买公田,将私田归给私家;再有余,就参照朱熹的制度,规划社仓。经历

---

[1]　刘宰:《漫塘集》卷二一《游仙乡二十一都义役庄记》,第28页上。

[2]　王塈在知金坛县期间,和刘宰奠定了深厚交谊。日后,王塈仕途发展顺利,入朝为官,成为乡居的刘宰与朝中联系的重要途径。详见本书第七章以及附录一的讨论。

[3]　刘宰:《漫塘集》卷二一《游仙乡二十一都义役庄记》,第28页下。

[4]　刘宰:《漫塘集》卷一《题德源庵祖坟所在因仿社仓以惠村民》,第21页下。

[5]　刘宰:《漫塘集》卷二三《二十三都义庄记》,第18页上。

一段时间的磨合与发展，"始也，上户自为计；终也，小民均其利。始也，赖义役之赢，而社仓以基；终也，资社仓之息，而义役以固"。① 显示二十三都义庄，从原本单纯分摊差役负担的性质，经过规划改进，与义庄、社仓联结，功能更臻完善，和其他纯为均摊差役而成的义役相比，筹划时间虽久，却也更为周详可行。二十三都义役成立于宝庆二年（1226）十一月，到绍定二年（1229）四月建成。刘宰详记其组织规划过程，并将各家所出的私田及续置公田的情况，于绍定六年（1233）十月撰成公告。② 其实在绍定二年、三年间，刘宰在给知遂宁府李埴的信中即已肯定乡民的做法：

> 某区区之迹，于弃官时生理薄甚，二十五六年间，朋友相资，某亦力勤苦节，年来衣食粗给。又以其余率乡之好事者，因淫祠之已废，创社仓，厥初得米仅二千三百石，行之数年，今五千余石矣。其规画与朱侍讲小异，闻治所诸邑建仓为利甚溥，谨以王邵武所述记文一本纳呈。③

他在给另一位好友胡泳的信中也提到："某乡间社仓稍稍整齐，闻朝中时有议者。今见在米本不能数千石，而论者已谓其多。"④ 可见他对建立义庄之举引起朝臣的注意，感到欣慰。这

---

① 刘宰：《漫塘集》卷二三《二十三都义庄记》，第 18 页下~19 页上。

② 刘宰：《漫塘集》卷二三《二十三都义庄记》，第 19 页上。

③ 刘宰：《漫塘集》卷一〇《回知遂宁李侍郎札子》，第 4 页下~5 页上。社仓的记文是由王遂撰写。

④ 刘宰：《漫塘集》卷六《通胡伯量书》，第 6 页下。

篇记文显示，金坛的乡亲将义役与义庄、社仓结合，并将原先均
摊差役的初衷，调整成备荒的机制，与官府规划、推动的一般情
形，明显有别。①

　　乡里社会因应义役的改变，也反映在刘宰于嘉熙三年
（1239）应知常熟县王爚之请所写的《义役记》中。② 在记文中，
王爚认为由官府将经界与义役联结，厘清田产，并建立运作规
划，更有利于掌控与推动地方社会发展，是成功的要素。③ 刘宰
在文中比较了金坛义役"多历年而始滨乎成"和由常熟县府结合
经界与义役的方式，赞扬王爚的做法更为有效。④

　　除了作记之外，刘宰也在亲友墓志中，表彰他们以义田、义
庄、义廪等造福族人及乡里的善举。如丹阳人范克信与其父范逌
创义田以赡祖茔；⑤ 丹阳人钟颖捐良田成立义庄；⑥ 刘蒙庆的学生
丹阳人诸葛填，"方未之官时，以族党困于里役之纷争，首倡义

---

① 　参见梁庚尧《南宋的社仓》，收入氏著《宋代社会经济史论集》下册，台北：允晨文化，
　　1997，第 427~468 页。

② 　王爚认为田产清楚才有利推动义役，因此建立制度，每都均有义役。"佣闲民之无职事者，
　　以服其役。"视职任之大小分为保正、苗长、税长等职。保正每年一人，苗长、税长每年
　　一或二人，"率义田以供役之费，建义庄以储田之入。田有砧基，庄有规约"，"选属都之贤
　　者能者，曰：'措置'，以提其纲；曰：'机察'，以纠其弊"。见孙应时纂修，鲍廉、钟秀
　　实续修，卢镇增修《重修琴川志》卷一二《义役记》，《续修四库全书》，上海古籍出版社，
　　1997，第 13 页上。

③ 　孙应时纂修，鲍廉、钟秀实续修，卢镇增修《重修琴川志》卷一二《常熟县端平经界记》，
　　第 13 页上 ~17 页下。

④ 　孙应时纂修，鲍廉、钟秀实续修，卢镇增修《重修琴川志》卷一二《义役记》，第 13 页上。
　　王爚推动义役及朝廷下达常熟"永远遵守"的省札是常熟义役的重要资料。详见孙应时纂
　　修，鲍廉、钟秀实续修，卢镇增修《重修琴川志》卷六《叙赋》，"乡役人"条，第 18 页
　　下 ~19 页上；及卷六《义役省札》，第 19 页上 ~25 页上。

⑤ 　刘宰：《漫塘集》卷二九《故广西经略司干官范承事墓志铭》，第 6 页下 ~10 页下。

⑥ 　刘宰：《漫塘集》卷三一《故知建昌军朝议开国墓志铭》，第 26 页上 ~30 页下。

役，迄今三十年，纷争之端息，辑睦之风成，人咸德之"；① 胡泳在南康推行社仓；② 罗愚在新淦县设置平籴仓；③ 以及平江人孔元忠任常州通判时，在州学设置义廪，福泽乡里的善举等。④

其三则是记录自己参与官府所推动的多项地方公共建设。首先是兴建金坛社稷坛和茅山书院。金坛县的社稷坛始建时间不明，嘉定三年（1210）县令黄朴曾加以整修，此后因无人照护而荒废。宝庆元年（1225）金坛水旱相继，刘宰率乡人向社稷坛祈求得验，特请县尉修治："钱米取之义社庾，又家出钱与竹木相其役，缭以堵墙，表以门道，植松柏数百株。又买民屋十间，建斋祭所。"金坛县社稷坛虽然年深颓圮，但其规模远非他地可比。⑤茅山书院在金坛县南五里顾龙山麓，由北宋侯仲逸创置，用以教育乡人，后为崇禧观所占。端平年间，刘宰重建书院于三角山，淳祐六年再由知府王埜重建，知县孙子秀则以没入的茅山道士的田产，充为学子的教养经费。⑥

其次是作《重修灵济庙记》并发动乡民捐款及铺设多条道路。这是嘉定九年（1216）刘宰应镇江府节度推官陆师贾之请，记述陆师贾受命向灵济庙祈雨，应验丰收后，捐钱重修灵济庙的情形。⑦ 与此相应的是他发动乡民捐钱铺设通往灵济庙的长达十里的道路，并写了《灵济庙路石疏》："况灵湫相距十里，而通衢

---

① 刘宰：《漫塘集》卷三一《故监江陵府粮料院诸葛承直墓志铭》，第 6 页下。
② 刘宰：《漫塘集》卷二二《南康胡氏社仓记》，第 11 页下 ~14 页上。
③ 刘宰：《漫塘集》卷二二《新淦县社坛记》，第 1 页上 ~4 页上。
④ 刘宰：《漫塘集》卷三五《故长洲开国寺丞孔公行述》，第 1 页上 ~7 页下。
⑤ 俞希鲁编纂，杨积庆等校点《至顺镇江志》卷一三《宫室》，第 520 页。
⑥ 俞希鲁编纂，杨积庆等校点《至顺镇江志》卷一一《学校》，第 468~469 页。
⑦ 刘宰：《漫塘集》卷二一《重修灵济庙记》，第 6 页上 ~7 页下。

可达四方，春夏常啮于波涛，秋冬易沮于泥淖。捐金以助，傥共推乡曲之情；伐石以铺，庶允合神人之意。"①

再次，如《果泉亭记》表彰同乡薛氏母子努力经营纺织致富后，凿井以嘉惠乡民的善举。刘宰之父刘蒙庆称颂薛氏所为，将井命名为"果泉"，可惜记未成即死；刘宰续记其始末，并书写铭文。② 薛氏的善举，足以媲美句容县富豪高志崇与其子高天赐费一万三千缗，打通阻隔句容与镇江间的险峻山路，便利两地人民往来之举。③

最后，《漫塘集》中亦不乏铺设桥梁的记文。如刘宰在《薛步桥疏》中吁请乡人捐钱重修溧水县通往金坛的薛步桥，说："地承薛氏故家之姓，犹铁炉徒有于旧名，桥当茅山诸水之冲，非石甃莫为于久计。欲巧匠之矹山骨，必仁人之发善心。出囊中之藏，倘无间于上士中士下士；纪目前之实，当不惮于大书特书屡书。"④ 此外，他也呼吁金山乡民出钱兴建上嵺桥：

> 地势远连于阳羡，湖光近接于长塘，是曰上嵺。亶为都会，桥一坏而不复，过者病之，事屡举而无成，施者倦矣。兹惩既往，以利方来，谓裒金得二千缗，庶圈石支数百。载游其上者，如蹑足于云梯，侧而视之，若身临于洞府，足为壮观，增重吾乡，凡我同盟，毋吝喜舍。⑤

①　刘宰：《漫塘集》卷二五《灵济庙路石疏》，第 21 页下 ~22 页上。

②　刘宰：《漫塘集》卷二〇《果泉亭记》，第 31 页下 ~32 页下。

③　刘宰：《漫塘集》卷三二《高与之墓志铭》，第 3 页下 ~5 页下。

④　刘宰：《漫塘集》卷二五《薛步桥疏》，第 20 页上 ~20 页下。

⑤　刘宰：《漫塘集》卷二五《代上嵺桥疏》，第 20 页下。

　　端平元年（1234），刘宰倡议重修金坛县治东南百步的行香桥，改名为"端平桥"。①此后刘宰仍率乡人修建丹阳县境内桥梁，包括嘉熙元年（1237）重修在丹阳县东运河的清化桥（原名云阳桥，始建年代不详），由同乡挚友王遂作记；②后人为感念刘宰，将之改名为贤桥。③另于端平年间，在丹阳东南的珥渎及左墓港上修建珥陵桥、黄堰桥和左港桥。④

　　号召乡人集资建设桥梁、道路，是宋代基层社会的传统。现存镇江社会有关于此的最早的文献，是太宗淳化三年（992）时僧人道澄、悟空等人向当地一百六十三位信徒募款，铺设新砌朱方门附近的十字街，曰："甃数百丈之青烟，东西相贯，破二百五十万之世宝，南北一如，使履步者免高下之泥涂，遣往还者得平正之歧道。"⑤此外，天圣五年（1027）吴文裕出资建市心桥一座，也是民间集资兴建的例子。⑥

　　在宋人文集中常见地方社会为集资建设桥梁道路而写的疏文，如叶适《修路疏》：

---

① 俞希鲁编纂，杨积庆等校点《至顺镇江志》卷二《桥梁》，第41~42页。端平桥在元皇庆年间，乡人又重修，改名皇庆桥。

② 俞希鲁编纂，杨积庆等校点《至顺镇江志》卷二《桥梁》，第37页。云阳桥，俗称盐桥，显然与运盐有关，王遂的记文已佚。

③ 刘诰等修，徐锡麟等纂《丹阳县志》卷四《城郭》，台北：成文出版社，1983，第3页下。参见镇江市水利局、镇江市水利学会编《镇江水文化笔谈·乐水漫话》，南京大学出版社，2016，第143~145页。

④ 俞希鲁编纂，杨积庆等校点《至顺镇江志》卷二《桥梁》，第39页。

⑤ 不著撰者：《朱方新砌十字市街起初并记》，北京图书馆金石组编《北京图书馆藏中国历代石刻拓本汇编》第37册，中州古籍出版社，1990，第200~201页。参见包伟民《宋代城市研究》，第298页。

⑥ 刘健国：《古城三部曲：镇江城市考古》，第199~200页，原碑藏镇江博物馆，未见。

出门无碍，方是通衢；着脚不牢，未为坦道。眷兹浦口，实系要涂。尚赊甃砌之功，难免颠阶之患。欲向这里做些方便，须是駃家发大慈悲。损廪倾囊，眼界中装见生功德；般沙运石，脚根下作稳实工夫。指日而成，长劫不坏。南来北往，何忧带水拖泥；朝去暮来，不到撞头磕脑。[①]

楼钥在《环村建桥疏》中也说：

合数百源，来从越峤，沿十余里，径下他山。人怀病涉之忧，孰有知津之问？略彴之设，既阻于征途；杠梁之成，又烦于岁役。共思累石，或可绝流。建桥富平，敢望杜征南之盛；济人溱洧，庶无郑子产之劳。仰几仁心，共垂乐施。[②]

这类劝募集资性的疏文，都属于地方社会为公共建设向乡亲劝募的文字。

地方社会集资推动义役、义庄、造桥铺路等福泽乡里的公共建设，并以"记"或"疏"的文体记述活动，是中国基层社会长久的传统。而从刘宰的相关记述来看，他除出面组织协调外，更捐献钱粮，甚至实际参与、领导，并与官府协调合作。在此过程中，也清楚区别公田与私田，显示公平；亦注重宽筹经费，让乡里公共事务得以永续经营。通过将义役、义庄与社仓联结成一个集众的行善组织，呈现出镇江及金坛社会聚集众

① 叶适：《叶适集》卷二六《修路疏》，刘公纯、王孝鱼、李哲夫点校，中华书局，1961，第535页。

② 楼钥：《楼钥集》卷八二《环村建桥疏》，第1423页。

力众智、推动公益活动的特色，其成果也足以纾解乡亲生活上面临的各项挑战。刘宰既积极参与其间，也凸显他在乡里的领袖地位。

第二节 联结乡亲，推动赈济

刘宰既通过撰述人物传记，标举善行的社会价值，提高行善者的名声与地位，也出面捐献钱粮、积极参与乡里公共事务，因而有力地结合各方力量，共同致力于救助事业；而他在金坛推动的三次赈饥活动，正是他会集乡居士人，关怀受灾弱势乡亲的具体行动。

刘宰在镇江主导的三次赈灾活动，留下了诸多可供考稽的资料，除了可以理解南宋中期在政治与社会环境变动下，地方士庶如何在灾荒时形成群力，展开施粥赈饥的行动，更能看到刘宰居中运筹帷幄的角色。这三次救灾分别于嘉定二年（1209）、嘉定十七年（1224）与绍定元年（1228）进行，留下的直接文字有四篇，即《漫塘集》的《嘉定己巳金坛粥局记》《甲申粥局记》《甲申粥局谢岳祠祝文》《戊子粥局谢岳祠祝文》。[1] 通过这四份文件，认识及评断刘宰的三次赈灾活动，虽不免单一且有孤证之嫌，但他所记以灾荒过程与救助参与者

---

[1] 刘宰：《漫塘集》卷二〇《嘉定己巳金坛粥局记》，第18页上~20页下；卷二二《甲申粥局记》，第8页上~10页上；卷二七《甲申粥局谢岳祠祝文》，第17页上~18页上；卷二七《戊子粥局谢岳祠祝文》，第18页上~19页上。关于《甲申粥局》更完整的资料见于清代的《江苏金石记》，题为《金坛县嘉定甲申粥局记》。见缪荃孙《江苏通志稿》卷一五《金石志》，江苏通志局，1927，第15页下~20页上。

为主，内容具体而平实，有相当的参考价值，是本节主要的史源。

一 己巳赈饥

刘宰第一次赈饥是在嘉定二年（1209）乞祠退闲之后。嘉定二年夏间，金坛已出现灾兆，他在致知滁州之乡贤赵时侃的信中曾说："乡邑不能半熟，飞蝗四合，未知向后究如何。"[1] 他对乡民受灾、病饥致死的惨状，也在《野犬行》诗中有深刻描述：

> 野有犬，林有乌，犬饿得食声咿呜。乌驱不去尾毕逋，田舍无烟人迹疏。我欲言之涕泪俱，村南村北衢路隅。妻唤不省哭者夫，父气欲绝孤儿扶。夜半夫死儿亦殂，尸横路隅一缕无。乌啄眼，犬衔须，身上那有全肌肤。叫呼伍伯烦里闾，浅土元不盖头颅。过者且勿叹，闻者且莫吁。生必有死数莫逾，饥冻而死非幸欤？君不见荒祠之中荆棘里，脔割不知谁氏子。苍天苍天叫不闻，应羡道旁饥冻死。[2]

这时，同乡好友张汝永及侯琦，担心饥荒影响社会安定，向刘宰倡议救济，决议循乡贤旧例，"乃相与谋纠合同志，用大

---

① 刘宰：《漫塘集》卷八《赵滁州前人》，第18页下~19页上。
② 刘宰：《漫塘集》卷八《野犬行》，第13页上~13页下。原注作"嘉定己巳作"即嘉定二年（1209）。

观洮湖陈氏及绍兴张君之祖八行故事，为粥以食饿者"。① 设立粥局赈饥。但在施粥活动初期，当地中产之家响应者少，致收效有限。其情况一如刘宰所说："荐饥之余，中产以上皆掣肘于公私，虽仅有倡者亦寡于和，既力弗裕，则虽欲收养孩稚之遗弃者，凡老者疾者与孩稚之不能去母者，虽甚不忍，皆谢未遑。"② 因此救济的对象与项目，仅能集中于提供受灾者以最低生存条件，难以全面且持久。直到官方力量介入，情形才有所改善。

这一次赈饥虽由民间发动，但镇江府及常平司等官方的角色不可忽视。镇江此次灾荒，正逢淮南、江北受开禧宋金战争影响，导致难民流徙、社会不靖。嘉定二年六月十七日，司谏刘榘在奏言中指出：

> 窃见朝廷屡行下两淮被兵州郡，及沿江流民所聚去处，

---

① 刘宰：《漫塘集》卷二〇《嘉定己巳金坛粥局记》，第 18 页上～20 页下。又，宋代金坛民间自发性的救灾，较具规模的是大观与绍兴年间，由陈、张两个望族推动。两家救灾的具体方式虽不明，但他们的善举在《漫塘集》留下记录，其中以洮湖陈氏较为详细。前已述及洮湖陈氏自陈亢殖货治产致富后，即多行善举。熙宁八年、九年（1075、1076）金坛因灾导致饥疾，陈亢"倾家之储，粥饿药病，晨夜必躬，所活不可胜计。不幸死者，具衣槽收葬，又数千百人"，是当时金坛施粥、奉药及殡葬助乡人最早的具体记载。另一个施粥的大户是张汝永、汝开兄弟的祖父张洛，他在崇宁年间曾经实施赈饥，并以此善行被举为八行入仕；张汝永之外的倡议者侯琦，则是金坛大族王彦融外孙、王遂表兄，自幼体弱多病且父母双亡，由王万枢收养，与王遂兄弟共学，可惜在参与乡试时死，遗子伯仁仍受教于王家，王遂之母蔡夫人以王逢的女儿嫁伯仁，延续侯氏血脉。见刘宰《漫塘集》卷二三《洮湖陈氏义庄记》，第 10 页下～12 页上。刘宰著，王勇、李金坤校证《京口耆旧传校证》卷六，第 180～191 页。刘宰《漫塘集》卷三一《故溧阳县承张承直墓志铭》，第 14 页上～15 页下；卷三二《故监行在北酒库张宣教墓志铭》，第 8 页上～12 页上。又见同书卷二四《题张端表肯斋锦轩》，第 17 页上～17 页下；卷三四《故吉州王使君夫人蔡氏行状》，第 13 页下～21 页上。

② 刘宰：《漫塘集》卷二〇《嘉定己巳金坛粥局记》，第 19 页上。

募人埋瘗遗骸，以度牒酬之。州县官吏所当恪意奉行，仰副
陛下掩骼之仁。……乞札下江、淮各州郡，各选官劝谕瘗
埋，及数则给以度牒。其所委亦许州郡保明具申，与量减磨勘。
庶几官吏、僧行乐于向前，幽壤沉魂蒙被实德。①

可见宋金在两淮的战事，造成人民流徙江南，亟须朝廷收
拾。与此同时，两浙包括金坛陆续发生旱灾、蝗灾，灾区扩大，
影响边境社会与政局的稳定。宋廷于八月任命光宗朝宰相留正的
长子、知南康军留恭为浙西提举常平茶盐，负责浙西路灾荒救
济。② 留恭上任后积极推动赈灾，在辖境内救助了三十六万余
人，③ 也拨义仓米二百石助金坛士民收养的遭遗弃的小孩，暂时
纾解金坛灾民的困境。④

在官府的资助及主导下，金坛地区的慈善之士接续捐助，让
救济对象得以扩大，"乃克次第收前之遗而并食之"。⑤ 如此一
来，更多难民蜂拥而来，对施赈形成压力，"继以来者之众，来
日之长，惧弗克终"。刘宰乃向镇江知府俞烈、⑥ 府学教授杨迈

---

① 《宋会要辑稿》食货五八《赈贷下》，"嘉定二年六月十七日"条。
② 范成大：《吴郡志》卷七，《宋元方志丛刊》，中华书局，1990，第9页上。刘宰：《漫塘集》卷二〇《嘉定己巳金坛粥局记》，第18页上~18页下。
③ 陈道修：《弘治八闽通志》卷六七《留恭》，书目文献出版社，1988，第9页上。
④ 张淏：《宝庆会稽续志》卷二《安抚题名》，《宋元方志丛刊》，中华书局，1990，第3页上。
⑤ 刘宰：《漫塘集》卷二〇《嘉定己巳金坛粥局记》，第19页上。
⑥ 俞烈字若晦，临安人。淳熙八年（1181）试礼部第一，以太学录迁太学博士。曾以秘书郎出守嘉兴府及迁中书舍人。嘉泰四年（1204）因忤韩侂胄被罢，家居五年。嘉定元年（1208）十一月由知庆元府改知镇江。俞烈上任后，适逢淮民因开禧战火南下的逃难潮，在他积极救助、安顿下，"活淮民流移者，不可胜计"。俞烈以救助难民为重，在钱粮征集上难以达成，而于三年二月被论"亏陷桩积米斛"，黜为宫观。此事让他撰写行状的程珌，

求援，① 最后"守给米三百石，郡博士勇于义者，亦推养士之余赡之，而用以不乏"，使粥局渡过难关。②

随着粥局持续运作，赈饥行动再度遭遇挑战，这次则有赖知交王遂协助刘宰寻求外援，渡过难关。王遂与刘宰是金坛同乡，小刘宰十八岁。两人早年交往情况不详，但早在王遂父亲王万枢任建康通判，刘宰担任建康府辖下江宁县尉时，应已结识。王遂在刘宰辞官归乡后，始终与刘宰互动密切，既大力襄赞刘宰的乡居事业，也是协助刘宰联系四方友人、朝廷内外的枢纽人物。本书后续章节与探讨刘宰人际网络的附录文章中，将对王遂的媒介角色有更多着墨，此处聚焦王遂对刘宰赈饥行动的帮助。

王遂与刘宰抱有类似的社会关怀心理，王氏家族在地方上亦向来乐善好施。刘宰因镇江府与府学挹注资源，得以扩大粥局规模。然而，前来就食的人数却随之激增，在老幼、疾患、妇女之

特别在《书俞侍郎锦野亭诗叙》中举冯道对后唐明宗的诤言为例，为他抱屈。俞烈后改任吏部侍郎兼中书舍人，嘉定六年卒于官，享年不详，程珌所撰《行状》已佚。嘉定五年（1212）刘宰有一封札子致予俞烈。从信中可以知道俞烈离任时，刘宰曾致函谢询："伏自庚午岁（嘉定三年）草率一笺，以道乡仰去思之情，辱赐报章。浪迹江湖，无从嗣敬。去岁审闻九重求旧，一札赐书，起安石于东山……"以上参见《宋会要辑稿》职官七三《黜降官一〇之一》，"嘉泰四年十二月十六日"条；《嘉定镇江志》卷一五《宋润州太守》，第14页下；潜说友《咸淳临安志》卷六七《人物八》，《宋元方志丛刊》，中华书局，1990，第10页上~11页上；王逢《梧溪集》卷一，《景印文渊阁四库全书》，台北：台湾商务印书馆，1983，第23页下；《宋会要辑稿》职官七四《黜降官一一》，"嘉定三年二月九日"条；刘宰《漫塘集》卷八《通知镇江傅侍郎》，第1页下~2页上；潜说友《咸淳临安志》卷六七《人物八》，第10页上~11页上；刘宰《漫塘集》卷八《通茹尚书烈》，第11页下，此信标题有误，"茹"当为"俞"。

① 杨迈见诸史籍的事迹甚少。据《至顺镇江志》附引的《咸淳临安志》，知他于开禧年间曾任府学教官，嘉定三年（1210）他围丹徒县大慈乡滩地成官沙田，"岁入夏秋丝麦禾菽，各有定数"，以充实府学经费。另据《嘉定镇江志》，此时的府学教授应为杨迈，唯未见确切任职起讫。参见俞希鲁编纂，杨积庆等校点《至顺镇江志》卷一一《学校·租税》，第444页。《嘉定镇江志》卷一六《参佐·学职》，第21页下。

② 刘宰：《漫塘集》卷二〇《嘉定己巳金坛粥局记》，第19页上。

外，甚至还有少壮前来，经费再度吃紧。王遂时任江淮制置使司幕僚，获悉情况后，便向新上任的制置使黄度请求协助，拨平江府米二百石支应粥局。黄度出任该职时，宋廷就委予他赈济饥民、平定盗贼的任务。[1] 黄度主张赈饥急于缉盗，故而上任后，在辖区全面推动救荒赈饥，"活饥民百六万八千三百余人，厥费钱以缗计四十六万有奇，米以石计九万五千有奇。流民仰哺于官，布满僧舍，而来者不绝，又收养之，置场十九，被其惠者滋众"。[2] 其规模远大于刘宰金坛粥局。由于王遂之请，黄度同意自平江府拨米二百石，让金坛这次赈饥也得以圆满完成。日后，黄度因守建康有功，于嘉定五年（1212）十月五日，除权礼部尚书兼侍读再任。刘宰致"启"盛赞他在江淮制置使任内赈饥活民的伟绩，[3] 黄度于嘉定六年逝世，享年七十六岁。

在各级官府捐粮济助下，此次金坛赈饥的对象得以持续增加，最多每日有近四千人就食，刘宰对赈济过程有简要的记载：

> 事始于其年十月朔，而终于明年三月晦。经始之日，孩稚数不盈十，后以渐增，阅月登三百。乃十有二月，合老

---

[1] 黄度字文叔，绍兴新昌人，隆兴元年中进士。据其行状记载，嘉定二年宋廷以"江淮荐饥，金陵尤甚，盗发濠楚"，任命他为"龙图阁待制知建康府兼江东安抚行宫留守，江淮制置使"。黄度于请对时，指出："盗贼固所当急，饥民尤不可缓。若饥民不能全活，则盗贼得以为资。赈恤之令所宜速行，兴发之请亦宜速应……今事势已亟，米运难待，积粟藏镪，不可不发。"袁燮：《絜斋集》卷三〇《龙图阁学士通奉大夫尚书黄公行状》，《景印文渊阁四库全书》，台北：台湾商务印书馆，1983，第21页上。

[2] 袁燮：《絜斋集》卷三〇《龙图阁学士通奉大夫尚书黄公行状》，第21页上。

[3] "方远近之寇，首尾相衔，而饥馑之民，头颅不保……使绵亘三十州之民命尽获更生，悬绝一千里之盗区相继扑灭，可谓难矣，又有甚焉。"刘宰：《漫塘集》卷一六《贺江淮黄制置度除礼书再任》，第6页下~7页上。此后刘宰有诗谢黄度举荐，《漫塘集》卷四《病鹤吟上黄尚书》，第14页下~15页上。

者、疾者、妇人之襁负者逾千人，比月末倍之。开岁少壮者
咸集，则又倍之。间以阴晴异候，增损不齐，其极也日不过
四千。①

为容纳不断增多的就食者，施粥的场所也从东岳庙转到慈云
寺。② 东岳庙在金坛县治东北二里，③ 慈云寺则在县治东南百步，
初建于梁大同初年，开禧中重修，寺院雄伟，场地宽敞。④ 随着
人数增加及场地调整，刘宰也建立各项管理规则，以便运作：

　　就食者先稚，次妇人，后男子，俾先后以时，出入相待，
为其拥也。孩稚之居养者，朝暮给食，非居养而来者，日
不再给，为其难于继也。居养之人听从去来，疾病者异其寝
处。至自旁邑与远乡者，结屋以待之。而不限其必入裹粮以
归之，而不阻其后来，虑积久而疾疫熏染也。⑤

在赈饥活动结束后，刘宰详细记录各种钱粮、器物的支用
情况：

　　米以石凡九百六十有二，钱以缗凡二千二十有二，而用

---

① 刘宰：《漫塘集》卷二〇《嘉定己巳金坛粥局记》，第19页下。
② "始置局于县之东偏广仁废庵，中于岳祠，终于慈云寺。"刘宰：《漫塘集》卷二〇《嘉定己
巳金坛粥局记》，第19页下。
③ 俞希鲁编纂，杨积庆等校点《至顺镇江志》卷八《神庙》，第347页。
④ 刘宰：《漫塘集》卷二一《慈云寺兴建记》，第19页上~21页下。俞希鲁编纂，杨积庆等校
点《至顺镇江志》卷九《僧寺》，第382页。
⑤ 刘宰：《漫塘集》卷二〇《嘉定己巳金坛粥局记》，第19页下~20页上。

粜米者过半，薪以束大者三千九百，小者一万四千二百。苇席以藉地，障风雨及葬不幸死者，凡三千四百六十。食器三百，循环给食，中间随失随补，凡一千三百九十皆有奇。草荐、纸衾与花费琐琐不载。①

嘉定二年金坛的粥局，是官民共同合作达成的。此次施粥始于十月一日，迄次年三月十五日，为时近半年。② 实际规划与执行日常膳食供应的乡人有邓允文、张昂、徐椿。徐椿是刘宰堂兄刘德勤的女婿，家境清寒而以孝友闻于乡；③ 其余人物生平不详。值得注意的是宗教群体也参与此项活动。如布金寺住持祖传是此次粥局的执行者，他在嘉定元年受吏部尚书曾唤之聘，住持曾家功德坟寺；④ 初期参与者石元朴则是茅山道士，生平亦不详，唯刘宰在《祭茅山石道人文》指他"志在济物，弗私其身。医非师授，诚感于神。扶曳而来，疾痛频呻。饮之食之，砭剂必亲"。⑤ 显然是一位怀抱济世精神、专精医术的道士。

此次施粥虽取法于家族的救济经验，却是超越家族，由地方望族、僧道及一般庶民等各阶层人士共同参与推动的。值得重视的是，由于灾期甚长，就食者多，为避免众人聚集，滋生瘟疫，扩大灾情，刘宰对施粥场地的安排、就食的顺序及动线，乃至居养、防疫等措施，都有周详的规划，其成效较北宋大观年间黄州

---

① 刘宰：《漫塘集》卷二〇《嘉定己巳金坛粥局记》，第 20 页上。
② 刘宰：《漫塘集》卷二〇《嘉定己巳金坛粥局记》，第 19 页下。
③ 刘宰：《漫塘集》卷三〇《李氏墓志铭》，第 20 页下 ~21 页下。
④ 参见俞希鲁编纂，杨积庆等校点《至顺镇江志》卷九《僧寺》，第 383 页。
⑤ 刘宰：《漫塘集》卷二七《祭茅山石道人文》，第 16 页上 ~16 页下。

董助教及南宋乾道年间临安府施粥的情况，皆有实质提升。[①]

　　这次金坛赈灾的过程，更凸显新执政者对地方灾情的态度。这是刘宰第一次在家乡推动大规模赈饥，虽有乡里前辈的范例，及自己在绍熙五年（1194）参与的经验可循，但官府积极主动关切更是关键。这次灾荒的范围包括浙西、江淮诸路，灾区辽阔，因而受到宋廷的重视；金坛与镇江既在灾区之中，遂蒙其惠，先后由提举常平留恭提拨二百石、俞烈提供三百石，以及黄度拨付二百石，让金坛的救济粥局圆满达成。值得注意的是，在这三位重要地方官员拨粮背后，是当时的军政环境与朝廷政策。此时史弥远刚取代钱象祖、卫泾出任宰相，此一人事调整固然推动宋金和议，稳定政局，然而江淮社会仍然动荡。朝廷在整编溃败的边境军民的同时，为避免因灾荒使饥民与流民集结，酿成祸患，更积极主导大规模的救灾行动，以稳定社会秩序。

　　相对地，刘宰此时遭逢岳父逝世，加上刚辞官乡居，受限于家境与人脉，只能以有限的民间力量推动赈饥，因求援于官府，才逐步化解困难。长达半年的赈济活动过程中，金坛乡亲既捐助财物，又持续参与日常赈济事务；刘宰除联络官府救助外，更在组织运作与管理筹谋上尽心费力，是此次赈饥活动中的主要角色。

　　这次救灾的过程，对刘宰而言更具深意。他体认到要守护乡里，经费与人力是关键。他虽有救助乡里的热忱与信念，也有组织动员的经验，但灾荒的持续与受灾群众的增多，均非个别人员或家族能独担其责，除请官府协力外，尤需集结众人之力方能实

[①]　张文:《宋朝社会救济活动研究》第二章，西南师范大学出版社，2001，第109~110页。

现。但要让乡里权势之家及士庶认同其作为，尚需着力于开展人脉、宣扬理念，才能有所成效。

二 第二、三次赈济

在嘉定二年的救灾过程中，刘宰在获取官府资助之余，也感受到凝聚乡亲同样重要，因此曾应镇江知府史弥坚之邀，整理编纂乡里先贤资料，写成《京口耆旧传》一书；并通过撰写乡里亲友墓志传记，表扬救济的善行，激发关怀乡里之心，凝聚地方群力。[①] 关于《京口耆旧传》的编纂过程，于本书附录一另有详述。

到嘉定十七年（1224）刘宰第二次赈饥，所展现的民间主导性明显增强。这次施粥的对象，仍以家乡金坛为主，捐助者也是乡人。嘉定十六年（1223）金坛遭遇罕见水灾，又因夏天变冷导致农作物歉收，饥荒逐渐严重。[②] 次年二月上旬，刘宰才得知灾情，此时灾民仅数百人，他先以其父所遗十年田租换米，在岳祠的空庑舂米施粥。[③] 不料饥者日增，至三月底已超过万人，刘宰担心无力独撑粥局，打算停止。此时，在家守父丧的好友赵若珪得知消息，严词反对，并埋怨刘宰未及早告知：

> 凡吾邑之民，所以扶老携幼，去其室庐，以苟勺合之食

---

① 刘宰记乡亲时表扬善行的例子很多，死于开禧元年的杨樗年，及他的姻亲孙大成于嘉定四年（1211）辞世，见刘宰《漫塘集》卷三三《杨提举行述》，第 21 页上 ~26 页下；同卷《孙府君行述》，第 28 页下 ~29 页下。

② 刘宰：《漫塘集》卷二二《甲申粥局记》，第 8 页；卷二七《甲申粥局谢岳祠祝文》，第 17 页上。

③ 刘宰：《漫塘集》卷二二《甲申粥局记》，第 8 页下。

者，所愿更旬余无死，则庶乎麦秋。今而弃之，是将济而夺之舟中，絙而绝之绠也，而可乎？①

赵若珪不仅捐助金谷，更出面请求乡亲相助，而于四月初增置粥局设备。由于粥品的米质不逊于中下之家精凿的良米，远近就食者激增，每日有万人至一万五千人之多，直至四月大麦熟时才结束。②

此次粥局的发动者，除刘宰外，当以赵若珪最为重要。若珪是金坛乡贤赵时侃与汤氏之子，③ 于丁忧居时，适逢灾荒，即捐家产并积极与乡亲救灾，刘宰说："嘉定甲申，岁大饥，有饭饥者，事半而力不赡，君实续之。士失其养，君捐良田十五亩以助。"④ 更于灾后将赞助者的姓名刻石立碑，刘宰特别举汉朝华子鱼力劝名士郑泰保护随行避难者的义事为例，感谢赵若珪的义举：

玉甫之为义，岂直子鱼比哉！至于玉甫之意决于此，一乡之人应于彼，与得之见闻者，力所可至，皆不谒而获，此岂智力所及。孟子曰："今人乍见孺子将入于井，皆有怵惕恻隐之心。"又曰："人心所同然者，理也，义也。"尤于此验之。⑤

---

① 刘宰：《漫塘集》卷二二《甲申粥局记》，第9页上。

② 刘宰：《漫塘集》卷二二《甲申粥局记》，第9页下。

③ 见刘宰《漫塘集》卷三一《故知安吉县赵奉议墓志铭》，第3页下~6页上；卷三二《故宁国通判朝奉赵大夫墓志铭》，第1页上~3页下。关于赵若珪的家世，详见本书第八章的讨论。

④ 刘宰：《漫塘集》卷三一《故知安吉县赵奉议墓志铭》，第4页上。

⑤ 刘宰：《漫塘集》卷三一《甲申粥局记》，第10页上。

赈济结束后，刘宰向赈济场地的岳祠致祭，并简述施粥的过程：

> 夫羸老、废疾、妇人、孺子所萃，其声孔哗，其气甚恶，非神道所宜，宜降大戾。而历日五十有六，役工数十，服食薪水之供，夜以继日，而无汤火疾厄之虞；聚食之人，日以万数，而无纷争躁践伤残之患；与朝暮之雨至，辰巳而晴，民免于泥湿，皆非人力所及。是以知阖庙之神，不惟不加之罪，而又默相之。①

从祝文可以看出，他们举办一场为期甚长的赈饥活动，在人员、动线、执行场地与人力组织等层面，都有周详的规划与妥适的执行，让长达五十六天的施粥得以圆满完成。

浙西提举常平刘垕得知刘宰的善举，亲自访查，并褒扬其事迹。刘宰在回信中略述救济过程，并请刘垕重视济贷兼施的荒政善后方案：

> 窃谓金坛故岁之水，盖六十年间所无。使者之来金坛，亦七十年所未见。当饥馑之余，而委皇华之照，未知何以慰之。以某管见，今农时已深，荒政多不如速，溪流易涸，移粟远不如近，常平计非有余，善后之策，济不如贷，但计一月济粜之数，更加剂量，而并以贷之，则民间鼓舞。而使台荒政便可结局，且不为徒费，实公私两利，乞详酌施行。②

---

① 刘宰：《漫塘集》卷二七《甲申粥局谢岳祠祝文》，第17页下。
② 刘宰：《漫塘集》卷九《通浙西刘提举垕》，第19页下~20页上。

刘屋可能因曾捐三十千官会的刘宰同乡、时任权浙西提举司干办公事陈某引介，而对刘宰在金坛的粥局表达关切。①

刘宰虽然没有说明他如何募得乡里庶民捐献的大量食物、器材，但从他在《粥局记》中提到赵若珪捐米以外，"且为书圈封之，又为书博封之，以请于乡之好事者"来看，② 其劝募的方式殆以"疏"的文体，请乡民捐施。此次救灾虽未留下疏文，但《漫塘集》中有六件疏文，都与劝募助人或兴建路桥等公共利益与福祉有关。

从《粥局记》与《谢岳词祝文》两份记文中，③ 可以看到嘉定十六年、十七年（1223、1224）的赈济活动，不论捐助或执行都是金坛人士，展现了民间强大的社会力。记文所附捐助者包括：刘宰捐出其父两项田数年之积殆五十斛；赵若珪献米四十三石；新任知金坛县事的梧州人赵善郧捐官会五十千、米十五石；④ 金坛富有声誉的家族、旅外官员、乡贡进士、国学进士，乃至一般邑人、道士及寺院住持，合计捐米五百七十九石一斗，官会

①　此处刘屋可能有多人，由于资料零散，不易确定（《宋人传记资料索引》），所述待考订。任浙西提举的刘屋应为四明人，可能与卫泾的幼子卫柳同为盖经的女婿，生平经历不详。仅知他在嘉定十五年十一月为朝奉大夫，后除大理丞、提浙西常平茶盐司，曾筑盐官捍海塘。施谔纂修《淳祐临安志》卷一〇《山川三》，《宋元方志丛刊》，中华书局，1990，第8页下。到十七年改为朝散大夫主管建康府崇禧观，见范大成《吴郡志》卷七《官府》，第20页上。尚见卫泾《后乐集》卷一七《故安康郡夫人章氏行状》，章氏死于嘉定十七年（1224）。另一刘屋是刘爚之子，曾知江宁县。

②　刘宰:《漫塘集》卷二二《甲申粥局记》，第9页上~9页下。

③　刘宰:《漫塘集》卷二七《甲申粥局谢岳祠祝文》，第17页下。

④　赵善郧知金坛县，起于嘉定十三年十二月，至十七年四月止。见俞希鲁编纂，杨积庆等校点《至顺镇江志》卷一六《金坛县·令》，第643页。善郧任上曾增县学生员及惩戒淫祀，刘宰有《代邑士上赵百里》诗一首，见刘宰《漫塘集》卷二《代邑士上赵百里》，第29页上~29页下。

六百四十六千，柴八千束及厨具一批。①

其中，除赵善郢有官府身份外，在外任官的乡亲有十二人，乡贡进士及士人三十三人，另有一般邑人十五人（参见附录六"甲申金坛粥局捐赠情况"）。除牛大年、赵若珪以外，均是低阶官员或通过乡试的士人。可见这是一次不分阶层，结集众多乡亲一起推动的慈善活动；众多通过乡试的士人，虽无官职，却有一定的身份与社会地位。按宋代法律规定，他们和官户一样在差役方面可以享有部分减免的优待。这一群以争取举业为志的地方士人，既有知识也享有政策优惠，是社会的精英群体，当是此次推动赈济的主力。② 此外，布金寺的续任住持僧慧鉴则始终担负执行常规性的赈济工作，在赈济活动中厥功至伟。此次赈济在刘宰及赵若珪等人发动下，有效凝聚各阶层的乡亲，捐助庞大数额的米粮，刘子健教授称誉这次粥局是当时世界上最大规模的赈饥活动。③

第三次赈灾是在理宗绍定元年（1228）。这是因前一年邻近地区水患而衍生的。宝庆三年（1227）夏秋间，镇江水灾严重，米价高涨。金坛受灾虽较邻近地区缓和，仍有乡民受害。刘宰先以家里的存粮在岳祠施粥，原本以为受灾规模不大，或许很快即可完成，但麦未熟，灾情持续，于是由待缺乡居的好友王遂与国

---

① 见缪荃孙《江苏通志稿》卷一五《金石记》，第 15 页下 ~20 页上。该碑拓片收藏于北京大学图书馆，较为清晰。

② 高橋芳郎「宋代の士人身分について」『史林』第 69 卷第 3 期、1986、351~382 頁。李弘祺：《宋代的举人》，收录于国际宋史研讨会秘书处《国际宋史研讨会论文集》，台北：中国文化大学史学研究所史学系，1988，第 297~314 页。梁庚尧：《宋代科举社会》第十一讲，台北：台大出版中心，2015，第 192~204 页。

③ 刘子健：《刘宰和赈饥》，收入氏著《两宋史研究汇编》，第 348~354 页。

子监进士赵崇巩、乡贡进士王虎文等"复合众力"接续赈饥；又获知镇江府冯多福捐米百斛相助，到四月丙午完成赈饥的工作。[①]

这次金坛受灾较轻，动员人力与物力不及前两次，但依然是官民协力完成的。其中尤以知府冯多福在军情紧急的情况下，仍关注地方民情，协助救灾，让刘宰特别感念。冯多福是福州人，寄居常州，绍熙四年（1193）陈亮榜进士。嘉定四年（1211）曾知奉化县，[②]宝庆三年（1227）五月以中奉大夫直宝谟阁知镇江军府事，兼管内劝农使、节制防江水步军马、镇江都统司诸军在寨军马。[③]当时李全在淮东的乱事扩大，对江淮威胁严重，宋廷为强化备战，命冯多福兼任知府，负军事重责。刘宰通过王遂请求知府协助金坛救灾，他即慷慨拨捐百斛米粮相助。[④]不意他却在次年绍定元年（1228）十二月乞祠离任，在职仅一年半。冯多福上任以来，刘宰前后致送三封书札，隐约述及灾害与捐米事，如在迎接的信中强调"京口古重镇，为今北门。民之凋弊亦无如今日，保障茧丝，大卿必知所处"；[⑤]而在送冯多福奉祠的信中则说："虽日讨军实而训之，然常念生民之劳止。欲浚防而增垒，聿新耳目之观；恐剥床而及肤，弥重腹心之扰。虽急符之屡下，终成矩之不移。东西旁郡之民，犹仰之如父母；南北沿江之地，信

---

① 刘宰：《漫塘集》卷二七《戊子粥局谢狱祠祝文》，第18页上~19页上。

② 胡榘、罗濬纂修《四明奉化县志》，收录于《宝庆四明志》卷一四《叙县·学校》，《宋元方志丛刊》，中华书局，1990，第6页上~6页下；同书同卷《叙水渠堰碶闸桥梁津渡附》，第20页下~21页下；马泽修，袁桷纂《延祐四明志》卷七《城邑考上》，《宋元方志丛刊》，中华书局，1990，第36页下；同书卷一四《学校考下》，第48页下。

③ 参岳珂编，王曾瑜校注《鄂国金佗稡编续编校注》卷一六《碑阴记》，中华书局，1989，第1370~1373页。

④ 刘宰：《漫塘集》卷二七《戊子粥局谢狱祠祝文》，第18页下。

⑤ 刘宰：《漫塘集》卷九《回镇江冯大卿前人札子》，第11页下。

隐然若金汤。"①

至于另两位协助刘宰赈饥的好友，赵崇巩是太学生，生平不详。王虎文为金坛富室，是北宋王涣之的曾孙，② 其祖父王楹迁居金坛，到父亲王光逢时家境富裕，家藏先祖遗留古书画甚多。③ 虎文为光逢三子，是乡贡进士；嘉熙中被知县徐拱辰任命为金坛县学的学职人员，协助修建县学。④

三 赈饥中官民角色与社会力

从以上叙述可见，官府与民间的协力合作，是顺利推动各项公共建设及慈善活动的要素。特别在金坛三次赈济的过程中，既能观察到官、民在赈灾中角色的变化，也能看到民间巨大能量的展现。由于《漫塘集》保留金坛赈济的资料最全，因此借此一事例讨论基层社会官民在推动社会活动中所扮演的角色，作为本章的结论。

这三次赈灾，受灾范围、时间及就食人口有别，也影响赈济规模。第一次的受灾地区范围辽阔，金坛仅是一小部分，粥局为期半年，人数最多时，每日近四千人；⑤ 粮食大部分为官府提供。第二次时金坛是主灾区，前后施粥计五十六天，共得捐米

① 刘宰：《漫塘集》卷一五《送冯守多福奉祠归启》，第10页上~11页下。

② 王涣之与兄汉之原为衢人，后迁居丹徒，汉之后人迁金坛。事见刘宰著，王勇、李金坤校证《京口耆旧传校证》卷二，第59页。

③ 刘宰：《漫塘集》卷二四《跋听雨图》，第17页下~18页下。

④ 刘宰：《漫塘集》卷三二《王居士圹志》，第26页下~27页上。俞希鲁编纂，杨积庆等校点《至顺镇江志》卷一一《金坛县县学》，第456~457页，王遂作记。

⑤ 刘宰：《漫塘集》卷二〇《嘉定己巳金坛粥局记》，第20页上~20页下。

五百七十九石一斗，官会六百四十六千，柴八千束。除知金坛县赵善郢外，几乎都是当地士绅共捐；就食者最高纪录是单日一万五千人。第三次金坛受灾系遭邻近地区波及，规模虽较小，但有部分外来就食者，施粥四十余日，具体就食人数不详；协力者及受捐米粮数量，除知府冯多福外也不详。

在南宋的赈饥活动中，官民扮演不同角色，是普遍的现象。但从刘宰推动的三次赈饥中，可以看到南宋中晚期内外环境变动的因素，导致官民角色有差异。嘉定二年（1209）镇江暴发灾荒时，正值宋金由战转和，既有避祸流移的难民，也有朝廷在战后整编军人归农时引发的骚动。此时，刘宰刚乞辞乡居，尚难整合当地中产之家，致成效有限，转向官府求援。刚起复的右丞相史弥远鉴于内外情势转变，深恐各股势力集结，影响江淮的社会秩序乃至政局的稳定，乃由中枢主导救济大计；官方在这次赈饥中着实扮演了重要的角色。

嘉定十七年（1224）与绍定元年（1228）的两次金坛赈灾，民间不仅动员能力增强，捐助米粮也更多，展现出充沛的社会力。这是因为刘宰从第一次赈灾中吸取经验，强化人脉，赵若珪等友人也出面相助，并向乡民劝募钱、米等物资，让民间力量胜于官府；这种情况实与淮南情势的发展密切相关。自嘉定十年（1217）起，宋、金、蒙三方关系复杂；加上李全的武装力量横亘在江淮之间，且游移于各政权，叛服无常，致淮东局势日趋紧张。宋廷为强化淮南边备，不断通过州县聚敛钱粮，乃至动员运粮、疏浚运河，以因应变局。镇江首当其冲，官府自无余力关注地方灾情。[①] 当此关键时刻，刘宰团结乡亲，发挥群力自救，展

---

① 　见本书第六章。

现出充沛的社会力。

任何因气候酿成的灾荒，都会对地方社会构成冲击。一般而言，若是小规模的灾害，救灾是地方官府的责任；一旦饥荒蔓延，灾区扩大，甚至发生人民流徙时，中枢或路级官员将视受害程度，出面主导救灾工作。从南宋许多侍从、执政乃至道学名儒，如朱熹、刘珙、陈宓、真德秀、李道传、吴渊、留恭、刘宰、吴潜、黄震等人留下的相关文献中，都可以看到灾荒实况，及官方主导救灾活动的具体做法。官方实施的救灾，涉及的范围很广。董煟在《救荒活民书》中归纳官府的救荒方法，包括"常平以赈粜，义仓以赈济；不足，则劝分于有力之家，又遏籴有禁，抑价有禁"等多种类型；具体的运作内容包括灾情勘查、蠲免租税役、贷种、筹措与调运米粮及其他物资、补蝗、治盗、分配经费与人力的调度等，并通过奖惩制度，落实执行。[①] 在这种情况下，民间以捐助、赈粜、搬运等为主，属于辅助性的角色。不过，灾荒救济事出紧急，所需经费与物资都是常规所不及的，除常平仓外，往往影响官府财政的正常运作；特别当国防军事孔急时，灾害救助与国防何者为先，每每成为总领所与各地方官府，乃至朝廷与地方之间，彼此争夺资源的所在。因此在南宋一般都是受灾规模较大、范围较广，引发社会纷扰，且所需费用与物资难以由州县负担者，才由路级以上的官府启动救灾机制。

范围较小或较短期的灾荒，地方家族或佛道寺庙等民间团体是救灾主力。佛道寺庙的行政资源虽然不如官方，但基于信仰，

---

① 董煟:《救荒活民书》卷中,《景印文渊阁四库全书》,台北:台湾商务印书馆,1983,第1页上~26页下。关于劝分在宋代的实施、演变,及南宋士人对劝分的意见,见李华瑞《宋代救荒史稿》,天津古籍出版社,2014,第525~544页。

更能凝聚人力，灵活运作，故一直在救灾赈济活动中具有举足轻重的分量。此外，个人和家族也常出于不同动机，在乡里救助乡亲及外地流落者。如灾荒时，在官府通过保明赏格、劝分的鼓励下，名门富豪往往出面呼应或配合官府捐钱粮或参与救灾。也有豪富家族，在儒学或宗教理念的倡导、教化下，主动施粥济食。熙宁年间的金坛人陈亢，[①] 与绍兴六年（1136）的金华人潘好古，[②] 都是以个人或家族身份，推动规模较大的救灾赈饥行动的例子。陈、潘家族都是没有功名的地方富豪。其余资产较小的家族，则仅能发动较小规模的赈济活动。

同样是以民间力量救助受灾者，刘宰在金坛的赈饥，与宋代常见的情况有别。他的财力及资产远不及上述陈、潘等富人，但他是进士出身，居乡期间，既与各级官员频繁联系，也通过各种方式与乡亲互动，关怀乡里，在官方与民间均持续维持高知名度与丰厚人脉。灾荒发生时，他起而号召乡亲集结众力，并有效组织、应变，更能联合官府共同行善，是以不论救助人数及持续时间，都超越个人或家族所发挥的规模与成效。

施粥赈饥在情势紧迫时，是最直接有效的救人方式；但除了大规模动员人力、筹集米粮物资及各项器材外，对就食的场地空间、动线、卫生等多项因素，都需纳入考虑并确实执行，才能实

---

① 刘宰著，王勇、李金坤校证《京口耆旧传校证》卷六，第180~181页。

② 吕祖谦述潘好古的善举说："绍兴丙辰（六年，1136），岁大侵，婺米斗千钱。公既发廪不足，则蠲厚赏，致他郡粟，下其直十之三以贷之……甲戌（绍兴二十四年，1154），盗发旁郡，流殍交道，里民穷空，竞持破甑败絮来质，主者必以白公，公曰：'第与之。'居数日，填溢栋宇，公有喜色，益市官粟，舟相衔下，以平粜籴，间不复知有艰岁……其他如代官逋、弛私责、恩鳏寡、逮困疾，旁及棺椁、飧药、桥梁、井泉之属，给予除治亡所靳。"见吕祖谦《东莱吕太史文集》卷一〇《朝散潘公墓志铭》，黄灵庚、吴战垒主编《吕祖谦全集》，浙江古籍出版社，2008，第151~154页。

质嘉惠灾民。因此在筹财、动员的同时，也须周详规划，并建立管理、组织调度等运作机制。从《漫塘集》留存的简要文字叙述中，也可以看到刘宰除了人脉宽广、善于争取经费外，更富有应变、组织运作与管理的能力，这是三次施粥能顺利进行的重要因素，在这一过程中所展现的民间力量，亦不逊于官方举办的大型赈饥活动。①

刘宰推动的集众赈饥活动，诚然创造了历史纪录，但检视南宋相关救灾资料，并未见到相同或接续执行的事例，之所以如此，似与宋代士人追求功名的社会风气有关。在宋代特别是南宋社会，众多士人及其家族固然在居乡待缺或辞官乡居时，关心乡里并进行诸多善举；但在宋廷科举任官的制度下，士人以追求功名、仕进与得君行道为志，居乡只是他们等待再出发的据点。一旦重返仕途，远离家乡，则乡里的既有人脉及组织群体，乃至推动的事业，都难以持续发展。因此，即使像周必大所述吉州永新县谭氏与当地富家于灾荒疾疫时，合作分摊责任进行例行性赈恤的案例，在南宋也不普遍，反而能看到小规模的社仓，以及工程不大的公共建设及义役等互助组织，普遍行于全国。② 因此，刘宰的赈饥之举，虽凸显其个人特质，但也反映在以举业任官为重的南宋社会，居乡的士人虽是地方社会的主流群体，却仍难以发展出更具组织性、持续性的地方社团。③

---

① 张文：《宋朝社会救济活动研究》第一章，第109~110页。乾道元年（1165）临安灾荒时期粥赈济为期三个月，日就粥者不下数万人，殆为宋代官府执行最大规模的赈饥活动。

② 梁庚尧：《宋代科举社会》第十二讲"官户、士人与地方事务"，第219~222页。

③ 刘子健：《刘宰和赈饥》，收入氏著《两宋史研究汇编》，第348~354页。

第五章

联结家国

刘宰对他居止所在之镇江的关怀，在发起三次大规模赈饥活动，及与乡亲共同推动公共建设之外，更借表彰乡贤陈东与向官府传递乡里舆情，以反映百姓心声。这些建设行动或意见传达，足以显示刘宰关怀乡里的全面性。而他表彰乡贤与反映舆情的作为，更能凸显镇江社会在南宋中晚期政局变化中的处境，以及与国家的紧密关系。

第一节　表彰乡贤

宋代推动文治、宽容言论，激发士人致力举业，并发展出参政与议政的风气，在政局变动之时，议论朝政的风潮尤为炙盛。其中人数众多的太学生，自视为"有发头陀寺，无官御史台"，常集结成群体，针对朝政、国是发声，甚至形成政治运动。[1]

徽、钦、高三朝，是两宋内外政情骤变的时期。太学生集结群力，伏阙上书，声势尤为浩大，其中由镇江的太学生领袖陈东

---

① 　罗大经:《鹤林玉露·丙编》卷二《无官御史》，王瑞来点校，中华书局，1997，第271页。

所发动的上书运动，其声势和影响最为浩大、深远。陈东虽因此招来杀身之祸，但随着政治环境的转变，死后却被塑造成为国牺牲的烈士、朝野推崇的标杆。到南宋宁、理宗期间，宋、金、蒙三方和战情势丕变，镇江乡亲及陈东族裔再以陈东为题，塑造、传播其形象，并借以凝聚乡里意识。刘宰在这波形塑陈东乡贤形象的运动中，又扮演了关键的角色。

关于陈东生平及身后评价，美籍学者蔡涵墨（Charles Hartman）教授与新竹清华大学李卓颖教授，利用现存明本《陈少阳先生尽忠录》（以下简称《尽忠录》）所收丰富题跋及南宋相关史料，撰成《平反陈东》。① 该文深入探讨陈东的生平事迹及南宋士人在不同时期借记、序、题跋等文体，对陈东进行与政治环境相联结的评价，是讨论陈东形象变化最深刻的论著。本章则聚焦刘宰及其乡亲对陈东事迹的表彰，侧重镇江士人如何通过书写与行动，形塑陈东的形象。虽多资取蔡、李二人的观点，但论述重点有别。

陈东四十二岁获罪被杀，他留下的《尽忠录》中，有五卷是辑录后人的序跋等怀念或评价性的文字；另有五卷为陈东上呈钦宗与高宗、朝官、家人的书信及诗词作品，是认识他生平事迹的主要资料。

《尽忠录》所附《宋史·陈东列传》及陈东庶弟陈南大约在绍兴四年（1134）后所撰的行状二文，对认识陈东的生命历程至关重要；② 陈南的行状尤为重要史料。这篇行状凡二千七百字，

---

① 蔡涵墨、李卓颖：《平反陈东》，《文史》2017 年第 2 辑，第 157~222 页。
② 《宋史》卷四五五《陈东传》，第 13359~13362 页。陈沂辑《陈少阳先生尽忠录》卷六《附录·行状》，线装书局，2004，第 4 页下~12 页上。

是在陈东由罪犯到被平反褒扬之后所写，除了详记其生平与家庭状况外，兼记两宋之际政情变化与陈东形象的转换；其中关于陈东家族及他受教成长过程的记载，不见于其他传记。另据蔡、李对陈东题跋的研究，刘宰的姻亲范克信（允诚）也曾撰写过陈东的传记。[1]

除《尽忠录》外，刘宰有两篇详细记载陈东的传记，也是了解陈东生平的重要史料。其一是《京口耆旧传》卷五的《陈东传》，[2]另一篇稍微简要的《陈修撰祠堂记》，则约为嘉泰四年（1204）刘宰家居时，应镇江府学教授许溪之邀所撰，较范克信及《京口耆旧传》所记为早。结合这四份陈东传记，能更完整地认识陈东的生平及形象变化。

陈东是镇江人，十七岁入府学，二十七岁入太学，一生努力的目标就是"必欲取科第为亲荣"。但在太学的十五年间，屡试上舍均不利，直到获罪被杀仍是太学生。相较于举业，他在学期间更为关心的，是政宣以来的朝政与外患议题，更曾率众批判蔡京等人乱政。高宗在南京（今河南商丘）继位后，陈东应召，又力主亲征、重用李纲，并呼吁斥退主和的黄潜善、汪伯彦。黄、汪大恚，遂于建炎元年（1127）借机杀害陈东。陈东死后留下二

---

[1] 范克信，字允诚，六世祖迁居丹阳。庆元五年（1199）以特恩授迪功郎，任许浦水军准备差遣；嘉定初任江淮制置使幕僚，御敌有功，改任广西经略司干官，嘉定十年（1217）死于静江府，享年六十九岁。范克信是刘宰亲母的族人，《漫塘集》所记克信墓志铭内容丰富，但未见他曾撰陈东传记。尽管该文的确切时间与内容不详，但可推估应在许浦水军准备差遣遭罢后乡居所撰，因此约在开禧初年。刘宰：《漫塘集》卷二九《故广西经略司干官范承信墓志铭》，第6页下~10页下。

[2] 刘宰著，王勇、李金坤校证《京口耆旧传校证》卷五，第151~164页。另《嘉定镇江志》附收《咸淳镇江志》的人物部分有陈东事迹，但极为简略，不成传记，见《嘉定镇江志》附录，第17页下~18页上。

女及一遗腹子，长女嫁杨中和，次女嫁处州丽水尉潘好谦。① 三
年春，宋廷为陈东平反，追赠其为承事郎，并官有服亲一人；由
于遗腹子陈嗣宗尚幼，宋廷改赐庶弟陈南服亲恩命，② 并赠钱
五十万。绍兴四年（1134）追赠陈东为朝奉郎、秘阁修撰，赐田
十亩，③ 并免税。④

　　陈东是陈震的嫡子，母亲蔡氏于他六岁时逝世，遂由继母吴
氏扶养长大。吴氏生二子陈坦与陈南。陈震卒时，陈东自太学奔
丧，谋合葬双亲不成。陈东死后，其弟将他祔葬于双亲之坟。⑤
此外，《行状》也记他死前以家书交代后事之举，这些家书也被收
入《尽忠录》中。⑥

　　关于高宗即位后，诏陈东赴行在，以及陈东上书内容与死
事，《行状》和《陈修撰祠堂记》都有记载，二文虽互有繁简，但
均仅记陈东批评宰执黄潜善、汪伯彦主南幸之说，并力主高宗还
都亲征，而未涉及李纲。⑦ 但在《京口耆旧传》与《宋史》陈东

---

① 刘宰著，王勇、李金坤校证《京口耆旧传校证》卷五，第151~164页。

② 陈沂辑《陈少阳先生尽忠录》卷六《行状》，第10页上；卷七《官陈东弟南省敕》，第7
　　页下~8页上；卷七《加赠陈东朝请郎诰》，第8页上~8页下。子陈嗣宗乾道六年（1170）
　　十一月任新差知滁州清流主管学事、劝农营田公事，赠右通直郎。

③ 陈沂辑《陈少阳先生尽忠录》卷六《行状》，第9页上~9页下；卷七《赐钱诏》，第5
　　页下；卷七《赐田诏》，第6页上~6页下；卷七《追赠朝奉郎秘阁修撰诰》，第6页下~
　　7页上。

④ 淳熙十年，新任知镇江府耿秉，免陈东赐田之税，说："如可赎兮百身，尚何较于田
　　税，犹将宥之十世，宁不念其子孙。"《嘉定镇江志》附收《咸淳镇江志》附录，第
　　18页上。

⑤ 陈沂辑《陈少阳先生尽忠录》卷六《行状》，第11页下~12页上。

⑥ 陈沂辑《陈少阳先生尽忠录》卷四《家书》，第4页上~5页下。

⑦ 陈沂辑《陈少阳先生尽忠录》卷六《行状》，第7页下~8页上。刘宰：《漫塘集》卷二〇
　　《陈修撰祠堂记》，第14页上~18页上。

本传，① 此议则与李纲有所联结，② 显见四份文件记载的内容有所差异。证诸《尽忠录》卷三所收建炎元年（1127）八月十七日、十九日与二十五日陈东三次上书的内容，与《京口耆旧传》《宋史》所记相近，此或与嘉定元年（1208）十月，李纲的孙子李大有将家藏陈东资料汇整刊行，将上书及相关资料公之于世有关。李大有在序言中说："秘撰之与先祖，未尝识，而至为之死，是书不出，九泉不瞑目矣。"③

政治形势转变后，陈东成为爱国的象征。自建炎三年起，宋朝廷不断赠官、赠钱及田地，甚至降旨令有司到陈东墓地致祭。④ 而且在陈东形象改变后，先前与他有关系的当代名臣（如李纲、许翰、吴敏、陈公辅、洪疑、赵子崧、李猷、滕康等）即相继撰文悼念，并记与他相关的事迹，随后包括汪应辰、李訦、苏庠、刘榘、孟忠厚、周必大、杨迈、楼钥、刘宜孙等人，也撰记文与

---

① "八月十五日，至行在所……闻李纲罢，黄潜善、汪伯彦以旧恩专柄任。东以此治乱之机，不可默，亟上书留纲，不报；再上书并及时政，乞还都京师，下诏亲征，以系天下心，作天下气，又不报。"见刘宰著，王勇、李金坤校证《京口耆旧传校证》卷五，第155页。

② "高宗即位，五日相李纲，又五日召东至。未得对，会纲去，乃上书乞留纲而罢黄潜善、汪伯彦。不报。请亲征以还二圣，治诸将不进兵之罪，以作士气；车驾归京师，勿幸金陵。又不报。潜善辈方揭纲幸金陵旧奏，陈言纲在中途，不知事体，宜以后说为正。……东初未识纲，特以国故，至为之死，识与不识皆为流涕。"见《宋史》卷四五五《陈东传》，第13361~13362页。

③ 陈沂辑《陈少阳先生尽忠录》卷九《序》，第1页上~2页下。

④ 陈沂辑《陈少阳先生尽忠录》卷七《谕宰执》，第6页上。"每岁寒食，郡为上冢，或给钱付县官致祭，集其子孙宗族，胙饮甚厚。"俞希鲁编纂，杨积庆等校点《至顺镇江志》卷一二《墓·丹阳县》，第499页。景定元年（1260），与陈东有血缘关系，担任沿江制置大使、江东安抚使、知建康府的马光祖，更在丹阳陈东墓旁建祠，可见恩泽甚厚。马光祖自题："有宋修撰陈东神道，弥甥马光祖书。"马光祖的母亲叶氏是陈东的女婿潘好谦之孙的妻族，因此，特别为陈东建祠。马光祖修，周应合纂《景定建康志》卷一四《国朝建炎以来年表》，第45页上~46页下。

题跋，推崇其爱国形象与事迹。这一连串追悼文字的叙述内容不断累积繁衍，交织形成以陈东事迹为中心的庞大文献网络。甚至与陈东无直接关系的后人，也通过题跋将其先人和陈东联结。如嘉定六年（1213），知建宁府李訦在《跋陈欧二公行实》文中，指出自建炎三年二月起高宗下诏罪己，赠官陈东、欧阳澈，令有司常存恤其家，乃至求直言等诏令，都出自他的祖父、时任直学士院李邴之手，并强调这些诏书显示了"高宗之所以圣"及"修撰之所以忠"的内容，明显将李邴与陈东做联结。①

此外，为陈东收尸归葬的四明友人李嘉仲（李猷），更有意识保存与他相关的资料，"复珍其往来遗帖，求缙绅识其事，以广其传"。② 到绍兴十二年（1142），陈东的庶弟陈南与女婿潘好谦，也着手整理他死前的最后家书及其他遗文，并刻石记录。③ 不过，

① 陈沂辑《陈少阳先生尽忠录》卷一〇《跋陈欧二公行实》，第8页下~9页上。李邴，字汉老，崇宁五年（1106）中进士，建炎二年（1128）十一月为尚书兵部侍郎兼权直学士院。见李心传《建炎以来系年要录》卷一八，"建炎三年三月甲申"条。李邴以词命敏捷，号文章家，一时大诏令均出其手。及苗刘之叛，面谕顺逆祸福之责；乱平，拜参知政事。后因与宰相吕颐浩议不和，请辞。绍兴十六年（1146）死。淳熙初，赐谥文肃，嘉泰元年（1201）周必大应其孙李訦之请撰神道碑。见周必大《文忠集》卷六九《资政殿学士中大夫参知政事赠太师李文敏公邴神道碑》，第12页下。李邴原赐谥"文敏"，后改"文肃"，见真德秀《西山先生真文忠公集》卷四二《通议大夫宝文阁待制李公墓志铭》，《四部丛刊正编》，台北：台湾商务印书馆，1979，第10页下~21页下。《行实》跋文的撰者李訦是李邴五子李绯的儿子，字诚之，号膈庵，生于绍兴十四年（1144），以祖恩入仕，历知黄州、袁州。见《宋会要辑稿》兵二六《马政杂录下》，"嘉定五年七月七日"条。《宋会要辑稿》职官七四《黜降官一一》，"嘉定五年八月十三日"条。嘉定六年（1213）由朝议大夫敷文阁待制知建宁府。夏玉麟、郝维岳等修，汪佃等纂《建宁府志》卷六《名宦》，《天一阁藏明代方志选刊》，上海古籍出版社，1982，第3页上~3页下。嘉定十三年（1220）卒。真德秀《西山先生真文忠公集》卷四二《通议大夫宝文阁待制李公墓志铭》，第10页下~21页下。李訦在《尽忠录》作"李统"，误，见陈沂辑《陈少阳先生尽忠录》卷一〇，第8页下。

② 陈沂辑《陈少阳先生尽忠录》卷一〇《遗帖》，第1页上~2页上。

③ 陈沂辑《陈少阳先生尽忠录》卷一〇《跋家书后》，第2页上~3页下。这份家书则归于潘好谦之子潘景夔家。陈沂辑《陈少阳先生尽忠录》卷七《清波杂志》，第10页下~11页下。

孝宗朝名儒曾季狸在记文中指出，南宋初期政治敏感，这类悼念的文字是犯忌的，只能私下密藏；若非政治环境改变，实难保存乃至流传。①

随着政治环境改变，陈东的形象与地位有所提升之后，搜集曾被密藏的陈东相关资料，并将之汇整成文稿、刻石与出版文集的活动于焉兴起。第一个汇整出版的是名为《尽忠录》的文集，由李纲的孙子、任职泉州市舶司的李大有于嘉定元年在邵武刊行，其内容多为李纲搜藏的资料。之后，福州人孙君遇也曾亲历京口，搜集陈东资料，编成《陈东文集》，并请魏了翁写序，② 在福州出版。③

陈东爱国形象的凸显与拔高，更是镇江人的荣光。形塑典范形象最具意义的行为，莫过于兴建祠堂，并借着定期祭拜彰显乡贤永恒的价值。不过要让陈东走出家族、进入地方祀典，需要经过一段时间的酝酿与讨论。

庆元四年（1198）在府学推动下，镇江正式建立陈东祠堂并崇祭。刘宰在《陈修撰祠堂记》中指出此事颇经历波折。祠堂是

① "许公虽著是词，未敢诵言于世。其后弟尚书郎忻，手录以藏之，盖有待而后出也。许公既薨，其弟寻亦下世，故其词寂无传焉。后四十年，尚书郎犹子进之，得所录遗稿于箧中，磨灭殆不存矣。一日出示季狸，曰：'进之将以是镌诸石，子盍为我识之。'季狸矍然惊曰：'是词之不亡，殆天意乎！安可使之无传也。'"陈沂辑《陈少阳先生尽忠录》卷八《读许右丞哀辞》，第5页上～6页上。哀辞见卷八《右丞襄阳许君哀辞》，第1页上。曾季狸，字裘父，号艇斋，临川人，曾巩弟曾宰之曾孙，尝追从南渡初年诸儒吕居仁、徐师川游，与吕祖谦、张栻、朱熹、陆游、赵蕃均以诗文相交，殁逝于光宗绍熙年间。

② 魏了翁指孙君遇博学多闻，喜游历，"游淮楚，客京口，尝访陈公家里，得其言行甚悉。既为之谱系，并以思陵前后诏旨、臣寮奏陈、前辈题识与范传李记，列诸篇帙"。《陈东文集》的篇幅似胜过李大有所编。魏了翁：《鹤山先生大全文集》卷五四《陈少阳文集序》，第16页下～17页上。

③ 参见蔡涵墨、李卓颖《平反陈东》，《文史》2017年第2辑，第176页。

由镇江府学教授陈德一推动兴建，[①] 他认为："古者乡先生殁而祭于社……若修撰陈公，非京口所谓先师乡先生欤！社非职所及，学非吾事欤！乃肖公像，祠之孔子庙西序。"[②] 显然将太学生出身的陈东，视为乡里教育的典范。不过，继任的袁孚可能以陈东未在乡里教学为由，将他自孔庙撤除。[③]

到嘉泰四年（1204），继袁孚任教授的许溪又将陈东入祠；[④]他担心再发生兴废无常的现象，特别请刘宰写祠堂记文，揭示陈东在南宋初年肇兴国运的无私贡献。刘宰语重心长地指出："昔人有言，死之日是非乃定。若修撰陈公之事，是非岂昧昧然者，而祠宇废兴犹反覆于百年之后，况当时搢绅于朝廷之上者，其能公是公非欤？"[⑤] 借着与国运联结，确定陈东在乡里的永续地位。

陈东祠堂建立后，堂内展示有陈东画像，以使后人感受其精神；刘宰在《题陈少阳画像》中说："陈公以布衣叩阍，恨不手锄奸佞。今虽死，垂绅正笏，生气凛凛，奸佞者盍少避，恐不减段

---

① 陈德一，字长明，连江人，绍熙四年（1193）陈亮榜进士，庆元四年（1198）任镇江府教授。他曾将佛寺与豪民阴占沙田、芦地归府学，并以所得经费，奖助入京考试的府学生。《嘉定镇江志》卷一〇《学校·丹阳县学》，第 4 页上~4 页下。俞希鲁编纂，杨积庆等校点《至顺镇江志》卷一一《学校·租税》，第 448~449 页。

② 刘宰：《漫塘集》卷二〇《陈修撰祠堂记》，第 14 页下~18 页上。

③ 袁孚为临安人，也是绍熙四年（1193）陈亮榜进士，在嘉泰年间任镇江府教授。他曾撤去张浚在镇江为高宗亲书《裴度传》所刻的石碑，但也扩大在镇江建学的范仲淹祠堂。刘宰：《漫塘集》卷二〇《陈修撰祠堂记》，第 14 页下~18 页上。《嘉定镇江志》卷一〇《学校·镇江府学》，第 2 页上。

④ 许溪是江西乐安人，亦是绍熙四年（1193）陈亮榜进士，嘉泰年间任镇江府学教授。后曾知池州青阳县，大约嘉定八年（1215），真德秀称赞他"学问淹该，材力强济"，有功于青阳县政。嘉定十六年（1223）任承议郎监行在榷货物督茶盐。真德秀：《西山先生真文忠公文集》卷一二《荐本路十知县政绩状》，第 21 页下。刘宰：《漫塘集》卷三四《故吉州王使君夫人蔡氏行状》，第 13 页下~21 页上。

⑤ 刘宰：《漫塘集》卷二〇《陈修撰祠堂记》，第 18 页上。

太尉无恙时。"[1] 继任府学教授的杨迈，为了增添建祠堂的意义，更于嘉定三年（1210）七月刊刻陈东相关奏议手稿，存于学宫。杨迈指出："公，润人也，祠堂于学，而遗稿弗著，非阙典欤！"[2] 并在篇首冠上高宗赠的诏令，表明"公之死本非圣心，皆误国用事者私意"。[3]

嘉熙三年（1239），知镇江府吴潜命府学教授刘卿月在先圣庙之西建先贤祠，将陈东改入祠中，与镇江三位重要名宦苏颂、王存、宗泽并列，显然视之为镇江代表性的乡贤。[4] 此时府学尚保存有《陈秘撰奏议》六十六版，可见它持续受到地方官学重视。[5]

陈东的家乡丹阳，更早确定他为乡贤典范。嘉定二年（1209），县府即在苏颂晚年居住的相公堂创建"三贤堂"，崇祀苏颂、陈东与苏庠。陈摹在《丹阳学宫三贤堂记》中有长文分述三人的事迹，及县令于春秋祭孔后祭祀之事。[6] 刘宰也撰有赞文，说：

> 君子之道，或出或处。其出也，股肱朝廷，纲维区宇；其处也，激万代之清风，立当时之砥柱。堂堂卫公，为世硕

---

[1] 刘宰：《漫塘集》卷二四《题陈少阳画像》，第 3 页下。

[2] 陈沂辑《陈少阳先生尽忠录》卷一〇《跋奏议》，第 3 页下。

[3] 刘宰：《漫塘集》卷二四《题陈少阳画像》，第 3 页下。

[4] 俞希鲁编纂，杨积庆等校点《至顺镇江志》卷一一《学校·儒学》，第 430 页。

[5] 《奏议》可能就是杨迈刊刻的原版。俞希鲁编纂，杨积庆等校点《至顺镇江志》卷一一《学校·书籍》，第 439 页。

[6] 陈沂辑《陈少阳先生尽忠录》卷九《丹阳学宫三贤堂记》，第 4 页下~7 页上。陈摹，在《嘉定镇江志》作"校书陈谟"，刘宰《漫塘集》作"陈模"，均为同一人，不知何者为是。见《嘉定镇江志》卷一二《宫室·公廨》，第 8 页上。

辅。业广功崇，鸾停凤翥。就养琴堂，幅巾容与。飘飘后湖，洁身霞举。永谢蒲轮，考槃兹土。蹇驴风月，短篷烟雨。出处之德，异世同谱。不悼其穷，不已其忠。磨青天，贯白虹；挫佞骨，摧奸锋。使宇宙重开，日月再中。处兮胶庠之下士，出兮社稷之元功。维桑与梓，有来必兴，嗟嗟乎陈公。[1]

　　徐文度知丹阳后，将三贤堂迁于县学西庑。[2] 宝祐五年（1257）县令赵与栗改建三贤堂，增濂、洛诸儒，更名为众贤堂。[3] 其后又将濂、洛诸儒从祀孔庙，仍祀三贤，增洪兴祖，名四贤堂。[4] 直到清光绪十一年（1885），丹阳县将陈东与其他二十二位乡贤并祀于学宫的乡贤祠中。[5] 另有专祠陈东的"陈少阳祠"，是明正德十四年（1519）巡按叶忠命其后裔陈育将五圣庙改为祠，每年清明及八月二十五日致祭；清康熙年间移建小东门内，后被毁，光绪元年（1875）由裔孙重建。[6] 此外，元代金坛县学于先贤祠西舍祀先儒八人，陈东与刘宰、王遂并列其中。[7]

---

[1]　俞希鲁编纂，杨积庆等校点《至顺镇江志》卷二一《杂录》，第884页。刘宰的赞文原刻于梁间，可惜后来遭毁。

[2]　徐文度是嘉定二年（1209）抵任，见《嘉定镇江志》卷一七《宰贰》，第9页下。

[3]　俞希鲁编纂，杨积庆等校点《至顺镇江志》卷一一《学校》，第453~454页。

[4]　陈沂辑《陈少阳先生尽忠录》卷九，第7页上~7页下。俞希鲁编纂，杨积庆等校点《至顺镇江志》卷一一《学校·丹阳县》，第453~454页。

[5]　刘诰等修，徐锡麟等纂《重修丹阳县志》卷一一《祠祀》，台北：成文出版社，1983，第2页下~3页上。

[6]　刘诰等修，徐锡麟等纂《重修丹阳县志》卷一一《祠祀》，第5页下。参与人邵宝所撰祠记，参见陈东《陈少阳先生尽忠录》卷九《宋少阳先生陈公祠记》，第7页下~10页上。

[7]　俞希鲁编纂，杨积庆等校点《至顺镇江志》卷一一《学校》，第455页。

　　让陈东的形象更为绵延扩散的是，他的后人邀请名人或乡贤，为其遗稿题词，而且随着政治环境的变化，阐述的内容也发生了变化。陈东遗留文献不多，幸经他的庶弟陈南和女婿潘好谦整理而得以保存。[1] 不过，到他的形象与地位提升之后，这些家藏的文献，却成为地方长官或有力人士觊觎的珍物，相继被取走。因此，家中只剩下《上高宗皇帝第三书》(简称《第三书》)一篇。嘉定十五年（1222），陈东的曾孙陈煜将这件珍稀文物装裱成轴之后，邀请地方名贤题词，进一步掀起怀念、表彰陈东的风潮。刘宰是第一个署名撰文者。

　　刘宰在陈东留存的遗墨上撰文，深切控诉遗稿被掠夺的遗憾，说："赎死何由可百身，遗书犹足警来人，当时珍重千金字，此日凄凉一窖尘。"[2] 刘宰在跋中，强调《第三书》的重要性，更具体直陈夺走陈东靖康六书、建炎三书及到应天后致家人手札的人物：上述奏疏为知镇江府马大同，通过丹阳名宦杨樗年取走；家书则为镇江通判杨九鼎所得，后来虽归还潘氏，但并未还给陈家。刘宰强调写题跋的用意是："不但欲公家世世子孙知所爱重，亦欲马氏、杨氏、潘氏之子孙闻之恻然，诸稿或可复归云。"[3] 可惜物归原主的诉求并未实现。

　　刘宰提到的四个人，是镇江的官员、乡绅及陈东亲属。马大同，字会叔，严州建德（今浙江建德）人。绍兴二十四年（1154）进士，官至户部侍郎，绍熙三年十二月至五年九月，知镇江府。[4]

---

① 陈沂辑《陈少阳先生尽忠录》卷一〇《跋家书后》，第 2 页上 ~3 页上。

② 刘宰：《漫塘集》卷一《书陈少阳遗墨后》，第 15 页下 ~16 页上。

③ 陈沂辑《陈少阳先生尽忠录》卷一〇《跋建炎第三书》，第 10 页上 ~10 页下。

④ 《嘉定镇江志》卷一五《宋润州太守》，第 13 页上。

后任户部侍郎，生卒年不详，《景定严州续志》简要记其生平，并予以正面评价。① 但另有资料评价他"强毅自任"，② 或指他"用法峻""以深刻称"。③ 至于夺取陈东文物的部分，未见相关记载。

　　直接从陈家取走陈东上书资料者，是镇江的名宦杨樗年。马大同与杨樗年关系虽不清楚，但樗年通判扬州时的长官是钱之望，依《宋会要辑稿》所载，钱氏知扬州是绍熙三至五年间（1192~1194），与马大同知镇江的时间相近。④ 取走陈东家书的杨九鼎，盐官（今浙江海宁）人，以父荫入官。⑤ 开禧二年（1206）通判镇江，⑥ 后曾知无为军与襄阳府。⑦ 嘉定十一年改任四川总领财赋。次年四月，兴元叛兵张福、莫简作乱时遇害。⑧ 据周辉《清波杂志》称："（陈东）被逮之际，作遗书付其家，区

---

① 　钱可则修，郑瑶纂《景定严州续志》卷三《人物》，第18页上~18页下。

② 　《宋史》卷四〇八《汪纲传》，第12304页。

③ 　《宋史》卷三九三《林大中传》，第12014页。

④ 　钱之望知扬州的时间，据《宋会要辑稿》所载，是在绍熙三年十月由直宝文阁除直龙图阁再任，可能已历一任（见《宋会要辑稿》职官六〇《久任官》，"绍熙三年十月二十五日"条），但他到五年八月遭降为显谟阁（见《宋会要辑稿》职官七三《黜降官一二》，"绍熙五年八月十六日"条）。又樗年行述称他因整治瓜州漕运的粮道有功，被知州钱之望与"部使者赵公师䙊、陈公损之上公政于朝"（刘宰：《漫塘集》卷三三《杨提举行述》，第23页下）。不过，次年即庆元元年四月，任淮东提举的陈损之与淮东运判赵师䙊因贪渎被罢，钱之望降直徽猷阁，十月罢官观，这三人被淮人视为三客（见《宋会要辑稿》职官七三《黜降官一二》，"庆元元年四月二十七日"条）。钱之望罢职后，樗年有可能代理，但他以母亲年高请辞居家，这些资料都可确认杨樗年在扬州任职的时间大约与马大同、钱之望相近。

⑤ 　马光祖修，周应合纂《景定建康志》卷二七《官守志四·诸县令》，第14页上。

⑥ 　《嘉定镇江志》卷一六，第14页上。

⑦ 　《宋会要》作："开禧二年九月十一日，杨九鼎丁母忧，宋廷特与起复。"开禧二年当为三年。见《宋会要辑稿》职官七七《起复》，"开禧二年九月十二日"条；同卷《黜降官一二》，"嘉定五年五月十九日"条。

⑧ 　《宋史》卷四〇二《安丙传》，第12192页；卷四〇三《张威传》，第12215页；卷四〇六《崔与之传》，第12260页。

处后事甚悉；其帖今在其外孙括苍潘景夔家。"① 说明杨九鼎曾将手札归还潘好谦之子。潘好谦是陈东的女婿，吕祖谦即指："初朝廷录陈公睢阳之节，官其子弟、若婿，而公与焉。"② 后于乾道五年（1169）通判镇江，死于淳熙二年（1175），享年五十九岁。其子潘景夔与弟景尹均师从吕祖谦。潘景夔初任德清尉，③ 开禧二年（1206）知盐官县。④ 潘景夔可能在知县任上与返乡丁母忧的杨九鼎有所联系，杨将手札归于潘景夔，与周辉所说家书藏于潘家吻合。

此后的题跋，内容则与晚宋内外情势紧密联结，将诉求的重心聚焦于晚宋内外及宋与金、蒙和战，乃至反对相权独断朝政的议题上，进一步将陈东塑造成与南宋国运相联结、爱国牺牲的典范人物。⑤ 如王遂与刘宰的女婿张介，分别在题跋中表彰陈东的卓著贡献。嘉定十五年（1222）四月，知当涂县王遂接续刘宰写题跋，他借跋文阐明陈东上奏书文与祖宗德泽无穷、人心义理不泯、夷狄入侵及江浙兴业的关系，并强调陈东在以言为戒的环境中，倡言无忌，甚至遭杀而不悔；而当前士人对朝政的关心，有如"秦人之视越"，令人忧心。⑥

张介在淳祐六年（1246）八月所撰跋文，则从义利与天地、人物、国家、命运的关系着眼，认为陈东所为"圣贤之心，抗言

---

① 陈沂辑《陈少阳先生尽忠录》卷七，第 10 页下 ~11 页下。
② 吕祖谦：《东莱吕太史文集》卷一二《潘朝散墓志铭》，第 12 页下 ~15 页上。
③ 董斯张：《吴兴备志》卷七，《景印文渊阁四库全书》，台北：台湾商务印书馆，1983，第 33 页上 ~33 页下。
④ 潜说友：《咸淳临安志》卷五一《秩官·盐官县》，第 24 页下。
⑤ 蔡涵墨、李卓颖：《平反陈东》，《文史》2017 年第 2 辑，第 157~222 页。
⑥ 陈沂辑《陈少阳先生尽忠录》卷一〇《跋第三书》，第 9 页下 ~10 页上。

犯难，之死靡他"，正符合张栻所言"无所为而为"的理念。①
王遂与张介的跋文，从不同层面阐述陈东勇于赴义、死而不悔的
事迹，切合道学理念，凸显其乡贤典范的形象。

刘宰虽没有在跋文中和王遂一样抒发爱国之情，但在给友人
潘时举的诗中则充分显露。他在诗前的序言说：

> 陈少阳率太学生伏阙上书，六贼遂退，天下快之。少阳
> 犹以后书论李邦彦、白时中等，言不用，拂衣去。近传：太
> 学伏阙书，是钦非钦，非山间林下所得知，独怪朝廷不用其
> 言，诸君犹苟安于学。岂以靖康时事，视今日缓急异耶？为
> 赋五十六字，质之同志者：
>
> 少阳一疏折群奸，拂袖归来日月闲。误国小人犹法从，
> 叩阍诸子自贤关。是非颇亦通千古，义利那能立两间。若向
> 西湖浮画舫，好倾卮酒酹孤山。②

刘宰的学友潘时举，曾从朱熹游，所辑录《朱子语录》，③颇
为黄榦所称。④嘉定十五年（1222），以太学上舍释褐，终为无

---

① 陈沂辑《陈少阳先生尽忠录》卷一〇《跋遗稿》，第20页下~21页上。张介是刘宰的女婿，
　他弱冠举于乡，赴省试不第，返乡任乡先生。嘉熙中，应金坛知县徐拱辰邀，"为学职，筹
　建兴学事宜"。参见刘宰《漫塘集》卷三一《故韦氏孺人墓志铭》，第12页下~14页上。
　俞希鲁编纂，杨积庆等校点《至顺镇江志》卷一一《学校·金坛县》，第456页。
② 刘宰：《漫塘集》卷二《寄潘子善上舍时举》，第18页上~18页下。
③ 晁公武撰，孙猛校证《郡斋读书志校证》，上海古籍出版社，1990，读书附志卷下《晦庵
　先生语录》，第1209页。
④ 黄榦：《勉斋先生黄文肃公文集》卷二〇《书晦庵先生语录》，《宋集珍本丛刊》，线装书局，
　2004，第6页下~7页上。

为军教授，① 是一位恪守道学理念的朱学门人。刘宰这首诗的具体写作时间不详，当在嘉定十年（1217）宋金再发生冲突以后。当时朝臣争议与金和战，陆学大儒袁燮力陈主和之非，太学生也伏阙上书。② 十二年，袁燮因台谏弹劾遭罢，激发三百位太学生为他饯别，震动朝野。③ 不过这场太学生运动的规模，显然无法与靖康、建炎时相比。

南宋中晚期，由于内外情势的激烈变动，让位居边防重镇的镇江士人，对环境、时局特别敏感。他们通过为陈东立祠、刊刻著作、撰写题跋等一连串活动，不仅借以表彰乡贤，凝聚乡里意识，更联结触及国家命运的和战议题。在塑造陈东形象的过程中，刘宰或许不是首倡者，但他不仅参与形塑陈东为乡里典范人物，而且在这一过程中凸显家国一体的联结，显然是引领平反陈东议题且全程推动的重要人物。

第二节　为乡代言

嘉定二年（1209）刘宰辞官后，仍通过书启等文字，与历任

---

① 陈耆卿：《嘉定赤城志》卷三三《人物门·本朝》，《宋元方志丛刊》，中华书局，1990，第22页上。

② 嘉定十二年五月己亥，太学生何处恬率众伏阙上书，以工部尚书胡榘欲与金和，请诛之以谢天下（《宋史》卷四〇《宁宗本纪》，"嘉定十二年五月己亥"条，第773页。不著撰者：《宋史全文》卷三〇，"嘉定十二年五月己亥"条）。对何处恬的伏阙反和，刘宰在其后致书时，即肯定他的行为说："执事畴昔以太学诸生上书论天下事，慷慨激烈，士无问识不识。读其书、味其意，往往壮其气、高其节。"刘宰：《漫塘集》卷六《回何抚干处恬书》，第7页下。

③ 真德秀：《西山先生真文忠公文集》卷四七《显谟阁学士致仕赠龙图阁学士开府袁公行状》，第1页下~27页上。

镇江知府、淮东总领等封疆大臣及辖下金坛、丹阳两县的亲民官有绵密互动，并借以反映舆情，祈请官府调整施政，嘉惠乡里。其中，较零散或个别的议题在本书"附录一"有所说明。本节先聚焦讨论他向镇江知府反映对地方社会有重大影响的三项乡里舆情，其后叙述钱赋征收等对乡亲生活造成困扰的吏治问题，以便认识晚宋镇江社会及刘宰所扮演的角色。

第一件《代金坛县申殿最钱札子》，是他约在宝庆元年（1225）为金坛县向镇江府的申诉文，时任知县是叶岘。[1] 刘宰指出知府要求金坛县补缴嘉定十三年四月至十四年三月的三千四百七十贯场务钱，是刚离任的曾主持此项业务的南厅通判张佺龄，任由吏人与场务人员通谋舞弊所致，[2] 请知府责成通判南厅改正错误，并要求相关人吏不得"妄立殿最补亏等名"。当李全在淮东坐大，成为宋廷新患的紧要时刻，知府赵善湘如何处理这个案子不得而知。[3] 但札子所述的内容，却深刻揭示了当时镇江府涉及基层政务运作的弊端。

《代金坛县申殿最钱札子》内容超过一千四百字，文中指出镇江府通判南厅朱拱臣行文所辖丹阳、丹徒、金坛三

---

① 叶岘是叶梦得的后人，于嘉定十七年四月莅任，宝庆二年七月前离任，见俞希鲁编纂，杨积庆等校点《至顺镇江志》卷一六《宰贰》，第 643 页。叶岘莅任后与刘宰互动频繁，刘宰有三封启札，其中《回叶知县岘到任启》提到经总制钱，说："经总制数千缗之入，骤益于一朝，前后政三四年以来，已同于常赋。"导致"州家迫甚，县计索然……吏胥之追逮略尽，田里之济恤未闻"。此事当与他上札子有关。刘宰：《漫塘集》卷一五《回叶知县岘到任启》，第 19 页下 ~20 页下。内容见本节下文所述。

② 张佺龄于嘉定十二年四月到任，十四年（1221）春离任。见俞希鲁编纂，杨积庆等校点《至顺镇江志》卷一五，第 605 页。

③ 赵善湘虽于嘉定十七年（1224）召除大理少卿，可能仍兼知府，见俞希鲁编纂，杨积庆等校点《至顺镇江志》卷一五《刺守》，第 590 页。

县，① 要求依朝廷规定支付淮东总领所定额的经总制钱。镇江通判是宋廷规定负责镇江府总领所钱粮，"置籍拘催，主管催发"的职位。② 镇江府经总制钱需缴的数额在嘉定七年（1214）以前是十一万七千七十五贯，③ 到嘉定十三年增加到十二万一千三百九十四贯三百九十六文；各县虽然已缴十一万三千六百贯，但尚亏欠七千七百九十五贯三百九十六文，知府要求三县补缴。④

三县长官对此通知的应对有别。知丹徒县倪祖义是尚书倪思的儿子，经极力争取后，认缴一千余贯。知丹阳县刘某因得罪上司，不敢申辩，认缴三千三百余贯。知金坛县厉思明于嘉定十二年到任后旋即因病去世，不及申辩，因此要认缴三千四百七十贯。刘宰指出嘉定十三年解缴金额，较嘉定十年以来三年的额度均高，"比之递年，并有增羡，何缘亏欠？"⑤ 而且前任通判黄士特向户部申请缴金减额，获得同意，如今反增加各县负担，⑥ "岂有通判厅合解总领所之钱，则减于前；本府三县合解通判厅之钱，则反增于前之理？"⑦ 何况，三县一向仅负责总经费的二至三

---

① 刘宰：《漫塘集》卷一三《代金坛县申殿最钱札子》，第 15 页下~19 页下。朱拱臣于嘉定十四年四月到任。俞希鲁编纂，杨积庆等校点《至顺镇江志》卷一五，第 605 页。

② 《宋会要辑稿》职官四一《总领所·杂录》，"嘉泰二年闰十二月二十一日"条。嘉泰二年（1202）十月一日，宋廷特指明"诸州起发总领所财赋以通判为主管官"，参见不著撰者《宋史全文》卷二九下，"嘉定二年冬十月壬申朔"条。

③ 《嘉定镇江志》卷五《赋税》，第 11 页下。

④ 刘宰：《漫塘集》卷一三《代金坛县申殿最钱札子》，第 15 页下~16 页下。

⑤ 刘宰：《漫塘集》卷一三《代金坛县申殿最钱札子》，第 17 页上。

⑥ 黄士特于嘉定十年三月到任，嘉定十二年闰三月二十八日降一官，劾罢。参见俞希鲁编纂，杨积庆等校点《至顺镇江志》卷一五，第 604 页。《宋会要辑稿》职官七五《黜降官一二》，"嘉定十二年闰三月二十八日"条。

⑦ 刘宰：《漫塘集》卷一三《代金坛县申殿最钱札子》，第 17 页上~17 页下。

成，其余由镇江府仓库场务承担，也就是这笔应缴给总领所的经总制钱，镇江府与所辖三县是依比例分摊的，即使有亏，也应由府、县按比例分摊，不宜全由三县支应。

刘宰进一步指出，发生这种不合理情况，是"通判张佺龄者，懵不解事，惟吏言是用；吏人乘势欺隐，及妄有支破，又与在城仓库场务合若干人等，通同作弊，致有上件亏欠"。[①] 通判厅的人吏，既不敢责成知府所辖在城仓库场务补亏，而另创"殿最窠名、专困三县"，且不顾总领所的禁约，仍机巧催督，甚至要求三县在正额之外，增添不等数额；又担心县衙执行不力，直接由府派人到县催缴，"勾追典吏，绷吊禁系，讯次之牒，月不下数十纸。所差专人更迭往来，了无空日。每一吏人追到倅厅，非使用一二百千不得下县。一专人到县，非乞受四五十千不肯上府"。[②] 在府衙以比较殿最为名，在向各县催缴的过程中，金坛受害最深：

> 况丹阳地当孔道，田瘠民贫。金坛僻在一隅，商贾不至，此钱何自而来？……目今两县未免取之受输之宽余，又责之吏人、乡司与当案人吏，每名月纳不下二三十千（乡司最多，其他数目不等），下至一小贴司亦月纳数千，而吏辈趁办其他板帐，及移用酒钱等常赋自若，此何异纵狼虎食人而分受其肉！[③]

---

① 刘宰：《漫塘集》卷一三《代金坛县申殿最钱札子》，第17页下。
② 刘宰：《漫塘集》卷一三《代金坛县申殿最钱札子》，第18页下。
③ 刘宰：《漫塘集》卷一三《代金坛县申殿最钱札子》，第18页下~19页上。

官府急切催缴钱赋，导致"民穷无告，民冤莫伸"，刘宰敬请"若非使府体恤三县，速作措置，则县道日不可为"。[1]

为杜绝增税催缴的弊端，纾解县衙的困境，刘宰建议知府，让各县以前三年中解钱数最多的一年之额，作为缴交的数额，"责令通判厅人吏此外不得妄立殿最补亏等名，另项专人追扰"。[2]既然各县以最高额上缴，通判厅也不能借欠总领所常赋之名催缴；府衙若能协调改进，诚为地方社会的福祉。[3]

从这份请求知府处理经总制钱的札子来观察，经总制钱在战时体制下属于国防军务经费，由总领所调整经费额度，知府、通判负责调整及分配各县支应额度后，由县衙进行征收。因此刘宰对经总制钱的额度没有表示意见，而是向知府控诉征调经费执行的公平性，以及地方官吏在执行时严重骚扰百姓的吏治问题。

第二件则是绍定二年（1229）秋天，刘宰回复知镇江府赵范征询关于开凿金坛境内七里河通江南运河的意见。赵范是南宋抗金名将赵方的次子，绍定二年六月接任知镇江府后，向刘宰致礼问候。刘宰在回信中感谢赵范致力平息淮东李全的乱势：

> 兹审锡命帝宸，升华匠监。大江之左，正依玉节之光；二浙以西，更借金城之卫。……盖兵之可用，古独称于京口；而谋之未寝，今犹虑于淮南。望公之来，真以日而为岁；闻令之下，皆涤虑以洗心。贪夫骨寒，黠吏胆落。乖争侵暴，足知屏息于闾间；风采精神，信可折冲于樽俎。愿益体古人

---

① 刘宰：《漫塘集》卷一三《代金坛县申殿最钱札子》，第19页上。

② 刘宰：《漫塘集》卷一三《代金坛县申殿最钱札子》，第19页下。

③ 刘宰：《漫塘集》卷一三《代金坛县申殿最钱札子》，第19页下。

> 恺悌慈祥之意，以一洗积年愁恨叹息之声，庶成保障之功，
> 即正枢机之任。①

并趁机向知府表达胥吏骚扰乡里百姓的严重情形："年来乡郡吏络绎于县，而县政日弛；县吏络绎于乡，而乡民日病。以攘夺禁民，而取之行铺者，不啻白夺；以取受禁吏，而索之胥辈者，有同常赋。……常润之间，民生凛凛，大非久安长治气象。"②期待赵范纾解民苦。

是年秋天，赵范预备开凿一段从丹阳到金坛、利于盐粮军备运输的漕运河道。他考虑到工程需调动当地百姓参与，恐引发民怨，特别向刘宰等地方士绅征询意见。刘宰在回信中肯定知府莅政的实践力，更希望能够持久："然善始者易，图终实难，更惟推持久不倦之诚，奋日新又新之志，使凛然不可犯之中，又有隐然不忍欺之意，则民生幸甚，朝廷幸甚。"③至于开凿河道，则说："某熟读前所赐台翰，似有下询民瘼之意。管见一事，详之别纸，乞赐采览。"④这份意见在《回赵守问开七里河利便札子》中有具体陈述。⑤

刘宰在文中首先感谢赵范为开凿七里河而征询乡人意见："某等伏准公札下问开七里河事，其为利甚公，而恐妨民之私；其为虑甚远，而恐扰民于近。幕画已悉，而询访下及于邦人，此道甚

---

① 刘宰：《漫塘集》卷一七《通镇江赵守范札子》，第 2 页上 ~2 页下。
② 刘宰：《漫塘集》卷九《回知镇江赵大监札子》，第 7 页下 ~8 页下。
③ 刘宰：《漫塘集》卷九《通知镇江赵大监札子》，第 8 页下 ~9 页下。
④ 刘宰：《漫塘集》卷九《通知镇江赵大监札子》，第 8 页下 ~9 页下。
⑤ 刘宰：《漫塘集》卷一三《回赵守问开七里河利便札子》，第 19 页下 ~21 页上。

古，此意甚厚，某等虽至愚极陋，其敢自默！"[1] 七里河在镇江多被称为"珥渎河"，当在丹阳县南七里，从运河口至横塘堰一段。依《宋会要》记载，宋神宗熙宁二年（1069）初，因武进县尉凌民瞻的建议，废吕城堰，在常州望亭堰置闸。常州守臣王说曾建议利用珥渎河，开凿一段连通常、润的运路，朝廷命虞部郎中胡淮提举，凌民瞻督役，两浙提刑元积中总其事；元积中更亲自勘查常、润运河。后因被劾罢官，工程中辍。[2] 赵范上任后，为加速平乱，拟循王说之议，开凿丹阳至金坛的运河通路，特别征询地方人士的意见。刘宰的复文中，主要分析了施作方式与经营、动员民力的差异，供知府参考。

刘宰指出，便利民间航行和漕运的施工程度，需要考虑的因素及动用的人力差异极大，他说："窃谓为民旅目前计，则但开横塘堰，下至运河口，俗号七里河，其事小，其役省，不调丁夫，亦可集事。"[3] 若要开通以便利百姓轻舟来往，只需要委任官员到当地雇人开挖两三丈，估计每丈所需钱米数，总计需人工、钱料多少，公告合理日支价格，相信百姓会自相集结应募承包，不出一个月即可完工。但这一做法"无功于纲运，亦无益于久远"。[4]至于要开凿延伸到金坛长达四十四里，且能够运盐钱米粮的漕运河道，由于工程浩大，需要征调庞大人力，则应当避免妨害农事及防止因气候炎热造成瘟疫。加上这段河道长，地势高低落差大，要保持河道畅通，需要在横塘、珥村两个堰之外另设两个闸

---

① 刘宰：《漫塘集》卷一三《回赵守问开七里河利便札子》，第 19 页下~20 页上。

② 俞希鲁编纂，杨积庆等校点《至顺镇江志》卷二《地理二·堰》，第 53 页。

③ 刘宰：《漫塘集》卷一三《回赵守问开七里河利便札子》，第 20 页上。

④ 刘宰：《漫塘集》卷一三《回赵守问开七里河利便札子》，第 20 页上。

口调节水位:

> 自七里河以至金坛, 中有两堰, 北曰"横塘", 南曰"珥
> 村"。两堰之间地势特高, 水至不聚, 所以置堰制水之平,
> 使北不下运河, 以泄于江; 南不下金坛, 以泄于湖, 其制甚
> 善。但河太浅狭, 又有堰无闸, 所以不通纲运。今使府欲为
> 纲运计, 则不但横塘堰下之河当开, 自运河口至金坛之荆
> 城, 凡四十四里之河亦不容不开。河道既开, 更须于横塘、
> 珥村各置闸两座, 以便开闭。此其事大役繁, 当此盛夏, 岂
> 惟妨农, 亦恐屯聚久饥之民, 日久不散, 气息熏蒸, 疫疠滋
> 起, 有失大卿子爱斯民之意, 故曰必须农隙。①

　　刘宰虽没有表明自己支持的方案, 只说: "管见如此, 更乞于
二者之中, 详酌施行。"② 但文字传达的弦外之音, 是他较倾向于
招募人力, 进行小规模的开挖工程。至于赵范采取何种方式, 未
见明确史料记载。不过, 从一些零散的资料推测, 赵范可能为及
早平息李全乱事, 及配合军事战略以联结江南运河, 决定采行利
于纲运的开凿方式, 建造从金坛到丹阳长达七十里、可直通漕运
的水道。但不久赵范守丧罢职, 工程暂停;③ 端平中再凿, 名为

---

① 刘宰:《漫塘集》卷一三《回赵守问开七里河利便札子》, 第20页下~21页上。

② 刘宰:《漫塘集》卷一三《回赵守问开七里河利便札子》, 第21页上。

③ 张内蕴、周大韶:《三吴水考》卷二,《景印文渊阁四库全书》, 台北: 台湾商务印书馆,
1983, 第5页下。绍定三年 (1230) 二月, 赵范因母亲胡氏逝世而丁忧守丧, 不过由于李
全乱事扩大, 波及扬州, 宋廷下诏复起赵范任知府, 随即改知扬州, 继续执行敉平李全之
乱的任务。刘宰:《漫塘集》卷三五《故齐国太夫人胡氏行状》, 第7页下~12页下。

金坛运河。① 从《至顺镇江志》所记丹阳县有横塘与珥村两堰看来，这段运河可能是参照刘宰的建议修建。② 刘宰在端平年间，相继在河上建造珥陵、黄堰和左港三座桥，以便利两岸居民往来，可以为证。③

第三件则是刘宰于端平元年（1234），为表彰知镇江府韩大伦嘉惠乡民所撰的《镇江府减秋苗斛面记》。④ 绍定三年（1230）六月，赵范起复后，调知扬州；十二月宋廷任命韩世忠的孙子韩大伦接任知镇江。先是，刘宰在致信当时贬居靖州的魏了翁时，即述说镇江受李全之乱影响甚深，"某屏处只如前日，无足勤念。边事未知底止，李全竖子犹得恐喝于淮南。大率淮浙间人如燕巢幕上，况乡邑去江最近，忧端实多，帅守极力诛求，民生更有可念者"。⑤ 因此刘宰迎接韩的莅任，以"闻圣上以淮土绎骚，京口实扼其冲，而先蕲王实庙食兹土，肆烦千骑，亟为此来，肇敏戎功，以光先烈"。期待知府以实际措施，嘉惠长期困顿的乡里，并说："年来官赋益苛，乡邻之生理益困，虽瓶有余粟，惧不得独饱，比老稚之迎于境上者来归，争传好语，残生余日，遂得及于宽政，曲踊距跃。"⑥

韩大伦莅任后，推动多项宽减百姓负担的举措，如倚阁陈年岁苗，免除总领所吏摊上户和籴钱等。都获得刘宰高度

---

① 穆彰阿、潘锡恩等纂修《大清一统志》卷九〇《镇江府一》，第15页下。

② 俞希鲁编纂，杨积庆等校点《至顺镇江志》卷二《地理·堰》，第54页；卷七《山水·河》，第282页。

③ 俞希鲁编纂，杨积庆等校点《至顺镇江志》卷二《地理二·桥梁》，第39页。

④ 刘宰：《漫塘集》卷二三《镇江府减秋苗斛面记》，第21页下~22页下。

⑤ 刘宰：《漫塘集》卷一〇《通鹤山魏侍郎了翁札子》，第16页上。此处帅守当指赵善湘。

⑥ 刘宰：《漫塘集》卷一三《回镇江守韩监丞大伦到任札子》，第2页上。

赞扬,如说:

> 去岁官租,恨寒乡之多负;比辰郡檄,饬阖境以停催。新令星驰……谁其新谷未升,许以陈苗尽阁。允兹旷典,耳目所未见所未闻;宜尔宅生,手足不知舞不知蹈。某官体上圣渴想于良牧,念先王血食于此邦,已责宽征,德意既孚于关市;轻徭薄赋,惠风更畅于乡闾。谓出纳之吝,虽曰有司之能;而积累之赢,或重他时之害。遂令计此有羡,填彼未输。既无始作俑之嫌,何异人忘弓而得。系者释而家人率至于感泣,逃者归而里胥不得以谁何。①

又称:"诉以诬金,不谓小人之望;免其受杖,仰钦大府之宽。敬承公牍之颁,凛若私心之惧。"②盛赞新任知府既减税又宽新租,为乡里社会带来生气,有如天降甘霖。结合绍定四年(1231)春,他在李全乱平后回黄榦门人、时任知荆门军之张元简的信中,说明在平定李全之乱的最后阶段,韩大伦为减缓镇江社会承受来自宋廷之压力所做的努力:

> 韩监丞来乡郡,恳恳为民,所以明辨于茧丝保障之间甚至。方羽书交驰,大使(指赵善湘)复移司于此,征徭杂出。军期文字周匝,乡落供亿不前,微韩使君则巷无居人矣。③

---

① 刘宰:《漫塘集》卷一五《代邑人谢韩守大伦放苗启》,第12页下~13页上。
② 刘宰:《漫塘集》卷一五《回韩守公札报免总所吏摊上户和籴钱启》,第13页下~14页上。
③ 刘宰:《漫塘集》卷一一《回荆门守张寺簿元简札子》,第24页上。

显示李全乱事扩大以来，镇江百姓遭逢的重大生存压力。

　　《漫塘集》中有一首题名为《鸦去鹊来篇》的长诗，用乌鸦和喜鹊为喻，述说镇江百姓面对前后知府执政期间，因赋役催征手段的极端差异，致一般百姓与负责催征的户长、里正生存环境遭逢巨大转折的心情感受。诗文前后相系，文字深刻，但文长达六百四十四字，仅节录部分为证：

　　　　昨日鸦鸣绕庭树，道上行人色惊惧。试呼行者问如何，身为户长催残税。税残自昔称难理，三年尤非四年比。加之逐保有逃户，每一申明官长怒。……向来差役多轻重，户长之中中产众。比来里正多义役，各欲供须有全力。搜罗中产无孑遗，户长人人家四壁。……千钱代输犹可出，今日方输又明日。父兮母兮叫不闻，遗体鞭笞同木石。日日鸦鸣期会到，血洒公庭深不扫。遂令著处听鸦鸣，魂飞魄散心如捣。和气致祥乖致异，已甘旱魃来为祟。忽惊鸦散鹊交飞，高枝报喜仍低枝。万口欢呼声动地，府今尽放三年税。曳铃走卒天上来，立张大榜当衢市。黔胥骇愕顿两足，户长仰天攒十指。疮痍未愈失呻吟，感激过深仍涕泪。又说新租亦宽限，四年旧欠宁不尔。……使君从善真如流，仁人之言为虑周。画诺一时良易易，几人共拜更生赐。人意会同天意感，急足未回时雨至。①

　　这首诗未标示确切时间，因此难以掌握诗中所指的知府是

---

① 刘宰：《漫塘集》卷四《鸦去鹊来篇》，第10页上~12页下。

谁。不过，结合刘宰给亲友（如魏了翁、张元简）及地方长官（赵范、韩大伦、魏文中、陈采等）的书信，清楚显示出淮东乱事扩大对镇江官府与社会带来的巨大冲击；而他给张元简的信，更具体指明韩大伦在缓和镇江百姓压力过程中的贡献，那么这首诗当撰于绍定四年、五年间。

除了降低百姓税赋之外，令镇江百姓感受更为深刻的，是韩大伦着力于建立可以行之久远的制度。其中之一就是依照文思院所颁的规制，秋苗只准于正苗一石之外，加三斗八升之数，并刻石为记。《镇江府减秋苗斛面记》撰于端平元年（1234）清明日，当时正值平定李全之乱后，宋廷进一步推动联蒙灭金等一连串军事行动，急需财政挹注之时；有此举措，殊实不易。刘宰虽嘉许韩大伦的变革，但也担心继任者难以遵守，他在《忆昨行寄呈刘法曹》诗中说：

> 只今太守龚黄比，千里瘅疴如切己。公事勤劳绝燕私，私钱大半供公使。……除弊几十九，积美逾三千。三千宁足州家用，只恐从今还作俑。明年四斗三升之上更增科，三十六都之人将奈何？[①]

刘宰在信札中，特别强调记文刻于石碑的重要意义：

> 轸念一邑九乡无告之民，尽革三斗八升并缘之弊。二斛颁下，万众欢呼。……惟往事有当惩创，而细故尚须讲明。

---

① 刘宰：《漫塘集》卷四《忆昨行寄呈刘法曹》，第24页上～25页上。

小民所输，仅止斗升，则斗升亦所宜更；黠吏所增，常始勺合，则勺合亦所宜戒。窃乞明述旨意，详载文移。庶勒之坚珉，可垂于永式；而播之雅咏，尽擒于前闻。[1]

同时，刘宰在贺韩大伦除淮东总领所的启文中，除总结韩氏各项业绩之外，特别阐述这项成就："平斗斛以受输，已尽扫积年之弊；挥翰墨以垂训，更曲为后日之防。泛观识虑之深长，想见弥纶之密勿。"[2]

刘宰在《镇江府减秋苗斛面记》中细数历来地方官吏收税赋之过程中，滋生的难以厘正的弊端。镇江府虽兼有若干改善措施，但官员不察，时日一久，弊病再生，百姓受害甚深：

州县受常赋之输，有耗有费，未免取赢于正数之外，而所取复有分隶，藉贤牧守欲使惟正之供，而势有不可，所在皆然。乾道间，南徐郡太守宣城陈公天麟，始于正苗一石之外，定为三斗八升之数，仍使民自行，概吏不得上下其手，一时称便。其后数虽有定，而斛斗更易，官吏并缘增加，视正数几倍蓰。民或有词，上官问视常岁数何如，曰如旧，则委不问。而斛斗之增大，顾以为细故弗察，民是以无告。[3]

韩大伦则在推动各项嘉惠百姓措施之余，更在征税标准上建立制度，作为永式。刘宰于碑记中，特别揭示乡里百姓不忘韩公

① 刘宰：《漫塘集》卷一七《回韩守减苗斛札》，第4页上~4页下。

② 刘宰：《漫塘集》卷一七《贺韩守除总郎》，第15页下。

③ 刘宰：《漫塘集》卷二三《镇江府减秋苗斛面记》，第21页下~22页上。

恩德:

> 今太守韩公到郡，思所以广上恩、宽民力，戒饬受输，官吏毋求多，于常数之外惟谨。亦既底绩，又思所以为此郡无穷之计，乃尽索府县仓斛斗，一准文思院所颁更新之。于是在官则三斗八升之数不亏，而民间输送一石，视常岁殆不止获三斗八升之利。千里宅生，欢呼起舞。既而合辞请于郡民刘某，丐书其事于石，以无忘公之德。[①]

韩大伦推动一连串的善政，镇江百姓受惠最深。他也因治绩受到肯定，晋升为总领淮浙兵饷兼知镇江府。[②]

上述三项聚焦性的议题，皆是刘宰站在民众的立场，向镇江知府表达军备紧急时，官府在税赋、米粮及开凿河道等影响社会民生层面的作为，可能为百姓带来压力。除此之外，刘宰也常对知镇江府或总领所的幕僚传达地方舆情，或赞扬其造福乡里的举措。镇江当江淮交通要冲，商业运输繁忙，又是位处江南的边防重镇，战事发生后，军力调动与战备征集、运送，成为地方社会的一项沉重负担。嘉定以后，宋廷先后受金蒙战事及李全武装势力坐大的冲击，淮南既首当其冲，镇江后勤补给的压力随之加重；减低税赋与劳役的负担，是地方社会对知府与总领所官员的殷切期待。刘宰即经常通过信函，关切、盼望或感谢地方长官减轻民间负担的德政。

---

① 刘宰:《漫塘集》卷二三《镇江府减秋苗斛面记》，第22页上~22页下。

② 刘宰:《漫塘集》卷二三《镇江府减秋苗斛面记》，第22页下。

从刘宰的《谢王料院林免起夫运上供米纲启》，可以看到镇江百姓对承担上供米的转输，怨怼甚深。这一则启文的时间，当在嘉定十二年（1219）秋。刘宰感谢的是时任判淮东总领所粮料院的王抃。[1] 粮料院是总领所的重要属官，其职权是："凡王人、将帅与其属之俸禄，京口禁旅与惟扬、真、楚之戍，其帛币刍粮之供，参法考令，无舛而后行。官资升降审之外牒，以帐书之。士马招徕，及营厩之有物故者附之。"[2] 也就是承担总领所军用钱粮、装备之运补、调拨的重大责任。当时金坛县上供军需备战的一万九千石粮的调集供运，利用漕运最为便捷。但逢干旱季节，水量不足，河运难以顺利进行时，大军的粮饷运输，需专由镇江辖下的百姓承担，且须限时完成任务。刘宰对这种过度扰民的现象十分感慨，说："惟时下邑，合解上供，适此旱干，难于漕运。是任是负，藉使尽投三十六都之人；载驰载驱，安能骤致万九千石之米？徒为民扰，无补军需。"[3] 镇江府虽了解百姓无力负荷庞大粮饷的陆运，但碍于供应军粮为首要任务，无力推卸总领所的命令，遂转嫁为百姓的负担。此时任判粮料院的王抃，出面阻止陆运扰民：

　　虽郡之政弗涉于饷台，且君之官不列于幕府，然颇关首尾，易借齿牙，犹虑其有从有违，且度其不愤不发。爰征故实，得古书之一言；公肆诋訾，忘官守之异事。果承勇往，

---

① 　王抃是奉议郎，嘉定十二年六月上任，见俞希鲁编纂，杨积庆等校点《至顺镇江志》卷一七《寓治》，第699页。《漫塘集》作王林，误。

② 　俞希鲁编纂，杨积庆等校点《至顺镇江志》卷一七《寓治》，第698页。

③ 　刘宰：《漫塘集》卷一五《谢王料院林免起夫运上供米纲启》，第18页下。

> 力戒急征。遂下州家，尽收星火之令；亟止陆运，俾须水泽之盈。①

刘宰为王㧾厚待乡民的作为深表感激，说："罔水行舟，聊激君子之怒；息肩弛担，竟赖仁人之言。千里宅生，一诚感德。"显示总领所粮料院的指令，化解了百姓陆运的沉重负担，刘宰因此特别撰文致谢。

理宗继位后，宋北疆所面临的情势更为严峻。尤其在李全势力坐大以后，宋廷强化江淮军事部署与防守战力，让临边地方官府及百姓直接承受巨大的压力。从刘宰在宝庆三年（1227）五月致镇江知府冯多福的信札中，也可以感受到他对局势发展的担忧与对知府的期待，他说："日来边遽数至，国事方殷，此邦政令久乖，民力已困，内欲薄赋以宽民，外欲饬备以固圉，难哉难哉！"②又说："况京口古重镇，为今北门。民之凋弊亦无如今日，保障茧丝，大卿必知所处。"因此，刘宰对他的莅任期望甚殷："日承辍自上卿，来镇京口，盖国家所倚以为长城之卫，主上所恃以无北顾之忧者，微阁下之令德，无以称之；微阁下之长才，无以任之。"③

在江淮情势紧急的时刻，冯多福除知镇江府外，尚兼领管内劝农使、节制防江水步军马、镇江都统司诸军在寨军马等职，身负多重军政重任。④冯多福上任后，夹在军需筹措、军力动员与

---

① 刘宰：《漫塘集》卷一五《谢王料院林免起夫运上供米纲启》，第18页下~19页上。

② 刘宰：《漫塘集》卷九《通知镇江冯大卿多福札子》，第11页上~11页下。

③ 刘宰：《漫塘集》卷九《通知镇江冯大卿多福札子》，第10页上。

④ 岳珂编，王曾瑜校注《鄂国金佗稡编续编校注》卷一六《碑阴记》，第1370~1373页。

民力维护之间，压力极大，乃于绍定元年（1228）十二月请辞。刘宰在《送冯守多福奉祠归启》中感佩冯多福坚持维护民生、以民为念，说：

> 某官公心体国，实意为民。言之可行，逆于耳而必受；事之无益，迫以势而弗为。出分顾忧，时方备御。谓颍川阅车骑之盛，徒侈容仪；而晋阳成保障之功，在宽根本。故凡施设，必审后先。虽日讨军实而训之，然常念生民之劳止。欲浚防而增垒，聿新耳目之观；恐剥床而及肤，弥重腹心之扰。虽急符之屡下，终成矩之不移。东西旁郡之民，犹仰之如父母；南北沿江之地，信隐然若金汤。藉未畴固围之庸，何遽遂投闲之愿。[①]

上述刘宰向知府或总领所反映地方士庶心声的实例，都与钱赋征收、差调力役有关，这显示南宋面对强邻侵扰，为强化国防、维护政局，不断向百姓增调赋役，加上胥吏催剥，致民力受困。由于地理因素所限，镇江百姓对淮南局势的发展十分关切。刘宰虽受官户庇荫，可以减低部分税赋，但也和乡亲一样，有感于来自朝廷的赋税负担，及乱事扩大对家园的危害与威胁。因此不仅常借机为乡里发声，更对能体恤民间疾苦、嘉惠乡梓的官员表达感谢。

除了向镇江知府传达乡里意见，刘宰也常向金坛县亲民官反映乡里舆情。现有《漫塘集》保留刘宰与金坛地方官往来的信札

---

① 刘宰：《漫塘集》卷一五《送冯守多福奉祠启》，第 10 页下~11 页上。

较少，且多集中于理宗亲政以前，这段时期李全盘踞淮东，声势不断扩大，对宋廷内外政局影响至巨。通过有限的信札，可以看到刘宰向百里侯传达乡亲心声之举。

嘉定十七年（1224）四月，新任知县叶岘到任，刘宰在所回的启文中，诉说乡里百姓遭受赋役之苦及胥吏追讨的沉痛心情：

> 经总制数千缗之入，骤益于一朝；前后政三四年以来，已同于常赋。加以州家迫甚，县计索然。编民死徙几半，而急征累岁逋负之租；纲运交发已足，而责偿到仓折阅之数。吏胥之追逮略尽，田里之济恤未闻。欲椎髓剥肌，遂除于他日；必明目张胆，力辨于此时。愿采狂夫之言，益究大贤之业。[1]

刘宰在文中对金坛多年承受经总制之害，感受深刻。这当是促成他代县衙上呈《代金坛县申殿最钱札子》给赵善湘，请求知府纾解民困的重要因素。宝庆二年（1226）七月新任知县魏文中抵任后，他同样陈诉乡里亲友承受胥吏苛剥之事，痛斥县衙失政：

> 贤人在上，引类方观鹏路之开；君子学道，爱人自诡牛刀之试。惟今桑梓必恭之地，颇有杼柚其空之忧。里正时窘于诛求，户长或困于白纳。县胥渔取，讼言月解之均敷；郡吏狼贪，相与日来而不止。傥非正始，何以图终？二千石之贤，固常存于恻怛；一再见之顷，尚勿靳于敷陈。[2]

---

① 刘宰:《漫塘集》卷一五《回叶知县岘到任启》，第20页上~20页下。

② 刘宰:《漫塘集》卷一五《回魏知县文中到任启》，第21页下。

继魏文中知金坛县的是三山人陈采，字畴若。他于绍定二年
（1229）十月到任，五年十月离任。《漫塘集》中未见刘宰与他的
直接通信，但《金坛县厅壁记》及刘宰给继任者林佑卿的启文，
显示陈采虽在军务与时局紧张的时期主持金坛县政，却能体察民
意，政绩相当卓越。① 记文也显示金坛县在理宗即位以后，受困
于边务，处境与先前相比有明显的差异，是了解金坛地理环境与
县政的重要资料。

在记文中，刘宰述说金坛的地理形势，造就了勤朴的县政与
民风：

> 其地北受丹徒、丹阳，东受武进，西受句曲。诸山之水，
> 皆汇于邑之南，又南汇于洮湖。田多下湿，夏秋积潦弥漫，
> 其上田十日不雨即涸，故其民俭而勤。邑隶润，距郡为最
> 远，东南走诸台非孔道，故其民愿而少讼。士大夫以其民之
> 俭且勤，而足以相养也；以其民之愿而少讼，而足以相安也；
> 以其溪可渔，泉可酿，酒冽鱼肥，而足以相娱乐也。又以其
> 凭高而望，远山出没于苍烟白鸟之外；放身而游，红蕖泛滟
> 于青蒲绿苇之间，可以涤滞虑而畅幽怀也。咸居之安，乐之
> 不能去，可不谓佳邑欤！②

不过到蒙、金在淮南发动战事及忠义军坐大后，县政有极大改
变。他说："前此军务方殷，为邑者救过不暇，政是以庞。盖犴狱

---

① 刘宰：《漫塘集》卷二三《金坛县厅壁记》，第12页上~14页上。
② 刘宰：《漫塘集》卷二三《金坛县厅壁记》，第12页上~12页下。

人命所系，而去来弗知；帑庾邦赋所聚，而支移莫考；征榷之地所以与市民交关，而庭户阒然，昼无人迹，则他可想。"① 刘宰指出，陈采任职后，本着"政事修则财用足"的理念，大力改变县政，尤着力于整饬与百姓关系密切的胥吏：

> 乃明会计，而财用之入于官者，吏不得干没；乃定推排，而财用之出于民者，吏不得并缘。人识其情伪，户知其虚实，而军兴调遣，剂量由衷，吏不得上下其手。人用不扰而财亦以裕，废者以兴，敝者以新，而向之颓败不可为之邑，更为清明官府。②

遏阻胥吏危害乡里是刘宰对陈采最大的肯定。因此，陈采请刘宰为县衙治厅贯廊的拙斋写赞语时，刘宰即撰《拙斋颂》为贺。③

到绍定五年（1232）十一月，新知县林佑卿莅任时，刘宰借赞扬前任知县陈采处事有方，期望他衡酌吏情，持平为政，"旧令尹之政既井井可观，贤大夫之来，谅绳绳不改。然吏之取于民者日巧，而郡之责于邑者日苛，持平于上下之间，致察于从违之际。仰惟明鉴，动有成规。要令九乡三十六都之人，皆被明公之赐；庶几四善二十七最之考，不为他邑所先"。④

刘宰也对来金坛任县丞、县尉与主簿的官员表达乡里心声，期盼基层的亲民官能体察民情，导正弊端，嘉惠乡梓。他对主

---

① 刘宰：《漫塘集》卷二三《金坛县厅壁记》，第 12 页下~13 页上。

② 刘宰：《漫塘集》卷二三《金坛县厅壁记》，第 13 页上。

③ 刘宰：《漫塘集》卷二五《拙斋颂》，第 16 页下~17 页下。

④ 刘宰：《漫塘集》卷一五《回林知县佑卿到任启》，第 11 页下。

簿张文之说："顾田里愁叹之相闻，由官簿勾稽之不审。赋已输而追者旁午，前未竟而后者纷来。非得明敏之才，曷扫因仍之弊。"[①] 对主簿刘师成说："顾吾邑勾稽之职，久堕吏奸；非贤明敏之资，曷瘳民瘼。然其汩我也以始，其逢我也以私，惟益务于谨微，使莫能以投间。庶善良有恃，不尽折于豪强；亦望实孔昭，可遂阶于远大。"[②] 同时也期待县尉潘汇征能倾听民意，杜绝吏患，"蕞尔此邦，纷然宿弊。良民怖吏若虎，黠吏驱民若羊。要须彩棒之威，一新群听；庶应金沙之瑞，即上要津"。[③]

此外，通过刘宰对镇江府与金坛县的相关记事，也可以看到他对家乡政务的重视。《漫塘集》保留有六十六篇题记，与镇江、金坛相关的记文凡二十六篇。其中，关于衙署、学校的九篇记文，对各级官署、州县官吏与民间的复杂关系，有清楚的叙述。如他在《金坛簿厅壁记》中即生动地写出县衙中主簿、县尉与胥吏在催收民间赋税时的多重纠葛，以致"岁见吏驱民过吾门者踵相蹑"。但到刘姓主簿上任后，却是"吏驱民过门者绝少"的景象。主簿谦虚地说，不是自己能干，而是"彼宽逋欠，省追胥以纾民者，守若令也，而吾适滥巾其间，故幸以免"。[④]

*　*　*

从刘宰与镇江府及金坛县官员通信或文字往来的内容看，刘

---

① 刘宰:《漫塘集》卷一五《回张簿文之到任启》，第24页下。

② 刘宰:《漫塘集》卷一五《回刘簿师成到任启》，第25页上。

③ 刘宰:《漫塘集》卷一五《回潘尉汇征到任启》，第26页下。

④ 刘宰:《漫塘集》卷二〇《金坛簿厅壁记》，第28页下。

宰与知府讨论、交流的事务多针对民生，如河道开通、地方税赋及征粮、运递等具体事务，发言内容多是为金坛乡亲发声，在书札或启文中所称"九乡三十六都"，即指金坛。相对的，他与县级长官的书信内容，则多陈述胥吏影响地方吏治及县政之事。他也常借致长官上任后的启文，诉说乡里的困境，期待新任的亲民官能体察民情，以具体作为嘉惠乡里百姓。

刘宰乡居期间，长期联合乡亲发动赈饥及推动民生建设，造福乡里，并借由标举乡贤陈东爱国牺牲的形象，凝聚乡里意识；乃至向官府反映地方舆情，以化解民怨，为沟通官民意见奉献心力。这些言行与作为，不仅深受乡亲尊崇，且受到各级官员的信任与倚重，声闻宋廷。理宗继位后，刘宰成为朝廷延揽贤良任官的目标，两次受延请入京任官，死后更于宝祐二年（1254）十月戊戌，获宋廷颁赐的"文清"谥号，[①] 并被列入镇江府的先贤祠中。[②] 刘宰的著作《京口耆旧传》及《荒政编》都保存于府学之中。[③] 而在金坛县学及茅山书院旁所立的先贤祠内，他也与周敦颐、程颢、程颐、朱熹等名儒，并祀于尊贤舍中。[④] 这些褒祠，都体现了刘宰的人格特质，以及他奉献家国的勋绩。

---

① 不著撰者：《宋史全文》卷三五，"宝祐二年十月戊戌"条，第2838页。
② 俞希鲁编纂，杨积庆等校点《至顺镇江志》卷一一《学校》，第430页。
③ 俞希鲁编纂，杨积庆等校点《至顺镇江志》卷一一《学校》，第430页。
④ 俞希鲁编纂，杨积庆等校点《至顺镇江志》卷一一《学校》，第458、469页。

第六章

直言国政

刘宰既非出身世家，又无显赫官职，以孱弱之身长年乡居，一生所关怀及参与推动的事业，多聚焦于他居止所在的镇江。不过，刘宰的仕途经历及乡居后的社会网络与书札内容显示，他与不少宁、理二朝宰执、高官保持联系，甚或受到这些官员倚重，并针对重要朝政提供建言与评议。

宁、理二朝，特别从开禧二年至嘉定二年，及理宗继位之后的十年间，是南宋内外关系政局与人事变动激烈的时代。开禧、嘉定之际，不仅宋金和战关系骤变，更牵引宋廷执政者从韩侂胄、钱象祖递嬗到史弥远等人事与朝政的重大变动。① 刘宰虽是低阶官员，却能向立场不同的执政者发表国政建言。从理宗继位到亲政期间，他更借受召的机会，针对重大内政外交议题，向边阃乃至中枢直陈所见。值得注意的是，这两段时期的执政者立场迥异，刘宰却能持续发声，显示他既受执政者尊重，对国事的关切也始终如一。综观刘宰一生，既扎根乡里，亦关切国政，可谓是一位居乡怀国的士人。

---

① 参见虞云国《南宋行暮：宋光宗宋宁宗时代》第三章及第四章第一节，上海人民出版社，2018，第221~298页。

第一节　筹议开禧、嘉定军政大计

刘宰中进士后，虽任州县幕职官，但因同年张嗣古、知交兼姻亲王遂、岳父梁季珌等诸位亲友居中介绍，而与权臣韩侂胄的宰执、侍从有不同程度的联系，且先后针对开禧北伐及韩侂胄死后的重要政务议题，向北伐要角邓友龙及主宰后韩侂胄政局的钱象祖提供建议。

约开禧二年（1206）六月，刘宰向邓友龙直陈对北伐议题的忧心。邓友龙字伯允，长沙人。尝从张栻游，以道学之士自居，乾道八年（1172）进士，历官起居舍人、秘书监、侍御史等职，庆元五年（1199）四月监都进奏院。嘉泰三年（1203）任淮西转运使，值淮西制置使上报金国饥馑，数十万饥民流徙于唐、邓、颍、蔡、寿、亳等地，[①] 友龙遂倡议恢复，"韩用事久，思钓奇立功以自盖，得之大喜"，[②] 故招之入京。开禧元年（1205），[③] 与陈自强奏请以韩侂胄为平章军国事，[④] 又指金为鞑靼所困，饥馑连年，请求出兵。一连串恢复的主张，坚定韩侂胄北伐之谋。[⑤] 二年四月，宋廷命友龙以御史中丞任两淮安抚使，兵部尚书薛叔似为湖北京西宣抚使；[⑥] 并调集三衙兵，命镇江都统制陈孝庆出兵

① 《建炎以来朝野杂记·乙集》卷一八《丙寅淮汉蜀口用兵事目》，第825页。

② 周密：《齐东野语》卷一一《邓友龙开边》，第204页。

③ 魏了翁：《鹤山先生大全文集》卷一二《夜直玉堂》，第14页下。

④ 《宋史》卷三八《宁宗本纪》，"开禧元年六月壬子"条，第738页；卷四七四《韩侂胄传》，第13775页。

⑤ 罗大经：《鹤林玉露·甲集》卷四《邓友龙使虏》，第62~63页。

⑥ 不著撰者：《宋史全文》卷二九下《宁宗》，"开禧二年四月甲子"条，第2508页。

泗州，江州统制许进复新息县（今河南息县），光州忠义人孙成复褒信县（今河南息县）。① 宋廷旋即下诏北伐，宋金战事爆发。②

邓友龙出任两淮安抚使后，为筹谋开边，曾请监督进奏院的吴汉英协助筹划恢复，③ 而于宋兵复泗州时上表称贺，④ 并奏请任命捕杀金兵有功的北人为官。⑤ 这时刘宰守丧期满，出任浙东仓司干办官。他在赴京期间，致书邓友龙，表达对时局的忧心；认为在国力不振、准备不足时仓促兴兵，是行险侥幸的举动：

> 窃以治内治外，固有定序；知彼知己，要先反求。时方病于才难，国未臻于财裕，乃援匈奴五单于争立之事，欲收樊哙十万众横行之功。旁求狙诈之徒，肆为诞妄；故纵鼠窃之盗，俾事夺攘。徒令大义之亏，莫副遗民之望。甚矣向来之过计，宜乎喷有于烦言。其在于今，则异于是。我虽怀犹豫之意，彼已为壮往之谋。聚师河南，竟立出征之号；贻书境上，公为诘问之辞。轻兵来往之无常，互市关防之愈密。倘务折冲固围，要在同寅协恭。窃闻上而执政之臣，了不任方来之患；下而列曹之彦，惟知咎既往之非。秋高马肥，既已在于目前；狗苟蝇营，曾不虑于意外。岂所谓进思尽忠，退思补过；何以异危而不持，颠而不扶。⑥

---

① 不著撰者：《宋史全文》卷二九下《宁宗》，"开禧二年四月己巳"条，第2508页。

② 不著撰者：《宋史全文》卷二九下《宁宗》，"开禧二年四月丁亥"条，第2509~2511页。

③ 刘宰：《漫塘集》卷二八《故兵部侍郎吴郎中墓志铭》，第10页下~17页下。

④ 楼钥：《楼钥集》卷一〇三《资政殿大学士致仕赠特进娄公神道碑》，第1785~1794页。

⑤ 《宋会要辑稿》兵二〇《军赏》，"开禧二年六月十四日"条。

⑥ 刘宰：《漫塘集》卷一六《上邓侍郎友龙启》，第2页下~4页下。

况且朝野对和战举棋不定，兼以民生疲困、国基不稳，骤然兴兵，实为肇祸生事之举：

> 或盟誓当坚，则须释敌人之疑；若间隙已开，则亟为边壤之备。释疑于敌，则生事者合正其罪；为备于边，则在位者当同其忧。庶彼虽借口以为辞，而我可协力以抒难。安有养成骑虎之势，犹欲复持首鼠之端。况和战虽有两涂，而修攘初非二道。必敌国仰如父母，庶制梃可挞甲兵。而今也谋帅率用武臣，安知田里之愁叹；增戍多筑营垒，第令征役之纷纭。连薨兽骇而安坐不知，粒米狼戾而贱弃不顾。青蚨之用殆折八九，耕牛之存十无二三。千里长淮，未稳枝巢之托；百年故壤，曷来箪食之迎。且立国以来，恃兵为重，必先固本，乃可图功。流传细柳之屯，数赋采薇之遣……由来爵赏之行，盖示功名之劝，或出畀铁钺之任，惟顾金钱；或入荣旄节之加，徒起刀笔。是使捐躯之士，居多解体之人。[①]

就在刘宰献言进谏时，宋金两淮战局已变。宋兵溃败，邓友龙遭罢，改以丘崈接任其职。[②] 次年十一月起邓友龙又因首开边衅，陆续遭到夺职、除名、安置循州的处分。[③]

随着两淮战局的逆转与溃败，邓友龙的政治生命迅即结束；

---

① 刘宰：《漫塘集》卷一六《上邓侍郎友龙启》，第 2 页下 ~4 页下。

② 不著撰者：《宋史全文》卷二九下，"开禧二年六月甲辰"条，第 2510 页。

③ 《宋会要辑稿》："朝请大夫邓友龙降三官，送兴化军居住。友龙以御史中丞宣抚江淮，召归，先与宫观，继有是责。越明年十一月，臣僚复论友龙首开边衅，几致误国，再追五官，南雄州安置。既而又论侂胄盗权用兵之罪始于友龙，止从降军，于理未当，遂除名，改循州安置。"见《宋会要辑稿》职官七四《黜降官》，"开禧二年六月二十六日"条。

及吴曦降金，韩侂胄更陷入困境，而于开禧三年（1207）十一月遇刺身亡，朝政转由钱象祖、卫泾及史弥远主宰。十二月二十日，钱象祖升为右丞相兼枢密使，卫泾、雷孝友并参知政事，林大中为签书枢密院事，史弥远任同知枢密院事，开启宋金由战转和、宋廷宰执人事发生巨大变动的嘉定新政局。

新执政团队形成后，刘宰曾代钱象祖筹划标志新政的国务运作蓝图。刘宰与钱象祖、卫泾早有渊源，二人掌权后，即致书启相贺。刘宰在上卫泾的启中，自称门墙下士，说："（卫泾）几年家食，名齐太丘之高；一日朝绅，国增九鼎之重。凡樽俎笑谈之顷，惟社稷安危之忧。若时憸人，汩我成宪，虽发霍氏之事，始借延年；而用元龄之谋，卒由如晦。入赞洪钧之运，益隆丹宸之知。"[1] 而在贺钱象祖的启文中，除一般的颂扬之辞，刘宰更表明出于爱助之私，建议当前最切要的政务，是结束长达十三年的权臣执政，让权力回归中书："东宫国本，中书化原。左右未纯乎正人，则国本未安；政令犹出于多门，则化原犹紊。千万世无疆之计，宜审于今；十三年已失之权，盍还其旧。"[2] 这一想法与钱象祖一致，因此由刘宰代拟奏章，上呈宁宗。

刘宰代钱象祖拟定奏札，大约是在嘉定元年五月，宋廷新的人事布局初定后。他代拟两件改进政治运作的方案，意在扭转韩侂胄掌权以来，侵夺宰执权力的现象；期待未来人事任用归于专职，让政务修明。奏札首先指陈韩侂胄破坏体制造成的严重后果："国家萃几务于中书，而总之以二三大臣，此其任甚重，其责甚

---

[1] 刘宰：《漫塘集》卷一六《上卫参政泾》，第6页上~6页下。

[2] 刘宰：《漫塘集》卷一六《上钱丞相》，第4页下~6页上。

专。昨自憸人弄权，率意妄作，政令之施设，始有不由中书；人才之用舍，始有不由廊庙。"①呼吁宁宗回归既有制度的运作方式：

> 故臣愿陛下自今以始，凡举一事，凡用一人，若大若小，若内若外，必与臣等公议而公行之。凡特旨内降，一切不出。或犹有蹈常袭故者，容臣执奏，一切不行，庶几国是不摇，幸门不启。或臣等议有未尽，行有未当，给舍得以缴驳，台谏得以纠正，必无偏党，上累圣知。②

其次，是调整人事任用及运行模式。他指出政局变动之初，不免以非常强硬之手段铲除敌党并招揽贤良。但要确立用人升迁的制度，须任用专业之人，才能行之长久：

> 比者憸党既除，朝廷虚位，一时迁转不一，正自不得尔。今小大之臣，员数略备，远外人物，收召方来。若犹更易不时，不惟职业废堕，贤路充塞，亦恐播之天下，不知朝廷擢用率本才能，但谓名器冒滥有加前日，终无以作新耳目，兴起事功，徒使方来者无所可容，已废者得以借口。故臣愿陛下自今以始，专以职业厉群工，期年之内，非有功不迁，非有缺不补，庶几大小之臣，各以职业自勉，不以苟且存心，内治修明，外忧可弭。③

---

① 刘宰：《漫塘集》卷一三《代钱丞相奏札》，第 21 页下。
② 刘宰：《漫塘集》卷一三《代钱丞相奏札》，第 22 页上。
③ 刘宰：《漫塘集》卷一三《代钱丞相奏札》，第 22 页下。

最后刘宰认为，这两项是丞相应有的职责，为避免未来纷扰，请宁宗确认并公告周知：

> 中书失职已十有三年。若非预此奏陈，异时求幸进而无门，欲速化而无策者，必且以怙势专权，间臣于陛下，陛下左右亦且以人主不得自由之言证成之。方是时，臣虽欲自辩，有不可得，故不得不先为陛下言之。陛下以臣言可行，则乞以臣此章诞告中外，俾皆精白一心，以待朝廷之公选。①

刘宰代拟奏札的内容，明显是吁请宁宗导正韩侂胄掌权十三年间专权独裁、破坏中枢政务正常运作、造成政治体制崩解的乱象；他愿遵循体制，为官僚做表率。韩侂胄虽无实质差使，但因能出入禁中，故得以窃取权柄。蔡幼学与楼钥都曾指出韩侂胄"出入林掖，肆为奸欺"②"召见无时，将不能远"，③卫泾明确指出："臣、象祖等惟朝殿奏事，得侍清光，退后凡有事件，多是缴入，非时无缘可得通达内外之意。所以向来韩侂胄因此得以窃弄威福，酿成奸恶，几危国家。"④致其影响力得以超越宰执侍从。此外，韩侂胄更通过台谏宰制舆论，通过御笔专擅朝政："凡所欲为，不复奏禀，伪作御笔批出，同列惮其权势，不敢争执。"⑤更借独班奏事、留身独对等方式，影响宁宗决策。特别在其任平章

---

① 刘宰：《漫塘集》卷一三《代钱丞相奏札》，第22页下~23页上。

② 蔡幼学：《育德堂奏议》卷二《缴韩侂胄陈自强与在外宫观指挥措置状》，《古逸丛书》，中华书局，1987，第12页上~14页下。

③ 楼钥：《楼钥集》卷二九《再缴韩侂胄、彭龟年奏》，第515页。

④ 卫泾：《后乐集》卷二一《缴进御笔札子》，第1页下。

⑤ 《宋会要辑稿》刑法六《矜贷》，"开禧三年十二月六日"条。

军国事之后，不仅位序在丞相之上，连尚书省印也纳于其府邸，宰相不再知印；① 因此钱象祖通过这份奏札，吁请宁宗将事权回归中书，并以公开透明的制度运作，导正政治歪风。

由于钱、卫二人迅即遭罢，政局骤变，这一奏札的建议未见落实。嘉定元年（1208）六月卫泾遭罢外任，十月钱象祖虽拜左丞相，但到十二月又遭台谏列论罢相，政务由新任右丞相史弥远接掌。史弥远既获杨皇后及部分臣僚支持，实现杀韩的计划，晋升宰执，其后更在皇太子的支持下，逐步扩展权势，掌握政局；又循独班奏事及任命台谏的机会，步上韩侂胄的后尘，② 其权力运作模式，显与钱、卫有别。因此，在史弥远执政时期，这一理想性强的政治诉求，自然难以落实。

刘宰对影响士人入仕甚巨之太学补试的建议，则在后来的科举考试中得到部分兑现。通过科举进入仕途，是宋朝在中国历史上影响最深刻的用人制度。自北宋熙宁以来，宋廷用人、任官，存在着科举与学校教育双轨并行且互有消长的现象。到南宋由于太学员额较州县解额更多（州郡解试常达数百人才解一人，而太学解额约七人取两人），且有各种免解授官的优待，遂吸引众多士人参加太学补试。③ 张维玲指出南宋的太学补试大体有两法：一是允许四方士人参加的"混补"法，大约实行于绍兴二十一年（1151）至淳熙二年（1175），以及绍熙元年（1190）至嘉泰元年（1201）期间；二是淳熙四年（1177）推行的"待补"法，对应

---

① 《建炎以来朝野杂记·乙集》卷一三《平章军国事》，第710~711页。

② 韩冠群：《史弥远与南宋中后期中枢政治运作（1194—1260）》第二章，博士学位论文，中国人民大学，2015，第39~51页。

③ 梁庚尧：《宋代科举社会》第四讲，第72页。

考士人身份加以限制，此制实施于绍熙元年前，及嘉定元年迄南宋亡国这段时间。[①] 这两种制度交替更迭运作的情况，显示宋廷面对庞大士人群体为跻身功名窄门，在顺应社会期待与汲取贤才之间，有过多方转折。

刘宰以自身和亲友争取仕进的经历，见证士人无休止地四处应试的现实，这不仅是对个人与家庭的试炼和对士风的考验，对国家与社会秩序更带来无尽的挑战。因此刘宰想借由增加解额、取消漕试，及回归乡贡、罢太学补试等方式，达到"游士各反其乡，场屋可清，朝廷可重，争讼可省，风俗可厚"[②] 的成效。

刘宰请求罢漕试与太学补试的札子，长达一千九百字。他对南宋建政以来取士的政策造成的诸多乱象及朝廷的消极作为，有深刻的批评；[③] 并提出两项解决方案，一是罢漕司之试而增解额：

> 今之牒试，凡曰避亲、曰随侍、曰门客，鲜非伪冒者，而贩鬻者居其半。士大夫皆知之而不忍绝之者，正以解额不均之故，故莫若罢漕台之牒试，而增其额于诸州，取开禧三年诸州所申终场人为准（果欲行此，宜密而速），每三百人取一人。顾今天下士子多而解额窄者，莫甚于温、福二州，且如福州终场万八千人，合解九十名，旧额五十四名，与增

---

① 参见张维玲《南宋待补与待补太学生》，《中华文史论丛》2012 年第 4 期，第 90~121 页。

② 刘宰：《漫塘集》卷一三《上钱丞相论罢漕试太学补试札子》，第 15 页下。

③ "年来事无巨细，求者从、欲者得，有如嘉兴免解之事，上庠混补之事，朝廷深知其不可行而不敢固拒。盖游士率敛钱物入己，志在必行，百十为群，遍走朝路，或谤詈以胁制，或佞媚以乞怜，或俯仰拜跪以祈哀。朝廷顾惜大体，重失众心，俯而从之，以幸无事，而朝廷之势轻矣。夫朝廷之势轻，则缓急之际必有令之不行，作之不应者，甚可惧也！"刘宰：《漫塘集》卷一三《上钱丞相论罢漕试太学补试札子》，第 13 页上 ~13 页下。

三十六名；温州终场八千人，合解四十名，旧额十七名，与增二十三名。他州准此，人多额窄则增之，人少额宽则仍之，度所增不过数州而已。自温、福之外，所增不过三数人，通诸州所增之数，不过诸路漕司所罢之数，而士子之周流四方以营牒试者息矣。①

二是罢太学之补试，增加乡贡人数：

今诸州学田日增，学舍日葺，而乡校之去取无与于升沉，士子之去来无关于进取，往往有志者鲜入其间；而太学补试取一日之长，亦无以得州里之良士，故莫若罢太学之补试，而取其人于乡贡。取开禧三年诸州终场人为准，每千人贡一人。温、福二州向来解额太窄，出游者众，非他郡比，今聚而归之，恐人数骤多，则于终场合贡人数外，特增一半，谓如福州终场万八千人，合取十八名，与更增九名；温州终场八千人，合取八名，与更增四名。每州以一千人为准，若及五千人以上，则间举多贡一名；不及千人，则许间举贡一名；不及三百人者免贡。其合贡人数并取于月书季考，而或殿或罚，并依学令，必求其行艺无玷者。前期上其名于太学，至省试之后，太学缺员之时，帘引参学。其远方不愿参学者，与免文解一次。已贡入学而帘引不中，或帘引已中，一年之内无坐学月日者，罪及教授；而所贡得人者，教授亦与升擢。如此则太学所取皆乡里所推之人，乡校所养有登名太学

---

① 刘宰：《漫塘集》卷一三《上钱丞相论罢漕试太学补试札子》，第14页上。

之渐，乡校之教养不虚设，太学之所取皆实材，而士之宿留都城以营补试者息矣。①

刘宰提出这个议题，是鉴于庆元二年（1196）及嘉泰二年（1202）两次混试的情况，特别是嘉泰二年到临安参加太学补试的士子多达三万七千余人，是孝宗初期的三倍。举办如此大规模的考试，② 不仅忽视远地士子的权益，而且导致临安秩序混乱、出现舞弊等败坏学风的现象。开禧元年（1205）虽有调整，但未有效解决。③

刘宰提出的两个方案，都是针对当前混补法造成的临安社会乱象及士风败坏，目的在于改善地方教育与举业竞争力。虽然以史弥远为首的新执政团队是否采行刘宰的建议，不得其详，但淳祐十年（1250）十一月宋廷颁布的诏书中，显示刘宰的提议在晚宋仍受重视并获得执行：

诏国家以儒立国，士习微恶，世道所关。端平初，增诸郡解额，寝渰闱牒试，正欲四方之士安乡井，修孝悌，以厚风俗。比岁殊失初意，可令逐州于每举待补人数内分额之半，先就郡庠校以课试，取分数及格者，同待补生给据赴上庠补试，其天府一体施行。④

---

① 刘宰：《漫塘集》卷一三《上钱丞相论罢漕试太学补试札子》，第 14 页上 ~14 页下。

② 《宋会要辑稿》崇儒一《太学》，"乾道二年二月"条。参见梁庚尧《宋代科举社会》第四讲"官学的演变"，第 60~65 页。

③ 朝臣检讨科举成效见《宋会要辑稿》选举六《贡举杂录》，"嘉定元年四月五日"条。亦参见张维玲《南宋待补与待补太学生》，《中华文史论丛》2012 年第 4 期，第 108~109 页。

④ 不著撰者：《宋史全文》卷三四，"淳祐十年十月丙午"条，第 2803 页。参见梁庚尧《宋代科举社会》第四讲，第 65 页。

　　值得注意的是，在宋廷长期倡导和鼓励下，各州县普设学校，书院学校已达三百一十所，地方教育成就卓著。① 此时，刘宰特别吁请增加乡贡名额，并建立运作制度，既让有心培育人才的州县学校，能在争取功名上扮演更积极的角色，又可以杜绝四方游士涌入京城，从事一日之争，给社会带来纷扰。

　　对镇江士人而言，若增加乡贡名额，除有助于提升本地举业竞争的机会之外，由于通过乡试或进入太学的士人，均可以享受减免部分税役及法律优待等条件，甚至改变社会地位。因此增加乡贡名额，对争取举业的镇江士人家族而言，不论名实均有助益；这或许也是刘宰提出此一方案的用心之处。

第二节　针砭理宗初期军政

　　理宗继位初期，南宋内外政局均遭逢激烈变动，刘宰借二次被延揽任官的机会，通过书信及奏札，针对史弥远进退、平定李全之乱与收复三京等三项晚宋军国大政，表达他的看法。

　　理宗继位至亲政前后十余年间，南宋的政局因内政、军事与外交相互纠结、激荡，所造成的震撼远胜于金海陵王南侵迄高宗禅位，及宁宗继统以来的党争与北伐，对往后政局的影响深刻且长久。其中济王案就让甫即位的理宗与长期主宰朝政的宰相史弥远受到严重批判，甚至引发朝臣对立；形象大坏的史弥远虽想化解，但效果不彰。史弥远逝世前后，宋廷面对金、蒙关系及淮东

————————————

① 　陈雯怡：《由官学到书院：从制度与理念的互动看宋代教育的演变》，台北：联经出版事业公司，2004。

武装势力的变化，与理宗亲政后的朝政更化，一连串内外形势的纠结与更迭，构成理宗初期最严峻的挑战。当此重要转折时期，乡居镇江的刘宰，既深刻感受到战事对乡里的威胁，也关注人事动荡对朝政的牵引，因而秉持耿直的态度，于宋廷二次招贤的过程中，对时局国政、人事议题提出针砭与谏言。

首先是关切宰相史弥远的进退。嘉定十七年（1224）闰八月宁宗崩殂，丞相史弥远与杨皇后合谋拥立原为皇侄的成国公赵昀即帝位，是为理宗。而曾被认为有望继位的皇子济国公赵竑被封为济王，赐第于湖州。史弥远为化解朝臣对皇位继承的疑虑及形塑新政景象，以"褒扬名儒，以兴起士大夫之心"为名，发动诏举贤良、表彰名儒的行动。①

不料，宝庆元年（1225）一月八日，湖州人潘甫、潘壬等人假山东忠义军领袖李全之名，拥立济王赵竑为帝，发布榜文，讨伐史弥远擅权废立之罪；但因外援不足，迅即溃败。史弥远派人逼迫赵竑自缢，对外宣称其病逝，并追捕事变余党。② 济王冤死，真德秀、魏了翁等道学朝臣，掀起一连串批判史弥远的风潮，史弥远也通过台谏压制舆论，酿成对立之局。刘宰就在政局纷扰的时刻，参与对史弥远的诤谏。

从宝庆元年四月二十三日宋廷下诏任刘宰为籍田令起，刘宰向宋朝廷上呈十余篇奏状，并在宝庆元年九月以降，即朝臣与史

---

① 不著撰者：《宋史全文》卷三一，"嘉定十七年九月乙亥"条，第2615页。方震华：《转机的错失——南宋理宗即位与政局的纷扰》，《台大历史学报》第53号，2014，第7~8页。关于史弥远与杨皇后合谋立理宗一事，讨论的论著尚多，可参见韩冠群《史弥远与南宋中后期中枢政治运作（1194—1260）》第二章，第52~69页。

② 方震华：《转机的错失——南宋理宗即位与政局的纷扰》，《台大历史学报》第53号，2014，第16~17页。

弥远对追赠济王与正名定罪的对立态度明确之后，致史弥远、王
塈十二封书札。宝庆元年九月间，正当济王案激发朝野对立的
时刻，刘宰上表力辞奉议郎添差建康通判，同时直接致书史弥
远，吁请效法他的父亲史浩在光宗朝辞退相职之举。书札全文达
一千二百余字，内容都触及当时政治环境，语意虽略显隐晦，但
劝退的态度相当明确。

刘宰首先提出史浩在孝、光两朝功绩卓著，却急流勇退，
博得世人尊崇，使家世传衍；也指出史弥远辅佐宁、理二宗凡
十九年，功勋媲美其父，选择此时辞退，将是身名两全的最佳
时刻：

> 钦惟大丞相于先越王，秉国钧轴，其位遇同，辅道先帝，
> 翼赞嗣皇，其眷倚同。先越王再处台司，不俟温席，晚岁驾
> 安车，策灵寿杖，为孝皇一出，天下颙颙，谓且留相天子。
> 曾未几时，即荣衮绣之归。是以福禄寿考，极于人臣，德业
> 勋劳，传于子嗣。今大丞相弼亮两朝十九年矣，而不敢一日
> 释此重负，自同于先越王，何哉？岂非以勋名已盛，权势已
> 隆，欲奉身而退，不可得乎？某窃谓为此说者，左右前后自
> 为身计者之谋，非所以为大丞相计也。大丞相爵赏之用，无
> 党无偏；刑罚之行，无怨无恶；尊贤使能，不骄不吝，故在
> 位虽久，而上下未有厌斁之心。一朝褰裳而去，主上必曰：
> "是尝建大功、定大业，礼貌不可以不隆。"公卿百执事亦曰：
> "是尝持国家纪纲，守朝廷法度，待士大夫以至公无私，礼
> 不可以不厚。"恩谊终始，身名两全，当世之士，必有能作
> 为歌诗颂赞，写之琬琰，绘之缣素，使万世之下歆艳叹慕，

以为不可及者。①

刘宰直指史弥远周围的官员为迎合上意、谋取私利而不愿说真话，自己则为报答恩情，诚恳提出建言，期望他效仿其父急流勇退：

> 今议不及此，而惟狙目前，唏然忿异议之来，而幸其同则止；戚然虑事变之作，而幸其平则止。縻之以爵禄，而恩意有时而穷；压之以刑威，而势力有时而屈；防之以知术，而事常出于意料之表。当是时，左右前后之人，志得意满，皆将自择其身之利，而大丞相独谁与同其忧乎？某病废以来，得自适其适，虽无爵位之安，而危不迫其身；虽无富贵之乐，而忧不入其心。每愿持此以献于有位者，而无其阶。伏念左右前后之人，希容悦者多，能不逆畏其忤而直致其辞者寡，辄因叙谢裁，具短启申献。倘幸置坐侧，时一览观，以致其思，是大丞相拔士疏贱，不为无益；某受大丞相超擢之恩，不为无报。不然，异时追憾左右之不能尽言，某亦自悔其不及言，无益矣。是以不量位分，罄竭愚诚。大丞相果能从赤松之游，寻绿野之胜，从容天台、四明之间，以访先越王经行之旧，某虽衰疾不任衣冠，犹冀幅巾短褐，拜谒道左，以自附于宾客之下陈，不胜爱助之至。若乃言不成文，书不如式，则野人之常，并丐矜察之。②

---

① 刘宰：《漫塘集》卷七《上史丞相札子一》，第 2 页上~2 页下。
② 刘宰：《漫塘集》卷七《上史丞相札子一》，第 3 页上~4 页上。

在济王案掀起朝野激烈对立的时刻，刘宰在信中举史浩晚年主动请辞一事，是有深意的。史浩在光宗朝并未出任要职，除《宋会要》外，宋朝的官方典籍也未记载其事；他却在孝宗、光宗之际颇受重视，也使其家人给人留下深刻印象。曾教授史弥远、史弥坚兄弟的孙应时，更为这段历程留下见证。

此事的简要过程是，淳熙十六年（1189）二月，宋孝宗内禅，退处重华宫，次月授史浩太师。绍熙元年（1190）四月，宋廷以孝宗想见旧学之臣为名，敦促史浩入京觐见；史浩以病推辞，光宗特诏调养，期盼择时入京。次年二月，正式下诏优礼，令"疾速赴阙"，[①]且遣内臣致药邀行。史浩在孙子史定之陪同下进宫，约停留一个月；期间四次朝见光宗与孝宗，并向光宗进奏"立天下之大本，平天下之隐难，收天下之人望，伸天下之直气"等军国要务。[②]史浩此行甚受时人瞩目，甚至传闻其将再获重用。孙应时在致史浩的第四封信中即说："仰惟慈皇渴念旧学，嗣圣倚咨大老，而师相寿康未艾，精神有余，君臣俱荣，国家盛事，将不惟特讲临雍乞言之拜，或复有平章重事之留，矢谟戒德，尚惟留意。"[③]不久又说："道路皆言，且有平章军国之拜。"[④]同年三月，朱熹也向孙应时打听史浩的动向，说："史公入觐，不知复何所处？礼毕亟归，亦佳事也。"[⑤]可见此时许多人都关注史浩进京

---

① 《宋会要辑稿》礼五九《群官仪制》，"绍熙二年二月二十一日"条。
② 徐自明著，王瑞来校补《宋宰辅编年录校补》卷一七，中华书局，1986，第1267~1268页。
③ 孙应时：《烛湖集》卷六《上史越王书（四）》，第3页下。
④ 孙应时：《烛湖集》卷六《上史越王书（六）》，第5页上。
⑤ 朱熹：《朱子文集·别集》卷三《孙季和八》，陈俊民校编，台北：允晨文化，2000，第5157页。参见陈来《朱子书信编年考证（增订本）》，生活·读书·新知三联书店，2007，第352页；黄宽重《孙应时的学宦生涯：道学追随者对南宋中期政局变动的因应》，第55~57页。

可能衍生的政治效应。不过，史浩并未任官，而于四月返乡；宋廷加封食邑至一万九千五百户，实封八千五百户。① 刘宰借史浩不恋慕权势的往事，期许史弥远效仿其父的劝退文字，内容真切；但选择政治肃杀之气甚盛、时局紧张之际致书，时机格外敏感。

刘宰这封信札，是通过嘉定八年（1215）间曾任知金坛县，时任中书舍人的王塈转呈的。从刘宰同时给王塈的书札中，可以看到他向史弥远表达意见的用心及其过程：

> 某何物小子，乃尔侥冒！叙谢之书，若自同常人，一于道古今，誉盛德，则是亦常人尔，无乃孤非常之遇乎！凡斋心兀坐旬日，而后得一启一札致谢之外，并不敢及时事，只论出处进退之义。启中犹援一二故事，札中只以丞相先越王为说。既成，焚香告之天地，而后敢发。区区只冀万一有所感悟，窃计书虽未到，先越王在天之灵则已知之。前承许为转达，自揣非台坐亦莫能达，谨并申省状控浼，得不斥去，实受成始成终之赐。②

从所述内容可以知道，刘宰在这种敏感时刻致函史弥远，不论是传达的通道还是表达的意见，都经过仔细思量。他在信中不敢直接触碰敏感的"时事"——济王案，而是援引史浩的事例，希望史弥远能感悟出进退之义。用词虽委婉，本意却非常清楚；而通过与史弥远关系密切的王塈转交，也具有缓和紧张气氛的作

---

① 史在矿：《忠定王年谱》，收入《史氏谱录合编》，天津图书馆、天津古籍出版社，2001，第17页下。

② 刘宰：《漫塘集》卷七《通王中书塈一》，第10页下~11页上。

用。可惜书札中提及的"启"未见于《漫塘集》。

宝庆二年（1226）初，刘宰接获史弥远与王塈的回信。史弥远回信之词虽然客气，但显然与刘宰的期待有落差。三年五月，他再一次向史弥远致谢时，仍说："四明山水胜处，平泉之嘉花美木列植交荫，皆欣欣然，若有待昼锦煜耀，此其时欤！某病少愈犹能手种树，书蹑青鞋布袜，听役于长公少公之间，惟所以命。"[①] 对史弥远主动请辞尚流露出一丝期待。不过从事件发展看来，史弥远既借台谏贬黜清议朝臣，言官也攻击拒绝应召入朝的士人是为博取个人声誉而抗拒君命。[②] 如此一来，刘宰只得一再请辞免各项职任，不再涉及敏感的时政。在宝庆三年（1227）十月，他贺王塈任吏部侍郎时，书札中只反映当时地方行政败坏的现象，祈请朝廷重视并加以导正，不再触及劝退史弥远的话语。

其次则是针对赵善湘剿灭李全过程的评议。蒙古兴起及南侵之后，夹在宋、金、蒙之间的山东、淮海一带受创甚深，社会秩序崩解，因而出现为数众多的民间自卫武力，此后在三国关系发展演变中，逐渐形成以李全为首的武装力量。他们为求生存，向南寻求宋廷的支援；宋廷为倚之抗金，也不断以名位、钱粮笼络，其势力日益坐大，甚至萌生挟持两端、据地自雄的企图。宋廷因而图谋分化其势力，遂致双方互信崩解。李全不仅发动兵变，杀害淮东制置使许国，掠夺楚州，更在山东招纳亡命，造舰，积极备战。[③]

---

① 刘宰：《漫塘集》卷七《上史丞相札子三》，第 6 页下。

② 《宋史》卷四二二《李知孝传》，第 12622 页。方震华：《转机的错失——南宋理宗即位与政局的纷扰》，《台大历史学报》第 53 期，2014，第 21~23 页。韩冠群：《史弥远与南宋中后期中枢政治运作（1194—1260）》第二章，第 65~69 页。

③ 黄宽重：《贾涉事功述评——以南宋中期淮东防务为中心》，《汉学研究》第 20 卷第 2 期，2002，第 165~188 页。及黄宽重《经济利益与政治抉择——宋、金、蒙政局变动下李全、李璮父子》，收入氏著《南宋地方武力——地方均与民间自卫武力的探讨》，第 275~306 页。

绍定元年（1228），当乱众势炽时，刘宰在给浙东安抚使汪纲的信函中，曾期待他担当平乱之责。[①] 三年二月，李全再策动楚州兵卒烧军器库，谋据扬州渡江，分兵行通、泰二州趋海；并以捕盗为名攻取盐城，以争取扬盐之利。他甚至指责江淮制置使赵善湘违反丞相力主安靖之说："奈何赵制置、岳总管、二赵兄弟人自为政，使全难处！"[②] 此时的李全已如宋人戴栩所说："淮甸之孽，虽逆名未彰，而逆节已露。"[③] 叛宋企图昭然若揭。不过李全为继续获取经济支援，表面上对宋仍表恭顺，致使宋廷在剿抚之间游离难定。[④]

而后李全转投降蒙古，[⑤] 并挥兵攻破盐城与泰州，进逼扬州，江淮震荡；参知政事兼枢密使郑清之说服理宗与史弥远，支持赵范、赵葵兄弟执行剿灭李全的计划。理宗任命史弥远的亲家——原知镇江府赵善湘为沿江制置使、建康留守，旋改为江淮制置大使，[⑥] 并起复守母丧的二赵兄弟，赵范知扬州，赵葵知滁州节度

① 刘宰说："今淮尘未靖，国步孔艰，折冲固圉，非大卿尚谁望哉！以向来异议为嫌，某谓能料事于未然之前，则必能制变于已然之后。万有一庙议出此，惟大卿勉之。不然自楚氛以来，公卿大夫无一人敢出北关者，非所以服盗贼小人之心也，高明以为如何？"刘宰：《漫塘集》卷一一《回绍兴帅汪大卿纲》，第 4 页下 ~5 页上。

② 《宋史》卷四七七《李全传》，第 13842 页。

③ 杨士奇、黄淮等编《历代名臣奏议》卷三三八，台北：台湾学生书局，1964，第 3 页上。

④ 方震华：《军务与儒业的矛盾——衡山赵氏与晚宋统兵文官家族》，《新史学》第 17 卷第 2 期，2006，第 11~12 页。方诚峰：《端平更化的内与外——兼论南宋政治的"双重委托"格局》，稿本。

⑤ 黄宽重：《贾涉事功述评——以南宋中期淮东防务为中心》，《汉学研究》第 20 卷第 2 期，2002，第 165~188 页。黄宽重：《经济利益与政治抉择——宋金蒙政局变动下李全、李璮父子》，收入氏著《南宋地方武力——地方军与民间自卫武力的探讨》，第 275~306 页。

⑥ 绍定三年十一月十八日，宋廷改沿江制置使为江淮制置大使，专责平乱，并许便宜行事，首任者为赵善湘，见周应合《景定建康志》卷二五《官守志二·制置司》，第 24 页上。又见《宋史》卷四一三《赵善湘传》，第 12400~12402 页。

军马，正式下诏讨伐李全。[①]

赵范、赵葵兄弟受命后，即入据扬州。李全虽攻扬州与真州，却于次年正月战死于扬州城外新塘，余党拥其妻杨妙真渡淮，投靠蒙古。四月赵氏兄弟率诸军分进李全所据淮安等州县。[②] 从宋廷下诏讨伐到乱事弭平，为时超过半年。[③] 前后动员十二三万军人，花费一百二十余万石米粮。[④]

由于乱事扩大，江淮情势紧张，赵善湘仓促间承担重任，为全力平乱急切征集钱粮，甚至搜刮民田，以应军需。[⑤] 刘宰对三赵为剿灭李全而骚扰百姓之举迭有抱怨。李全死后，赵善湘询问后续做法时，刘宰明确地表示了穷寇莫追的意见：

> 下问万全之策，此虽尚书之戏言，然在某辱盼睐之私，宁能有怀弗吐？窃谓自古收用兵之全功者，必非有罪者俱戮……尚书今已歼其渠魁，而不求有以散其余党，方合诸道将帅，严兵而固守之，使其绝逃生之望，而坚其致死之心，非计之得也。故某愚意，谓大帅不必绝江建台，在指麾诸将而已；诸将不必合围攻贼，在开其去路而已。彼涂穷必死之

---

① 黄宽重：《经济利益与政治抉择——宋金蒙政局变动下李全、李璮父子》，收入氏著《南宋地方武力——地方军与民间自卫武力的探讨》，第294页。韩冠群：《史弥远与南宋中后期中枢政治运作（1194—1260）》，第110~112页。

② 黄宽重：《经济利益与政治抉择——宋金蒙政局变动下李全、李璮父子》，收入氏著《南宋地方武力——地方军与民间自卫武力的探讨》，第294~295页。

③ 李天鸣：《宋元战史》，台北：食货出版社，1990，第124页。

④ 吴潜：《许国公奏议》卷一《应诏上封事条陈国家大体治道要务凡九事》，《百部丛书集成·十万卷楼丛书》，台北：艺文印书馆，1968，第42页下。平定李全之乱，详见李天鸣《宋元战史》，第106~124页。

⑤ 《吹剑四录》所载："绍定间，赵善湘留守建康，急于财赋，不时差官下诸邑，孔粒以上根括无遗。"俞文豹：《吹剑四录》，许沛藻、刘宇整理，大象出版社，2019，第224页。

寇，幸而可去，如免斯脱，而回顾其后，重兵临之，若卵就压，其不跋前疐后者几希矣。斯其为全功，孰御焉！不然，大帅奋然启行，诸将跃然奔命，重围四合，百万齐驱，何故不摧？何战弗克？而彼惟致死以守坚城，则我师进退不可；阅日既多，师老财费，加之耕耨废而禾稼无望，暴露久而疾疫将兴，某不胜瘝忧，敢因禀报，冒昧及之。[1]

赵善湘执意扫荡李全余党，显然与刘宰的期待有很大落差。直到六月九日宋军才收复淮安，前后费时两个月。刘宰在赵善湘平定乱事时祝贺说："蠢尔逋逃，敢行悖乱，方盐城、通、泰莽为盗区，而京口、苏、常皆虞寇至，筑堤断道，积土塞川，东郊峙刍，既乏徐夷之备；百万积谷，且无湟中之储。"[2] 仍不免提及乱事为边区民生、社会带来的负面影响；更在给几位亲友的书札中，严厉批判赵善湘。如他曾向被贬归靖州的魏了翁函报此事，说："边事未知底止，李全竖子犹得恐喝于淮南。大率淮浙间人，如燕巢幕上。况乡邑去江最近，忧端实多，帅守极力诛求，民生更有可念者。"[3] 也在致浙西提举袁肃的信札中说："余寇之在淮安者已无几，三赵欲全其功，故不欲开其走路。要之穷寇勿迫，归师勿遏，此是古今通论。有自淮来者云：'今兵食日计万石，倘幸一月之内克捷，亦须三十万。更久当如何？'此为国家者所

---

[1]　刘宰：《漫塘集》卷九《回江东安抚赵尚书札子》，第 3 页下 ~5 页下。

[2]　刘宰：《漫塘集》卷一六《回金陵赵帅善湘惠酒兼贺诛李全》，第 9 页上 ~10 页上。

[3]　刘宰：《漫塘集》卷一〇《通鹤山魏侍郎了翁札子》，第 16 页上 ~16 页下。刘宰此函当为绍定三年十月左右作，魏了翁有《答刘司令宰》一文，见《鹤山先生大全文集》卷三五《答刘司令宰》，第 15 页下 ~16 页上。彭东焕：《魏了翁年谱》，四川人民出版社，2003，第 336 页，系于绍定三年。

当深察也。"① 与此同时，他在给知荆门军张元简的书札中也说：
"李全幸已诛，其妻逃去，则犹有可疑。二赵取山阳，犹未奏捷。
自昔盗贼初起，必未能为大害，向后乃可忧，而谋国者与任事者
皆狃于幸胜，有轻敌之心，奈何。"② 绍定四年十月，他甚至向同
年好友、新任四川制置使李埴，诉说宋廷面临李全死后金、蒙新
情势的发展，未有周详考虑，给江淮带来巨大灾害："淮东寇粗
息，盖旧敌再失机会，已无能为。新敌方向中原，未暇回顾，正
是绸缪牖户之时。而中外之虑不及此，燕巢幕上，令人癫忧。"③

刘宰居止的镇江，是邻近扬州、真州等淮南战区的要冲。这
样的地理位置，固然让他忧心境内外战事冲击时局与国政，但乱
事对乡里民生的破坏，显然是他更为关切之事。从他对赵善湘、
赵范、赵葵平李全之乱的相关意见看来，他尤其担心拥有便宜行
事之权的制置使，为了扩大成果而急切动用民力、征调军备，为
乡里带来巨大祸害。特别是李全死后，赵善湘仍动员大军，穷追
余党，其背后庞大军需的维持、转输，均给沿边百姓带来沉重的
负担。况且这时正是春耕的重要时节，战事的拖延不仅损耗国
力，更是乡里的灾难。

刘宰最后一个关注的国是议题，是对晚宋国运影响甚巨的军
事行动——端平入洛。韩侂胄所推动的开禧北伐，是南宋君臣为
雪国耻所进行的一次军事冒险。从前述刘宰给力赞北伐的邓友龙
的信札中，已知晓他忧心在国力不振之下仓促发动战争，可能招

---

① 刘宰：《漫塘集》卷九《回提举袁秘丞肃一》，第 23 页上 ~23 页下。

② 刘宰：《漫塘集》卷一一《回荆门守张寺簿元简札子》，第 23 页下 ~24 页上。

③ 刘宰：《漫塘集》卷一〇《回四川制置李侍郎》，第 7 页下。参考王德毅《李焘父子年谱》，
台北：中国学术著作奖助委员会，1963，第 206~207 页。

来屈辱求和的结果。经历开禧北伐大败的沉痛教训之后，新掌朝政的史弥远"正侂胄开边之罪而代其位，其说不得不出于和"，[①]以致到嘉定四年（1211）宋人得知蒙古围攻金中都，华北骚动，各地出现众多据地自保的自卫武力，金朝的丧钟已然敲响时，仍力持和议。直到嘉定十年（1217），金宣宗企图借南侵获取资源，宋廷才调整策略，改为接纳并组织山东忠义军，抗御金朝。后因蒙古有假道灭金之请，引发朝臣对联蒙灭金的讨论，与南宋国运相系的和战问题再度成为争议焦点。不过即使群臣热烈讨论当前情势，主政的史弥远仍谨慎面对。[②]

　　理宗继位后，因济王案招来清议批评、李全坐大引起疑忌，以及蒙古要求联合灭金等内外情势的转变，让史弥远转谋以武力处理金与李全两股势力，且借边帅自行与蒙古或豪杰结盟的弹性政策，筹谋联蒙灭金。赵善湘与统领赵范、赵葵兄弟平定李全之乱后，依功叙奖：赵善湘进兵部尚书、江淮制置大使、知建康府，依旧安抚使。赵范为权兵部侍郎、淮东安抚使、知扬州兼江淮制置副司。赵葵换福州观察使、右骁卫大将军、淮东提刑、知滁州兼大使司参议官。[③]赵葵拒绝新任命，改为宝章阁待制、枢密副都承旨。[④]

　　此时，金人弃汴梁，退守归德、蔡州，理宗转谋进取。绍定五年（1232），蒙古派使臣王檝要求联兵灭金，京湖安抚使兼知

---

① 魏了翁：《鹤山先生大全文集》卷一八《应诏封事》，第28页上。

② 黄宽重：《晚宋朝臣对国是的争议——理宗时期的和战、边防与流民》，台北：台大出版中心，1978，第14~32页。韩冠群：《史弥远与南宋中后期中枢政治运作（1194—1260）》第三章，第103~113页。

③ 《宋史》卷四一《理宗本纪》，"绍定四年四月丁丑"条，第794页。

④ 《宋史》卷四一七《赵葵传》，第12502页。

襄阳的史嵩之上奏联蒙之议。此时赵氏兄弟倾向与金朝合作，反对联蒙。① 理宗仍令史嵩之执行灭金的军事行动；六年十月史嵩之命荆鄂副都统孟珙和江海率两万军队、三十万石米粮赴蔡州。端平元年（1234）正月陷蔡州，金亡。②

先是绍定六年二月，理宗曾征询赵善湘对联蒙灭金的意见，赵表示："中原乃已坏之势，恐未易为力，边头连年干戈，兵民劳役，当休养葺治，使自守有余，然后经理境外。今虽有机会，未是时节。"③ 善湘的意见显未切合理宗期待，乃改任提举万寿宫。④ 同年十月，理宗一面派史嵩之策军联蒙灭金，一面任命赵范任权工部侍郎、沿江制置副使，赵葵出任兵部侍郎、淮东制置使，全子才为淮西安抚副使。⑤ 赵范、赵葵兄弟实际负责边防事务，筹谋恢复大计。⑥

端平元年（1234）正月，金朝灭亡，成就史嵩之极高的声誉，但他于联蒙灭金后，进一步与蒙古接触，显与二赵之意相违。赵氏兄弟乃力谋于蒙古兵北撤、中原空虚之际，挥兵收复开封、洛阳、归德等三京故地，并北守黄河，西据潼关，倚之抗蒙，以奠定长久立国之基。此议获丞相郑清之与理宗的支持，理宗遂不顾众多朝臣的反对，于五月八日任命赵范为两淮制置大使、节制沿边军马兼沿江制置副使，作为北伐的总指挥。由于此

---

① 方震华：《军务与儒业的矛盾——衡山赵氏与晚宋统兵文官家族》，第17~18页。

② 李天鸣：《宋元战史》，第162~165页。

③ 不著撰者：《宋史全文》卷三二，"绍定六年二月辛酉"条，第2676页。

④ 马光祖修，周应合纂《景定建康志》卷一四，表一〇，第38页下。

⑤ 《宋史》卷四一《理宗本纪》，"绍定六年十月丙戌"条，第799页；卷四一七《赵范传》，第12509页。

⑥ 方震华：《军务与儒业的矛盾——衡山赵氏与晚宋统兵文官家族》，第14~15页。

军事行动过于仓促，且正当性不足，除了招来极多朝臣的激烈反对外，奉命协同北伐的京湖制置使史嵩之、四川制置使赵彦呐也不肯出兵相应，只有淮东制置使赵葵统率五万军队及淮西安抚副使全子才率一万余人，分别由泗州及庐州出发，[1] 展开继开禧北伐后，具有雪耻复国之重大历史使命的入洛军事行动。[2]

绍定六年二月，当金都汴京被蒙古围攻，金哀宗为谋生路，率残兵离汴赴蔡之际，理宗召赵善湘入京奏事。赵善湘事先征询刘宰对恢复故土的看法，刘宰在回启中，称赞赵善湘"大功不刊，赫然威名，震于夷夏"之功，但对朝廷有意推动经理中原、匡复故土的大计，则不表乐观：

> 如闻中土生聚，实苦北敌绎骚。兼以新师，已围古汴，窃恐必有援匈奴五单于争立之事，欲遂用樊哙十万众横行之谋。且谓人心久归，可为扼吭捣虚之计；而又天示常象，已开除旧布新之祥。倘遂举义旗而长驱，必有奉壶浆而来迓，可期三辅复见汉官仪，无令诸公徒效楚囚泣。此其为说甚壮，且其陈谊甚高。[3]

他分析当前各项政经条件后，对于朝廷在社会经济凋敝之

---

① 李天鸣：《宋元战史》，第 170~182 页。参见方诚峰《端平更化的内与外——兼论南宋政治的"双重委托"格局》，稿本。

② 李天鸣：《宋元战史》，第 168~190 页。方震华：《军务与儒业的矛盾——衡山赵氏与晚宋统兵文官家族》，第 16~21 页。黄宽重：《晚宋朝臣对国是的争议——理宗时期的和战、边防与流民》，第 14~32 页。陈高华：《早期宋蒙关系与端平入洛》，收入中国社会科学院历史研究所宋辽金元史研究室编《宋辽金史论丛》，中华书局，1985，第 203~230 页。

③ 刘宰：《漫塘集》卷一六《回金陵赵帅善湘》，第 11 页上。

际，仓促推动恢复之举，感到忧心：

> 然而草茅之人，深为根本之虑。盖年来谷食滋贵，而目前楮币浸轻。币轻则赏或不行，食贵则粮恐弗继。况降卒散漫于城市，恐狼心之尚存；而齐民憔悴于里闾，或狗盗之不免。要须在我有可胜之势，乃能乘彼不可失之机。所望隆宽，不遗愚者之千虑；庶几盛际，弗亏王道之万全。某漫浪江湖，骎寻岁月……辄因燕贺，私述瘝忧。言之不文，惟勿加之罪，事或近似，冀有味其言。①

刘宰的意见或许促使赵善湘向理宗面奏时，态度转持保守，这一来虽让赵善湘避开参与入洛的行动，却也因而被罢。

端平元年七月左右，当宋入洛军向北方进发时，刘宰接获宋廷除直宝谟阁兼太常丞的诏令。② 此时，乡居镇江的刘宰已感受到宋廷将积极展开军事行动的氛围，在向丞相郑清之致谢启时，提出忠告：

> （朝廷）更欲招来遗逸，益广规恢。而某病乃弃官，夫岂洁身而去；少而不学，亦非应变之长。期不负于陶成，惟少殚于忠告。不可失者，诚中原今日之机会，不可摇者，尤南渡累朝之本根。岂应恃一二才俊之人，而轻用亿万生灵之命，且空帑庾之陈积，以供军旅之急须。已凛乎乏兴之忧，

---

① 刘宰：《漫塘集》卷一六《回金陵赵帅善湘》，第 11 页上～11 页下。

② 刘宰：《漫塘集》卷五《辞免除太常丞第一状》，第 12 页上～13 页上。

况迟之经久之后。谂日及此闲暇，储之会通，或新敌捷出而因粮，或奸民乘间而投隙。窃恐方来之患，有非逾度可知。宜饬临边之臣，先为固圉之计。必我疆我理，举无太息之声；庶自北自西，皆起来苏之望。又近辅之所讲画，远臣之所奏陈，要切之言，存亡攸系，曾未施设，已广流传。亦恐献议者甫离吻颊之间，而间谍者洞见腹心之蕴。要须申戒近密，深谨提防。庶几境土复还，混华夏而一统；勋名震耀，归社稷之元臣。必有赓石介诵庆历之诗，岂止述周人美山甫之雅。某愧书生之不识时务，幸智者之或择狂言。[1]

此时，宋军正积极展开行动，于七月二十日抵达汴京，二十八日因蒙古军后撤，得以进入洛阳，完成收复三京的壮举。宋举朝欢腾，不仅调遣米粮，且奖赏有功将士。[2] 不料蒙古军随即反攻，宋军溃败，八月二十五日仓促班师。九月六日赵范奏劾赵葵与全子才等退兵之罪。此时，刘宰感谢丞相在"边恤未靖，甲兵之间日至"的非常时刻，仍来邀自己入京，也对郑清之与乔行简并为丞相导致权责难分感到疑虑，更关切入洛之后的政情发展，说："昔人谓寒日边鼙急，此惟其时。正诸将败军之罪，恤沿边征戍之劳，以警其余，以固吾圉，以辑天下安静和平之福，此通国所望。"[3] 此时殆为端平元年九月，正值宋廷追究出师溃败之责，刘宰显然期望朝廷严正处理。

---

[1] 刘宰：《漫塘集》卷一四《除直宝谟阁宫观寻除常丞谢郑丞相启》，第29页上~29页下。

[2] 不著撰者：《宋史全文》卷三二，"端平元年七月癸卯"至"八月丙子"，第2689~2691页。李天鸣：《宋元战史》，第182~188页。

[3] 刘宰：《漫塘集》卷七《答郑丞相札子谢除太常丞》，第9页下。

但宋廷追究二赵入洛，赏罚失之过宽，边将对付蒙古和归正北人的立场亦不一，以致边防政策执行反复。[①] 刘宰在同年九月给同年老友、时任礼部尚书李埴的书札中，表达他心中的困惑，指出："胜负兵家之常，而赏罚要当明白。前时三京之入，但乘其虚，颁赏之厚，震荡耳目。汝蔡之败，丧失几何，而悉委不问。岂不欲四海之闻知，抑不欲自沮三军之气耶，尚书以为如何？"[②]显然是不满于宋廷奖惩不公，对士气带来负面影响。

宋廷发动的端平入洛之役，对晚宋政局的发展有深切的影响。刘宰对此事的发言虽较李全之乱简略，但从他给各级朝臣的书札中，可看到一位退居乡里的长者，对宋廷筹划匡复中原的军事行动表达的深层忧虑。他关切宋廷未经周详的规划即展开军事冒险，不仅影响国家生存与发展的机遇，更使基层百姓的生计与生命受害甚深。这与镇江紧邻战场的地理环境关系密切。战争对百姓身家性命与财产的威胁，远非居上位者或外地人员所能领会，刘宰因此为乡里百姓大力发声。这一唇齿相依的切身感，当是他的言论与其他地区和层级之士大夫最大差别所在。

*　*　*

宁、理二朝，宋廷内外政局均面临诸多挑战，特别是从开禧到端平这一段时期最为激荡。皇位继承所衍生的权位争斗，以及因金蒙政权递嬗而起的边祸，共同造成宋廷的政局与人事动荡。

---

① 黄宽重：《晚宋朝臣对国是的争议——理宗时期的和战、边防与流民》，第77~125页。方震华：《军务与儒业的矛盾——衡山赵氏与晚宋统兵文官家族》，第20~23页。

② 刘宰：《漫塘集》卷七《回李尚书札子》，第9页上。

刘宰对宁、理二朝重大内外军政议题，均能恳切直言，不仅层面繁多，更能切中时弊，但似乎均未能落实，其中缘由显然关乎政局转换以及刘宰的人际关系。

　　刘宰于宁宗朝对军国大政发表意见，集中在开禧、嘉定这段宋金和战政策与执政者更迭的时期。此时他在绍兴任官，既近临安，又与当朝官员关系密切，意见较为直接，特别是两篇代钱象祖拟的奏札，直接涉及政治议题，显见其受倚重；可惜由于政局急速转变，建言难以兑现。到理宗时期，他以贤良身份被召，先后针对史弥远进退、李全乱事和端平入洛，直陈所见。但表达的方式和内容显示他与当政者关系并不密切，因此用词相对客气，也难以实质性地影响决策；在与亲友的书札中，他才较为直接、尖锐地诉说战争对镇江社会的影响，表露出对国事与乡里的关怀。

第七章

生命的光辉：二次奉召与请辞

从理宗即位到亲政的十余年间，宋廷内外政局相继遭逢巨大变动，前后执政者的政治立场也迥异，但为更新朝政，理宗在宝庆、端平年间，两次下诏招揽名贤入京任官。多位执政官员均肯定刘宰长期推动乡里建设与慈善活动，更关怀国政、发表多项建言的举动，言行足为楷模，向宋廷推荐而召他入京。这是他人生垂暮之年无限的荣光，不过他都婉辞任命。《漫塘集》中保留有他与宋廷丞相、中央及地方官员、好友的书札，内容完整，是关于宋代官员任命、请辞的罕见资料。本章通过梳理刘宰奉召过程，以及他与朝廷和各级官员往来的奏札、书启等文字，以了解其人际关系及出处进退的态度；若结合前章第二节所述，可以更清楚地认识理宗初期内外政局的变化与人事更迭的实况。

第一节　宝庆召贤与请辞

刘宰的被荐任官与理宗继位后的朝政发展密切相关。当时宋廷借"褒表名儒"召唤享有清誉的士人官员，塑造新政治景象。

嘉定十七年起下诏加傅伯成、柴中行、杨简官衔，召邹应龙、真德秀、曹彦约等人入京，升魏了翁为起居郎。[①] 其后刘宰也因史弥坚、薛极及史弥远亲信中书舍人王塈的推荐而奉召。[②]

宝庆元年四月二十三日，宋廷下诏任刘宰为籍田令，正式启动奏荐任官的程序，也开启他以书信奏札与宋廷及史弥远、王塈长达一年多的文书沟通。这些文献保留在《漫塘集》中，计有辞免状十件、致史弥远札子三封、致王塈札子九封，此外尚有数封向师友表明心意的书信。这些资料相当完整地呈现出他在这一时期被召任官的过程。

从宋廷征召刘宰赴京任官起，王塈就成为宋廷、丞相史弥远与刘宰联系的窗口。刘宰被宋廷任命为籍田令后，共上呈三件辞免状；他在第一状说明自嘉定初年乞辞归乡后，为病所困，"所感日深，百药不效，以迄于今，形容变改，语音仅存。窃自循省，岂堪缀班行之末"，故未敢奉召，但慎重收藏朝廷所颁省札文书，作为传家宝。[③] 第二状则强调自己容貌如鬼，个性疏率，"必不可与珠玉并登王府"。如果朝廷为矫俗之弊，他愿推荐自己熟识、

---

① 不著撰者：《宋史全文》卷三一，"嘉定十七年九月壬午"条，第 2616 页。

② 刘宰于获荐后分别向三位推荐者致谢。他在《通史尚书札子》中对史弥坚说："尚书念提封之旧，而忘其陆沈，欲曲成之，故当圣天子求士之初，首加论荐。朝廷观人以所主，复不加考察，俾缀缙授绅之后，某实何人，有此殊遇？"（刘宰：《漫塘集》卷八《通史尚书札子》，第 7 页下）次年夏天，刘宰在《回赵御干》文中感谢薛极的推扬，说："传闻大参屡借助于丞相之前，不知山林之人，何以得此？窃料大参以一世风俗为己任、恶世俗之贪求，以某粗无求于人，故见取耳。"此处"大参"即当为时任参知政事的薛极（刘宰：《漫塘集》卷六《回赵御干》，第 22 页下）。而在《通王中书塈二》中感谢王塈与丞相的知遇之恩，也说："一朝自天有命，使不用举主而官升朝，不历亲民而佐会府，此国家非常之恩，大丞相特达之知，中书推毂之力。"（刘宰：《漫塘集》卷七《通王中书塈二》，第 12 页上）

③ 刘宰：《漫塘集》卷五《辞免除籍田令第一状》，第 1 页上。一般官员通常将朝廷颁布的书札寄留在州县库。

"事亲以孝，律己以廉，莅官以勤，临民必恕"的州县幕职官罗愚、周师成、杜范、潘汇征等人，以及洪秉哲与戴埜两位特立独行、不愿求人的士人，请朝廷择贤任命，"皆足以使顽夫廉，懦夫有立"。① 宋廷驳回辞状，并要求刘宰急速赴京供职；刘宰再进辞状。② 八月十四日，宋廷改任刘宰为奉议郎、添差通判建康府，他又递状说明由选人的籍田令蹿升为朝官的通判，虽是个人的荣耀，但未依祖宗成规，经历县政或面对试用、举荐即接受，"是前日之辞为饰诈，今日之受为择利，罪在不赦"。请朝廷收回成命；这次则将省札寄存于金坛县库。③

九月间，刘宰向王墅致函，并请他代致史弥远信札。在信札中，刘宰既感谢提拔，也说明请辞的原因；内容虽简繁有别，但一再强调："某病既不可强，而义亦非所安，只得恳切具申，万望致曲，使即遂寝免，毋致再有行下，使喋喋不已，坐罪不测。"④ 另外有信向丞相史弥远表明承荷甄收，得以擢升的感谢之情，"于国家为旷典，于士大夫为创见，于某为非常之遇"。但"（某）骨寒命薄，病不可强。夷涂当前，自絷其足，惟大丞相推天涵地育之仁，深哀而曲贷之。某得全其疾病之躯，而遂其丘园之性，实重受生成之赐，身虽九殒，其何敢忘？"⑤ 此时刘宰亦有长信力劝史弥远效法其父史浩辞相归乡一事，见于前章。⑥

---

① 刘宰：《漫塘集》卷五《辞免除籍田令第二状》，第 4 页上。

② 刘宰：《漫塘集》卷五《辞免除籍田令第三状》，第 4 页上 ~5 页上。

③ 刘宰：《漫塘集》卷五《辞免特改奉议郎添差建康倅第一状》，第 5 页上 ~6 页上。

④ 刘宰：《漫塘集》卷七《通王中书墅一》，第 10 页下。

⑤ 刘宰：《漫塘集》卷七《上史丞相札子一》，第 1 页下 ~2 页上。

⑥ 刘宰：《漫塘集》卷七《上史丞相札子一》，第 2 页下 ~3 页下。详见本书第六章 "直言国政" 第二节 "针砭理宗初期军政"。

此时宋廷对济王案的处置招致朝臣批评，李全势力也在山东坐大。面对敏感时局，史弥远企图借由鼓励建言及招揽贤良入朝，建立政局新形象，并化解对立。然而不仅道学硕儒杨简、傅伯成相继婉辞入朝，李燔也不仕，史弥远标榜更革朝政的号召遂告落空。在朝的道学代表人物真德秀、魏了翁及与理学渊源不深的洪咨夔、胡梦昱，更严词批评史弥远处置失当。此举激起史弥远不满，说："礼侍强辨不已，洪、魏和之，胡尤无状。"[①] 于是党附史弥远的言官起而弹劾魏了翁、真德秀、洪咨夔，贬黜徐瑄、胡梦昱等人。[②] 监察御史李知孝甚至借机抨击受召入朝的名士：

> 趣召之人，率皆迟回，久而不至，以要君为高致，以共命为常流。可行而固不行，不疾而称有疾，比比皆是，相扇成风，欲求难进易退之名，殊失尊君亲上之义。愿将趣召之人，计其程途，限以时日，使之造朝；其有衰病者，早与改命。[③]

限期进京或及早改命，对受召士人而言是颇为严格的要求。宝庆元年冬末，刘宰在致王墅的书信中感谢丞相厚爱，[④] 他虽辞

---

① 刘克庄撰，辛更儒笺校《刘克庄集笺校》卷一六八《西山真文忠公行状》，中华书局，2011，第6514页。

② 见方震华《转机的错失——南宋理宗即位与政局的纷扰》，《台大历史学报》第53号，2014，第20~25页。

③ 《宋史》卷四二二《李知孝传》，第12622页。

④ 刘宰说："继又于递中领所赐教，及丞相答翰，知中书忠于为人，终始不渝。大丞相宽以逮下，贱微不弃，尤极感叹！"刘宰：《漫塘集》卷七《通王中书墅二》，第10页下~11页上。

意甚坚，但为避免"牢辞不已"的态度过于决绝，恐怕得罪公
议、招致扰乱朝仪的指控，故特向王塈表明自己的本意是请辞；
唯担心有违人情，遂另呈一份请假的状文作为缓冲，请王塈斟酌
定夺："若见得丞相能洞达此心，不以牢辞为忤，则望竟为上丐
免之牍；或觉意有未顺，则且以后状致访医之请，庶目前不太
拒违。三两月后，却可从容布露。"① 最后以访请名医治疾为词，
"傥数月之后，稍觉痊可，即祗拜恩命，以效奔走；或疾证已深，
药力不及，亦当续具实情，申取指挥"。② 在王塈的协调、解释
下，十月十三日宋廷同意"给假二月将理，候假满日，起发之
任"。③ 显示在严肃对立的环境中，史弥远对刘宰仍抱持期待。
假期届满后，刘宰再递状说明病情严重，百药无效，即使有良方
也非经年不可，为恐稽留成命，特奏再请准予"守本官致仕"或
"改仕岳差遣一次"，以便病愈之后，仍可为朝廷效命。④

　　请假期间，刘宰通过家仆与同乡好友赵若珪、符伯寿的居中
牵线，与王塈有绵密联络。宝庆二年春、秋间，他先后给王塈写
过三封信，首信说明朝廷准假造成寻医的压力，期待中书能"始
终全覆之"；⑤ 次信则表示用药过量加重病情，致假期已届仍无
起色，决定再具状请朝廷准予守本官致仕或求岳祠。⑥ 宝庆二年
十二月中旬，刘宰再次致信王塈，特别希望借助他与史弥远的关
系，化解济王案所衍生的一连串政治整肃的刑狱，"济狱已竟，正

① 刘宰：《漫塘集》卷七《通王中书塈二》，第12页下～13页上。
② 刘宰：《漫塘集》卷五《辞免特改奉议郎添差建康倅第二状》，第6页下。
③ 刘宰：《漫塘集》卷五《辞免特改奉议郎添差建康倅第三状》，第7页上。
④ 刘宰：《漫塘集》卷七《回王中书》，第14页上。
⑤ 刘宰：《漫塘集》卷七《回王中书》，第14页上。
⑥ 刘宰：《漫塘集》卷七《回王中书》，第14页下。

朝廷力行好事之时。向来施行太过，如胡评事等事，宜亟有以转之，在中书良易耳"。① 盼望身为史弥远亲信的王塈，能够发挥适当的影响力，以缓和政治的冲击。

宝庆元年冬，宋廷于郊祭后追赠刘宰的父亲刘蒙庆为承事郎，元配陶氏与继室梁氏为孺人，刘宰特焚黄献祝文，② 并向王塈致谢。③ 宝庆三年一月二十三日，宋廷仍不允刘宰守本官致仕或祠庙差遣的请求，但为表示对刘宰的礼遇，改"依旧奉议郎除直秘阁、主管建昌军仙都观，任便居住"。④ 王塈更借专使递送省札之便，给刘宰一信，希望他能接受任命。⑤ 刘宰再上状，表明不敢接受直秘阁一职："惟臣子之直中秘，乃国家以表外庸，要须治郡而著循良之称，按部而有澄清之效，倘不由此，弗轻畀之。"同时表示自己与授直秘阁的贤者相比，学问品阶差异极大，"深惟洪造之曲成，盖授同升之近比，其实才品有异，又且辈行不同。彼真养素于丘园，此特卧疴于田里，至学问源流于诸老，词章楷模于后来，皆其所优，非某能及，倘恩荣略等，将负乘致讥"，故恳请朝廷收回直秘阁的恩命，"姑令某以奉议郎、主管建昌军仙都观，任便居住"。⑥ 并致信王塈，表示将遵照其意见，接受"改秩书祠之命"，不敢再辞；独不敢接受直秘阁的职位，"中秘寓直，朝廷所以旌监司

---

① 刘宰：《漫塘集》卷七《回王中书》，第14页下~15页上。

② 刘宰：《漫塘集》卷二六《皇考朝奉焚黄祝文》，第17页上~17页下；同卷《前室安人陶氏焚黄祝文》，第18页上~18页下；同卷《继室安人梁氏焚黄祝文》，第18页下。

③ 刘宰：《漫塘集》卷一四《郊赠谢王侍郎暨启》，第27页上~27页下。

④ 刘宰：《漫塘集》卷五《辞免除直秘阁宫观第一状》，第8页上~9页下。

⑤ 刘宰：《漫塘集》卷七《回王中书》，第13页上~14页下。

⑥ 刘宰：《漫塘集》卷五《辞免除直秘阁宫观第一状》，第8页下。

郡守之有劳效者。某实何人，而敢冒此。藉有赵昌父例，某寒乡晚学，岂敢望昌父万一"。希望借王塈之言，让朝廷"即赐矜允"。①

刘宰信中所提的赵昌父，正是当时也被朝廷征召、富有时誉的名贤玉山人赵蕃。刘宰与赵蕃乡居期间多有联系，并互赠诗文。② 理宗即位后，"宰相以先生名闻，有旨除大社令，三辞不拜。特改奉议郎直秘阁，主管建昌军仙都观，又三辞不允"。最后以"承议郎依前直秘阁致仕"，绍定二年（1229）逝世，享年八十七岁。刘宰在所撰《章泉赵先生墓表》中，对赵蕃学行极为推崇。③ 故他在给王塈的信中，虽认为能继赵蕃之后同样被授予"奉议郎直秘阁，主管建昌军仙都观"是一项荣誉，但自认学行不如赵蕃，故愧而婉辞。接着，刘宰上呈感谢史丞相除直秘阁宫观的札子，仍表明："惟是中秘寓直，朝家所以旌外庸。某疾病之余且甫兹更秩，其敢冒居！已沥愚忱，再乞寝免，终冀矜从。"④ 并再向王塈禀明自己向丞相奉启、札各一通，"内札子欲见感激之真情，手自书写，放荡之余，笔纵字大，惟丞相以情亮之，以度外处之"。⑤ 更感谢王塈居中沟通协调之助，说："丞相之施于某者固厚，而中书所以推挽于前后，维持于左右者至矣，某非木石也，宁能无一语以谢。"⑥

---

① 刘宰：《漫塘集》卷七《回王中书》，第17页上。

② 刘宰：《漫塘集》卷六《通赵章泉》，第2页上~2页下。嘉定七年（1214）刘宰曾托好友王遂致函赵蕃。

③ 刘宰：《漫塘集》卷三二《章泉赵先生墓表》，第13页上~13页下。

④ 刘宰：《漫塘集》卷七《上史丞相札子三》，第6页下。

⑤ 刘宰：《漫塘集》卷七《通王中书一》，第18页上。

⑥ 刘宰：《漫塘集》卷七《通王中书一》，第18页上。

宝庆三年（1227）三月二十三日，宋廷颁下省札，依然不同意刘宰辞免直秘阁。刘宰仅愿接受奉议郎、主管建昌军仙都观，五月间再报王塈及丞相，仍不接受直秘阁的贴职。[1] 同时向参知政事、知枢密院事宣缯、薛极、葛洪等人致谢，[2] 并有启谢王、赵二位知县。[3] 同年冬天，王塈升任吏部侍郎，刘宰祝贺之余，对当前郡国之政、士风与地方行政的发展深表忧虑，期待王塈接任后能积极导正。刘宰所述显示当时朝廷虽力行宽厚政策，但地方官却苛征聚敛，让他心情复杂沉重。信中虽然未见具体指控，但他对时政的走向与发展，抱持悲观的心情，故特别向身负重任的好友提出深沉忠告，但又怕衍生枝节，请王塈看完即销毁。[4]

---

[1] 刘宰：《漫塘集》卷七《通王中书一》，第 18 页上；同卷《上史丞相札子三》，第 5 页下~6 页下。刘宰同时贺史弥远除少师，见同书卷一四《秘阁奉祠谢史丞相兼贺除少师》，第 24 页上~25 页上。史弥远除少师按《宋史》本传为宝庆二年，见《宋史》卷四一四《史弥远传》，第 12417 页。次年二月曹国公，见《宋史》卷二一四《宰辅表五》，第 5610 页。

[2] 刘宰：《漫塘集》卷一四，录刘宰谢宣缯、葛洪、薛极三位参政。但在宝庆元、二年仅宣缯、薛极曾任参知政事，葛洪是绍定元年十二月才除参知政事（《宋史》卷二一四《宰辅表》，第 5609~5610 页。参徐自明撰，王瑞来校补《宋宰辅编年校补》，第 1429~1431 页）。三人任参知政事，时序有别，在《漫塘集》中未予区分。又薛极的姻亲陈稽古是金坛洮湖望族，刘宰对陈氏置义庄与赈饥多所表扬，见本书附录一"文集中的刘宰世界：兼论其书信、传记撰述的史料价值与利用"第三节"以传记撰述传递价值理念"。

[3] 刘宰：《漫塘集》卷一四《谢王赵二知县》，第 27 页下~28 页上。

[4] "侍郎当明良会遇之时，而居朝夕论思之位，宜有公正之论，深长之策，为国家祈天永命之地。某疏贱，它不当言，窃怪今之世，君相之所举行，无非宽大之政；公卿之所建明，无非忠厚之说，而郡国之政，一于聚敛，其苛细如牛毛，迫急如星火，豪夺同乎壤攘，巧取甚于贩夫贩妇；其求之广，获之丰，宜客庾有赢，足为方来之备，又往往朝夕凛凛，有不足之忧，不知何故？深恐一朝有警，此辈身谋不暇，何暇为国计？惟侍郎深念及此，言之君相，有似此等处，早为之处，无使某他日冒知言之名，天下幸甚。某以受知异于他人，区区图报，亦当视他人有异，辄因贺牍，僭致愚忧，览讫即付丙丁是望。"刘宰：《漫塘集》卷一〇《通王侍郎》，第 20 页下~21 页上。

宋廷此次征召刘宰入朝任官，前后历时两年。宝庆三年（1227）四月，宋廷终以"奉议郎、主管建昌军仙都观"结案。①刘宰在稍后有诗述怀："水边舟子竞招招，陌上车尘晚更嚣。只有幽人无个事，藕花深处弄轻桡。岸柳风摧更绿饶，槛花当暑自红娇。流行一气元无息，松柏何妨独后凋。"②他选择在政局与人事的急遽变动环境中，及早辞免，以避免纷扰；相对于杨简、赵蕃的态度，也显得较为平静。之所以如此，或是因为作为联络窗口的王塈能得到史弥远与刘宰的信任，发挥相当的调和作用所致，从刘宰给王塈的九封信札及给史弥远的三封信札的内容，就可以看出这点。刘宰既敢于谏请史弥远辞相位，也请王塈代向丞相委婉陈辞，甚至希望王塈影响宋廷对处理济王案的态度。同年九月，刘宰也曾力劝因济王案请辞礼部侍郎的真德秀："愿且静以处之，事非大不可为，未须苦苦立异。"③显示刘宰既盼望交情深厚的王塈能够调停此事，也期待负有时誉的真德秀、魏了翁等人以大局为重，勿有过激行动。

不过，这样的期待，因大理评事胡梦昱奏请追赠济王，引起史弥远的反弹。在台谏官的极力抨击下，所有批评朝政的官员都受到了不同等级的惩处；仅负有时誉的真德秀、魏了翁、洪咨夔等人因理宗的维护，暂时得以居家授徒并致力学术。朝廷与清议对立的鸿沟已成，难以化解，特别是刘宰期许可以扮演调和角色的王塈也转而附和史弥远，压抑道学，让刘宰感到失望。因此除了在宝庆三年冬天致书王塈，再次表述自己的看法外，由于身

---

① 刘宰：《漫塘集》卷五《辞免除直秘阁宫观》，第8页上~9页下。

② 刘宰：《漫塘集》卷一《乙酉夏述怀二绝》，第15页下。

③ 刘宰：《漫塘集》卷一〇《回真侍郎》，第11页下。

份、立场已定，刘、王二人既有的情谊终因政治的现实而疏离。[①]
刘宰转而与深居在野或外任官员的真德秀、魏了翁、李埴等人，
有密切的联络。

第二节　端平再辞与平乱

绍定四年（1231）以后，宋廷内外形势有明显的转变，新的
政局也在酝酿中。先是李全于绍定四年一月战死后，其余党退回
山东；而后蒙古却绕过金军的防线，以借道伐金为名，进犯四川
北部，俨然形成新的外患。[②] 情势的变动促使史弥远调整态度，
六月起以祝贺皇太后七十五岁生日的"庆寿恩"为名，先后叙复
被贬的真德秀、魏了翁与洪咨夔。[③] 接着为因应蒙古的假道冲击，
任命李埴为焕章阁直学士、四川安抚制置使兼知成都。[④] 而后又
诏魏了翁知遂宁府及潼川府路安抚使、知泸州等职，[⑤] 并任真德
秀知泉州。[⑥]

绍定六年十月二十四日，权相史弥远死，理宗亲政。礼部员

---

① 刘宰：《漫塘集》卷七《通王侍郎前人》，第 20 页上 ~21 页上。

② 李天鸣：《宋元战史》第一章"金国灭亡前的宋蒙战争和汴洛之役"第五节，第 129~161 页。

③ 见《宋史》卷四一《理宗本纪》，"绍定四年六月己未"条、"绍定四年八月辛酉"条，第
794 页；林日波《真德秀年谱》，硕士学位论文，华中师范大学，2006，第 130 页；彭东焕
《魏了翁年谱》，第 341 页。

④ 王德毅：《李焘父子年谱》，第 206 页。李天鸣：《宋元战史》，第 142~150 页。参见平田茂
树《从边缘社会看南宋士人的交往和信息沟通——以魏了翁、吴泳、洪咨夔的事例为线
索》，收录于余蔚、平田茂树、温海清主编《十至十三世纪东亚史的新可能性：首届中日
青年学者辽宋西夏金元史研讨会论文集》，中西书局，2018，第 19~20 页。

⑤ 彭东焕：《魏了翁年谱》，第 356 页。

⑥ 林日波：《真德秀年谱》，第 131 页。

外郎洪咨夔建请招揽名贤："（崔）与之护蜀而归，闲居十年，终始全德之老臣，若趣其来，可为朝廷重。真德秀、魏了翁皆陛下所简知，当聚之本朝。"[①] 不久洪咨夔与王遂并拜监察御史，襄赞右丞相郑清之罢黜权奸，并招揽被罢或在野的贤良之士。正如《宋史·郑清之传》所说："上既亲总庶政，赫然独断，而清之亦慨然以天下为己任，召还真德秀、魏了翁、崔与之、李埴、徐侨、赵汝谈、尤焴、游似、洪咨夔、王遂、李宗勉、杜范、徐清叟、袁甫、李韶，时号'小元祐'。"[②] 在标举更化朝政的情势下，刘宰再度成为宋廷征召的对象。

端平元年（1234）三月十七日，宋廷下诏任命刘宰"除直宝谟阁，依旧宫观，令吏部理未陈乞磨勘年月日与依条转官给告者"。[③] 刘宰即上状，明确表示得病三十年来，"屏伏田里，未尝尸一日奔走之劳。向叨祠命已愧旷功，并不敢支请俸给，今又畀之"。实与宋廷"惟名以劝功，官以序功，禄以食功"之法相违，特陈请辞免。[④]

四月二十一日，宋廷下诏不允，并颁下"朝奉郎直宝谟阁，主管建昌军仙都观"的官告。刘宰则以自己既无学问，又无节行可述，与先朝"不由实历而躐升秩序者，非其学问过人，必其节行超俗"的惯例相违，再度请辞。[⑤] 宋廷仍不允，反改任为太常

---

① 《宋史》卷四〇六《洪咨夔传》，第 12265 页。

② 《宋史》卷四一四《郑清之传》，第 12420 页。

③ 刘宰：《漫塘集》卷五《辞免除直宝谟阁宫观仍令吏部理未陈乞磨勘年月日依条转官给告第一状》，第 9 页下 ~11 页上。亦见《宋史》卷四〇一《刘宰传》，第 12168~12169 页。

④ 刘宰：《漫塘集》卷五《辞免除直宝谟阁宫观仍令吏部理未陈乞磨勘年月日依条转官给告第二状》，第 11 页上 ~12 页上。

⑤ 刘宰：《漫塘集》卷五《辞免除直宝谟阁宫观仍令吏部理未陈乞磨勘年月日依条转官给告第二状》，第 11 页上 ~12 页上。

丞，认为刘宰的才能及谦退堪比孔子的门徒漆雕开，"世方澜倒，独落落乎其有风飚"，契合皇帝期待，故"拔之槃涧，丞我奉常"，即颁下除太常丞的官告。[①] 刘宰上状表明，"延阁之名，犹可冒受以养疴；容台之属，必不可偷安而家食"，衡量自己的健康与名器之后，不能接受太常丞之职，只敢"受朝奉郎，直宝谟阁、主管建昌军仙都观"的官告。[②] 宋廷仍不允刘宰所辞。他再度以身患重疾，既无法"修陛见之恭"，也"不堪奔走"，请"仍畀一祠庙差遣"。[③] 没想到宋廷竟派使者催促刘宰赴京供职，丞相郑清之也专函相邀。刘宰领受朝命与丞相之邀，回报接受太常丞之职，打算赴京，为此题写四首绝句，描述被召的心情，[④] 并专函答谢郑丞相，表明承六七位士人君子美言推挽及丞相力邀，"镇江府备坐省札，发到轿乘人从等，且委官及门，趣某起发。此昭代旷典，尤非某所可当"，[⑤] 准备在病情稍缓之后"星夜奔走赴阙"。[⑥] 在谢启中既赞扬郑丞相"以帝旧学，佐时中兴"，也谦逊地表示"欲招来遗逸，益广规恢。而某病乃弃官，夫岂洁身而去；少而不学，亦非应变之长。期不负于陶成，惟少殚于忠告"。并提出不少对时事的建言。[⑦]

十月二十三日，刘宰在镇江官府吏员的护送下离开金坛，

---

① 洪咨夔：《洪咨夔集》卷一八《直宝谟阁宫观刘宰除太常寺丞制》，侯体健点校，浙江古籍出版社，2015，第452页。

② 刘宰：《漫塘集》卷五《辞免除太常丞第一状》，第12页上～13页上。

③ 刘宰：《漫塘集》卷五《辞免除太常丞第二状》，第13页上～14页上。

④ 刘宰：《漫塘集》卷一《甲午秋作四绝题窗间》，第31页上～31页下。

⑤ 刘宰：《漫塘集》卷七《答郑丞相札子谢除太常丞》，第8页上。

⑥ 刘宰：《漫塘集》卷七《答郑丞相札子谢除太常丞》，第8页下。

⑦ 刘宰：《漫塘集》卷一四《除直宝谟阁宫观寻除常丞谢郑丞相启》，第29页上。

二十八日到平江，由两位同年好友知平江府张嗣古以及提举浙西常平事曹姓秘丞接待。但在宴会上，刘宰两次将二位同年混淆，他担心"恍惚瞀乱，有紊朝仪"，"且将为颂台之羞"，① 急忙返回金坛，寻访医药，在返途中写下《吴门道归书怀》诗：

> 投闲三十年，日与木石俱。暮景际休明，搜罗逮樵渔。洪造赐甄收，群公交荐书。殷勤奉明诏，婉娈辞田庐。一寒不自揣，五穷暗揶揄。行行步京畿，迎劳多轩车。眼青见故人，皆叹此老臞。形容不自惜，奈此气昏愚。席间迷旧识，笔底误新书。十目所共睹，一语良非虚。悾昧知止戒，不反田园居。去去入修门，寒步接天衢。深虞眩闻见，狂易滋发舒。吁天写真情，浩歌赋归与。②

并上状请"容其退归，庶几保全莫景，以苟残生"，③ 宋廷仍仅同意"给假将理"。④ 到年终，他特致信札给任侍讲的真德秀，说明此事原委并请谅解：

> 某比荷诸贤极力推挽，俾以荒唐不学之人，而厕颂台礼乐之属，控辞不获，扶病就道。甫至平江而旧疾复作，精神昏乱，言语颠错，十手十目之地，不能自隐，盖气血积衰之故。自度死期已迫，必不可以进污周行，即已回舟访医，且

---

① 刘宰：《漫塘集》卷五《辞免除太常丞第四状》，第 14 页下 ~15 页下。
② 刘宰：《漫塘集》卷三《吴门道归书怀》，第 22 页上 ~22 页下。
③ 刘宰：《漫塘集》卷五《辞免除太常丞第四状》，第 14 页下 ~15 页下。
④ 刘宰：《漫塘集》卷五《辞免除太常丞第五状》，第 15 页下。

具因依申省, 仍以告命缴申, 乞即差替。①

经半年调养后, 刘宰再递状请辞, 希望朝廷"许令守本官致仕"。② 理宗特别委派殿中侍御史王遂返回金坛, 关心刘宰病情, 仍期待他入京供职。刘宰再以年老疲病、不堪任事为由,"敢祈敷奏, 曲赦残生"。③ 宋廷却迁刘宰为将作少监, 制词称他"论天下事, 目无全牛, 投刃可以中桑林之节, 材抑伟矣"; 因此, 宋廷"超越拘挛, 鑗丞奉常径贰缮监, 迎之致敬有礼矣"。④ 刘宰又上四状述说病况严重, 请求辞免, 并在第四状中综合陈述近况:

> 窃念某昨所陈, 贱躯风眩之疾感受已五六年。今岁自四月至七月, 亦一再发。甚者闰七月初十日, 因纵步所居敷化里田野间, 俄尔颠仆。比邻惊异, 亟袖子偅掖至卧榻之上, 昏愦竟夕, 生意复延。今若迫于君命, 趋造周行, 万一旅进朝参, 斯疾骤至, 陨越于轩陛之下, 朝廷始信某言不妄, 亦已后时。⑤

若朝廷不信,"乞行下镇江府金坛县廉访某今岁闰七月内疾作事状, 一言不实, 甘伏罔上之诛"。⑥ 宋廷对刘宰一再陈词请免,

---

① 刘宰:《漫塘集》卷五《回真内翰札子》, 第15页下。
② 刘宰:《漫塘集》卷五《辞免除太常丞第五状》, 第15页下~16页上。
③ 刘宰:《漫塘集》卷五《回王殿院王遂宣谕玉音札子》, 第17页上。
④ 洪咨夔:《洪咨夔集》卷二三《刘宰除将作少监制》, 第576页。
⑤ 刘宰:《漫塘集》卷五《辞免除将作少监第四状》, 第20页上。
⑥ 刘宰:《漫塘集》卷五《辞免除将作少监第四状》, 第20页上。

仍未核可，唯《漫塘集》未见后续发展的资料。

不过，《宋史》及《京口耆旧传》的《刘宰传》，在记载刘宰受召除将作监之后，尚有"直敷文阁知宁国府"一职；而《京口耆旧传》更叙明他是在协助平定镇江防江兵变后改除此职。① 关于刘宰与镇江防江兵变的关系，不仅《宋史》本传未记，《漫塘集》所记也相当隐晦。其实防江军之变，不但是端平年间镇江境内的重大兵变，刘宰更是亲历与平乱的见证者。

南宋为维护立国基业，建立了江淮二重边防体系，尤视江防为国家存亡的要务，建构了江防水军和多层次的江防要塞体系。黄纯艳教授在《南宋江防体系的构成与职能》一文中做了整体性的分析与讨论。② 李萍分析《嘉定镇江志》内容时，亦介绍防江军。③ 可惜由于史料零散，对于镇江防江军的设置、发展与变乱，未见相关研究，本书谨综合整理现有史料，试厘清发展脉络，以了解刘宰在其中扮演的角色。

依据《嘉定镇江志》的记载，在开禧二年（1206）冬，楚州向宋廷奏报金兵有意侵犯清河，建议强化江防。三年二月，新任江淮制置使的叶适也奏请宋廷整合既有江防与堡坞，形成严密的江防之势。④ 由于边臣呼吁重视江防、强化水军防御能力，宋廷遂责成知镇江府宇文绍节提出江防规划，并由知府招募：

---

① 《宋史》卷一六〇《刘宰传》，第 12169 页。刘宰著，王勇、李金坤校证《京口耆旧传校证》卷九，第 287 页。

② 黄纯艳：《南宋江防体系的构成与职能》，《河北大学学报》2016 年第 5 期，第 1~12 页。

③ 李萍：《嘉定镇江志研究》第三章"《嘉定镇江志》的内容分析"，硕士学位论文，上海师范大学，2016，第 38 页。

④ 叶适：《叶适集》卷二《定山瓜步石跋三堡坞状》，第 12~15 页。

能水武艺效用并厢军，共一千六百人充本府防江水军。又关拨都统司温州、福州防秋把隘海船四十五只及劝客船二十七只，招到梢碇水手八百余人，通二千四百八十余人。辟差统领将佐措置军器衣甲，屯驻焦、金山一带，防捍江面，与都统司人船编排字记，于沿江上连下接，各择紧要隘口地分防守。①

这是为应付紧急战况，整合都统司与地方军所进行的规划。开禧三年五月，宋廷正式将这支军队命名为镇江府驻扎御前防江军，员额两千人；但为拦截"私贩海湖舟船"的走私活动，仍保留部分员额于江淮制置使，由镇江府措置。② 初期泊焦山，但未有营房。赵师𡩋任知府时，在石公山东盖一千三百间营房，设置教场，训练士兵。另在丹徒县包港置营寨，有一百五十人驻守。③ 此时宋金议和，江面平静，宋廷解散海船及梢碇水手。到嘉定六年（1213）八月，枢密院下令总领所及都统刘元鼎将所辖军兵与设备移拨都统司水军，官员归镇江府统辖。例如丹徒包港原有一百五十人，拨一百二十人隶都统司，丹徒仅留驻圌山寨的三十人。④ 由于镇江府所辖兵员老弱，又被挪充杂役，与厢兵无异，防御能力大幅降低。

嘉定七年，新任知府史弥坚忧心防江军改隶都统制后，州兵

---

① 《嘉定镇江志》卷一〇《兵防·防江军》，第 11 页下~12 页下。

② 《嘉定镇江志》卷一〇《兵防·防江军》，第 12 页下。

③ 《嘉定镇江志》卷一〇《兵防·防江军》，第 12 页下。《宋史》卷四一五《傅伯成传》，第12443 页。刘克庄撰，辛更儒笺校《刘克庄集笺校》卷一六七《龙学竹隐傅公行状》，第10 页上~10 页下。

④ 《嘉定镇江志》卷一〇《兵防·防江军》，第 12 页下。

不振，于是积极汰弱招强，共招到八百人，请宋廷拨旧有营舍，并利用地方余羡，重整营房教场；设置威辅堂、止戈亭等，以为校阅训练之地。[①] 同时凿通海鲜河，将部分驻防在扬州江岸的江北战舰移置镇江的江南各寨。[②] 也就是说，镇江防江军起初辖于安抚使兼知府，后大部分纳入都统司的水军，部分移拨镇江府管辖；纳入都统司的员额是两千人，而隶于镇江府的最多八百人。

随着宋金关系日趋紧张，宋廷对防江军愈加重视。例如鄂州武昌县于嘉定十五年（1222）升为寿昌军后，即设置防江水军，有员额一千八百二十六人，以"御前防江水军寿昌军驻扎"为名。[③] 嘉定十六年（1223）九月，兴国军也设置御前防江水步军，由刘武俊为水军统制兼统辖防江步军。[④] 嘉定十七年（1224）十一月，建康府亦置防江军，以三千三百名为额，在雪窖、者阁山设寨，并听沿江制置司节制。[⑤] 各地防江军名额，虽迭有变化，但都由都统司移作御前军，由制置使节制。吴潜在嘉熙三年（1239）的奏状中指出，端平入洛之后，宋蒙战事趋于紧急，各都统司的员额相继被转移为边防府军所辖战力，镇江水军五千人即是由都统司移拨员额，显示两类水军的隶属关系已趋模糊。[⑥]

至于镇江防江军在端平二年（1235）叛变的原因，由于记载

---

① 《嘉定镇江志》卷一〇《兵防》，第15页下~17页下。

② 《嘉定镇江志》卷一〇《兵防》，第23页下。

③ 见不著撰者，文廷式辑《寿昌乘》《营寨》《粮廪》《尺籍》等目，《宋元方志丛刊》，中华书局，1990，第16页~20页下。

④ 《宋会要辑稿》职官三二《殿前司·都统制》，"嘉定十六年九月十日"条。

⑤ 马光祖修，周应合纂《景定建康志》卷一四《建康表十·国朝建炎以来为年表》，第37页上；卷二三《城阙志四·雪窖》，第26页下；卷二三《城阙志四·营寨》，第30页上~30页下；卷三九《武卫志》，第4页下~5页上。

⑥ 吴潜：《许国公奏议》卷二《奏乞增兵万人分屯瓜洲平江诸处防拓内外》，第1页上~5页下。

不明，难以窥探实情。但同为防江水军，有隶于都统司所属的屯驻军，也有由知府统辖的地方军，彼此隶属关系、业务、职务待遇乃至兵源均有差异，然工作性质与地理环境相近，关系复杂，不免发生摩擦。同时备战日久，防务的调度或训练日趋松懈，可能也是致乱的因素。刘克庄为时任江西东安抚使、知建康府、行宫留守、沿江制置使的陈𬬱撰写神道碑，对镇江兵变的原因有较详细的说明：

> （端平二年六月）是月，镇江防江水军蔡福兴等入城纵掠。先是，殿旅失伍，因而抚之。其子弟在军中者谋为变，觊黄榜招安得厚赏，托言军吏减克以怨众，从者千六百人。①

端平二年六月，正是原知镇江府何处久转知嘉兴府，由总领所韩大伦兼权知府的时候。在人员轮调的空档，屯于建康、镇江境上的防江军，显然利用时机与环境，借胥吏减克粮饷为辞，发动叛乱；其本意或在招安取赏，但官府处置犹疑，致乱事扩大。后因陈𬬱积极攻剿，乱军无法在建康的句容茅山一带活动，遂转犯金坛，攻入镇江，大肆破坏。

刘宰在乱事平定之后有三封信，分别向任江东安抚使兼知建康府的陈𬬱、转知嘉兴府的何处久以及新任知府吴渊提到镇江兵变的缘由及破坏程度。在回复何处久询问的信件中，说："乡郡前日之变，虽群小造谋非一朝，而使明使君在上，赏罚信明，纲网不紊，则亦潜消默制，何致无忌惮如此。一呼而起，使百年文物

---

① 刘克庄撰，辛更儒笺校《刘克庄集笺校》卷一四六《忠肃陈观文神道碑》，第5786页。林煌达《陈𬬱仕宦转变与发展》，稿本，第13~14页。

煨烬，江山寂寥，识者不能不重叹。"[1] 显然对镇江重要建设与文物被隳坏十分痛心。他特别感谢陈铧从建康领军平乱的贡献：

> 比者乡邦不幸，戍卒弄兵，郡犹有守有将，有吏有兵，而坐视莫敢孰何，惟听其肆。某择地假息，傥非哀告大府，辱亟驱虎旅，一洗枭巢，则于今京口三邑之民，与凡岩栖谷饮之士，犹未知宅生之所，而其沦胥以亡者又可胜计耶！某疾甚，既不得率先乡之耆老跪谢阶庭，复不克与乡之能言之士作为声歌，磨崖深刻，以诏不朽，以此负负。[2]

更在回新知府吴渊的信札说："某比者乡间不幸，戎伍挺灾，火盗相因，家室莫保。灞上将军之如戏，固失防闲；潢池赤子之无知，亦几扇动。肆烦趣驾，以任抚绥之寄；甫遂合符，即收荡定之功。"[3]

　　这些信札内容虽然隐晦，却也透露出镇江防江军之乱是有迹可循的。据刘克庄在陈铧神道碑文中记载，因御前军失秩，使防江军子弟、官军粮饷减少，激起众怒，遂集结一千六百人掀起叛乱，企图借此获得招安的说法，与刘宰的观察一致。但何处久离任后，镇江会发生乱事，则可能与由总领所兼权镇江府的韩大伦有关系。韩大伦自绍定三年（1230）十二月改任镇江知府，三年后改任淮东总领，此时再权知府，已连续四年半在镇江任职。[4]

---

①　刘宰：《漫塘集》卷九《回嘉兴何知府札子》，第13页下。

②　刘宰：《漫塘集》卷一一《回江东帅陈侍郎铧札子》，第9页上~9页下。

③　刘宰：《漫塘集》卷一七《回吴守渊到任札子》，第6页上~6页下

④　俞希鲁编纂，杨积庆等校点《至顺镇江志》卷一五《太守·宋太守》，第590页。

他娴熟地方军政，个性沉稳，且较重视地方社会稳定，勇于拒绝上级的要求，因此获得百姓的拥戴，但其宽缓处世的个性在赴任后即已显露。绍定四年，刘宰在给知荆门军张元简的信札中，在赞赏韩大伦之余，同时说他：“但御吏稍宽，待顽民与良善无异，恐政久则玩。”[1] 说明韩大伦的柔弱个性，在久任后面对掀起动乱的士兵，处置态度相对犹疑，反而致乱事扩大。由于韩大伦在镇江府任上颇有嘉惠百姓的具体德政，刘宰曾多有赞誉，或因此隐晦指陈韩氏酿成此次兵乱。

防江军大肆破坏镇江后，转而威胁到境土相邻的南宋边防重镇建康。此时，久历战事、战功辉煌的陈铧知建康府。[2] 他反对招安的妥协政策，认为“此策若行，何以为国？”[3] 力主以武力剿灭，于是积极调动军队，部署剿乱：

> 调四统制王明等由水路，张仙等由陆路，李大声由间道出贼背。贼入句容茅山，四将会攻，贼乘高迎战，将士撤居民门扉，蒙之而进。力战大破之，生擒七百余人。蔡福兴走至金坛，捕斩之。拊定其在寨者。[4]

防江军最后在金坛被剿灭。

镇江防江军之乱，最后由新任知府吴渊戡平，并重建衙署。

---

① 刘宰：《漫塘集》卷一一《回荆门守张寺簿元简札子》，第24页下
② 林煌达：《陈铧的仕宦转变与发展》，稿本。
③ 刘克庄撰，辛更儒笺校《刘克庄集笺校》卷一四六《忠肃陈观文神道碑》，第5768页。
④ 刘克庄撰，辛更儒笺校《刘克庄集笺校》卷一四六《忠肃陈观文神道碑》，第5768~5769页。
　　林煌达：《陈铧仕宦转变与发展》，稿本，第13~14页。

吴渊字道父，建康溧水人，是吴柔胜的三子，吴潜的兄长，嘉定七年（1214）进士。绍定三年（1230）十一月知平江府，四年七月改浙西提刑。理宗亲政后，因反对郑清之的恢复之举，出知江州，改江淮、荆、浙、福建、广南都大提点坑冶。端平元年（1234）四月被劾罢。入洛之役失败后，吴渊于端平二年五月复职。理宗在征询辅臣意见后，即任命吴渊接任何处久。[1] 吴渊在途中得知镇江军兵变，为争取时间，马上调集舟师溯江而上，迅速平乱，安抚百姓：

> 公闻（兵变）叱徒御督舟师布帆，易大江若平陆，不一日达境，揽辔勇往直前。时狂党方奋挺刃，恣剽夺，或离或伍，跆藉衢陌，不自意公之猝至也。睢盱睊睊，第第狼顾，公气压其凶，诚诱其遗，不哗声色，人讫按堵。于是大加抚取，搜什伍，药伤痍，已责弛，征赀泉，予粮火，础旧壤，万室渠渠，凡丝忽可以惠厥州者，罔不用其极。[2]

等情势稳定后，又展开重建厅堂衙府的工作：

> 始乎宣诏颁春，终乎丽谯仪门。营翼俨如，廊庑肃如。厅事雄屹，榱桷蝉媤。前后有堂，东西有厅。轩曰"近民"，阁曰"高闲"，左揭"仁寿"之名，右标"道院"之目。书

---

① 《宋史》卷四一六《吴渊传》，第12466页。俞希鲁编纂，杨积庆等校点《至顺镇江志》卷一五《太守·宋太守》，第590页。

② 俞希鲁编纂，杨积庆等校点《至顺镇江志》卷一三《公廨·治所》，刘宰之记文，第521页。

塾谂室，前后区别。吏坐曹廨，次序环植。版筑刚桀，铁石
犀寿。自下而高，廉级益峻。由左而右，碱阢孔朣。合所建
置，咸无阙焉。①

衙署重建大约始于端平二年秋，到三年十二月吴渊改任兵部
侍郎，由桂如琥接任，并继续营建，嘉熙元年六月吴渊再任后完
工，由刘宰作记，以昭永久。②

刘宰是镇江防江军作乱的重要见证人，也是协调平定金坛乱
事者。现有防江军乱事的记载，大部分见于《漫塘集》及《至顺
镇江志》所留刘宰记文，不过他在此役中的角色与事迹，在宋史
本传及《漫塘集》中都未记载；倒是因友人王遂所撰的行状所记
较详，而被保留在《京口耆旧传·刘宰传》中：

> 防江军作乱，自邑而郊，焚掠甚惨，晡晚金坛，阖邑奔
> 避。公独与家人宁居，激尉任事，集近郭隅兵备之，号令调
> 给，皆公主之。事上闻，朝廷援广东近比以乡郡属公，命出
> 复寝。③

---

① 俞希鲁编纂，杨积庆等校点《至顺镇江志》卷一三《公廨·治所》，刘宰之记文，第
521页。吴渊平乱后，在府门南子城建谯楼（《至顺镇江志》卷一三《公廨·治所》，第
524~525页），但曾毁镇江府朱方门里山冈下的火袄庙。原因是端平二年，防江寨中军作
乱时，向神祈祷，神许之，遂于乱平后毁坏其庙（《至顺镇江志》卷八《神庙·庙》，第
328页）。但府治西南的总领所各项建设，在军乱中焚毁大半，此时并未重建，元后已无存
（《至顺镇江志》卷一三《公廨·治所》，第529页）。

② 记文撰于嘉熙元年十月，见俞希鲁编纂，杨积庆等校点《至顺镇江志》卷一三《公廨·治
所》。全文近一千二百字，但未收入《漫塘集》中，《全宋文》亦未收。

③ 刘宰著，王勇、李金坤校证《京口耆旧传校证》卷九，第287页。

文中说宋廷拟"援广东近比"，是指同年三月广东摧锋军，因不
满平定江西陈三枪之乱有功无赏，又拖延其返乡行程，而发动叛
乱，导致广东震动。幸赖年届七十八、乡居的吏部尚书崔与之，
仓促出任广东经略安抚使，兼知广州，主持郡务，并会同陈铧等
人于境外阻止，才平定乱事。[①] 七月起，宋廷更七次任命崔与
之为参知政事，显示理宗礼贤诚意。然而，崔与之自嘉定十七
年（1224）起已罹疾，深感长年的病痛难负军国重任，遂坚辞
朝命。[②] 刘宰与崔与之同为理宗亲政后，朝廷亟欲延揽入朝的
名贤。崔与之既辞不受官，刘宰也无意愿，宋廷虽再除刘宰直
敷文阁、知宁国府，皆不拜，最后进直显谟阁，"奉祠玉局"。[③]
故时论有称："一时声誉，收召略尽，所不能致者，宰与崔与
之耳！"[④]

* * *

宋理宗继位后，宋廷为化解对立、强化向心力，推动二次召
贤。为家国奉献勋绩历一甲子的刘宰，成为被征召的对象，再度
开启他入京任官的契机；他也针对内政外交纠结困顿的朝政，贡
献卓见，甚至以行动参与平乱，让他在生命最后十年里展露光

---

① 黄宽重：《南宋地方武力》第一章"广东摧锋军"，第42~45页。参见王瑞来《崔与之事迹
　系年补考》，收入朱泽君主编《崔与之与岭南文化研究》，第20页。龚延明：《南宋清廉官
　崔与之仕履编年考释》，收入朱泽君主编《崔与之与岭南文化研究》，第40页。

② 朱瑞熙：《勤政廉政的一生——南宋岭南名臣崔与之》，《崔与之与岭南文化研究》，第
　385~399页。王明荪：《崔与之的体痛与心志》，《崔与之与岭南文化研究》，第400~413页。

③ 刘宰著，王勇、李金坤校证《京口耆旧传校证》卷九，第287页。

④ 《宋史》卷四〇一《刘宰传》，第12169页。

芒。不过面对受召的荣耀，他仍一再辞免，可见他抱持远离权位的态度。

从刘宰二次被召与请辞的过程，可以看到几个值得讨论的现象。首先，招揽的行动是经执政者举荐、评估后才决定人选，被召者自有一定的政治、社会声誉。刘宰长期居乡的表现颇受朝野尊崇，其受召并非纯靠人际关系，显示出当时召贤的运作，具有一定的政治与社会基础，而非闭门造车。

其次，居中联络的媒介者受朝廷与被召者双方所信任，而能精准传达讯息。居中协调者，在两次召贤行动中扮演着重要角色。第一次的王塈是权相史弥远的亲信，早年知金坛县时与刘宰相识，是刘宰信任的知己，这一层关系让刘宰敢于直言朝政，甚至对史弥远有尖锐的建言。第二次专司联系者则是甫获理宗与丞相信任的挚友王遂，彼此虽无频繁通讯，但王遂与刘宰关系之深，远非他人可比。

然而召贤是否成功，最为关键的仍是被召者本人。从刘宰二次被召的过程中，可以看到政情环境与人际关系影响刘宰之态度为最深。主持宝庆召贤的丞相史弥远久居相位，因济王案招来清议批判，遂试图借由延揽形象清新的刘宰，标示新政。但从刘宰人脉所揭示的政治倾向中，显示出他与史弥远关系较疏远，亦无意受召，但他并未断然推拒，仅是一再借故拖延；同时也劝真德秀等清议者改变决绝心态，并请王塈居中化解疑虑，设法消弭济王案带来的政局对立，显然对执政者仍有期待。直到王塈劾论真德秀等人，双方对立之势明显，刘宰发觉无力改变，才斩断仕意。

最后，理宗在端平年间亲政后，积极调整人事与政策，再次推动召贤, 规模较宝庆时期更大。刘宰得以与大批遭贬的名儒显宦同时被荐, 自属殊荣。但刘宰此时已逾古稀之年, 老态毕露, 请辞之意更强; 但可能难辞宋廷召贤盛意, 一度奉召上路, 惟半途因疾而归, 虽然理宗责王遂衔命催促, 他仍执意辞免。然而从他与魏了翁、李埴等友人乃至丞相郑清之的通信中可见, 他对郑清之等人发动的入洛之役多有评议, 对事后处置尤感失望, 因此即便有参与平定防江军之乱及乱后重建等护卫家国的事功, 他仍决意不出任新职, 与崔与之一同成为理宗亲政后"有功而不居其位"的少数贤者。

"召贤"的举动具有政治上的象征意义。刘宰在理宗朝两次婉辞的过程, 似彰显刘宰、崔与之等人的情操, 而有损朝廷威信。不过, 从宋廷礼请并不断提升荣衔的本身行为来看, 既凸显程序的严谨, 也彰显君王礼遇贤良的政治动作。即使未能全如宋廷所望, 仍有正面意义。

第八章

镇江的人物、家族与社会

南宋的镇江,因江河漕运交通之便,促进了经济的发展,也蒙立国形势的转变,成为国防重镇;当地百姓却也因邻近边区,深受硝烟战火之扰,且因应国防军需而屡受征调,更为漕运需求而牺牲水利灌溉。显见镇江的地理位置,为社会带来利弊相倚的矛盾与冲击,也使社会发展有所局限。通过此地人物的活动,可以使我们一窥镇江社会的实景。记述南宋镇江社会较为全面的是两本镇江方志:《嘉定镇江志》及《至顺镇江志》。但受限于方志体例与撰述的性质,两书对社会现象的描述较为固定且偏于静态,且只收录有仕历及贡献的名望之士,不涉及众多平民百姓,记述内容也详略有别。显见方志所载的传记,难以完整呈现镇江社会的样态。

相较之下,阅读刘宰所撰的《京口耆旧传》和为乡亲撰写的传记,更有助于认识镇江社会。刘宰记述他的亲友,角度与内容虽不免偏颇,但为数众多,包含各级官员与平民,并且兼及传主的家族成员,内容丰富、翔实、多元,较两本方志更能了解传主个人成长、家族发展乃至社会现象。特别是《漫塘集》所记镇江及邻近地区乡亲的生活,更贴近南宋中晚期的镇江社会的实况。

在刘宰所记七十二位乡亲中,除去家人之外的五十八位乡里亲友,涉及的身份层级与形象可谓多元。有官职身份者共二十一位，其中曾任通判以上的中级官员九位，州县幕职等官员十二位；
另有二十四位平民。十三位女性中，除一位身份不明外，有七位
是官员的夫人，另五位是平民之妻。他们和刘宰的关系十分多
样，传文的内容亦繁简有别；然其主要作用既在表彰逝者的德行
与功业，也着意于与在世亲人的联结和感受，因此传记的内容，
依墓主的生平、境遇与事功，侧重于家世传承、教育子弟、致力
举业、孝友传家、亲善邻里、救助亲友、推行慈善、清廉持身、
公正执法、抗御不公等足以垂范后世的事迹。①

　　刘宰在所撰的人物传记中，更关注在宋廷用人政策下，影响
个人、家族与社会至巨的举业发展。宋廷拔擢人才的途径与任官
制度，揭示出由进士入仕，既是个人生命与家族发展的重要转
折，也是地方兴文重教的指标，举业遂成为检视个人与家族的成
就及社会地位的要项。本章通过刘宰所撰人物传记描绘传主，并
从功名仕进的角度，分述镇江家族发展的准则；前两节分别讨论
家族成员由中举、荫补及其他管道取得官位的"发展中家族"，
与尚未在举业中取得具体成绩的"待发展家族"。第三节则试图联
结这些人物与镇江社会，并经由比较观察，探讨区域发展特色。

第一节　举业发展中家族

　　刘宰的镇江亲友人物传记中具有官员身份者共有二十一位，

---

① 黄宽重：《宋代的家族与社会》，第67~272页。陶晋生：《北宋士族——家族、婚姻、生活》，
台北：中研院历史语言研究所，2001。林明：《从四明墓志看北宋平民家族》，硕士学位论
文，台湾政治大学，2019。

连同七位夫人，共二十八位。这些男性传主，不论通过科举还是荫补成为朝廷命官，在镇江都是功名竞争上的成功者，是为举业发展中的家族。然而在宋代，官员职级有阶层上的差异；不论由何种途径入仕，初次任官者多为州县幕职官，包括县丞、县尉、主簿等基层亲民官，或是监当官，皆属于低阶选人官僚。其后经历不同地区或职位的历练，通过考绩及规定的年资，且获得上一级官员的荐举及吏部的审核后，才能晋升为通判乃至知州等具京、朝官身份的中层官员，甚至宰执、侍从等高阶官员。在官职迁转过程中，员额编制的限制，使得士人更须结合个人身家背景、才华能力，以及人际关系等社会资源，才可以在众多的竞争者中脱颖而出。[1] 因此对入仕的个人或家族而言，掌握官僚体系的游戏规则，是突破改官瓶颈的重要门槛。

一　进阶官员的家世与历练

与刘宰关系密切的镇江乡友，仅张镐与赵时侃二人曾在南宋中期任侍从及路级高官，但刘宰未为他们撰写墓志、传记。《漫塘集》留存有九位中层官员的传记，包括金坛人王万枢、赵时佐与赵若珪叔侄、汤宋彦；丹徒人杨樗年与杨恕父子；丹阳人纪极、钟将之与钟颖父子等六个家族。另有王万枢妻蔡氏、赵时侃妻汤氏及赵必愿妻汤氏三位女性，合计十二人。除纪极与刘宰的关系不明外，其他人都是刘宰或其家族的好友。

---

[1]　参见邓小南《宋代文官选任制度诸层面（修订本）》；胡坤《宋代荐举改官研究》。参考王瑞来《小官僚大投射：罗大经的故事》，收入氏著《近世中国——从唐宋变革到宋元变革》，第260~277页。

　　王、赵两家都是镇江卓有声誉的名门，与刘宰关系均十分密切。王万枢曾是刘宰的长官，赵时侃则是出身宗室的好友；这二人的儿子王遂和赵若珪与刘宰理念相近，彼此互动更密，是刘宰乡居期间与外地官员传递讯息及推动多项社会慈善事业的重要友人。由于关系密切，刘宰对王万枢及其妻子蔡氏、赵时侃的弟弟赵时佐、长子赵若珪及其妻汤氏五人之生平历程与事迹的描述，特别详细。

　　王万枢字赞元，是北宋名臣王韶的曾孙。曾四次应举不第，以父荫任官，先娶范氏，淳熙五年（1178）继娶知梅州蔡槔之女。曾任平江府昆山县尉、秀州崇德县丞、知滁州来安县（今安徽来安）、淮南转运司干官、通判建康府、知兴国军等职，其中在建康府与兴国军的政绩尤著。他任建康府通判时，曾发仓廪助济灾民，活民甚众，获两任知府郑侨与张杓的赏识；知兴国军三年，尤积极任事，如减免渡河岁课与赋税零额，给予农民药剂，惩治为恶乡里的奸民，释放无辜系狱者，调和家庭关系，资助举人、官吏路费与丧葬费，兴建学校、官衙，整治城池等，善政甚多。[1] 尤以解除兴国百姓长期负担繁重的"淮衣"之征，更具意义。"淮衣"为淮南东路军衣的简称，于北宋时期创置，属于中央向地方征调财赋的项目，行于江南东西路、两浙路等地，原是地方州军互相均济、兑换不同物产、代发上供钱物的有偿调拨。到南宋仍承袭，但由有偿的和买转为无偿征敛，变成兴国军百姓的一项负担。[2] 王万枢赴任前，即吁请宋廷调整不合理陈规，获

---

① 刘宰：《漫塘集》卷二八《故知吉州王公墓志铭》，第 2 页上。

② 包伟民：《宋代地方财政史研究》第三章，第 104~106 页。

准减免一半，另一半也由转运司补助，地方的负担遂获解除。刘宰说："盖非公言之于临遣之初，则无以悟上意；非公持之于治郡之日，则无以杜方来。成始成终，繄公一力，兴国人画像祠之。"[①] 王万枢任满，宋廷以"吉州为江左大州，兵赋所仰，亟以命公"改调其知吉州，不幸途中病死。[②]

刘宰为王遂生母蔡氏撰写的行状，对她在王万枢死后主导家族及诸子举业、任官等重要事迹，都有丰富的记述，传文达两千八百字。她在二十六岁时嫁给王万枢为继室，婚后独撑家务，尽心照顾家人，厚待亲友族众，尤关心王万枢任官以来的交友与政务，并冷静处理金兵进犯的传闻，稳定社会秩序，拒绝不正常的馈赠，及资助沦为官妓的妇女从良，是贤内助。[③] 王遂任官后，蔡氏随之就养，生活恬淡；嘉定十六年（1223）她七十岁大寿时，婉辞贺典，并请当地长官以民生疾苦为先。[④]

刘宰尤其表扬蔡氏破除怪力乱神的态度。她怀王遂时，妇医说这一胎是女儿，但有办法转女为男。蔡氏认为："男女是分，岂人力所能为？"[⑤] 即请王万枢斥去巫医。嘉定十四年（1221）蔡氏与王遂居乡时，乡人自徽州婺源引进当地神祇，刻成木偶，打算兴建庙宇；乡亲担心王遂向州县衙门举发，企图以祸福说服蔡氏，她说："神聪明正直，岂加祸非辜？不然，是淫昏之鬼，斥去

① 刘宰：《漫塘集》卷二八《故知吉州王公墓志铭》，第2页上。

② 刘宰：《漫塘集》卷二八《故知吉州王公墓志铭》，第3页下。

③ 刘宰：《漫塘集》卷三四《故吉州王使君夫人蔡氏行状》，第15页下~18页上。

④ 刘宰：《漫塘集》卷三四《故吉州王使君夫人蔡氏行状》，第18页下。

⑤ 刘宰：《漫塘集》卷三四《故吉州王使君夫人蔡氏行状》，第15页下。

宜矣。"反而激励王遂举报。[1]刘宰赞扬蔡氏的举动"足以息邪说、正人心，有烈丈夫所不能者"。[2]

　　刘宰为赵时侃两位家人所作的传记也很详细。赵时侃，字和仲，是赵廷美的后裔，到他的曾祖父赵公称知镇江府时，定居京口；父亲是赵亮夫。时侃于庆元二年（1196）中进士，曾知滁州、临安府，官至工部侍郎。[3]他的异母弟赵时佐，字宣仲，[4]以荫补出任和州含山县尉。其后历任江州彭泽（今江西彭泽）丞、知湖南益阳县（今湖南益阳）、知江陵府石首县（今湖北石首）等职，在知石首县任上政绩卓著。当地藕陂市是洞庭湖北侧著名的通商大镇，但争讼频传；赵时佐追捕地方豪横郑光国，定其罪。在通判婺州任上，按常程征收课税经总制钱，避免吏人操弄。后因不愿行贿，未能晋职，愤而辞任。绍定六年（1233）死。[5]

　　赵若珪是赵时侃的长子，字玉父，未冠即入国子监。以父任调隆兴府司参军，改辟为主管浙西安抚司书写机直文字，协助父亲解决繁难吏治，又调监庆元府三石桥酒库、严州寿昌令和知安吉县等职。任知安吉县前，即考察当地的环境，编成《桃州会编》，列出县政得失，然于绍定二年（1229）赴任前骤

---

① 刘宰：《漫塘集》卷三四《故吉州王使君夫人蔡氏行状》，第20页下。

② 刘宰：《漫塘集》卷三四《故吉州王使君夫人蔡氏行状》，第21页上。

③ 《嘉定镇江志》卷三《攻守形势》，第11页下~12页上。

④ 刘宰在《故令人汤氏行状》中说赵亮夫的元配褚夫人葬金坛，继室为曹夫人，见刘宰《漫塘集》卷三五《故令人汤氏行状》，第12页下~17页下。而《故宁国通判朝奉赵大夫墓志铭》则说赵时佐在丁生母沈氏忧，则沈氏或为庶妻，刘宰《漫塘集》卷三二《故宁国通判朝奉赵大夫墓志铭》，第1页上~3页下。

⑤ 刘宰：《漫塘集》卷三二《故宁国通判朝奉赵大夫墓志铭》，第2页上~2页下。

逝，享年四十三岁。① 赵若珪个性慷慨、孝敬双亲，善与人交，对贫弱饥寒乡人尤为尽心。嘉定十七年（1224）金坛大饥，他力助刘宰推动大规模赈饥行动，刘宰赞说："嘉定甲申，岁大饥，有饭饥者事半而力不赡，君实续之。士失其养，君捐良田十五亩以助。士不知教，君与乡之先达，日程其能以厉之，故人心之感如此。"②

赵若珪的母亲汤氏，是南宋初期知枢密院事汤鹏举的曾孙女。父亲汤国彦在她年幼时逝世，她操持家务，得伯父汤邦彦的欢心，③ 遂促成其与赵时侃的婚事。婚后，她奉侍公婆，并助赵时侃在武进县尉及句容令任上缔造佳绩。嘉定初年，宋廷调赵时侃守滁州，时淮边不稳，汤氏以"君子不辞难，不以家事辞王事"，④ 鼓励他赴任；及赵时侃知临安府，赵若珪晋升京官，赵若琚中进士，一门三春，她反心存戒慎。其后赵时侃与赵若珪相继病逝；面对生死无常，她只说："修短有数，可若何？"⑤ 而将赵时侃的遗泽转给赵时侃庶弟；又勉励次子赵若琚赴淮南路转运使之召："远方以粮运为急，汝幸以世臣子，列属其间，宜亟往就职，以报国恩。又汝父兄继亡，宜勉旃以立门户，久留无益也。"⑥ 展现出大家闺秀明理知分的胸怀。

汤氏的叔父汤宋彦（1154~1222）的行状和墓志也由刘宰执

---

① 刘宰：《漫塘集》卷三一《故知安吉县赵奉议墓志铭》，第 5 页下。

② 刘宰：《漫塘集》卷三一《故知安吉县赵奉议墓志铭》，第 4 页上。

③ 汤邦彦官至左司谏，是孝宗朝名臣。刘宰著，王勇、李金坤校证《京口耆旧传校证》卷八，第 251 页。《京口耆旧传》的时间疑误，邦彦死年或在淳熙五年、六年间。

④ 刘宰：《漫塘集》卷三五，《故令人汤氏行状》，第 12 页下。

⑤ 刘宰：《漫塘集》卷三五，《故令人汤氏行状》，第 15 页下。

⑥ 刘宰：《漫塘集》卷三五《故令人汤氏行状》，第 16 页上。

笔撰写。汤宋彦为镇江名贤汤鹏举的孙子，[①] 以鹏举荫补恩，授湖州司户参事。后历任知绍兴府余姚县、通判庆元府（今浙江宁波）兼掌舶务等；任湖北安抚司参议官时，因劳致死。[②] 刘宰撰文时以实例表扬他促进家族和谐，[③] 如其兄汤邦彦因使事获罪而死，宋彦资助其女嫁妆，分良田六十亩给诸侄，又将任子恩给邦彦之孙。第二次任子，则给予大弟之子，再次任子又授予三弟之子，刘宰盛赞他："世衰道微，士大夫家以父祖遗泽相贸易，有同市道。公独以兄弟之子犹子，择未命者以义授之，可不谓难欤！"[④]

　　杨、钟两家父子四人的出身、仕途与乡里角色，颇有差异。杨氏家境富裕，楙年虽致力举业，然未中第，后娶外戚钱忱之女，奏补为幕职官。[⑤] 因充裕国赋有功，改知常州武进县；丁父忧家居时，逢镇江大旱，淮东总领所钱良臣与知镇江府沈复合请起复，后以浚湖纾解民困有功，改通判扬州。在扬州任上，组织强勇军、督捕蝗害，并规划通往古运河与长江咽喉要冲的瓜洲水闸，便利粮运；获知州长官联名向朝廷力荐，改知真州，后改知

---

① 刘宰著，王勇、李金坤校证《京口耆旧传校证》卷八，第248~251页。

② 宋彦卒年，刘宰在行状中作壬申（嘉定五年，1212），墓志铭则作壬午（嘉定十五年，1222），墓志铭误。

③ 刘宰：《漫塘集》卷三四《故湖北参议汤朝议行述》，第11页上~11页下。

④ 刘宰：《漫塘集》卷三四《故湖北参议汤朝议行述》，第12页下。

⑤ 《杨提举行述》中关于钱氏所述多误，称："吴越钱氏故太师驸马都尉唐国公先葬于东霞山，实迄公居……遂联姻，实少师泸州军节度使荣国公忱之曾孙女。"（《漫塘集》卷三三《杨提举行述》，第22页上）实则太师驸马都尉是钱景臻，封康国公、赠太师，会稽郡王，葬于丹徒县。钱忱（1083-1151）任泸州节度使，娶唐氏，终少师潼川军节度使，封荣国公。子钱端礼。刘宰著，王勇、李金坤校证《京口耆旧传校证》卷二，第65页，"钱氏少师曾孙钱忱之女"亦误。

和州，再除提举福建市舶，开禧元年（1205）死。① 次子杨恕，庆元三年（1197）以荫补将仕郎。初任监钱塘县买纳盐场；其后历知华亭、淳安及监三省枢密院门、太府寺簿、通判庆元府，知潮州、临江军、大宗正寺丞，及提举淮南东路常平茶盐司公事等职。宝庆元年（1225）死于京口寓舍。②

杨樗年相当重视子弟教育，曾建宝经堂以聚书教子。③ 此外，他个性豪迈，厚待宗亲乡党，救助贫穷士人，被尊为京口长者，刘宰曾记述：

> 犹记舶使无恙时，月旦必大合族，具冠带，序少长，击鲜酾酒，从容竟日。座有言某饥不自食、某寒不自衣、某病须医、某吉凶须助，虽甚疏远或无一日雅，舶使必称力周之。故方是时，族无贫人，姻旧乡邻缓急皆有告。④

可见杨樗年照顾亲族不遗余力。

丹阳钟将之（1125~1196）、钟颖父子均由科举入仕，政绩卓著。钟将之，字仲山，绍兴十八年（1148）与朱熹同榜进士。历楚州淮阴尉、盱眙军教授、泰州教授、常州教授、知和州历阳县等职。历阳县因军屯与民田交错，纷扰不止，他极力沟通、化解纠纷。⑤ 通判滁州时，与知州石宗昭筹划救灾得宜，民免于受饥。

---

① 刘宰：《漫塘集》卷三三《杨提举行述》，第 21 页上 ~26 页下。参刘宰著，王勇、李金坤校证《京口耆旧传校证》卷二，第 65 页。

② 刘宰：《漫塘集》卷三二《故提举宗丞朝散杨大夫圹志》，第 23 页下 ~24 页下。

③ 刘宰：《漫塘集》卷二三《杨氏宝经堂记》，第 14 页上 ~15 页下。

④ 刘宰：《漫塘集》卷二三《杨氏宝经堂记》，第 15 页上 ~15 页下。

⑤ 刘宰：《漫塘集》卷三十《故通判滁州朝散钟大夫墓志铭》，第 8 页上。

钟将之在淮南边地, 致力于修建学校, 其振兴教育的作为, 深获文学名臣杨万里和理学家石宗昭的肯定。①

钟颖 (1159~1232) 母亲早死, 自幼由外祖父扶养成长。先以父亲恩荫补官, 庆元二年 (1196) 中进士第, 改任秀州袁部盐场、泰州马塘催煎官; 奏减灶以纾亭民、浚河以便商贩, 盐利大兴。嘉定十二年 (1219) 通判濠州, 他有感于濠州地处极边, 遂着力修缮城壁, 训练民兵, 调处军民, 强化守御; 当金兵进犯时, 道路受阻, 他自创凭证, 以利钱粮通行, 并率部将石俣与韩存, 以寡弱部众成功退敌, 解淮西之围。② 因功改差镇江府通判, 避籍不就, 归乡经营庭园。③ 理宗即位后, 改通判隆兴府, 既宽绥经总制钱期限, 调整和买绢额度, 减轻百姓负担; 又重修东湖书院, 振兴教育, 成效卓著, 擢任知建昌军。绍定五年 (1232) 一月死。钟颖勇于任事, 廉洁饬身, 虽家产不丰, 仍能捐良田、置义庄, 支持宗族发展。④

纪极是丹阳望族, 也以荫补入仕。他历任南剑州剑浦 (今福建南平) 尉、平江府昆山县丞、知建康府溧水县、知饶州乐平县 (今江西乐平) 等职。他在知乐平县时, 修葺学校, 整建房舍, 供粮赈灾, 医治病民, 甚至囊石护堤, 降低百姓受水患之苦; 政绩甚获江东提刑真德秀称许, 百姓也立祠刻石以记其德。后改差广德军 (今安徽广德) 通判, 上任前因病逝世。⑤

---

① 刘宰:《漫塘集》卷三十《故通判滁州朝散钟大夫墓志铭》, 第 8 页下。

② 钟颖为感念二位军将拯救城池于危难, 特建庙以祀, 见刘宰《漫塘集》卷二一《濠州新建石韩将军庙记》, 第 11 页上 ~13 页下。

③ 刘宰:《漫塘集》卷二一《野堂记》, 第 29 页下 ~31 页下。

④ 刘宰:《漫塘集》卷三一《故知建昌军朝议钟开国墓志铭》, 第 26 页上 ~30 页下。

⑤ 刘宰:《漫塘集》卷三三《纪通判行述》, 第 29 页下 ~31 页下。

　　刘宰所记镇江中级官员亲友的入仕途径及历程，有两个值得观察的现象。其一，除钟将之、钟颖父子出身进士外，其余诸人多由荫补入仕，这表明进士出身固然是追求仕进的重要途径，但在镇江要争取中层官员的机会，未必优于荫补。且这些荫补得官的家族与当朝名宦——杨氏与外戚钱氏、赵氏与汤氏、汤氏与蒋氏、汤氏与赵必愿——有婚姻关系，明显可见镇江中层官员家族在仕途竞争上确具优势；不过到南宋晚期，除王遂仕历较显外，其他家族未见后续发展。

　　其二，除赵若珪与汤宋彦外，其他诸人都曾任职边境地区，如王万枢（来安、全椒）、赵时佐（和州含山县、江陵府石首县）、钟将之（滁州、和州）、钟颖（通州、泰州、濠州）、杨樗年（真州、扬州）、杨恕（潮州、淮南东路节度使司、盱眙军）、纪极（南剑州、溧水县）；但与钟将之、钟颖父子久任边地相比，以荫补入仕的诸人，任职边地只是其职务历练的一环。

　　在这些中层官员的传记中，刘宰也以具体事例，表述他们对国家与乡里的贡献。如王万枢减免兴国军民众淮衣之征；赵时佐在婺州募勇士；赵若珪协助推动乡里救灾；钟将之在和州平息军屯田与民田的纠葛，及提升淮边举业竞争力；钟颖在濠州抗金有功；杨樗年、杨恕父子建宝经堂教育乡里子弟及救助贫困士人；纪极阻止调派昆山海船到长江御侮；对汤宋彦，则强调其分家产及将任子恩给家人等。至于善待家人、教育子弟、平息纠纷等家族事务的记述，则与记其他地区士人官僚及夫人颇相类似。

二　低阶官员的抉择

《漫塘集》中所见刘宰所写任低阶官员的乡里友人,共有十二人,其中有七人是进士入仕,三人是武举出身的武职官,两人是特恩补官;加上四位女性,共十六人。其中六位(张汝永、张汝开、孙沂、王元实、范克信、张镇)为刘宰的姻亲;同年有五位,其中进士同年是赵崇恚,其余四位为乡试同年(张汝永、张汝开、张镇、陈景周);诸葛埴本人与翟起宗的父亲翟汝霖则是刘蒙庆的学生。这些传主固然因获得官职而让家族晋升为官户,改变社会地位,但他们从举业到任官的历程颇为曲折艰辛,政务、政绩比中级官员简要;至于记述内容的繁简,则视其仕历及与刘宰关系的亲疏而定。

这些低阶官吏各有自身的成长背景及发展际遇。本节依关系、身份,分三群介绍事迹较详者,包括出身富豪的张汝永、张汝开兄弟及孙沂三人,任武职的范如山、范克信和王元实三人,及学友陈景周、诸葛埴与翟起宗三人。

张汝永和张汝开是张损的儿子。张损和杨樗年两家,都是金坛富豪,以聚书、教育乡里子弟及捐钱赈济而赢得赞誉。刘宰说:

> 近时州县学官,又往往不饬教事。虽有秀民良子弟,闻见寡陋,亦无以成其器质之美。若吾乡之杨氏、张氏,皆倾家赀以来当世士。凡士之有声场屋者,虽在数千里外,必罗致馆下,使与诸子及乡之后进游。聚书之富、致客之盛、遇

客之厚，悉时所罕见。盖不但家塾之教立，而誉髦斯士犹足仿佛乎党庠术序之盛。①

　　张损，字德久，家世富饶，唯举业不顺，晚年才以特奏名授吉州文学。他聚书于"省斋"书馆，作为教育子弟及乡里师友交游之地，"用能成其身，亦以成其子"。② 在他极力培养下，四子中有三位中举任官。张汝永（1160~1230）是长子，字端袤，③ 淳熙十三年（1186）与弟汝佥、父亲和刘宰一起通过乡举，但到嘉定七年（1214）五十四岁才中进士；出任和州含山县（今安徽含山）主簿，督建金牛城有功，被辟为监藩封激赏酒库；他希望任亲民官以实践自身理念，遂转任邻近金坛的溧阳县丞。绍定三年（1230）逝世。元配蒋氏，继室李氏，共育有一女二子。④

　　张汝开，字端衡，是张损的季子。他二次举于乡，到嘉定十三年（1220）五十五岁才中进士，初任家乡附近的建康句容县尉。任满改监四明穿山盐场，又调监行在北酒库，端平二年（1235）逝世。妻余氏生一子，无嗣；一女嫁刘宰侄儿刘用厚，刘宰乃命用厚从侄更名烨为继。张汝开一生笃守儒学，拒斥鬼神、道教，是刘宰的同道。⑤

　　孙泝，字彦与，是丹徒富人孙大成的三子，自幼协助父亲经营产业。后与兄孙泳均受教于刘宰的堂兄刘桂喦，致力举业，四

---

① 刘宰：《漫塘集》卷三二《故监行在北酒库张宣教墓志铭》，第 8 页上。
② 刘宰：《漫塘集》卷三一《故溧阳县丞张承直墓志铭》，第 14 页下。
③ 刘宰：《漫塘集》卷三一《故溧阳县丞张承直墓志铭》，第 14 页下。
④ 刘宰：《漫塘集》卷三一《故溧阳县丞张承直墓志铭》，第 15 页上。
⑤ 刘宰：《漫塘集》卷三二《故监行在北酒库张宣教墓志铭》，第 8 页上 ~12 页下。

次乡举均获首选，嘉定四年（1211）中进士，时年四十。首任平江府吴县（今属江苏苏州）主簿。先后丁父母忧，服除后授台州仙居县（今浙江仙居）尉，以重修择水城石堰有功，改常熟县（今江苏常熟）丞，政绩显著；然有感于中举十八年仍任幕职官，积劳致疾，因而乞归，端平元年（1234）逝世。有一子二女，次女嫁刘桂喦之孙刘子敬。刘宰说他："亲养既克，束书起家。四上贤书，再为举首。发策决科，探囊索有。政行三邑，选止七阶。退为克己，进不关怀。"对他入仕后仍在基层浮沉，颇为感慨。[1]

刘宰为三位武职乡友撰写墓志，皆凸显低阶武官久任边区的辛劳及贡献。首先是归正人范如山，字南伯，邢台人。父亲范邦彦原为北宋的太学生，金兵南犯时，因母老无法离家；后中金朝进士，任新息县令。绍兴三十一年（1161）金海陵王南侵，邦彦开城迎宋兵，举家南迁。南归后，范邦彦初任湖州长兴县令，范如山添差监湖州都酒务，随侍父侧；及邦彦通判镇江，遂定居京口。当时志在恢复的荆南帅张栻，以如山熟悉北方形势，辟差辰州泸溪县令，改摄江陵公安县。庆元二年（1196）死。[2]

范如山与辛弃疾都是归宋的豪杰，绍兴三十二年（1162），稼轩娶范如山之妹；稼轩长女亦嫁如山之子范炎，二人关系甚为密切。[3]范如山的妻子张氏是巨鹿人。范邦彦决意投宋时，劝她回乡，她以"妇人既嫁从夫，舍夫安之？"为志，毅然随夫家归宋。范如山久在外地任职，张氏承担家务，让二子接受教育。长

---

① 刘宰：《漫塘集》卷三一《故常熟县丞孙承直墓志铭》，第32页下。

② 刘宰：《漫塘集》卷三四《故公范大夫及夫人张氏行述》，第21页上~23页上。

③ 辛弃疾与范如山之妹结婚时间，邓广铭作绍兴三十二年，蔡义江作乾道五年。见邓广铭《辛稼轩年谱》，第4、29~30页。蔡义江、蔡国黄《辛弃疾年谱》，齐鲁书社，1987，第63~65页。

子范炎任官后，张氏鼓励他廉洁从政，并嘱以减轻百姓负担，让"家家春风"。①

刘宰母亲的族人范克信是另一位武职官员。他字允诚，二十岁通过乡试，庆元五年（1199），以特恩任许浦水军准备差遣，但因与新任长官不和遭罢。嘉定初，任淮东戎幕，忠于职守，曾改造战车御敌，以功升从事郎，转广西经略安抚司干办公事、同措置买马，以招马有方，获羁縻州官的信任。嘉定十年（1217）死。② 范克信颇照顾家族，其父范逍曾创义田以维护祖坟，克信更赠给经费；范氏三兄弟中，长兄负责家务，他和二哥致力举业。后因买马有功，获推恩，他让给兄姊之子；他也乐于帮助朋友，例如乡友乃至范仲淹的后裔逝世于外地，无法归葬，他即协助买棺并送回家乡安葬。③

范克信兄弟与刘蒙庆是同乡好友且是姻亲，因此刘宰既为克信写墓志铭，也为其妻赵氏写行状。刘宰在赵氏墓志中强调她豁然大度，成全丈夫好宦游与尚义、喜宾客的个性，承担家务、教育子弟，是维系家道的主力。④

另一位武职官员是张汝永的妹夫王元实，字辉之，宜兴人。先世以儒为业，元实则入武学，淳熙十四年（1187）中举，首任淮边要冲安丰军霍丘县（今安徽霍邱）尉。秩满后调升荆湖北路澧州石门（今湖南石门）令，改任临安县监桃源酒库；其后相继

① 刘宰：《漫塘集》卷三四《故公范大夫及夫人张氏行述》，第24页下。
② 刘宰：《漫塘集》卷二九《故广西经略司干官范承事墓志铭》，第6页下~10页下。
③ 刘宰：《漫塘集》卷二九《故广西经略司干官范承事墓志铭》，第8页上~9页上。
④ 刘宰：《漫塘集》卷三四《故广西经略司范经干孺人赵氏行述》，第25页上~26页下；卷二九《故广西经略司干官范承事墓志铭》，第6页下~10页下。

在武冈军绥宁县（今湖南绥宁）及江陵府、镇江府都统司等宋金交界地区，或与溪洞相邻的边境任职。当时宋金边境战事迭起，蕲州（今湖北蕲春）、黄州（今湖北黄冈）受扰甚重，元实协助主帅处理边务，卓有劳绩。后因反对移屯军队至承州（即高邮军，今江苏高邮）和楚州，而请辞归乡，绍定元年（1228）死。①

另三位则是高龄中举，仅历官一任的同年与学友。首先是与刘宰关系至密的乡试同年陈景周，他是北宋丞相陈升之族裔，父亲陈嘉言致力培育子弟。景周自小即笃志于学，并两次通过乡举，但到嘉定十六年（1223）五十七岁才中进士，出任溧阳县尉。② 溧阳县是建康府大县，民风剽悍，政务繁杂。景周个性耿直，清廉自持。当时丞相史弥远在溧阳有庄园，掌事的都催与当地豪横相结，凭势凌轹乡里。景周到任后掌握讯息，压制这些恶势力，因而受到报复。绍定二年（1229），他在离任前夕暴卒，享年六十三岁。死后，豪横更要挟不能买棺木及行葬礼；幸得当地寓公相助，才由三个侄儿扶柩归葬。③ 当时知县为章铸。④ 刘宰对景周暴卒感慨甚深，但记载其逝世的过程则相当隐晦。从事后的发展看来，陈景周之死或许与丞相史弥远的庄园有关。史弥远死后，宋廷爆发一连串推动平反、追究史氏政治责任的事件，陈景周之死的细节才随之曝光，与刘宰在墓志中所记有极大的差别。⑤

---

① 刘宰：《漫塘集》卷三〇《故王武德墓志铭》，第 23 页下 ~25 页下。

② 刘宰：《漫塘集》卷三一《故溧阳县尉陈修职墓志铭》，第 7 页上 ~8 页下。

③ 刘宰：《漫塘集》卷三一《故溧阳县尉陈修职墓志铭》，第 8 页下。

④ 时人疑知县为陆游之子陆子禴。实则陆子禴知溧阳县在嘉定十一年正月至十四年四月。见马光祖修，周应合纂《景定建康志》卷二七，第 33 页下。

⑤ 关于陈景周之死与地方政治势力的关系，童永昌有更全面而清晰的讨论。参见童永昌《县尉陈氏之死：南宋晚期的财政危机与地方社会》，稿本。

金坛人诸葛埴，字子直，二十五岁时奉父命，师从刘蒙庆。三十七岁举乡试，晚年获特奏名进士，曾任淮边重镇安丰县（今安徽寿县）主簿。当时宋廷筹划北伐，边境多事，县令屡更，诸葛埴代理县务，备极辛劳。任满调江陵府粮料院，未上任而死。诸葛埴感于族人、乡党受困于里役，乃提倡义役，化解乡里纠纷。[1]

翟起宗，字元振，父亲翟汝霖是刘蒙庆的学生，母周氏。起宗十八岁即通过乡举，嘉定十年（1217）四十八岁以特奏名入仕时，母亲骤逝。[2] 服除后，任黄州麻城县（今湖北麻城）主簿。时值宋金再启战事，麻城城邑隳坏。起宗率民聚守山寨并输粮援军，稳定时局；真除县令后，整顿官衙、坊市，重建县学，并祀司马光与二程于祠学，[3] 宝庆二年（1226）死。[4]

刘宰记述四位低阶官员夫人的内容，多来自她们的家人。她们和前节所述中级官员相比，出身并不显赫，在家中也多扮演相夫教子的角色。但刘宰撰记时，也因传主本人或丈夫的个性、家境与仕途发展差异，显现出若干特点。如他对同年且为亲家的张镇夫人韦氏，表述其助益世教人心的事迹。[5] 窦从谦的夫人霍氏，则是影响丈夫处世的贤内助。[6] 两位范姓武职官员，游宦经历丰富，个性豪迈慷慨；他们的夫人则豁达大度，承担家务，教育子

① 刘宰：《漫塘集》卷三二《故监江陵府粮料院诸葛承直墓志铭》，第5页下~6页下。

② 刘宰：《漫塘集》卷三〇《故知麻城县翟承事墓志铭》，第17页下~18页下。

③ 刘宰：《漫塘集》卷二一《黄州麻城县学记》，第25页下~27页下。起宗应王遂的要求将三先生列入祠学。

④ 刘宰：《漫塘集》卷三〇《故知麻城县翟承事墓志铭》，第17页下~18页下。

⑤ 刘宰：《漫塘集》卷三一《故韦氏孺人墓志铭》，第12页下~14页上。

⑥ 刘宰：《漫塘集》卷二八《霍氏墓志铭》，第5页下~6页下。

弟。① 四人中，张镇和范克信是刘宰的姻亲。但刘宰母亲早死，韦氏晚年随同张镇到歙县任职，二人与刘宰的互动不多，可记的事迹少。而女婿张介强调其母破除迷信阴阳之事，与刘宰理念切合，反成为传文中着墨的重点。②

刘宰笔下十二位长期在基层浮沉的同乡好友中，最明显的现象是高龄中举、多历边职，而且长期浮沉基层、历事多艰、坐困下僚。有四位超过五十岁（陈景周五十七岁、张汝永五十四岁、张汝开五十五岁、卫翼五十四岁）才中进士，而翟起宗与诸葛埴更到晚年才以特奏名入仕。任职边区者有七位，如李绅（楚州山阳）、范如山（湖州督酒务、辰州泸溪、江陵公安）、范克信（广西经略司）、翟起宗（黄州麻城）、王元实（安丰军霍丘、武冈军绥宁、江陵、镇江府都统司）、张汝永（和州含山）、诸葛埴（安丰军安丰县、江陵粮料院）。以武职入仕的范如山、范克信和王元实，更长期任职于边区。晚年才以特奏名入仕的翟起宗与诸葛埴，则仅担任对南宋而言是极边的黄州麻城县主簿与安丰军安丰县主簿之职。除孙泝外，卫翼、陈景周和张汝开、张汝永四位也都任职于邻近江边的建康地区，且长期浮沉基层。只有宗室同年赵崇悫，二十七岁中举，但未任实职。

这些亲友在沿边地区任职的比例偏高，显然与他们的出身及居住环境有关。例如张汝永、汝开兄弟是京口地区的望族，但他们中举时年岁已高，族人也不曾在中枢任职。在员多缺少的南宋，这样的出身并不突出，加之缺乏高层奥援，要到竞争极激

---

① 刘宰:《漫塘集》卷三四《故公范大夫及夫人张氏行述》，第 21 页上 ~25 页上；同卷《故广西经略司范经干孺人赵氏行述》，第 25 页上 ~26 页下。

② 刘宰:《漫塘集》卷三一《故韦氏孺人墓志铭》，第 13 页上。

烈的沿海或邻近京城的富庶地区任职，并不容易。他们的家境富饶，又具官户身份，在镇江已是乡里名望之家，到地理相邻、民情相近的淮南地区任职，可以就近照顾父母，并与家族维系关系。因此到淮边任职，并无违和、贬抑的感受，反而是官场生涯中的有利选择。张汝永与张汝开选择在溧阳和句容任职，所考虑的和刘宰一样，即是方便与家族乡里的联系。

淮边与江南虽仅一江之隔，但对大多数沿海及地处富庶的江浙士人而言，除了担心边境爆发战事、危及生命外，气候与地理条件差异甚大，生活适应不易，也是重要考量。像出身寒微的余姚人孙应时，为求仕进，于淳熙十三年（1186）到海陵县（今属江苏泰州）任县丞，这时海陵已六十年无战事，他仍视之为人烟

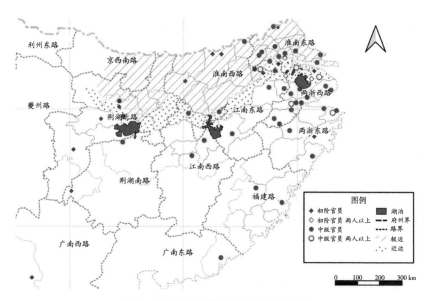

图 3　刘宰镇江亲友任职地域分布情况

资料来源：中研院人社中心 GIS 专题中心（2020）中华文明之时空基础架构系统，http://gissrv4.sinica.edu.tw/gis/cctslite.aspx(2023/3/2)，"南宋历史地图"。此图由邹武霖硕士绘制，复旦大学鲁西奇教授校订。

稀少、田土荒芜的不毛之地；至岁末，更倍感寒冷寂寞。[①] 可见，在富庶地区成长的士人官僚，若非情势所迫，绝少愿意到边地任职。这些现实因素，让镇江与闽浙士人对到淮边任职的心情和接受度，显有落差。

在南宋有经济能力的家族，都以提升子弟举业环境、争取功名为要务。由于经济、教育文化发展水平上的差异，镇江人在进士录取名额及仕途竞争上，固然难与沿海及富庶地区抗衡；不过，相对于饱受战火威胁的淮南边境而言，镇江经济发达，士人中举名额也多。况且淮南离家乡较近，境土相连，共同形成南宋国防的屏障线，两地颇有唇齿相依的一体感，因此镇江士人反而有较高的意愿到淮南或临边地区任职；从刘宰笔下多数选择到淮边安丰、山阳等地任职的乡友身上，就可以看到京口士人面对现实的因应态度。

第二节　举业待发展家族

刘宰为乡里不仕友人写了二十四件墓志传记，加上六位女性，共三十位。这样的数量，在他所写的传记中占比相当高，这和他久居乡里有关。[②] 刘宰辞官后的三十年间，参与推动乡里事

---

① 孙应时：《烛湖集》卷一六《海陵岁暮》，第 20 页上。黄宽重：《孙应时的学宦生涯：道学追随者对南宋中期政局变动的因应》，第 51~52 页。

② 童永昌博士通过 CBDB 宋代墓志铭作者撰写对象，发现两宋墓志铭数量最多而且无官者占比超过 15% 的前三十位作者，几乎全是南宋作者。刘宰撰写平民墓志铭的比例虽不算多，但同乡的占比却很高。这一观察虽尚属初步，仍有待深入探讨，但值得重视。十分感谢他协助，提供数据。

务，镇江是其主要活动场域；和绝大多数以追求功名为志，来往于中央与各地方任官、就学的士人仅短暂乡居，有明显的差异。刘宰参与地方事务既多，与众多平民百姓或不仕士人来往、互动甚于他人，因此留下较多为不仕亲友撰写的墓志资料。

通过刘宰的记述，有助于我们认识镇江庶民多元丰富的生命历程，以及他们如何因应环境的挑战，又采取何种发展策略以提升社会地位，从而对镇江社会有更全面的掌握。但受限于墓主事迹及刘宰与他们的关系，墓志内容繁简有别。本节按关系与乡里角色，举不同案例加以说明。

这三十位亲友中，有六位是他的姻亲：孙大成是刘宰妹妹的公公，[①] 徐处士的儿子徐藻是刘宰长子汝琦的岳父，[②] 蔡希孟是刘宰堂兄刘桂嵒的女婿，[③] 江模的弟弟江遂良是刘宰侄孙刘宗朝的岳父。[④] 高与之的女儿嫁刘宰次子汝遇，雷震之子应龙娶刘宰侄女。[⑤] 除江模、蔡希孟事迹较少外，可以从其余四人的记载，看到一般平民家族教育子弟的作为，以及他们在地方社会的样态。

孙大成家族与刘宰家族既有师生关系，又缔结婚姻，他的次子孙泳娶刘宰的妹妹，幼子孙泝曾受学于刘宰堂兄刘桂嵒，孙泝次女嫁给桂嵒的孙子刘子敬，两家关系十分密切。[⑥] 大成字振道，出身丹徒书香世家，以经营产业致富，是刘宰所述"好义而不顾其私"的善人。他年幼时患病，因丹药痊愈，此后喜聚方书，且

① 刘宰：《漫塘集》卷三三《孙府君行述》，第 26 页上 ~29 页下。

② 刘宰：《漫塘集》卷三一《徐处士墓志铭》，第 22 页上 ~24 页上。

③ 刘宰：《漫塘集》卷三一《蔡希孟墓志铭》，第 21 页上 ~21 页下。

④ 刘宰：《漫塘集》卷三二《江进士墓志铭》，第 7 页上 ~7 页下。

⑤ 刘宰：《漫塘集》卷三二《高与之墓志铭》，第 3 页下 ~5 页上。

⑥ 刘宰：《漫塘集》卷三二《故常熟县丞孙承直墓志铭》，第 32 页上 ~32 页下。

制药医治乡友；旱荒时解衣推食，嘉惠饥冻者。致富后，他安排长子孙渊主持家业，二子孙泳和孙泝致力举业，自己则追求清淡、朴实的道风。嘉定四年（1211）长子孙泝中进士时病逝，享年七十二岁。[1] 刘宰虽批评道家生活的人："终日营营，自谓足以为子孙计，而专利以贾怨，巧取以速阴祸，有身之不能保者。"[2]"为道者则以礼为械，以家为累，飘然远引。自谓足以了生死事，而己私未克，性地不明，有形神将离而眷眷不能释者。"[3]却赞扬孙大成"为善不为利""临死生大变，卓然不惑"，与一般谋利者或道者截然有别。[4]

刘宰记孙大成妻张氏墓志，除着力陈述她协助丈夫行善外，[5]兼述她照顾大成的姊妹、祭祀祖先、招呼宾客及操持家务、成就诸子的举业等事迹，显示她善于调和内外、承担家务，是成就夫婿的贤内助。[6] 此外更凸显两个重点：一是张家居于四方舟车交会的繁华地区，家人致力举业，辅以医术，是富贵之家，不曾事蚕缫，但婚后张氏亲自督责媵侍从事纺绩，而不以为苦；二是张氏信佛，却职守儒家主敬之说，与一般学佛者不同。[7]

徐处士不见名讳，金陵句容人。他幼年志于学，双亲死后改谋营生，创业有成后力辟书馆藏书，召请名士教子。宝庆元年

---

① 刘宰：《漫塘集》卷三三《孙府君行述》，第28页上。
② 刘宰：《漫塘集》卷三三《孙府君行述》，第28页下。
③ 刘宰：《漫塘集》卷三三《孙府君行述》，第28页下~29页上。
④ 刘宰：《漫塘集》卷三三《孙府君行述》，第29页上。
⑤ 刘宰称："凡公之为，好义而不顾其私，达生而不狃于事，弥缝于内而经理于外，使力足以遂其志，张氏与诸子有助焉。"刘宰：《漫塘集》卷三三《孙府君行述》，第28页上。
⑥ 刘宰：《漫塘集》卷二九《故张氏孺人墓志铭》，第5页上~6页下。
⑦ 刘宰：《漫塘集》卷二九《故张氏孺人墓志铭》，第5页上。

（1225）三子徐藻中进士，开启家族起家的契机。他晚年将田产尽予诸子，不问家事，"幅巾杖屦，徜徉里闬，时围棋以自娱"，其轻财好施，声闻乡里。[1]

句容人高天赐，字与之，父亲高志崇勤俭持家，以便二子专心举业。天赐不忍父亲独任重责，遂承担家业；致富之后，父子依亲疏急缓，力助乡人，饥荒时则发放米粮施赈，泽及乡亲。[2]高氏父子对乡里更大的贡献，是勠力开通句容到镇江的道路。自句容前往镇江，须穿越险峻的山路，到丁角镇又须涉水，交通不便。志崇决意打通险阻的山路，并在山谷间建数十座桥梁，费用高达一万三千缗，"闻者缩颈"。[3]天赐依从父愿，克服困难，打通道路，兑现承诺，"岩壑高下皆成坦涂，行道之人无不举首加额"，是乡里极大福音。[4]

金坛人雷震的父亲是雷彦强，母亲吴氏。吴氏死，彦强再娶，但继母偏袒亲生儿子，逼迫雷震就养于表兄家；父亲死后，雷家户籍由官户沦落为民户，坟地荒芜，穷极潦倒。当时的风尚，是以财富评量家族的社会分量与地位。雷震面对此一现实，积极振兴家业，修复祖坟，进而安排次子雷选和三子雷应龙专心举业。等雷选通过乡举为待补太学生后，他特呈请官府重新厘定户籍，恢复官户，以改变乡里对他的评价。嘉定元年（1208）逝

---

[1]　"有以匮告，必称力赒之，或不谒而予。岁俭谷贵，富者遏籴，君辄倾所有，平价以粜，其无资者贷之，甚者与之，人赖以济。"徐处士嘉定十年（1217）以八十六高龄逝世。刘宰：《漫塘集》卷三一《徐处士墓志铭》，第23页下。

[2]　刘宰：《漫塘集》卷三二《高与之墓志铭》，第3页下~4页上。

[3]　刘宰：《漫塘集》卷三二《高与之墓志铭》，第4页下。

[4]　刘宰：《漫塘集》卷三二《高与之墓志铭》，第4页下。关于高志崇凿通句容到镇江府的道路，造福乡民的事迹，亦见于《至顺镇江志》。

世，享年七十七岁。①

从刘宰为其伯父与父亲的学生陈武龄与汤颐年所撰事迹，同样可以看到平民家族致富之后，以教育子弟发展举业为志的现象。第一个是刘蒙庆学生陈武龄的事迹，显示一位由儒转商的乡人，在致富后积极培养子孙延续儒业，并推动多项乡里慈善事业，以维护家族声誉的经历。②第二个是汤颐年，字养正，在丹阳望族中与刘宰父祖辈关系最为密切。颐年是高宗朝工部侍郎汤东野三弟东明的第三子。③汤东明经营产业致富后，营造有利于举业的家族环境，与为儿子举业费心的刘祀合作，罗致名士教育三个儿子乔年、修年、颐年，两家子弟一齐成长，情谊甚重。颐年好读书，尤熟《汉书》，工词赋。淳熙十六年（1189）曾参与礼部试不中，仍继续举业；到嘉泰四年（1204），仍以"束发受命先君，俾从事于此，一朝弃之，是忘其先也"而坚持赴考，终因病重而死。④

汤氏家族资产雄厚，除学习举业外，更以具体行动照顾救助乡里宗族，使"内族外姻，戚休均己"。⑤颐年承继家风，既抚育从侄汤尊祖成长，以延续其家脉，亦捐良田资助在苏州的表兄及其家人长达十四年，更资助姻亲赎回祖产及协助无力丧葬的族人。这些义行，使颐年在乡里受到的尊崇超过两位兄长。刘宰感念汤家三兄弟的义举，在为颐年写行状的同时，兼记乔年、修年

---

① 刘宰：《漫塘集》卷三二《雷翁墓碣》，第17页上。

② 刘宰：《漫塘集》卷三一《西园陈居士墓志铭》，第18页下~21页上。

③ 刘宰著，王勇、李金坤校证《京口耆旧传校证》卷五，第142~148页。

④ 刘宰：《漫塘集》卷三三《汤贡士行述》，第17页上。

⑤ 刘宰：《漫塘集》卷三三《汤贡士行述》，第18页上。

的行谊，"以终友于义，以慰乡人之思"。①

　　刘宰对另外两位乡贤墓志的记述，则可看到他们传奇的一生。一位是同年好友陈景周的父亲陈嘉言，字圣谟，是北宋丞相陈升之伯父陈大猷的后裔。他的父亲陈琳，曾通过韩世忠向朝廷条奏福建枪仗手利害，获授迪功郎，惜未仕即与妻偕死，留下雅言与嘉言两位幼子，分别由从父及姑丈扶养。兄弟心系彼此，十五年后重聚，定居京口，为谋重振门户，积极为子求师。淳熙四年（1177）起，雅言与嘉言的三个儿子相继通过乡举或入太学。嘉言欣慰兄弟虽历经流离的苦难，尚能白首同居，也能延续诸子儒业，认为"见先人于地下，可无憾矣！"嘉泰四年（1204）死，享年八十一岁，妻姚氏。②

　　刘宰与嘉言熟识，故能记下嘉言兄弟的感人事迹。如嘉言与兄长在真州时，大水突然淹来；在惊涛骇浪中，他发现侄儿留在房舍，遂奋不顾身，冲入房中营救侄儿。绍兴三十一年（1161），淮南流民蜂拥入乡求食，嘉言捐出自家物资并说服乡人救助，同时资助族弟陈天麟偕家人离开山阳。刘宰认为嘉言轻财重义、智谋过人，善于排解纠纷，兼以博学多闻，当能成就一番事业；可惜缺乏合宜的职位，致难以施展长才。③

　　另一位是金坛奇士钱弼，字圣俞，是吴越钱家的后裔。钱弼个性豪迈，学识广博，虽以举业争取功名，仍雅好兵书，通晓天文律历。绍兴二十六年（1156），他参与镇江乡试，当时知镇江府林大声包庇福建乡亲冒名应试，乡人愤慨，意图阻挡，与护

---

① 刘宰：《漫塘集》卷三三《汤贡士行述》，第 20 页下。

② 刘宰：《漫塘集》卷三三《陈府君行述》，第 12 页上～13 页下。

③ 刘宰：《漫塘集》卷三三《陈府君行述》，第 15 页上～16 页下。

送林大声的随从爆发冲突。林大声以犯上的罪名抓捕钱弼等七人，并拟扩大罗织；钱弼与被捕者均坚决不牵连他人。后来言官究责，林大声遭罢，钱弼等人的义行获得乡里赞誉。[①] 绍兴三十一年（1161）金完颜亮南侵临淮，乡里震恐，钱弼以为无事，果如其言。孝宗继位后，亟谋恢复，网罗知兵之士，乾道六年（1170）虞允文任相，钱弼呈所著韬钤之说，并建议延揽中原人物及结交东西二敌，允文荐以洞明韬略运筹决胜科，无果；其后被荐又未报。回乡后，致力减除乡人税役负担，并婉拒知府荐举。庆元五年（1199），以累举恩授鄂州蒲圻县西尉兼新店专湖市镇烟火公事，惜在上任前逝世，享年七十三岁。子钱纯、钱绩均预乡举，女适同县丁游。[②]

钱弼个性慷慨、豪迈，能文能武，是一位乡里奇人，刘宰赞曰：

> 轻财重义，勇于为人而疏于谋，笃学老不衰。内而教子，外而教人，一视无所偏厚。闻人有过，面责无所避，学者严事之，虽素慢易者，遇公有加礼。南游并海，北尽两淮，古今胜践多所经历，遇山川形胜及昔人战伐之地，辄徘徊不能去。一觞一咏，不忘当世。[③]

钱弼与刘宰家族关系密切。刘宰的从兄刘桂嵒幼时曾从钱弼

---

① 刘宰:《漫塘集》卷三三《钱贤良行述》，第 8 页下 ~9 页上。《京口耆旧传》论及绍兴二十六年（1156）知府林大声包庇闽人引起的纠纷，及知府推官田述的举措，可以与钱弼的行述印证。刘宰著，王勇、李金坤校证《京口耆旧传校证》卷二，第 72 页。

② 刘宰:《漫塘集》卷三三《钱贤良行述》，第 9 页上 ~10 页下。

③ 刘宰:《漫塘集》卷三三《钱贤良行述》，第 10 页下 ~11 页上。

授业，其子钱纯则受学于刘宰。

　　刘宰为教育乡里子弟三十年、启迪众多英才的乡先生艾谦及其夫人李氏所撰写的墓志，则标举艾谦的教学理念与实践。艾谦，字益之，其父亲艾钦文以医为业，于绍兴三十一年（1161）金兵南犯时，曾救治无数兵民。[①] 艾谦自幼聪颖，致力举业。父亲死后，因承担家务，致科考失利，遂转以培养乡里后进为志。他教学认真，态度严谨，被延请到郡学为学正、学录；他勇于破除陋习，以高标准引导学生，弟子葛文昌于嘉定十六年（1223）中进士。[②] 艾谦淡泊功名，名居处为澹轩，被尊为澹轩先生。他晚年尤执守理学理念，积极维护儒家价值观，并导正受佛道影响的丧葬习俗。嘉定元年（1208）他逝世后，家人即遵循儒家礼仪为他行丧葬礼。[③]

　　刘宰也表彰其夫人李氏相夫教子的事迹。她以家务为重，"孝以事舅姑，和以处娣姒，顺以事其夫，严以教其子"。[④] 艾谦在世时，她进膳服之宜，保养其身体；丈夫死后，她用心督促五子读书。长女适婚时，富贵人家谋结姻缘，她慧眼选择后来中进士的高炎为婿。长子艾庆长登宝庆二年（1226）进士，其他诸子也相继举于乡，"子谢母慈，弟德娣教，乡人荣之"。[⑤] 宝庆二年死，

---

① 　另按俞希鲁编纂，杨积庆等人校点《至顺镇江志》载康王祠："绍兴壬午（1162），郡民大疫。艾钦文素业医，梦神授香苏饮方，待补是药可愈。乃置锜釜煮药于庭，病者至，使饮之，无不差。遂捐己赀建祠于庙之西庑也。"时间与刘宰所记稍异。见俞希鲁编纂，杨积庆等校点《至顺镇江志》卷八《神庙・祠》，第 319 页。

② 　刘宰：《漫塘集》卷三〇《故澹轩先生艾公及其妻李氏墓志铭》，第 4 页下 ~5 页上。

③ 　刘宰：《漫塘集》卷三〇《故澹轩先生艾公及其妻李氏墓志铭》，第 6 页上。

④ 　刘宰：《漫塘集》卷三〇《故澹轩先生艾公及其妻李氏墓志铭》，第 2 页下。

⑤ 　刘宰：《漫塘集》卷三〇《故澹轩先生艾公及其妻李氏墓志铭》，第 5 页下。

享年六十九岁。① 她是支持艾氏父子两代致力举业的推手。

刘宰也在钱弼的女婿丁游和陆从龙与陆坦之父子的墓志中，记下三位终生追求功名，久困场屋，却难以遂愿的失意乡人。

丁游字国宾，出身金坛望族，曾祖和祖父都有诗名；父亲早逝；他自幼依从长兄。淳熙四年（1177）即通过乡选，可惜不第；亲历场屋四十三年，仍持志举业。嘉定十三年（1220）虽疾病缠身，仍要奋力一搏，说："子独不见战马乎？闻鼓声声，虽老矣伏枥，犹踊跃不自已。吾犹是也。"② 但终告失败，旋即逝世，享年六十四岁。刘宰借铭文哀叹他奋力举业却仍归于失败的一生，说："由富而贫，而业益丰；由壮而衰，而气益充。秋高鼓鼙，战马忘老；铚艾维时，良苗就槁。呜呼国宾，命乎时乎；二子轩然，其在兹乎。"③

陆从龙，金坛人，字子云，号复斋，是晚唐甫里先生陆龟蒙的后裔。他致力举业，于淳熙十年（1183）中乡举，此后五次应考均不第。理宗宝庆元年（1225），以累举恩获特奏名进士，同年死，享年八十五岁。④ 陆从龙的长子坦之，字千里，自少即受教于父亲。庆元元年（1195）败于省试；后应举超过三十年仍无成。理宗宝庆元年，与父亲同获特奏名进士，并授信州文学，时年五十七岁。丁父忧，服除，任太平州芜湖县尉，未赴任亦死，享年六十二岁。刘宰感慨他困顿场屋的一生，说："盖士之穷如此，民之不幸如此，重可哀也。"妻陈氏、诸葛氏，有一子

---

① 刘宰：《漫塘集》卷三〇《故澹轩先生艾公及其妻李氏墓志铭》，第 2 页下。

② 刘宰：《漫塘集》卷二九《丁澹斋墓志铭》，第 4 页上。

③ 刘宰：《漫塘集》卷二九《丁澹斋墓志铭》，第 4 页上 ~5 页上。

④ 刘宰：《漫塘集》卷三一《故芜湖县尉陆迪功墓志铭》，第 9 页下 ~10 页上。

二女。①

　　此外，刘宰也记为人慷慨、淡泊名利又致力教育子孙的富人茅拱，②及在延陵镇担任榷酒务，笃守职务，被誉为隐于市的士人巫大方，③乃至承继衣钵与医术，服务乡里，且医行与医德颇受赞誉的医僧宗可。④

　　除前述孙大成妻张氏、艾谦妻李氏外，刘宰尚为姻亲徐汝士的妻子李氏、乡友翟起宗的母亲周氏和袁清卿的妻子邵氏，依每人的背景与个性，撰写她们的墓志。如强调翟起宗母亲周氏"生而柔惠，娣德相攸"，⑤并协助先生照顾家族亲人及教养子弟。⑥记堂兄刘德勤的姻亲李氏时，表彰她守寡教子，维系家业的艰辛历程，"年盛而寡，子幼家贫，矢死靡他，贤哉若人"。⑦至于记刘蒙庆好友袁清卿的继室邵氏，则揭示其曲折的婚姻，又叙述她如何善待清卿前妻之子，营造和乐家庭，成为维系家道主力的贤妻良母。⑧

　　在刘宰所记二十三位不仕乡人中，除诸葛镒、巫大方、茅拱、雷震和医僧宗可五人未见接受教育的记载外，其余十八人均曾受教育且志在举业（孙大成、徐处士、高与之、江模、蔡希孟、汤颐年、陈嘉言、陈武龄、艾谦、施俊卿、徐蒙、陆从龙、陆坦之、丁游、王光逢、王士朋、费元之及王洪），其中弃学转营生

①　刘宰：《漫塘集》卷三一《故芜湖县尉陆迪功墓志铭》，第9页下~10页上。

②　刘宰：《漫塘集》卷三〇《茅进武墓志铭》，第18页下~20页下。

③　刘宰：《漫塘集》卷三〇《巫伯正墓志铭》，第1页上~2页上。

④　刘宰：《漫塘集》卷三一《医僧宗可塔铭》，第33页上~33页下。

⑤　刘宰：《漫塘集》卷二九《故翟文学母周氏墓志铭》，第1页下。

⑥　刘宰：《漫塘集》卷二九《故翟文学母周氏墓志铭》，第2页上。

⑦　刘宰：《漫塘集》卷三〇《李氏墓志铭》，第21页下。

⑧　刘宰：《漫塘集》卷三二《袁清卿妻邵氏圹志》，第25页下。

有成的包括孙大成、陈武龄、徐处士（徐藻之父）、高与之、施俊卿等五人，而终身执意举业者则有汤颐年、徐蒙、丁游、陆从龙、陆坦之、艾谦、蔡希孟、王光逢等八人。这些人中，家境富裕的有十一人，包括孙大成、徐处士、高与之、雷震、江模、汤颐年、陈武龄、施俊卿、茅拱、王光逢、陈嘉言，其中孙大成、徐处士、雷震、高与之、江模则与刘宰有姻亲关系。至于他们营生致富的行业，除艾谦、孙大成、徐蒙与王士朋有行医的事迹外，其他人具体情况均不清楚。

这些墓主中，本人致力举业，或经营产业致富后仍以教育子弟、争取功名为职志者，包括徐处士、雷震、孙大成、陈武龄、陈嘉言、艾谦、陆从龙、陆坦之、茅拱、巫大方、王光逢等十一人，其中徐藻、孙沂、陈景周、艾庆长、陆坦之五人，都是在父母亲栽培下考上进士，进而提升家族的地位。可见镇江和绝大多数宋代家族一样，不论家境贫富，都以培养子弟读书业举、争取功名为努力目标。

然而，对镇江士人家族而言，追求科举功名的成功率不高。面对激烈的科举竞争，镇江人每次考中进士的人数顶多两三人，中举对众多镇江士人与家族而言，显然是极高的门槛。因此，墓志中常见将子弟中乡举或入太学，视为家族教育有成的事例。对大多数难以考中进士的乡人而言，成为府州县学生、中乡举或入太学，不仅具有士人的身份，更拥有减免部分税、役如身丁钱、差役和科配的优待，且拥有获得功名的资格。[1] 这样的身份对

---

① 高桥芳郎「宋代の士人身分について」『史林』第 69 卷第 3 期、1986、351~382 页。李弘祺：《宋代的举人》，收入国际宋史研讨会秘书处《国际宋史研讨会论文集》，第 297~314 页。梁庚尧：《宋代科举社会》第十一讲，第 192~204 页。

富裕家族固然是名利双收、锦上添花；对贫困的家族而言，更具改变社会地位的意义。例如雷震在次子雷选通过乡举、成为待补太学生后，即呈请官府重新厘定户籍，以改变乡里评价。可见通过乡举或成为太学生，对绝大多数镇江的平民而言，在改变社会地位上，具有重要意义。这是众多镇江人不顾举业路途如何坎坷难行，甚至未必如愿，仍一代代孜孜不倦地沿着这条道路艰难前进的重要因素。

除了重视教育与功名之外，刘宰对不仕乡友特别着墨的重点有二。其一是赈饥、济贫、扶持乡党宗亲及参与乡里建设的善举，例如孙大成、徐处士、高与之、汤颐年、陈武龄、施俊卿、陈嘉言、丁游、徐蒙、茅拱、卫翼、巫大方等十二人。他们义举善行的规模虽然大小有别，但都促进了家族与地方和谐，以实际行动展现造福乡梓的社会情怀，与刘宰标举儒家"人饥己饥"的理念相切合，这些善举在《漫塘集》中也以不同文体出现。这样的论述既揭示刘宰的理念，也体现时人将参与救济慈善及公益活动、和睦族人、敦亲睦邻等行谊，与提升社会声望相联结的现象。①

其二是凸显儒家的主体理念。如孙大成以经营产业致富，平常则喜欢静坐，不以家务系怀，② 其实是"好道术，宅心事外"。③ 刘宰虽指斥经商牟利及道家以礼为械、以家为累的行径，却以孙大成临死前的言行，解释大成的"道"与道家有别。④ 此外，他也借

---

① 参见林明《从四明墓志看宋代平民家族》，硕士学位论文，台湾政治大学，2019，第67~68页。

② 刘宰：《漫塘集》卷三三《孙府君行述》，第27页下。

③ 刘宰：《漫塘集》卷二九《故张氏孺人墓志铭》，第6页下。

④ 刘宰：《漫塘集》卷三三《孙府君行述》，第28页下~29页下。

墓主行谊，试图扭转佛道对镇江社会的影响。如描述陈武龄晚年反对以佛教仪式葬其子；[1] 艾谦执守儒家理念，死后遵循儒家葬礼。[2] 将这两个例子与妇女墓志及相关记载结合观察，可以看到当时佛道及民间信仰实深入镇江社会。刘宰对这种风气极感忧心，遂借文字宣示他的看法，颇有扭转世俗风气的意图。

第三节　从人物传记看镇江社会生态

掌握有意义的议题，扩展对南宋基层社会的研究视野，一直是学界努力的目标，但受限于文献的零碎与不足，目前的研究尚有待突破。包伟民教授指出，学界对南宋乡里保甲等农村基层管理组织的建构及宗族血缘组织的演变已有较多探讨，但仍有待深入；他与学界同道也力图通过陆游田园诗，认识农村民众的生活场景及建构退居型士大夫的形象等。[3] 本章通过刘宰撰写的乡亲的墓志传记，认识镇江不同类型的人物形象，进一步结合既有的研究成果，希望从镇江士人家族的发展着手，对宋代基层社会有新的认识。

在刘宰撰记的镇江人物中，婚姻、同年、同学及师生情谊所占比例甚高。其中有姻亲关系者，包括王万枢、张汝开、张汝永、范克信、王元实、孙泳、孙沂、孙大成、徐藻、高天赐、

---

① 刘宰：《漫塘集》卷三一《西园陈居士墓志铭》，第18页下~21页上。

② 刘宰：《漫塘集》卷三〇《故澹轩先生艾公及其妻李氏墓志铭》，第5页下~6页下。

③ 包伟民：《陆游的乡村世界》。林岩：《晚年陆游的乡居身份与自我意识——兼及南宋"退居型士大夫"的提出》，《华南师范大学学报》（社会科学版）2016年第1期，第29~42页。

雷应龙、张镇、徐桩、蔡希孟、江遂良，共十五人；师生关系包括钱弼、诸葛埴、施俊卿、陈武龄、汤颐年、翟汝霖等六人；同学、同年有陈景周、赵崇恴、张镇、张汝永四人。以上扣除重复，则有二十三人。而由他们兼及夫人、亲属，如王万枢妻蔡氏、孙大成妻张氏、张镇妻韦氏、翟汝霖妻周氏、范克信妻赵氏、徐汝士妻李氏以及钱弼的女婿丁游、陈景周的父亲陈嘉言，及金坛两个汤氏家族（汤鹏举、汤东野）与赵时侃，合计达三十三人，超过乡亲人物之半，而且涉及职业身份相当广泛，社会网络多元而复杂。刘宰与他们互动频繁，关系密切，所记事迹相对具体。将乡亲的传记与刘宰及其家族成长的历程结合观察，可以看到他和镇江士人家族追求举业、功名的过程与境遇有共通性，且能完整认识士人家族的举业成长过程，以及所面临的竞争与挑战，有助于进一步理解南宋中晚期社会的样貌。

其一，从刘宰撰写各级官员的生平事迹中，可以看到官员家族发展的不同面向。此时的镇江未见宰执、侍从等主宰朝政的高官，而刘宰所记九位中层官员的先世或本人在《京口耆旧传》中多有传记，如王万枢为王韶后裔，赵时佐、赵若珪叔侄为宗室，赵时侃任户部侍郎，汤宋彦为汤鹏举之孙，杨樗年为外戚钱氏之婿。他们与名宦联姻，得以荫补任官，且晋升途径较之进士出身的钟将之、钟颖父子，甚至略居优势。不过，这些互相联姻的名门人数不多，且多转宦各地，未能结成群体，向中枢朝政发展。[①]同时除王遂外，这些官员后人在政坛上的影响力消退，反而出现

---

① 黄宽重：《四明家族群像》，收入氏著《政策·对策——宋代政治史探索》，台北：联经出版事业公司，2007，第 67~200 页。黄宽重：《四明风骚——宋元时代四明士族的衰替》，第 139~169 页。

低阶官员或未仕士人家族致力举业以获取功名的现象，显示出镇江的名门在举业竞争发展上难与四明、平江地区累世繁盛的世家相比；镇江社会阶层的垂直流动，也较四明地区为高。"仕宦不可常""富不过三代""耕读传家"等蕴含社会流动的观念，在南宋社会已普遍被接受。①

这些中层官员虽然无法形成向中枢发展的集团，但挟其地方名门的威望，彼此既声势相通、互动频繁，对乡里人事也能发挥较大的影响力，甚至结合地方乡亲，共同推动乡里建设与慈善事业。如王遂、赵若珪等人在这方面就扮演积极的角色。

此外，不少晚年才中举任职的低阶官员，虽在地方社会已是仕宦之家，但于仕进之途却是弱势，因此多选择在临近镇江的淮南或周边州县，久任低阶的幕职官，以便就近照应家族及关注乡里事务。他们与中层官员一样，与乡里关系均十分紧密。当天灾人祸冲击地方社会的秩序，而官府因御敌而无暇顾及时，镇江乡亲不分官民，出于对乡里社会的关怀，遂挺身组成各类群体，以群力推动泽及乡里的社会事业或建设，这正是镇江士庶为守护乡土所展现的社会力。

其二，刘宰所撰墓志资料中，低阶官员与平民之男性三十七人，女性九人，共四十六人，占所有墓志的比例甚高。然而不论官员或平民，均致力于子弟教育，争取功名。高官富室如杨樗年、张损、张纲建书堂，搜集书籍；汤颐年建宗族小学，延名师教育子弟；刘宰先人与汤东野家族合筹经费，聘请名师；徐处士、茅拱、窦从谦也辟书馆，重礼聘师教其子孙；其余诸人则从

---

① 林岩：《晚年陆游的乡居身份与自我意识——兼及南宋"退居型士大夫"的提出》，《华南师范大学学报》（社会科学版）2016 年第 1 期，第 40~41 页。

启蒙起即师从乡先生；不少乡先生的家人与学生甚至缔结婚姻。可见致力举业是南宋社会的普遍现象，正如梁庚尧教授所说："正因为家族在科举上的光荣必须由学带来，所以在宋代社会里，有那么多的家族重视子弟的教育，无疑的，士人孜孜不倦、穷年累月的苦读……必须通过科举考试才能够成为家乡的荣耀，为族人和乡里所钦羡。"①

然而镇江士人的举业之途并不顺遂。镇江的士人家族虽积极争取入仕，但除少数才俊之外，多数士人在通过乡试或太学之后，仍需长期面对科考的试炼，在家庭支持之外，尚需选择多样的营生模式，以应对现实生活，无力全心应举。显示出举业对众多镇江士人而言，是一条迢迢难行的道路。因此，众多皓首穷经的举人久历举业后，才以高龄入仕，甚或屡试不第。面对中举高门槛的事实，镇江社会退而求其次，将具备攀登进士资格的乡举或进入太学的子弟，视为教学有成的例子；相较之下，举业兴盛的四明地区，要考中进士才被视为起家。两地的衡量标准，显有差异。

其三，"女无外事"观念在墓志书写中被强调，固然彰显传统社会对女性角色的定位，但也使众多宋代女性的具体事迹，被淡化或移置于丈夫的事功中，以致淡出人们的视野。不过，仔细探查，却能深刻感受到刘宰刻画女性在家中扮演人妻、人母角色，从而体现出的繁衍、光大家族的生命价值。像王万枢的夫人蔡氏、赵时侃的夫人汤氏、范如山的夫人张氏、徐处士的夫人李氏、翟起宗的母亲周氏，都在丈夫死后支持家业，担起教育子弟

---

① 梁庚尧:《宋代科举社会》第十五讲,"科举文化",第82页。

的重任；王遂、翟起宗、孙沂、赵若珪和艾庆长等人都受惠于母亲的教导，致力举业，开启仕进之途，延续并成就家族的发展。这些现象，说明女性在传统社会是促成家族起家的重要推手；女性在家族及社会中的角色，仍值得学界再探究。

区域差异与基层共相

本书通过《漫塘集》描绘镇江乡居士人刘宰的一生及其家国情怀。在学界重视高官名儒之事功与思想的传统下，出身平凡且缺乏事功的中层士人，很难形成具有学术意义的研究议题，因而常被忽略。刘宰是这类士人中较为突出的例子：他长期乡居，事功虽不显赫，但人脉广阔、心系家国，既以行动推进公共建设，为乡里代言，又建言国是，在南宋中晚期被视为士人的典范。且他所著的《漫塘集》内容丰富多元，除记录他一生的行谊外，也描述镇江在南宋中晚期的地理环境、社会景象和人民活动，有助于更加深入掌握南宋镇江社会动态发展；若进一步与当时内外局势的发展联结，当能对南宋国家与社会有更清晰的了解。因此，对于认识南宋士人官员的处境和他们与政治社会环境的关系而言，刘宰生平所能提供的研究价值，绝不逊于高官名儒。

从刘宰的研究案例出发，笔者想结合学界研究成果，从南宋整体的视角，经由比较观察，进一步探讨两个整合性的议题：区域发展的差异与基层社会经营的共相，期与学界对话，作为结论。

第一节　区域发展与举业资源累积

宋代通过科举考试大量拔擢人才，不但实现文治政策，更形塑了千年来中国社会文化的传统。其中以州、府为单位分配名额的解额制度，及由省试择优任官的双重稽核机制，是宋代人才擢用制度的重要特色，目的在于有效选拔人才及平衡区域发展。解额分配制度实施后，宋廷基于地理环境与经济发展差异，曾不断检讨与调整，以避免出现区域举业人才不均的现象，但效果并不显著。南宋立基江南后的背海立国战略部署，促成江南、沿海与临敌边境的地区分化，各地社会经济发展失衡的情况扩大。学界对这方面的研究成果颇为丰富。[①]

研究宋代科举卓然有成的贾志扬（John W. Chaffee）教授，是首位搜集大量数据资料，探讨两宋区域发展与举业不均议题的学者。其著作大量搜集、整理并统计宋代各州进士人数，探讨举业的地域分布，其中对南宋的讨论尤为深入。他参照施坚雅（William Skinner）教授的经济发展分区观点，将南宋科举分成"成功"的江南与沿海区域、"不成功"的边境区域两类；在"成功"区域的讨论中，又以斯波义信教授的观点进行局部修正，将该区域再分成沿海与江南。贾志扬教授探讨科举成功的因素，除

---

① 参见贾志扬《宋代科举》，台北：东大图书，1995，第199~230页。荒木敏一『宋代科举制度研究』京都：京都大学東洋史研究会、1969、103~126页。李弘祺《宋代官学教育与科举》，台北：联经出版事业公司，1994，第155~195、227~264页。何忠礼《南宋科举制度史》，人民出版社，2009，第70~88页。穆朝庆《宋代科举解额分配制度初探》，《黄河科技学院学报》第10卷第1期，第42~46页。裴淑姬《论宋代科举解额的实施与地区分配》，《浙江学刊》2000年第3期，第121~127页。

了以施坚雅的经济发展观点为基础外，也将地方官僚贵族历史的特征、学术教育、书院传统以及进士之外的特殊考试等因素纳入考量。[①] 该书翔实的论证与整合性的观点，让学界对南宋区域的差异，有更深入且完整的认识。其后虽有部分研究补充，如龚延明教授主编的"中国历代进士登科数据库"提供进士名录的资料，[②] 但并未改变此一概略图景。

　　贾志扬教授的翔实论证，主要基于各方志记载的进士题名资料，并加以整理分析。据其统计，南宋总计进士一万八千六百七十四名，其中两浙、两江和福建五路——即江南和沿海两个"成功"区——合计三十七个府州军，总人数达约一万五千人，占南宋登科总名额的 80% 左右。[③] 而在"成功"区域内，沿海的十一个府州共有进士七千三百零五人，与其余府州合计的七千六百九十六人几乎等同，可见沿海地域的优势。诚如贾志扬教授的研究所示，交通不便的偏远地区，如江南路的南安、袁州、虔州，及福建路的邵武军、汀州等地，进士人数明显偏少。这种区域不均衡的现象，应可用交通、经贸、朝廷政策等因素解释。

　　在朝廷的鼓励政策下，南宋时期各地均积极通过教育争取举业入仕。由于竞争非常激烈，自然产生如贾志扬教授所述的区域差异。例如，被认为是"成功"的区域内，不少府州交通便利、贸易发达，远较南安、袁州、虔州、邵武军、汀州等地繁荣，但举业成绩仍难与沿海的十一个府州相比。笔者在检视镇江

① 　贾志扬：《宋代科举》第六章"登科者的地域分布"，第 212~230 页。

② 　龚延明主编"中国历代进士登科数据库"，http://examination.ancientbooks.cn/docDengke/。

③ 　这五路科举占比高，除经济、教育等因素外，当也与地方志留存较丰富有关。

的举业发展，并检核南宋各府州进士的录取实况后，发现在沿江重要府州之间仍存有差异，值得进一步厘清探讨。笔者所谓的重要府州，包括长江南岸诸州（镇江、苏州、建康、池州、太平州、江州、兴国军、江阴军），以及荆湖北路的鄂州、江陵府，共十个州。这些府州不仅水陆交通方便，且在榷场及海外贸易方面均有重要地位，加以驻有重兵，为军需补给重镇。但总计其进士及第者为七百四十八人，若扣除平江府三百一十七人，仅为四百三十一人，显示这些城市的举业成绩与经贸的发达情形并不匹配。也许值得从政策乃至经济发展之外的角度，探讨造成这一差异的因素。

表 1　两宋沿江、沿海府州进士登科数

单位：人

序列	府州名	龚延明主编"中国历代进士登科数据库"（不含特奏名）			贾志扬据方志所统计数		
		总数	北宋	南宋	总数	北宋	南宋
沿江府州							
1	润州、镇江府	272	127	145	263	137	126
2	苏州、平江府	565	226	339	530	213	317
3	江阴军	146	31	115	——	——	——
4	江州	106	60	46	92	54	38
5	兴国军	8	4	4	74	22	52
6	江宁府、建康府	143	24	119	116	28	88
7	池州	88	21	67	72	22	50
8	太平州	93	41	52	92	39	53
9	江陵府、荆南府	12	6	6	9	8	1
10	鄂州	85	33	52	40	17	23

续表

序列	府州名	龚延明主编"中国历代进士登科数据库"（不含特奏名）			贾志扬据方志所统计数		
		总数	北宋	南宋	总数	北宋	南宋
沿海府州							
1	苏州、平江府	565	226	339	530	213	317
2	秀州、嘉兴府	432	81	351	427	75	352
3	杭州、临安府	657	178	479	658	165	493
4	越州、绍兴府	621	191	430	474	153	321
5	明州、庆元府	953	149	804	873	127	746
6	台州	619	39	580	415	38	377
7	温州、瑞安府	1,199	88	1,111	1,208	83	1,125
8	福州	2,942	561	2,381	2,799	550	2,249
9	建州、建宁府	1,361	801	560	1,318	809	509
10	泉州	898	331	567	926	344	582
11	漳州	275	86	189	268	83	185

资料来源：贾志扬《宋代科举》附录三"根据方志名录编列的宋代各州进士总数"，台北：东大出版社，1995，第289~298页。龚延明主编"中国历代进士登科数据库"，http://examination.ancientbooks.cn/docDengke/。龚延明的进士登科数据库记有具体录取姓名，贾志扬仅见统计数字且缺"江阴军"的统计。但细核数据与史料，龚延明主编的数据库对两宋兴国军所记的数字显有讹误。不过对本书而言，这两份数据提供了整体脉络下镇江士人发展的相对位置。

从镇江个案出发，笔者认为南宋的立国形势，深刻地限制了长江南岸重要府州的举业与社会发展。镇江与邻近重要府州的地理共性是：虽居于长江南岸，却紧挨临近江北的两淮、京西，其中两淮尤近宋金／宋蒙边境，宋人视之为国防的极边地区。本书各章所论镇江地理环境和社会实况显示，由于镇江邻近战事频繁的边区，社会稳定性受到冲击，影响当地士人对举业及仕途的追求。这种现象以往未受学界关注，却是观察区域发展差异时，值得重视的因素。

鉴于学界迄今对宋代科举考试的研究，仍聚焦于国家政策、制度及区域分布的讨论，对路乃至州府等区域社会的研究仍有不足，很难进行全面的比较。在此仅讨论镇江和学界研究成果较丰富的明州（宁波／四明）这两个各具发展特性的地区，提出初步观点，以抛砖引玉，期待学界对这个议题有进一步探索。

虽然镇江和明州的史料与研究成果差异很大，但仍有许多层面值得比较观察。其一，两地的崛起都和南宋的立国形势有密切关系。南宋建都杭州后，运河成为宋朝境内的联系要道，镇江和明州均为运河转运枢纽，也在宋廷国防部署中肩负护卫国境之责，因此成为兼具军政与商业贸易的重镇，地理重要性明显提升。然而南宋的立国形势，却让两地的社会发展出现明显差异。镇江依凭长江天险，成为抗御敌兵南犯的前线，虽非直接临敌，却随时处于备战状态，较直接感受到战争威胁，是消极抗敌求生存的基地。明州虽同为南宋抗敌的重镇，但远离战地，在守势防备中具主动优势；况且宋廷在此地设置市舶司，借海外贸易充裕财政，在寻求发展契机上，更能发挥积极作用。而自北宋中期以来，此地社会长期稳定，农业、商业与教育活动均持续蓬勃发展，不仅具备举业竞争的优势，在学术文化方面也得以逐步累积能量；到南宋因更邻近京畿，社会文化得与临安相互呼应，共臻繁盛。因此，镇江与明州虽在南宋同时崛起，军政与商贸等方面的重要性也显著跃升，却因地理区位之别，导致社会资源乃至举业成就的累积与发展呈现出明显差异。

总体而言，宋代士人家族为争取仕进，不论平民或富盛之家，都通过教育致力寻求起家机会，这是社会的通象；只是因环境差异，各地成效有别。依贾志扬的统计，北宋时镇江与明州进士数量约略相等，至南宋镇江进士数量大体持平，明州则成长为北宋时期的六倍。[①] 入宋以后，明州经历农商发展，又受庆历兴学政策之赐，"四明五先生"通过学校教育，促使当地士人举业仕进，并累积文化资源；建炎初期虽曾短暂经历战火破坏，但社会经济很快复苏并迅速发展，进而带动教育的发达，遂在举业成绩上与镇江拉开差距。

其二，镇江与明州的差异，在举业、官场、文化乃至地方经营等方面也充分显现。首先是对"起家"标准的调整。在宋代，进士入仕既为个人创造仕途前景，更是家族获取社会地位的起点，因而被视为"起家"。在具竞争优势的四明，进士人数显著增长，进士既是个人或家族奠定名望的基础，也是累积仕途的利基；未中进士者只能在乡或旅外，继续争取仕进机会。在镇江，虽然士人家族也前仆后继地投身举业，但每次考中进士的最多只有两三名，对大多数的士人家族而言，进士是可望而不可即的门槛。从刘宰所记镇江人物墓志传记来看，镇江人虽均视举业为个人或家族发展要务，却多将通过乡试或进入太学等具备争取进士资格的家人，视为家族教育成功的象征，其意义如同明州看待进士为"起家"一样。举人或太学生固然无功名、官职，但在宋朝优待士人的政策下，这一身份享有赋役及法律上的部分特权，受到官府及乡里的尊崇，是地方社会的精英，在乡里公益

---

① 　依贾志扬的统计，镇江在北宋有137人举进士，略高于明州的127人；然到南宋，镇江略减为125人，而明州则激增到746人，是北宋时的六倍，仅次于温州的1126人。按南宋明州进士，据戴仁柱的统计是741人，笔者统计是782人，见黄宽重《南宋两浙路社会流动的考察》，收入氏著《宋史丛论》，第73~103页。

活动上，角色等同于明州的进士。①

　　其次是士人家族在官场上的能量。南宋的明州不仅进士人数众多，更出现袁氏、史氏、汪氏、高氏、楼氏等累世举业有成的富盛家族。现有研究显示，上述家族有许多人出身进士，②入仕任官人数也随之激增，逐渐成为累世仕宦的名门望族。明州士人家族，又借同学、同道乃至婚姻等纽带，强化彼此关系，像累代婚姻促进彼此在仕途上互相提携，共同打开迈向政治发展的途径，并在乡里公益与文化活动中发挥磁吸作用。③

　　在同学、同年及婚姻的基础上，若朝中有高位者援引、荐举，更有助于凝聚成政治、社会上的优势群体，在政坛上发挥更大的影响力。在南宋中晚期久居相位的史浩、史弥远父子，尤为关键人物。史浩任相后，不仅提携袁燮，还在淳熙八年（1181）辞相位时，向孝宗推荐袁燮、杨简等四明士人。其后居高位者彼此推荐、援引的情况更为频繁。在南宋，四明高门大户在既致力举业、争取入仕，又互相荐举、互为奥援的情况下，出现五位丞相、十位参知政事。其中史氏家族即出现三位丞相、二百位各级

① 高橋芳郎「宋代の士人身分について」『史林』第 69 卷第 3 期、351~382 頁。李弘祺：《宋代的举人》，收录于国际宋史研讨会秘书处《国际宋史研讨会论文集》，第 297~314 页。

② 这些家族举进士的人数如下：高氏 5 人、汪氏 13 人、袁氏 16 人，共 34 人；史氏家族更多，有 28 人；而楼氏家族共 33 人，仅在宁、理宗时期的第八、九两代，中进士者即高达 22 人；五个家族合计达 95 人。黄宽重：《宋代的家族与社会》，第 67~200 页。戴仁柱（Richard Davis）：《丞相世家：南宋四明史氏家族研究》，刘广丰、惠冬译，中华书局，2014，第 33~36 页。

③ 例如史浩与汪大猷既是同学，又是同年的进士；而袁燮、沈焕、舒璘、杨简均为陆九渊的弟子，是阐扬陆学的代表人物。由于共学与共事的机缘，这些乡里士人间频繁缔结婚姻，让彼此联系更为紧密。楼氏与汪氏二家即是显例：鄞县汪氏从汪元吉起，即与楼郁相交，后来汪思温之女嫁楼钥之父楼璩，而其子汪大猷娶楼璩之妹，汪大猷之女嫁楼钥之弟楼锵。黄宽重：《真率之集——士林砥柱的汪氏家族与乡里文化的塑造》，收入氏著《宋代的家族与社会》，第 170~172 页。

官员，^①成为南宋政坛上最具优势的政治集团，以致在宁宗朝出现"满朝朱紫贵，尽是四明人"之说，四明显然成为当时最具政治实力的地区。^②

然而从本书第八章第一节的讨论中，显见镇江社会不仅鲜少累世豪富的家族，而且不论中举年龄、人数、所任官职和人际关系，乃至竞争条件皆远逊于沿海及江南地区士人；大部分中举者多和刘宰一样，在邻近家乡的极边地区任职，以利就近照顾家园或获得资助。这充分说明镇江的政治与社会发展与四明相比有巨大的落差。

最后，镇江与四明在士人推动的文化与社会活动上，同样差异明显。从《漫塘集》所记，可以看到刘宰个人或镇江亲友感兴趣的文化活动，仅是诗文往来或赠送书籍文物，偶见评论其价值。仅见的一次旅游，是刘宰与王遂陪同魏了翁去吕城镇观赏当地李氏所藏名帖。他们所关注的社会活动，则侧重乡里互助性的慈善或公益建设，以化解地方社会的矛盾、促进和谐为主，具有强烈的现实性；而为陈东兴建祠庙、举办乡饮酒礼，也以表彰乡贤及凝聚乡里意识为主，和南宋其他地区社会活动的性质相同。

明州士人的社会或文化活动，不仅与镇江近似，当地名门望族也推动了不少富有雅致及理念色彩的文化活动。他们借由丰富多样的古玩文物收藏彰显身份，子弟自幼除学习儒业外，也接受书画艺术熏陶、厚积文化底蕴。他们入仕以后，除诗文唱和外，

---

① 戴仁柱：《丞相世家：南宋四明史氏家族研究》，第36页。黄宽重：《政策·对策：宋代政治史探索》，第140~141页。

② 张端义：《贵耳集》卷下，《景印文渊阁四库全书》，台北：台湾商务印书馆，1983，第37页上。

更以文物书画与同道交流。四明楼家即是显例，自楼钥的祖父
楼异起，经三代努力，累积了诸多珍稀文物，以与背景相同的士
人交换知识、心得，既能提升其鉴识能力，也具有身份认同的作
用。楼钥晚年为强化家族记忆，遂修建标志家族传承的楼阁，并
着手刊印先人的重要著作，作为与同道交流的资产。从现存刊刻
精美的巨帙《攻媿集》及其中内容，可见证四明富盛家族的文化
素养，以及传承、光大家族传统的理念。①

此外，鄞县城南的袁燮、袁甫父子，与同乡杨简、沈焕、舒
璘等人，都是发扬光大陆学思想的陆门健将；而史浩则以元老大
臣之身，辟建竹溪、碧沚书院，延请杨简、沈焕、舒璘、袁燮等
人讲学，成为四明士人交流聚集的园地，及推广陆学活动的中
心。名门望族所推动的各项文化活动，为四明带来了浓厚的学术
文化气息；兴建纪念典范性乡先生的乡贤祠，并长期举办乡饮酒
礼，在凝聚乡里意识之外，更具有文化意涵。这显示四明士人的
乡里活动，在促进地方交流、经营人脉的用意之外，具有更高的
理想性。②

更足以彰显这些出身名门的高官名儒标举儒家理念的，是以
具体行动开创乡曲义庄等地方组织。由史浩成立并标榜廉耻等价
值取向的乡曲义庄，虽承继范仲淹义庄的精神，但更重要的是走
出个别家族，结合四明的人力与资源，资助境内怀有儒家理念的
士人。由于救助对象范围扩大，需广筹经费，几经规划讨论后，
四明士人建立制度，觅得主持人以期行之久远。另外在乡曲义庄

---

① 黄宽重：《楼钥家族的文艺搜藏与传承》，收入氏著《艺文中的政治——南宋士大夫的文化
活动与人际关系》，第121~148页。
② 郑丞良：《南宋明州的先贤祠研究》，上海古籍出版社，2013。

中设置先贤祠，也成为当地士人的精神象征，借以支持义田发展；后来又获得官府的支持，终能实施长达百年，与个别地区或家族所设置的义庄相较，更具长久性。这是四明世家大族与名儒高官所共同缔造，具有理想性并呈现地方特色的社会文化活动；镇江固然有同性质的活动，但现实性较为明显。[①]

就镇江和四明的举业、宦途和社会文化活动三方面的比较，我们可以总结出，沿海州府和长江南岸临边地区的社会发展，存在相当显著的差异。长江南岸的重要府州中，只有平江府（苏州）的进士人数多于镇江。苏州虽在长江南岸，但其临海的地理区位，也可视之为沿海地区，同时由于江面辽阔，骑兵不易进犯，相对安全，交通与商业也高度发达。即使如此，苏州的举业成果也难与其他沿海府州相比，显然临边的地理区位对此有一定的影响。此外，曾为江南重镇、六朝古都，在南宋军政地位高于镇江的建康府，在举业竞争上亦逊于镇江；其他府州更不足道。上述事例，说明长江南岸的军事、商业重镇，因临近边区，承受战争威胁，社会稳定性不足，资源积累不易，其举业和社会文化的整体发展，与远离战区的沿海及其他江南地区有所差距。

临江与临海地区不仅经济发展相异，地方社会的士人文化活动也各有特性。如果说士人家族的社会文化活动在四明呈现出高度理想性，在镇江则表现为现实性。理想与现实两个截然有异的价值观，长期并存于宋朝的政治与社会中。赵宋建政以来，面对北方民族的侵扰，战力不足，只得采行务实性的守备战略，亦兼

---

① 梁庚尧：《家族合作、社会声望与地方公益：宋元四明乡曲义田的起源与演变》，收入中研院历史语言研究所出版品委员会主编《中国近世家族与社会学术研讨会论文集》，第213~238页。刘宰推扬乡贤陈东的事迹与活动则凸显个人与国家的联结。

求和以图存。但为扭转唐末五代以来武人擅政的局面，宋朝采取重文政策，积极拔擢士人入仕，且强化以德胜威的儒家意识，又高唱夷夏之防，标举文德取代武功的理念，强化国家意识。面对此一立国事实，在两宋长达三百二十年的历史中，经常出现执政者以务实图存的和、守为主调，在野士人则高唱春秋大义、力主恢复故土的现象；到南宋，这种理想与现实的矛盾与摆荡更为明显。[①] 从国家大政到镇江与四明的地方社会，都存在理想与现实的差异性。因此在探讨南宋地方社会时，也值得观察不同地区，在实践现实的社会议题时所呈现的差异性。

第二节　政治力与社会力共塑基层社会

学界前辈与同道，从不同角度、领域，运用不同资料，对宋代通过科举考试崛起之士人群体的转变，进行多层面的探讨，对认识士人的角色与宋代政治社会的发展，助益甚大。

1982 年郝若贝（Robert Hartwell）教授提出士人从唐代贵族（aristocracy），到北宋的职业精英（professional elite），最后到南宋的地方精英（local elite）的三阶段变化，揭开两宋士人在政治社会层面中转变的议题。郝若贝的学生韩明士（Robert Hymes）教授在 1986 年出版 *Statesmen and Gentlemen: The Elite of Fu-chou, Chi-*

---

① 本书的观点实受业师陶晋生教授的启发，参见陶晋生《中国近古史》绪论，台北：东华书局，1979，第 5 页。另参见刘子健《综论宋代士大夫理想与从政的别类》，收入中研院第二届国际汉学会议论文集编辑委员会编《中央研究院第二届国际汉学会议论文集：历史与考古组》，台北：中研院，1989，第 823~834 页。

ang-Hsi, in Northern and Southern Sung（《政治家与士绅：北宋与南宋时的抚州精英》）一书，深入阐述江西抚州士人从北宋到南宋地方化的情况，并以"士人精英地方化"的观点概括这一南北宋之间社会变化的主线。

韩明士对于此变化的主要论证，奠基在两宋地方士人通婚模式差异上。他在书中指出，两宋抚州精英家族通婚虽都看重官职、财富、名声与前景，但南北宋的差异显著。北宋多全国性范围的联姻，而南宋却止于本州。同时，北宋士人家族倾向移居政治与经济中心，而南宋则留在地方，并着力于地方建设。而且由于南宋国家力量在地方上全面减弱，士人遂借各方面的举措，填补这些空缺。[①]

韩明士对抚州地区的个案研究，所持的观点与郝若贝相符，但讨论更为具体深刻，极有助于学界深入认识两宋政治发展及开辟研究新视野，却也引发研究者从不同角度加以讨论；四十年来，掀起一连串论辩。

在社会史领域，柏文莉（Beverly Bossler）和李锡熙（Sukhee Lee）的研究，从不同层面构成对韩明士观点的直接挑战。柏文莉教授的研究以浙江婺州为例，否定了韩明士所论的两宋婚姻模式。她认为，南北宋高官通婚对象不同，很大程度上是受资料影响所产生的错觉。从北宋到南宋，真正的变化是：北宋的跨区域联姻几乎都在都城开封，南宋则分散在各地区中心。而家族选择在地通婚，可能是士人群体扩大、精英家族增长自然发展的结果，而非家族

[①]　Hymes, *Statesmen and Gentlemen: The Elite of Fu-chou, Chiang-Hsi, in Northern and Southern Sung*, Cambridge: Cambridge University Press, 1986, pp.84~91.

婚姻策略的变化。①

李锡熙教授则以明州为例，反驳韩明士对国家在地方上力量式微的预设。他认为在明州地方治理上，国家与地方精英是协商（negotiate）而非零和竞争（zero-sum game）的关系。② 在协商的关系模式下，地方精英通过多重途径进入政府体系，获得国家的认可，取得官户的身份与部分特权，确立其在地方的地位。③ 同时地方官府仍积极参与乡饮酒礼、乡曲义田、义役等基层事务，并用资金补助等方式介入甚至修改地方士绅原先的计划。④

在思想文化领域，余英时教授的专著《朱熹的历史世界》，则强调南宋道学名家虽在理学理论上各树藩篱，却也关心政局；为得君行道，对中央与执政的近习展开长期争逐。该书意在强调两宋士人致力经世致用的态度不分轩轾，对"精英地方化"之说进行商榷。⑤

与此同时，包弼德（Peter Bol）教授的研究，则侧重南宋士人精英转向地方与道学运动之间的关系，从思想文化史的视角，强化了"士人精英地方化"的观点。他以婺州为例，考察十二世纪中叶到十四世纪早期的地方志、文化地理书、乡贤录等三种书写方式，指出这些书写方式的共性是体现地方存在感，关注的兴趣从国家整体转为个别区域。士人借由书写此类地方史，强化当地

---

① Beverly Bossler, *Powerful Relations: Kinship, Status, and the State in Sung China (960–1279)*, Cambridge, MA.: Harvard University Asia Center, 1998, pp.87~93.

② Sukhee Lee, *Negotiated Power: The State, Elites, and Local Governance in Twelfth- to Fourteenth- Century China*, Cambridge, MA.: Harvard University Press, 2014, p.264.

③ Lee, *Negotiated Power*, pp.52~60.

④ Lee, *Negotiated Power*, pp.197~198.

⑤ 余英时:《朱熹的历史世界: 宋代士大夫政治文化的研究》，台北: 允晨文化，2003。

精英的身份认同。在这个视角下所指的"地方化"，着重强调士人对自身身份和地方认同的建构，即士人精英的身份并非由政府所赋予，而是地方精英群体（特别是道学家和道学追随者）自己定义的。[①] 这种由道学家主导的"地方化"趋势，其理念与实践在元代继续发展，目的是在不同的地区，建立一种相同的高层次文化。[②]

在对宋代士人身份建构的讨论中，魏希德（Hilde De Weerdt）教授独辟蹊径，不仅区分了作为宋代政治精英的士大夫与普通士人，而且将连接这两个群体的社会网络与南宋出现的讯息网络联结，探讨士人群体如何建构共同的政治目标，塑造共有的士人身份。魏希德指出，南宋士人虽然有地方化的倾向，但是通过地图、地方志的传播，他们对中央的想象以及认同仍维持不坠，以致对于国家的关注并未稍减。同时，士人有渠道取得政府的历史记录、档案、邸报，并用笔记、诗文等方式流传。[③] 信息的流通，让南宋士人无论居乡或在朝，都能对朝廷产生认同，即使士人的活动重心转向地方，仍未疏离与国家的关系。

面对上述意见，韩明士则在 2015 年出版的《剑桥中国史》中，大幅修正其南宋士人精英地方化的观点。他调整精英地方化是家族发展策略地方化的说法，提出了作为长期和短期两个历史发展过程之共同结果的"士人精英地方化"。在这个新的解释下，

①　Peter Bol, *Neo-Confucianism in History*, Cambridge, MA. & London: Harvard University Asia Center, 2008, pp.35~37. 王锦萍：《近二十年中古社会史研究的回顾与展望》，收录于邓小南主编《宋史研究诸层面》，北京大学出版社，2020，第 110 页。

②　王锦萍：《近二十年中古社会史研究的回顾与展望》，收录于邓小南主编《宋史研究诸层面》，第 111 页。

③　Hilde De Weerdt, *Information, Territory, and Networks: The Crisis and Maintenance of Empire in Song China*, Cambridge, MA.: Harvard University Asia Center, 2015, p.428.

长期发展过程是北宋以来士人文化的转向，短期过程则是南宋不稳定因素的增加，让士人为维持家族财富与安全，不得不将注意力转向地方。① 韩明士重点论述了士人文化在两宋由朝廷本位转向士人本位的过程。他指出宋代商品经济和印刷术的发达，带来私有土地、商业财富以及教育文化资源的普及，进而冲击了原有的精英。士人因具有自己的经济基础，进而催生丰富的地方网络以及文化产业，故士人逐渐迈向地方化，是士人本位文化发展的结果。士人群体通过获得私人财富和累代教育，积极、自主地定义士人身份，士人的地位遂渐由彼此的认同而非国家的赐予来界定。南宋的道学运动，正是士人从朝廷本位向士人本位文化转向的深刻反映。包弼德教授在 2022 年出版关于婺州士人的专著，以南宋婺州士人社会的发展史证明了韩明士的这一观点。②

　　在国家与社会关系层面，韩明士仍强调南宋与北宋有重要不同。北宋政权总的方向是国家主导改造社会，南宋政权则出现三个方面的权力下移，而吸引来自市场、地方豪强或士人精英等不同的民间力量取而代之。在这个议题上，包弼德在其新著中，一方面引用李锡熙、陈松、吴铮强等人的研究，委婉地否定了国家从社会退场的论述，而强调南宋士人群体对国家和朝廷的认同；另一方面则指出，南宋士人同时又反对北宋用法律和制度来改造社会的国家主义，主张通过治学这一士人群体的共同事业，同时培养领导地方的"一乡之士"和参与治国理政的"天下之士"。包弼德强调，

---

① 　John Chaffee and Denes Twitchett ed., *The Cambridge History of China*, Vol.5, Part Two: *Sung China, 960–1279*, Cambridge: Cambridge University Press, 2015.

② 　Chaffee and Twitchett ed., *The Cambridge History of China*, Vol.5, Part Two: *Sung China, 960–1279*, pp.631~638. 又见 Peter Bol, *Localizing Learning: The Literati Enterprise in Wuzhou, 1100–1600*, Cambridge, MA: Harvard University Asia Center, 2022, pp.16~17。

在这一共识下，南宋士人群体对地方教育的投入，以及对地方网络、公共事务的参与，呈现出极强的区域特性，具体表现为某些地区（如婺州）士人治学传统的特别兴盛。[1] 值得指出的是，包弼德对婺州士人地方生活的讨论，并非全然落在国家与社会互动关系的层面，而是从"全国"和"地方"相对应的概念出发，在思想史层面，强调了婺州士人群体的治学在宋元之际从全国性转向地方性传统的变化。[2]

综观前辈与同道四十年来对宋代士人群体崛起与角色转变的相关论述，可以看出目前学界大致的共识是：南北宋士人虽都对国家、朝廷具有认同，以各种方式关注全国性事务，但南宋士人更多致力于地方社会的建设和地方史的书写，并将对该地区的认同与对士人身份的认同相互联结，因而呈现士人精英"地方化"的景象。如王锦萍所指出的，欧美学者们对精英地方化的解释，有社会史和思想文化史两个方向，形成彼此相关又各有侧重的表述。[3] 本书对上述争论的回应，侧重在社会史层面，特别是基层社会运作的实际样态上——南宋士人致力基层社会各项公益建设与活动的方式为何？与官府之间的关系如何？目前学界对这些具体问题的认知，仍然相对模糊。

笔者拟借刘宰在镇江的事例，结合个人与同道的研究成果，提出南宋基层社会的建设与活动，是由士人形成优势群体后聚集而成的社会力，与代表国家的地方官府的政治力相互合作、共同塑造的

---

[1]　Peter Bol, *Localizing Learning*, pp.17~19.

[2]　Peter Bol, *Localizing Learning*, pp.26~27.

[3]　王锦萍:《近二十年中古社会史研究的回顾与展望》，收录于邓小南主编《宋史研究诸层面》，第108~120页。

成果。社会力和政治力这两个概念，我在多年前对宋代基层社会权力结构和运作的讨论中已初步提出，[①]并在本书的研究过程中做了进一步的提炼和深化，期为学界提供一个新的分析框架，跳出国家与社会二元对立的模式，从两者折冲协调的本质性关系，探讨基层社会运作的共相和变化。

社会力，是民间为化解社会矛盾、促进和谐，所凝聚形成的力量。当生存环境遭受冲击或破坏，影响既有制度的正常运作，甚至妨害社会秩序时，与特定议题利害相关者往往会自发形成群体，经由协调、折冲，提出解决方案，并建立运作制度，以群力克服困难，稳定秩序。这种由民间自行发动的组织及活动，当与人类社会的发展并存。但长期以来，关于基层社会民间群体的组织活动情形，由于文字史料极少，难以纳入史家视野，以致较难得到完整的认识。

不过，在中国历史的发展中，借由民间宗教信仰组成的社会力，曾发挥稳定社会秩序的作用，最显著的就是从汉末到隋朝的中古时期。当时由于变乱相继，政权分立且递嬗频繁，导致社会秩序受到严重破坏。其间豪门世族固然承担维护地方秩序的重任，但此时兴起并流行的道教与佛教，更适时发挥稳定基层秩序与人心的力量。传入中国后迅速发展的佛教影响尤大，在民间社会宣传福田思想，号召信徒组成"义邑"之类的民间组织，筹募物料、征集民力，推动各项长效型的公益建设及实时性的赈饥等活动。这种由民间自发组织凝聚而成的社会力，是中国古代基层社会最为明显且成为传统的印记。由于文献相当丰富，研究成果

---

① 黄宽重：《宋代基层社会的权力结构与运作——以县为主的考察》，收录于黄宽重主编《中国史新论·基层社会分册》，台北：联经出版事业公司，2009，第273~325页。

十分丰硕。[①]　不过，在儒学复兴以及政治、经济与社会环境产生重大转变后，到宋代特别是南宋，佛教在基层社会的主导力明显消退。[②]　例如在刘宰的三次赈济活动中，救灾经验丰富的僧侣与道士虽扮演重要角色，但主导者仍是在宋代迅速崛起，并成为政治社会主体的士人群体。[③]

宋代士人群体的形成与成长，除了上述社会变迁的因素，更与宋朝建政后推动文治政策，并通过科举考试拔擢大量文士进入官僚体系息息相关。众多志在改变个人前途或家族地位的士人致力举业，连带使士人数量急剧增加，成为政治社会的主流群体，共谋朝政兴革，掀起从庆历到熙宁的一连串政治变革；但却衍生出频繁的政争，加上承平既久，轻启战端，内政外交纠结，终导致靖康之难、政权覆亡的窘境。

宋高宗在江南重建政权，面对的挑战十分严峻。朝廷为求生存而强化战备，需财孔急，遂增加税目、加重税额，且将财赋汇集中央，因而弱化地方建设。主持基层县政的亲民官，多为初次任官的外来选人。他们在承担既有地方庶务及基层建设之外，又被赋予加强征税以充实国防、稳定社会秩序等诸多重任。但要顺利推动治理，除凭借皇权威势以强化统治外，尤需仰赖地方权势

---

① 刘淑芬：《中古的佛教与社会》，上海古籍出版社，2008，第168~179页。黄敏枝：《宋代佛教社会经济史论集》，台北：台湾学生书局，1989，第119~199、413~442页，也有详细论述。

② 张维玲博士对福建莆阳地区公共建设中，官、士、僧角色转变的具体论述，即为显证。张维玲：《从反思碑记史料论南宋福建莆阳公共建设中官、士、僧的权力关系》，《新史学》第31卷第4期，2020，第143~202页。

③ 相对地，在同时期的北方，如王锦萍所论，佛教、道教在基层社会的主导力不仅没有消退，反而在蒙元统治的政治背景下大大加强，救济赈灾等社会活动的主导者往往是僧道，而非士人。Jinping Wang, *In the Wake of the Mongols: The Making of a New Social Order in North China, 1200–1600*, Cambridge, MA: Harvard University Asia Center, 2018.

之家的协调合作乃至支持，才能完成任务，缔造业绩。

　　在南宋急剧膨胀的士人群体，同样面临严峻的挑战。由于教育日益发达，加上道学家积极宣扬儒家教化理念，投入举业者的数量明显增长。士人经历考试的试炼，幸运者成为朝廷命官，莅职各地，追求仕途发展；落第者回归乡里，以知识从事各种营生事业，成为基层社会的精英，参与乡里事务与地方建设。在外地任官者中，部分不耐久任基层，晋升无望，或因病引年致仕，提早回归乡里；其他不论高低官员，仍需与乡里保持联系。之所以如此，与南宋官员选任制度及多变的政治环境关系密切。在这样的政治情势下，许多官员因员多缺少、守丧，乃至卷入政争，而须返乡待缺；家族是士人官僚起家的起点，乡里更是他们东山再起、寻求复任的基地。回归乡里后的官员，既是朝廷了解地方吏治、舆情的讯息来源，也是地方亲民官征询政务、掌握情资的重要对象。这种兼具官员与乡里耆老的双重身份，让他们在政治权力运作的县衙与拥有乡里资源的社会力之间，扮演沟通、协调的重要角色。

　　南宋的基层社会，不仅士人群体扩大，其社会与经济实力也更为雄厚。他们既是拥有资产的社会精英，又与乡里豪富之家有着同乡、同学之情，甚至相互通婚，形成更紧密的社会关系网络，有利于掌握资源，影响基层社会。同时基层社会的运作，涉及的政治社会议题多元，并非单一方式或力量可以解决，因此官民关系趋向复杂。当地士庶面对乡里事务时，视事务的性质，组成跨越血缘、业缘的群体，推动类型各异的活动与建设。士人群体既借此化解地方官府因财力不足而无力推动基础建设的窘境，又消除了北宋立国以来，朝廷借各种举措深化基层统治、企图集权中央所带来的后遗症，而为地方势力创造发展的空间。

但不论士人或富豪，在集结在地力量推动乡里建设时，实须与官府配合或获得其支持。在南宋政治环境及立国环境下，代表朝廷执行统治权的基层亲民官，固须仰赖地方权势之家的协助，才能有效执行公权力，推动各项建设及教化事务，为其仕途发展创造具体业绩，各种地方力量也要取得官府认可、支持，才得以取得合法地位，或有效推行各项活动。其中，地方志的编纂，以及庙祠、学校、乡贤祠的设置，能够凝聚地方士人关系，并有效形塑地方文化及推动教化；但相关的刊刻出版、人物选定、申请赐额与祭祀活动等项目，地方官府的主导性更强。[①] 同时，关于入祠乡贤的人选，除强化地方意识外，也重视与国家的联系，陈东祠堂的设置经过与其奏议等文献刊布，就是一个很好的例子。[②]此外，地方财政资源固然有限，但官府拥有行政权，得以裁量地方事务，对相关资源亦有相当大的调度空间，如杨迈将沙田拨给府学，莆阳官府转移废寺田产给地方学校及投入地方建设，[③] 以及王墅以没收的民田助成义役庄等事例，[④] 都说明地方官府对地方事务及财政具有调节乃至支配权。

南宋基层社会，同时存在由士人与豪强汇聚而成、具有实质影响性的社会力，以及由官府掌握、具有行政与财政决策权的政

---

① 郑丞良：《南宋明州的先贤祠研究》第一章，第 12、39~40 页。

② 参见本书第五章第一节。

③ 杨迈之例见本书第四章第二节。福建莆阳的事例，见张维玲《从反思碑记史料论南宋福建莆阳公共建设中官、士、僧的权力关系》，《新史学》第 31 卷第 4 期，第 143~202 页。

④ 金坛县令王墅助成义役庄的事例，见刘宰《漫塘集》卷二一《游仙乡二十一都义役庄记》，第 29 页下。关于义役庄的议题，日本学者伊藤正齐与中国学者谭景玉有专书论述，参见王锦萍《近二十年中古社会史研究的回顾与展望》，收录于邓小南主编《宋史研究诸层面》，第 126~127 页。

治力。在面对公共事务时，这两股力量常有互动，引发各种碰撞，其中不免因立场、价值的认知差异，而有矛盾与冲突，例如刘宰为赋税、力役征调及民生议题向官府抗议之举。不过，在基层社会各项活动或建设的推动与运作过程中，就算士人群体、豪强或宗教组织得以凝聚成强大的社会力，仍不能自外于地方官府的政治力，两者折冲、协调与相互配合，才有利于地方的整体发展。这种现象，从高柯立对苏州的研究中也可以得到印证。① 显示政治力与社会力通过协调、建立机制，进而推动、解决地方事务，构成此后基层社会运作的重要模式。

南宋基层社会各项事务的运作中，民间社会彼此合作，虽体现自主性，但其运作机制与规模既有大小之别，其成效亦不稳定。由富豪或高官名儒所促成的各项组织或活动，往往建立明确制度，以利彼此合作遵行，资金也较充裕，因此实施较为长久；四明的乡曲义田运作，即是较成功的范例。至于一般州县社会的公益活动，多是地方社会为应对现实问题所组成，运作范围较小，且易受主持者及亲民官认知、支持态度乃至政策因素所影响，而难以持续发展。况且未仕士人的资望、人脉不足，人生目标亦仍以举业为主；已仕者虽短暂乡居，也仍以追求仕进为念，难以全心致力于乡里事务。因此，士人虽是南宋社会的优势群体，也关怀乡里，凝聚群力，推动诸多公益建设与活动，但他们既以追求仕宦为职志，加上受政治环境变动频繁等因素影响，这类由士人推动的公益活动遂难以长久建立而稳定运作，也未必能

---

① 高柯立研究苏州地方官与地方社会，虽综述宋代，实则以南宋为主，见高柯立《宋代地方的官民信息沟通与治理秩序》第六章"宋代苏州地方官与地方社会"，国家图书馆出版社，2021，第237~321页。

达成发起时的初衷。

从上述由北宋到南宋地方社会与士人群体关系演变的大脉络观察，刘宰在镇江亲历和推动的各项社会公益活动与福利事业，乃至关怀国政的言行，之所以能够产生重大的影响力，除了个人秉持的观念和突出的领导力之外，当是他能够在政局内外交迫的南宋中晚期，在紧邻淮边的重镇镇江，有效结合社会力与政治力，并发挥最大的效益所致。

刘宰出身于致力举业的普通士人家族且非高官，但从举业到任官期间，凭借个人的才学，结交同道，建立了广泛的人际关系与社会网络。他的同年与岳父为他提供扩及中枢的政治资源，让他成为当时镇江地区代表性的风华人物，且得以在乡居后，以耆老之身与各级官员绵密互动；同时因受邀参与编撰地方志及地方人物传记，而得以厚植人脉，进而以理念联结赵若珪、王遂等乡贤同道，为解决乡亲面临的赋役等现实议题，组织人力，筹募资源，开展不同类型的公益事业。由于推动的活动与议题具有适时性、正当性，不仅能充分运用社会资源，更获得当地亲民官如金坛知县王塈、县尉杜范等人热烈支持，彼此更建立了深厚情谊。理宗即位后，刘宰在镇江联结乡亲、推动社会各项公益建设与福利事业的成就，以及关怀国政的事迹，受到当朝宰执推崇。在更化的旗帜下，通过具有情谊的王塈、王遂，两次征召他入朝，成就其声名。可以说，刘宰在镇江推动各项社会慈善与公益活动的成功，是社会力结合政治力并发挥效应的有力证明。

地方官与乡里士人的合作，不仅有益于地方社会，中央政府也同样得利。南宋朝廷容许甚至鼓励地方精英积极参与当地事务，看似是国家势力在地方上的衰退，其实是借此取得更多协助统治的力量；同时，掌握政治力的执政者在面临挑战时，为强化统治的合理性，也企图通过延揽各阶层具有声望者入朝，以求稳固政局。尽管刘宰一再拒绝，执政者仍数度下令征召，看来征召刘宰入朝之举本身就具有宣传的效应。[①] 即使刘宰始终未能入朝任职，朝廷仍借此获取"礼贤"的名声，并向士人宣扬积极投入乡里事务的意义。南宋朝廷的做法，契合刘子健所指，"包容"了更多势力，让国家治理更具韧性。[②] 此种做法能够成功，其前提是南宋的乡里存在比过去更多的读书人与乡居待缺的官员，使得官、民之间的沟通更为顺利；彼此可以互利双赢，政治力与社会力的合作关系才会持续。

刘宰的生平同样可说明全国与地方的关系。镇江交通枢纽的地位，有利于刘宰的地方贡献被转化成全国性声望。等到刘宰成为朝廷急于援引的对象，他在地方上的声望与地位也就更为提升，促使各级官员更加重视他的意见，并努力与他建立私人情谊。信息流通的便利，显然使地方与中央更具一致性；以致士人认同地方并投入乡里事业，可获得与入朝参政近似的正面结果——生前的影响力及死后的声名。[③]

然而，区域之间客观条件差异造成的影响仍然明显。如前所述，临边的镇江，官府以应敌、战备及供应军需为急务，无暇顾及民生，以刘宰为主的士人群体，以推动各类现实性的社会救助

---

① 如刘克庄答复莆田潘姓知军，请推荐二名僧人任辖境佛寺住持时，说："选此等高僧居大刹，譬如朝廷召赵昌父、刘平国，虽未必来，毕竟是一段美谈，亦可以愧实封、助军之髡。"显示朝廷招贤同具宣传效应。见刘克庄撰，辛更儒笺校《刘克庄集笺校》卷一三四《答乡守潘宫讲》，第5366页。

② 刘子健：《包容政治的特点》，收入氏著《两宋史研究汇编》，第41~78页。

③ 感谢方震华教授补充此观点。

活动、稳定秩序与民心为重；明州、婺州等沿海富裕地区，吕祖谦等士人在促进社会和谐外，更积极提升道学的内涵，借以形塑地方认同。他们所关心与推动的工作，显然与以安定、生存为要务的镇江有所不同。

　　从这一点，我们既认识到南宋士人群体对社会的关怀以及致力改善基层环境的目标，具有全国的一致性；却也因国家疆域辽阔，区域间经济、社会与文化发展存在落差，各地士人所推动的各项建设与促进乡里认同的活动内涵亦有所不同。从刘宰乡居期间，由实务层面纾解镇江社会民生窘境之举，和沿海地区为实现道学理想所推动的事业，两相比较，可见士人群体关怀乡里的用心相同，但因区域环境与生活资源的差异，其推行活动的方式、聚焦的项目与获得的成效则有差别，这正是本书想要揭示的意义所在。

参考书目

一 古籍文献

（汉）班固：《汉书》，中华书局，1962。

（南朝宋）范晔：《后汉书》，中华书局，1965。

（南朝梁）沈约等：《宋书》，中华书局，2018。

（唐）李吉甫：《元和郡县图志》，中华书局，1985。

（宋）卫泾：《后乐集》，收入《景印文渊阁四库全书》，台北：台湾商务印书馆，1983。

（宋）马光祖修，（宋）周应合纂《景定建康志》，收入《宋元方志丛刊》，中华书局，1990。

（宋）王迈：《臞轩集》，收入《景印文渊阁四库全书》，台北：台湾商务印书馆，1983。

（宋）叶适撰，刘公纯、王孝鱼、李哲夫点校《叶适集》，中华书局，1961。

（宋）史弥坚修，（宋）卢宪纂《嘉定镇江志》，收入《宋元方志丛刊》，中华书局，1990。

（宋）吕祖谦撰，黄灵庚、吴战垒主编《吕祖谦全集》，浙江古籍出版社，2008。

（宋）朱熹著，陈俊民校编《朱子文集》，台北：允晨文化，2000。

（宋）刘克庄撰，辛更儒笺校《刘克庄集笺校》，中华书局，2011。

（宋）刘宰：《漫塘集》，收入《景印文渊阁四库全书》，台北：台湾商务印书馆，1983。

（宋）刘宰著，王勇、李金坤校证《京口耆旧传校证》，江苏大学出版社，2016。

（宋）孙应时：《烛湖集》，收入《景印文渊阁四库全书》，台北：台湾商务印书馆，1983。

（宋）孙应时纂修，（宋）鲍廉、钟秀实续修，（元）卢镇增修《重修琴川志》，收入《续修四库全书》，上海古籍出版社，1997。

（宋）李心传编纂，胡坤点校《建炎以来系年要录》，中华书局，2013。

（宋）李心传编纂，徐规点校《建炎以来朝野杂记》，中华书局，2000。

（宋）李焘著，上海师大古籍所、华东师大古籍所点校《续资治通鉴长编》，中华书局，2004。

（宋）杨万里撰，辛更儒笺校《杨万里集笺校》，中华书局，2007。

（宋）吴潜：《许国公奏议》，收入《百部丛书集成·十万卷楼丛书》，台北：艺文印书馆，1968。

（宋）何异：《宋中兴学士院题名》，收入《续修四库全书》，上海古籍出版社，1997。

（宋）佚名撰，（清）文廷式辑《寿昌乘》，收入《宋元方志丛刊》，中华书局，1990。

（宋）佚名撰，汝企和点校《续编两朝纲目备要》，中华书局，1995。

（宋）张淏纂修《宝庆会稽续志》，收入《宋元方志丛刊》，中华书局，1990。

（宋）张端义：《贵耳集》，收入《景印文渊阁四库全书》，台北：台湾商务印书馆，1983。

（宋）陆秀夫：《宋左丞相陆公全集》，线装书局，2004。

（宋）陆游：《渭南文集》，收入《四部丛刊初编》，台北：台湾商务印书馆，1967。

（宋）陈耆卿：《嘉定赤城志》，收入《宋元方志丛刊》，中华书局，1990。

（宋）陈造：《江湖长翁集》，收入《景印文渊阁四库全书》，台北：台湾商务印书馆，1983。

（宋）范成大：《吴郡志》，收入《宋元方志丛刊》，中华书局，1990。

（宋）范成大：《揽辔录》，收入赵永春编注《奉使辽金行程录》，吉林文史出版社，1995。

（宋）林駉：《古今源流至论》，收入《景印文渊阁四库全书》，台北：台湾商务印书馆，1982。

（宋）罗大经撰，王瑞来点校《鹤林玉露》，中华书局，2005。

（宋）岳珂编，王曾瑜校注《鄂国金佗续编》，收录于《鄂国金佗稡编续编校注》，中华书局，1989。

（宋）周必大：《文忠集》，收入《景印文渊阁四库全书》，台北：台湾商务印书馆，1983。

（宋）周南：《山房集》，收入《景印文渊阁四库全书》，台北：台湾商务印书馆，1983。

（宋）周密撰，张茂鹏点校《齐东野语》，中华书局，1983。

（宋）单锷：《吴中水利书》，收入《百部丛书集成·守山阁丛书》，台北：艺文印书馆，1968。

（宋）赵彦卫：《云麓漫钞》，收入上海师范大学古籍整理研究所编《全宋笔记第六编》，大象出版社，2013。

（宋）胡榘修，（宋）方万里、罗濬纂《宝庆四明志》，收入《宋元方志丛刊》，中华书局，1990。

（宋）俞文豹撰，许沛藻、刘宇整理《吹剑四录》，大象出版社，2019。

（宋）施谔纂修《淳祐临安志》，收入《宋元方志丛刊》，中华书局，1990。

（宋）洪适：《盘洲文集》，收入《景印文渊阁四库全书》，台北：台湾商务印书馆，1986。

（宋）洪咨夔著，侯体健点校《洪咨夔集》，浙江古籍出版社，2015。

（宋）祝穆撰，祝洙增订，施和金点校《方舆胜览》，中华书局，2003。

（宋）袁甫：《蒙斋集》，收入《景印文渊阁四库全书》，台北：台湾商务印书馆，1983。

（宋）袁燮：《絜斋集》，收入《景印文渊阁四库全书》，台北：台湾商务印书馆，1983。

（宋）真德秀：《西山先生真文忠公文集》，收入《四部丛刊正编》，台北：台湾商务印书馆，1979。

（宋）顾祖禹撰，贺次君、施和金点校《读史方舆纪要》，中华书局，2005。

（宋）晁公武撰，孙猛校证《郡斋读书志校证》，上海古籍出版社，1990。

（宋）钱可则修，（宋）方仁荣纂《景定严州续志》，收入《宋元方志丛刊》，中华书局，1990。

（宋）徐自明著，王瑞来校补《宋宰辅编年录校补》，中华书局，1986。

（宋）徐梦莘：《三朝北盟会编》，上海古籍出版社，1987。

（宋）黄榦：《勉斋先生黄文肃公文集》，收入《宋集珍本丛刊》，线装书局，2004。

（宋）董煟：《救荒活民书》，收入《景印文渊阁四库全书》，台北：台湾商务印书馆。

（宋）程珌：《洺水集》，收入《宋集珍本丛刊》，线装书局，2004。

（宋）游九言：《默斋遗稿》，收入《景印文渊阁四库全书》，台北：台湾商务印书馆，1982。

（宋）楼钥著，顾大朋点校《楼钥集》，浙江古籍出版社，2010。

（宋）蔡幼学:《育德堂外制》，收入《续修四库全书》，上海古籍出版社，1997。

（宋）蔡幼学:《育德堂奏议》，收入《古逸丛书》，中华书局，1987。

（宋）黎靖德著，王星贤点校《朱子语类》，中华书局，1986。

（宋）潜说友纂修《咸淳临安志》，收入《宋元方志丛刊》，中华书局，1990。

（宋）魏了翁:《鹤山先生大全文集》，收入《四部丛刊正编》，台北：台湾商务印书馆，1979。

（元）王逢:《梧溪集》，收入《景印文渊阁四库全书》，台北：台湾商务印书馆，1983。

（元）俞希鲁编纂，杨积庆等校点《至顺镇江志》，江苏古籍出版社，1999。

（元）脱脱等撰《宋史》，中华书局，1977。

（元）脱脱等撰《金史》，中华书局，1979。

（明）杨士奇、黄淮等编《历代名臣奏议》，台北：台湾学生书局，1964。

（明）张内蕴、周大韶撰《三吴水考》，收入《景印文渊阁四库全书》，台北：台湾商务印书馆，1983。

（明）陈沂辑《陈少阳先生尽忠录》，收入《宋集珍本丛刊》，线装书局，2004。

（明）姚广孝等编《永乐大典》，台北：大化书局，1985。

（明）夏玉麟、郝维岳等修，（明）汪佃等纂《建宁府志》，收入《天一阁藏明代方志选刊》，上海古籍出版社，1982。

（明）黄仲昭纂修《弘治八闽通志》，书目文献出版社，1988。

（明）董斯张：《吴兴备志》，收入《景印文渊阁四库全书》，台北：台湾商务印书馆，1983。

（清）史在矿：《忠定王年谱》，收入《史氏谱录合编》，天津图书馆、天津古籍出版社，2001。

（清）刘诰等修，（清）徐锡麟等纂《丹阳县志》，台北：成文出版社，1983。

（清）刘诰等修，（清）徐锡麟等纂《重修丹阳县志》，台北：成文出版社，1983。

（清）徐松辑，四川大学古籍整理研究所标点校勘，王德毅校订《宋会要辑稿》，台北：中研院历史语言研究所汉籍电子文献数据库电子版《宋会要辑稿》编委会，2008。

（清）曾国藩、丁日昌纂修《苏省舆地图》，哈佛大学汉和图书馆藏清同治七年（1868）刻本。

（清）缪荃孙：《江苏金石记》，江苏通志局，1927，据手写稿影印。

（清）穆彰阿、潘锡恩等纂修《大清一统志》，上海古籍出版社，1997。

不著撰者，汪圣铎点校《宋史全文》，中华书局，2016。

北京图书馆金石组编《北京图书馆藏中国历代石刻拓本汇编》，中州古籍出版社，1990。

曾枣庄、刘琳主编《全宋文》，上海辞书出版社，2006。

二　研究专著

于北山：《陆游年谱》，上海古籍出版社，1985。

于北山：《范成大年谱》，上海古籍出版社，1987。

王明荪主编《海峡两岸地方史志地方博物馆学术研讨会论文集》，南投：台湾文献委员会，1999。

王曾瑜：《宋朝军制初探（增订本）》，中华书局，2011。

王曾瑜：《涓埃编》，河北大学出版社，2008。

王瑞来：《近世中国——从唐宋变革到宋元变革》，山西教育出版社，2015。

王德毅：《李焘父子年谱》，台北：中国学术著作奖助委员会，1963。

孔凡礼辑《范成大佚著辑存》，中华书局，1983。

邓小南：《宋代文官选任制度诸层面（修订本）》，中华书局，2021。

邓广铭：《辛稼轩年谱》，上海古籍出版社，1997。

东吴大学历史学系主编《方志学与社区乡土史学术研讨会论文集》，台北：台湾学生书局，1998。

史念海：《中国的运河》，陕西人民出版社，1988。

包伟民：《宋代地方财政史研究》，上海古籍出版社，2001。

包伟民：《宋代城市研究》，中华书局，2014。

包伟民：《陆游的乡村世界》，社会科学文献出版社，2020。

朱泽君主编《崔与之与岭南文化研究》，人民出版社，2010。

全汉昇：《唐宋帝国与运河》，台北：台湾商务印书馆，1995。

刘子健：《两宋史研究汇编》，台北：联经出版事业公司，1987。

刘云军：《吕颐浩年谱》，河北大学出版社，2011。

刘建国：《古城三部曲——镇江城市考古》，江苏古籍出版社，1995。

刘淑芬：《中古的佛教与社会》，上海古籍出版社，2008。

江苏省交通厅航道局、江苏省航道协会编《京杭运河志（苏南段）》，人民交通出版社，2009。

汤文博：《南宋初期（1127—1141）江淮战区研究》，天津古籍出版社，2014。

安作璋：《中国运河文化史》，山东教育出版社，2001。

李天鸣：《宋元战史》，台北：食货出版社，1990。

李仁生、丁功谊：《周必大年谱》，江西人民出版社，2014。

李弘祺：《宋代官学教育与科举》，台北：联经出版事业公司，1994。

李华瑞：《宋代救荒史稿》，天津古籍出版社，2014。

李超：《南宋宁宗朝前期政治研究》，上海古籍出版社，2019。

李辉：《宋金交聘制度研究（1127—1234）》，上海古籍出版社，2014。

杨芳：《宋代仓廪制度研究》，上海古籍出版社，2019。

何忠礼：《南宋科举制度史》，人民出版社，2009。

余英时：《朱熹的历史世界：宋代士大夫政治文化的研究》，台北：允晨文化，2003。

宋晞：《方志学研究论丛》，台湾：台湾商务印书馆，1999。

张文：《宋朝社会救济活动研究》，西南师范大学出版社，

2001。

张立主编《镇江交通史》，人民交通出版社，1989。

张勇：《宋代淮南地区经济开发若干问题研究》，中国社会科学出版社，2019。

张强：《江苏运河文化遗存调查与研究》，江苏人民出版社，2016。

陈来：《朱子书信编年考证（增订本）》，生活·读书·新知三联书店，2007。

陈桥驿主编《中国运河开发史》，中华书局，2008。

陈雯怡：《由官学到书院：从制度与理念的互动看宋代教育的演变》，台北：联经出版事业公司，2004。

林天蔚：《方志学与地方史研究》，台北：南天书局，1995。

昌彼得、王德毅、程元敏、侯俊德等编《宋人传记资料索引》，台北：鼎文书局，2001。

周扬波：《宋代士绅结社研究》，中华书局，2008。

郑丞良：《南宋明州的先贤祠研究》，上海古籍出版社，2013。

胡坤：《宋代荐举改官研究》，上海古籍出版社，2019。

贾志扬：《宋代科举》，台北：东大出版社，1995。

高柯立：《宋代地方的官民信息沟通与治理秩序》，国家图书馆出版社，2021。

唐宋运河考察队编《运河访古》，上海人民出版社，1986。

陶晋生：《中国近古史》，台北：东华书局，1979。

陶晋生：《北宋士族——家族、婚姻、生活》，台北：中研院历史语言研究所，2001。

黄宽重：《艺文中的政治——南宋士大夫的文化活动与人际关

系》，台北：台湾商务印书馆，2019。

黄宽重：《孙应时的学宦生涯：道学追随者对南宋中期政局变动的因应》，台北：台大出版中心，2018。

黄宽重：《宋代的家族与社会》，台北：东大出版社，2006。

黄宽重：《政策·对策——宋代政治史探索》，台北：联经出版事业公司，2007。

黄宽重：《南宋地方武力——地方军与民间自卫武力的探讨》，台北：东大出版社，2002。

黄宽重：《晚宋朝臣对国是的争议——理宗时期的和战、边防与流民》，台北：台大出版中心，1978。

黄敏枝：《宋代佛教社会经济史论集》，台北：台湾学生书局，1989。

梁庚尧：《宋代社会经济史论集》，台北：允晨文化，1997。

梁庚尧：《宋代科举社会》，台北：台大出版中心，2015。

梁庚尧：《南宋的农地利用政策》，台北：台湾大学文学院，1977。

彭东焕：《魏了翁年谱》，四川人民出版社，2003。

雷家圣：《聚敛谋国——南宋总领所研究》，台北：万卷楼图书公司，2013。

虞云国：《南宋行暮：宋光宗宋宁宗时代》，上海人民出版社，2018。

蔡义江、蔡国黄：《辛弃疾年谱》，齐鲁书社，1987。

镇江市水利局、镇江市水利学会编《镇江水文化笔谈·乐水漫话》，南京大学出版社，2016。

〔美〕蔡涵墨（Charles Hartman）：《历史的严妆：解读道学

阴影下的南宋史学》，中华书局，2016。

〔美〕戴仁柱（Richard Davis）：《丞相世家：南宋四明史氏家族研究》，刘广丰、惠冬译，中华书局，2014。

〔日〕斯波义信：《宋代江南经济史研究》，方健、何忠礼译，江苏人民出版社，2001。

〔日〕青山定雄『唐宋時代の交通と地誌地図の研究』東京：吉川弘文館、1969。

〔日〕荒木敏一『宋代科挙制度研究』京都：京都大学東洋史研究会、1969。

Beverly Bossler, *Powerful Relations: Kinship, Status, and the State in Sung China (960–1279)*. Cambridge, MA.: Harvard University Asia Center, 1998.

Hilde De Weerdt, *Information, Territory, and Networks: The Crisis and Maintenance of Empire in Song China*. Cambridge, MA.: Harvard University Asia Center, 2015.

Jinping Wang, *In the Wake of the Mongols: The Making of a New Social Order in North China, 1200–1600*. Cambridge, MA: Harvard University Asia Center, 2018.

John Chaffee and Denes Twitchett ed., *The Cambridge History of China, vol.5, Part Two: Sung China, 960–1279*. Cambridge: Cambridge University Press, 2015.

Joseph Dennis. *Writing, Publishing, and Reading Local Gazetteers in Imperial China, 1100–1700*. Cambridge, Mass.: Harvard University Press, 2015。

Peter Bol, *Localizing Learning: The Literati Enterprise in*

Wuzhou, 1100-1600. Cambridge, MA: Harvard University Asia Center, 2022.

Peter Bol, *Neo-Confucianism in History*. Cambridge, MA. & London: Harvard University Asia Center, 2008.

Robert Hymes, *Statemen and Gentlemen: The Elite of Fuchou, Chiang-His, in Northern and Southern Sung*. Cambridge: Cambridge University Press, 1986.

Sukhee Lee, *Negotiated Power: The State, Elites, and Local Governance in Twelfth- to Fourteenth- Century China*. Cambridge, MA.: Harvard University Press, 2014.

三 研究论文

王书敏：《关于镇江宋元粮仓的几个问题——转般仓、淮东总领所、大军仓》，《东南文化》2011 年第 5 期，第 72~73 页。

王瑞来：《内举不避亲——以杨万里为个案的宋元变革论实证研究》，《北京大学学报》（哲学社会科学版）2012 年第 2 期，第117~128 页。

王锦萍：《近二十年中古社会史研究的回顾与展望》，收入邓小南、方诚峰主编《宋代研究诸层面》，北京大学出版社，2020，第 106~138 页。

王德毅：《南宋役法考》，收入氏著《宋史研究论文集》，台湾：台湾商务印书馆，1993，第 253~283 页。

方震华：《军务与儒业的矛盾——衡山赵氏与晚宋统兵文官家族》，《新史学》第 17 卷第 2 期，2006，第 11~12 页。

方震华：《转机的错失——南宋理宗即位与政局的纷扰》，《台大历史学报》第 53 号，2014，第 1~35 页。

邓小南：《北宋苏州的士人家族交游圈——以朱长文交游为核心的考察》，《国学研究》第 3 卷，1996，第 479~481 页。

平田茂树：《从边缘社会看南宋士人的交往和信息沟通——以魏了翁、吴泳、洪咨夔的事例为线索》，收录于余蔚、平田茂树，温海清主编《十至十三世纪东亚史的新可能性：首届中日青年学者辽宋西夏金元史研讨会论文集》，中西书局，2018，第 1~29 页。

包伟民：《乡役论与乡里制的演变》，《中国社会科学》2022 年第 7 期，第 152~172 页。

包伟民：《名实之间：关于乡里单位文献记载辨析漫谈》，《唐宋历史评论》第八辑，社会科学文献出版社，2021，第 8~23 页。

包伟民：《近古乡村基层催税单位演变的历史逻辑》，《北京大学学报》（哲学社会科学版）2021 年第 1 期，第 99~115 页。

全汉昇：《唐宋时代扬州经济景况的繁荣与衰落》，《中研院历史语言研究所集刊》第 11 号，1944，第 149~176 页。

刘子健：《刘宰和赈饥》，收入氏著《两宋史研究汇编》，台北：联经出版事业公司，1987，第 348~354 页。

刘子健：《背海立国与半壁山河的长期稳定》，收入氏著《两宋史研究汇编》，台北：联经出版事业公司，1987，第 21~40 页。

刘子健：《综论宋代士大夫理想与从政的类别》，收录于中研院第二届国际汉学会议论文集编辑委员会编《中央研究院第二届国际汉学会议论文集：历史与考古组》，台北：中研院，1989，第 823~834 页。

李弘祺：《宋代的举人》，收录于国际宋史研讨会秘书处编《国际宋史研讨会论文集》，台北：中国文化大学史学研究所史学系，1988，第297~314页。

李萍：《嘉定镇江志研究》，硕士学位论文，上海师范大学，2016。

杨果：《南宋的鄂州南草市》，《江汉论坛》1999年第12期，第80~84页。

杨俊峰：《魏了翁文集所见端平初年政治讯息》，稿本。

汪圣铎：《宋代转般仓研究》，《文史》2011年第2辑，第187~209页。

张小军：《南宋镇江转般仓考述》，《南京博物院集刊》第13卷，2012，第81~85页。

张小军：《南宋镇江转般仓有关问题研究》，《镇江高专学报》第27卷第2期，2014，第1~5页。

张小军：《镇江京口闸澳系统研究》，《镇江高专学报》第25卷第3期，2012，第91~108页。

张星久：《关于南宋户部与总领所的关系——宋代财政体制初探》，《中国史研究》1987年第4期，第9~16页。

张维玲：《从反思碑记史料论南宋福建莆阳公共建设中官、士、僧的权力关系》，《新史学》第31卷第4期，第143~202页。

张维玲：《南宋待补与待补太学生》，《中华文史论丛》2012年第4期，第90~121页。

陈高华：《早期宋蒙关系与端平入洛》，收入中国社会科学院历史研究所宋辽金元史研究室编《宋辽金史论丛》，中华书局，1985，第203~230页。

林日波:《真德秀年谱》,硕士学位论文,华中师范大学,2006。

林明:《从四明墓志看北宋平民家族》,硕士学位论文,台湾政治大学,2019。

林岩:《晚年陆游的乡居身份与自我意识——兼及南宋"退居型士大夫"的提出》,《华南师范大学学报》(社会科学版)2016年第1期,第29~42页。

林煌达:《陈桷仕宦转变与发展》,稿本。

周曲洋:《何以为户:宋代主户的性质、形态与功用》,稿本。

郑丞良:《道学、政治与人际网络:试探南宋嘉定时期黄榦的仕宦经历与挫折》,《史学汇刊》第35期,2016,第155~176页。

俞佳奇:《镇江运河文化的历史考察》,《镇江高专学报》第31卷第4期,2018,第5~9、14页。

洪婉芝:《宋元时期镇江地区的造桥活动》,《新北大史学》2005年第3期,第6~11页。

袁一堂:《南宋的供漕体制与总领所制度》,《中州学刊》1995年第4期,第132~135页。

高纪春:《道学与南宋中期政治——庆元党禁探源》,博士学位论文,河北大学,2001。

陶晋生:《南宋利用山水寨的防守战略》,《食货月刊》第7.1、7.2复刊,1997,第1~10页。

黄纯艳:《宋代运河的水情与航行》,《史学月刊》2016年第6期,第91~108页。

黄纯艳:《南宋江防体系的构成及职能》,《河北大学学报》(哲学社会科学版)2016年第5期,第10~17页。

黄俊彦：《韩侂胄与南宋中期的政局变动》，硕士学位论文，台湾师范大学，1976。

黄宽重：《宋代基层社会的权力结构与运作——以县为主的考察》，收录于黄宽重主编《中国史新论：基层社会分册》，台北：联经出版事业公司，2009，第273~325页。

黄宽重：《南宋两浙路社会流动的考察》，收入氏著《宋史丛论》，台北：新文丰出版社，1993，第73~103页。

黄宽重：《贾涉事功评述——以南宋中期淮东防务为中心》，《汉学研究》第20卷第2期，2002，第165~188页。

梁庚尧：《从南北到东西：宋代真州转运地位的转变》，《台大历史学报》第52号，2003，第53~143页。

梁庚尧：《家族合作、社会声望与地方公益：宋元四明乡曲义田的起源与演变》，收录于中研院历史语言研究所出版品委员会主编《中国近世家族与社会学术研讨会论文集》，台北：中研院历史语言研究所，1998，第231~237页。

韩冠群：《史弥远与南宋中后期中枢政治运作（1194—1260）》，博士学位论文，中国人民大学，2015。

程志华：《学术与政治：南宋庆元党禁之研究》，硕士学位论文，台湾清华大学，1996。

曾枣庄：《论宋启》，《文学遗产》2007年第1期，第47~57页。

谢康伦：《论伪学之禁》，何冠环译，收录于海格尔编《宋史论文选集》，陶晋生等译，台北："国立编译馆"，1995。

蔡文地：《宋代劝农文之研究》，硕士学位论文，台湾大学，2007。

蔡涵墨、李卓颖：《平反陈东》，《文史》2017年第2辑，第

157~222 页。

裴淑姬:《论宋代科举解额的实施与地区分配》,《浙江学刊》2000 年第 3 期, 第 121~127 页。

穆朝庆:《宋代科举解额分配制度初探》,《黄河科技学院学报》第 10 卷第 1 期, 2008, 第 42~46 页。

内河久平「南宋総領所考——南宋政權と地方武將との勢力関係をめぐって」『史潮』78、79 合併号、1962、1~26 頁。

平田茂樹「南宋士大夫のネットワークとコミュニケーション——魏了翁の『靖州居住』時代を手がかりとして」『東北大学東洋史論集』第 12 号、2016、215~249 頁。

長井千秋「淮東総領所の財政運営」『待兼山論叢』第 22 号史学篇、1988、41~64 頁。

高橋芳郎「宋代の士人身分について」『史林』第 69 巻第 3 期、1986、351~382 頁。

黄寛重著、山口智哉訳「劉宰の人間関係と社会への関心」宋代史研究会編『宋代史研究会研究報告（10）中国伝統社会への視角』東京: 汲古書院、2015、151~189 頁。

四 数据库

中研院人社中心 GIS 专题中心（2020）中华文明之时空基础架构系统, http://gissrv4.sinica.edu.tw/gis/cctslite.aspx (2023/3/2)。

"汉籍电子文献数据库", 台北: 中研院历史语言研究所。

龚延明主编"中国历代进士登科数据库", http://examination.ancientbooks.cn/docDengke/, 2022/9/27。

附 录

附录一 文集中的刘宰世界：兼论其书信、传记撰述的史料价值与利用

宋代士人为追求业举仕进，经历学习、应试、任官各种不同阶段，过程中因同乡、同学、同年、同僚、同道之故，建立起不同层级与属性的人际关系。这些关系，随着时空及环境变化，逐步联结、转化、扩散，形成疏密交织的社会网络。此网络与个人的生命经历和事业发展紧密联结，在不同的人生阶段中发挥影响。种种人际互动痕迹，往往可从宋代士人各类型的书写活动中，一窥端倪；而文集作为宋代蓬勃发展的艺文载体，汇集了包括书信、记、序、诗词及传记（行状、墓志、神道碑）等多样的书写记录，尤是历史研究者观察士人人际网络的珍贵

资源。①

　　本书所关注的刘宰也不例外。刘宰生前著作丰沛，但挚友王遂汇集遗稿时，仅存十之四五。明正德年间，刘宰存世作品辑录为《漫塘集》，共三十六卷，计有诗赋四卷，状、札、启等书信类十三卷，杂文、序各一卷，记四卷，题跋、铭各一卷，祭文及墓志传记十一卷，② 其中又以状、札、启等书信与人物传记篇幅较多，内容也较丰富。现存《漫塘集》是本书得以探究刘宰如何居乡而胸怀国家天下的重要线索，帮助我们了解一位辞官归乡的人是如何利用多元而丰富的人际网络，联结亲友、同乡、地方官长、旧日同僚，以持续贡献乡里，也有机会参赞国政。在《漫塘集》之外，刘宰也曾为协助纂修《嘉定镇江志》而整理撰写《京口耆旧传》，该书既是刘宰认识乡里的媒介，也为我们保存了当时镇江在地社会的精彩风貌。为帮助读者掌握刘宰乡居事业得以开展的重要基础，本书在刘宰生平与镇江地方社会议题之外，以本文综述刘宰书信与传记撰述所呈现的个人人际与在地社会网络。同时，本书"附录二""附录三"亦详列《漫塘集》书信与传记资料整理，供读者参考，也可为后续相关研究利用。

----

① 黄宽重：《楼钥的艺文涵养养成及书画同好》，收入氏著《艺文中的政治——南宋士大夫的文化活动与人际关系》，第149~187页；及黄宽重《南宋中期士人的〈兰亭序〉品题》，收入氏著《艺文中的政治——南宋士大夫的文化活动与人际关系》，第223~267页。平田茂樹「南宋士大夫のネットワークとコミュニケーション——魏了翁の『靖州居住』時代を手がかりとして」『東北大学東洋史論集』第12号、2016、215~249頁；以及平田茂树《从边缘社会看南宋士人的交往和信息沟通——以魏了翁、吴泳、洪咨夔的事例为线索》，收录于余蔚、平田茂树、温海清主编《十至十三世纪东亚史的新可能性：首届中日青年学者辽宋西夏金元史研讨会论文集》，第1~29页。

② 刘宰：《漫塘集》，《四库全书提要》另有《语录》十卷，已佚。

第一节　以书信构筑人际网络

《漫塘集》收录的书札、启、奏札、辞状、婚启、礼启等书信，合计达三百零五件。其中，"婚启"与"礼启"的内容较单纯，书写方式也格套化，暂不列入讨论；其余二百八十八件中，有辞状二十六件（其中八件仅录题目）、书札一百五十四件、启一百零八件。书札反映的刘宰联络对象，包括中央执政官员（宰执、侍从）三十二件、地方高官（总领、知府、知州）七十件、一般官员（知县、县尉、州县幕职官）四十二件、无官亲友六件、不明者四件。启的对象，有中央执政官员二十二件、地方高官三十九件、一般官员三十四件、不明者十三件。可见刘宰联络、交往的人员与层级均多，且高阶官员占比甚高，这样的交往情形，与当时活跃于政坛上的官员或名儒不分轩轾。

表 2　《漫塘集》书札联络对象身份

对象（官职）	书札（件）	启（件）
执政高官（宰执、侍从）	32	22
地方高官（总领、知府、知州）	70	39
一般官员（知县、县尉、州县幕职官）	42	34
无官亲友	6	0
不明	4	13
总计	154	108

必须指出的是，《漫塘集》所收书札、启具有两项特殊情况。其一，《漫塘集》中有三十二件"书札"及七件"启"，是刘宰于

宝庆与端平时期奉召赴京任官的相关文件。这些信件聚焦于他受召与辞免的过程，兼及理宗即位后两次重要的政局与人事变动，与其他书信相比，内容与议题相当集中，为本书第七章的主要材料。其二，是《漫塘集》中"书札"与"启"兼用的问题。以往研究显示，"启"的文体常用以道谢、祝贺或请求，受限于四六文的体式，文辞较典雅，却不免格套化；书札的书写内容则较随意，讨论的议题相对具体。① 不过《漫塘集》中若干"书札"与"启"表述的内容差别不大，一百零八件"启"中有二十二件具体讨论特定事务。② 可见刘宰对外联络时，似乎并没有严格区分"书札"与"启"的差别，故"启"这一看似形式化的文体，仍可能反映具体意见，值得注意与利用。

若联结刘宰书信所呈现的人际关系与当时的政治环境变动，可以观察出其生涯处境、作为及人际关系的变化。刘宰生平大致可划分为三个阶段：第一阶段为仕进时期，自绍熙元年（1190）中举到嘉定元年（1208）底决意辞官，共十九年；

---

① 学界鲜少有对于文集中"启"文体的研究，曾枣庄的《论宋启》一文是较全面概述的论文，见《文学遗产》2007 年第 1 期，第 47~57 页。此外，胡坤和王瑞来都有关于荐举的例子，见胡坤《宋代荐举改官研究》第五章"制度背后：宋代涉荐书启与人际网络"，第 267~322 页；及王瑞来《内举不避亲——以杨万里为个案的宋元变革论实证研究》，《北京大学学报》（哲学社会科学版）2012 年第 2 期，第 117~128 页。

② 如嘉定十七年（1224）以后接任金坛的知县叶岘、林佑卿、魏文中和县丞王唐卿四人，刘宰回应他们到任的"札"和"启"中，"札"的格套式赞誉文字较明显，"启"札子中反而提到地方吏治的具体事例。叶岘，见刘宰《漫塘集》卷一三《回叶知县岘到任札子》，第 4 页上 ~5 页下；卷一五《回叶知县岘到任启》，第 19 页下 ~20 页下。王唐卿，见刘宰《漫塘集》卷一二《回王县丞到任唐卿》，第 19 页上 ~20 页上；卷一五《回王丞唐卿到任》，第 23 页上 ~23 页下。魏文中，见刘宰《漫塘集》卷一三《回魏知县文中到任札子》，第 5 页下 ~7 页上；卷一五《回魏知县文中到任启》，第 21 页上 ~22 页上。林佑卿，见刘宰《漫塘集》卷一三《回林知县佑卿到任》，第 7 页上 ~8 页下；卷一五《回林知县佑卿到任》，第 22 页上 ~23 页下。

第二阶段为乡居时期，自嘉定二年（1209）春至嘉定十七年（1224），共十六年；第三阶段为复官与辞免时期，从理宗宝庆元年（1225）到嘉熙三年（1239）逝世，共十五年。这三阶段正是晚宋政局发展的关键，即宁宗、理宗二朝内外军政激烈变动时期。合并考察刘宰在各时段的通信对象、书信内容，并参照当时的时势背景，既能更深入认识刘宰不同阶段的人际网络，以及他如何对关切议题发挥其影响力，也可以看到南宋中晚期内忧外患的联结与动态。

《漫塘集》所收书信中时间可稽者计二百四十四道，笔者已予以定年，如本书"附录三"所示。由现存可定年书信，可知刘宰的通信对象共一百二十二人。以上述刘宰生平三阶段区分，第一阶段有三十九封，联系者十八人；第二阶段有五十二封，联系者二十八人；第三阶段有一百五十三封，联系者七十六人。下文将就各阶段刘宰通信对象，讨论其人际网络与各阶段所关注的议题。①

一　仕进时期

刘宰于绍熙元年中举，其后获任首份官职江宁县尉，并历任真州法曹、泰兴令及浙东干官等职，直到嘉定元年决议辞官归乡，前后共十九年，是他开展仕途、奠定家业的阶段。在《漫

---

①　必须说明的是，本文仅能就现存书信讨论，故而并非主张刘宰在特定时段仅与特定人物通信。换句话说，出现在刘宰生平第二阶段的通信对象，也可能是刘宰在第一阶段就已相识互动者，如同年李埴。然因现存书信定年落于第二阶段，故而置于该阶段，并与书信所设议题一并讨论。

塘集》中，留有此时期三十九封书启。其中，有十二封致送州县幕职官，其余二十七封的致信对象则是知州与路级官员，如赵时侃、倪思、李壁、辛弃疾等，甚至直接与当朝宰执邓友龙、卫泾和钱象祖等通信。此外，刘宰也曾代岳父梁季珌向丘崈及推荐者致谢启。在刘宰追求仕进的十九年中，开禧二年（1206）至嘉定元年（1208）的三年间，是南宋中期内外政局最为动荡的时期。从刘宰致当时执政者邓友龙、卫泾与钱象祖的书信中，可以看到他对北伐、中枢朝政及取士政策等军国大事的建言。[①] 刘宰身为基层官员，能与当朝宰执侍从联系，显然有人居中媒介，协助传递讯息。现存书信显示，刘宰的同年与岳父正扮演了此关键媒介角色。[②]

　　在刘宰入仕后，他的同年好友周南、朱晞颜和张嗣古三人，都成为他开拓人际网络的重要助益者。周南、朱晞颜分别娶当朝大员卫泾的两位妹妹为妻，而周南既是叶适的学生，也是黄度的女婿。周、朱二人在庆元、开禧政局变动中，卷入政争的旋涡，其仕途升降与钱象祖的进退颇有关联。[③] 张嗣古则是韩侂胄的外甥，在韩掌权时拥有不少人脉，因欣赏刘宰才学，促成刘宰娶当时光州知州梁季珌的女儿为继室。[④] 周南、朱晞颜和张嗣古三人的官职虽不高，因与当权宰执、重臣关系密切，得以为刘宰穿针引线，开拓朝中人脉。

---

① 刘宰：《漫塘集》卷一六《上钱丞相》，第5页上~5页下；卷一六《上卫参政泾》，第6页上~6页下；卷一三《上钱丞相论罢漕试太学补试札子》，第15页下。

② 关于同年好友周南、朱晞颜和张嗣古，以及岳父梁季珌，在本书第三章已有充分说明，此处不再赘述。

③ 黄宽重：《孙应时的学宦生涯：道学追随者对南宋中期政局变动的因应》，第223~228页。

④ 刘宰：《漫塘集》卷三二《继室安人梁氏墓志》，第16页上。

至于岳父梁季珌，更是帮助刘宰搭建朝中人际联系的重要人物，这在本书第三章的讨论中已阐明印证。[①] 此外，从刘宰给知宜兴县赵与悊与江东帅臣陈铧的信中，梁季珌发挥的影响也具体可见。约在绍定三年（1230），刘宰回赵与悊的书信中，提到自己在庆元四年、五年间（1198~1199），虽未能见到若愚父亲，"然颇闻先少师逢人说项斯，所与外舅书，必赐垂问，知过庭之助为多"。[②] 约在端平二年（1235）刘宰给江东帅臣陈铧的信也说："某犹记昔岁，于外舅梁总侍书院中，得一望履舄之光。继此鹏抟鲲化，日摩穿苍，而某鹍鹞之飞，止于抢榆枋，无阶际会，惟极倾瞻。"[③] 观察梁季珌于开禧、嘉定年间的仕历，联结刘宰在这段时间与邓友龙、钱象祖、卫泾等人通信与论政，[④] 可以确定在刘宰仕宦期间，梁季珌是其厚植人际关系的关键人物。

二　嘉定乡居

刘宰亲历开禧、嘉定的政局变动，外加身体患疾，决定退居乡里。自嘉定二年至十七年（1224），亦即理宗宝庆元年刘宰奉召入朝前，可视为其乡居阶段，前后共十六年。《漫塘集》现存此时期书信共有五十二件，其中，致乡人书信十三件，联系对

---

① 《漫塘集》中有四篇刘宰代梁季珌所拟书稿，包括开禧二年致丘崈就任两淮宣抚使的贺启。刘宰：《漫塘集》卷三三《故吏部梁侍郎行状》，第1页上~8页上。

② 刘宰：《漫塘集》卷六《回宜兴赵百里与悊一》，第8页下。

③ 刘宰：《漫塘集》卷一一《回江东帅陈侍郎铧》，第9页上。

④ 刘宰：《漫塘集》卷一三《上钱丞相论罢漕试太学补试札子》，第15页下；卷一六《上邓侍郎友龙启》，第2页下~3页上；卷一六《上钱丞相》，第5页上~5页下；卷一六《上卫参政泾》，第6页上~6页下。

象四人；致地方长官三十四件，对象可知者二十二人，姓名不明者三人；致外地友人五件，不详者一人。通信次数较多的是张镐（七件）、赵善湘（三件）、赵时侃（四件）、史弥坚（四件）及平江的友人周虎（三件）。从现存书信中，可以观察刘宰乡居期间的人际关系与关注议题，与此前的仕进时期差异甚大。

乡里建设与赈济，无疑是刘宰此时期的首要关注焦点。就通信对象而言，嘉定六年前，刘宰与张镐、赵时侃两位金坛出身、在外任官的乡亲联络较频繁。嘉定二年（1209），刘宰在贺赵时侃任知滁州时，提到家乡金坛的灾况。①时值刘宰首次倡议赈饥，这也是他与赵时侃、若珪父子推动地方建设与救济事业的最早记载。嘉定六年到八年，刘宰与镇江、金坛的地方官员互动较为密切。就通信数量上，刘宰和知镇江府史弥坚联系尤为频繁；但若参考刘宰同时期所撰各类记文，可知他与知金坛县王塈、县尉杜范也多有互动，且情谊深厚。这些互动不仅襄赞了刘宰的乡里事业，更成为他乡居期间仍能持续扩展人际网络的基石。

有关刘宰与知镇江府史弥坚的书信往来，在现存资料中，除了两封属于应酬文字外，另两封信写于嘉定八年（1215），均涉及刘宰居乡后着力最深的事业。其一，是刘宰协助史弥坚修纂《镇江府志》而写的《京口耆旧传》一书，本文第三节将对此有更多着墨。其二，是刘宰婉辞史弥坚邀请参与镇江府的赈济局。②

---

① 刘宰说："但乡邑不能半熟，飞蝗四合，未知向后竟如何。令嗣（指赵若珪）内机兄比数相见，清姿逸韵，不愧乃翁。"刘宰：《漫塘集》卷八《贺赵滁州前人》，第18页下~19页上。

② 刘宰：《漫塘集》卷八《回知镇江史侍郎弥坚札子》，第3页上~4页下。

然刘宰仍应史弥坚之邀，撰写了不少乡里建设的记文。① 史弥坚也关系着刘宰日后受召入朝事。史弥坚是宰相史弥远的亲弟，言行甚获朝廷嘉评。宝庆元年（1225）理宗即位后，史弥坚虽已辞官，因赏识刘宰为人，仍力荐刘宰复官。②

　　知金坛县王塈、县尉杜范则属史弥坚在镇江辖下的地方官员，二人都在此时与刘宰结识并共同推动多项地方文化、公益活动。例如重修灵济庙，举办乡饮酒仪、将没入的官田助游仙乡设置义役庄等。③ 在所撰记文中，刘宰对这两位亲民官都评价甚高："王君不事苛扰，故役竟而人不知；杜君明述利害，故令行而民不病。"④ 其中，王塈更成为刘宰知友。王塈字克家，四明（今浙江宁波）人，庆元五年（1199）进士，嘉定八年（1215）知金坛县，任职期间政绩卓著。任满后，升为右司郎中。⑤ 嘉定十五年（1222）起，先后任秘书丞、著作郎、将作少监、军器监兼侍讲，深获史弥远的赏识与信任。宝庆元年（1225）九月，王塈改任中书舍人后，成为理宗初期刘宰与宰相史弥远之间的联系桥梁。在现存第三时期书信中，刘宰与王塈通信最为丰富，是他一生的重

---

① 　嘉定六年起，刘宰先后撰写《金坛县监务厅记》《金坛簿厅壁记》《镇江府学复沙田记》《金坛监务厅壁记》《重修灵济庙记》《游仙乡二十一都义役庄记》《希墟张氏义庄记》《乡饮酒仪序》等记、序。刘宰：《漫塘集》卷二〇《金坛县监务厅记》，第 26 页上 ~27 页下；卷二〇《金坛簿厅壁记》，第 27 页下 ~29 页上；卷二一《镇江府学复沙田记》，第 3 页下 ~5 页下；卷二一《金坛监务厅壁记》，第 5 页下 ~6 页上；卷二一《重修灵济庙记》，第 6 页上 ~7 页下；卷二一《游仙乡二十一都义役庄记》，第 27 页下 ~29 页下；卷二一《希墟张氏义庄记》，第 32 页上 ~35 页下；卷一九《乡饮酒仪序》，第 6 页下 ~8 页上。

② 　刘宰：《漫塘集》卷八《通史尚书札子》，第 6 页下 ~8 页下。

③ 　刘宰：《漫塘集》卷二一《重修灵济庙记》，第 6 页上 ~7 页下；同卷《游仙乡二十一都义役庄记》，第 29 页上。

④ 　刘宰：《漫塘集》卷二一《重修灵济庙记》，第 6 页上 ~7 页下。

⑤ 　刘宰：《漫塘集》卷二一《游仙乡二十一都义役庄记》，第 29 页上。

要贵人。①

　　除了史弥坚之外，在嘉定后期与刘宰联系频繁的镇江知府尚
有赵善湘，不过由于政治环境差异，刘宰与先后任镇江知府的史
弥坚、赵善湘互动时，涉及事务有别。嘉定十四年、十六年赵善
湘担任知府时，②由于宋、金、蒙关系发生巨变，淮东成为战区，
镇江百姓既忧心战火威胁，又承受军需赋役等多重压力，刘宰遂
在被征询时，向赵善湘及县级官员反映地方社会关注的民生与吏
治议题。③相较之下，在史弥坚主政时，宋金关系平稳，故其施
政以致力地方建设为重；刘宰与史弥坚书信的关注重点，乃集中
于社会文教方面。④

　　除了在地官员，刘宰也与外地各级官员、名儒通信。现存书
信保有刘宰与黄度、赵蕃、袁燮、余嵘、周虎、李道传、真德
秀、柴叔达、李埴、王元春等人的联络。其中，刘宰与黄度、周
虎、真德秀和李埴的讨论与互动较多。⑤

　　刘宰认识黄度、周虎二人，与他的同年好友周南、朱晞颜，
以及下节将聚焦讨论的王遂有关。嘉定二年，刘宰第一次赈饥
时，因王遂牵线而与黄度有所互动，并获其拨米襄助。⑥嘉定五

---

① 参见本书结论第一节。

② 刘宰：《漫塘集》卷八《通茹尚书烈》，第11页下~12页上。"茹"当为"俞"之误。通信
　时间当在嘉定五年九月后。

③ 刘宰：《漫塘集》卷九《答知镇江赵龙图善湘一》，第1页上~2页上；卷一五《回叶知县
　岘到任启》，第19页下~20页下。

④ 刘宰：《漫塘集》卷八《回知镇江史侍郎弥坚二》，第4页下~5页下；同卷《回知镇江史
　侍郎弥坚三》，第5页下~6页下。

⑤ 刘宰：《漫塘集》卷一六《贺江淮黄制置度除礼书再任》，第6页下~8页上；卷六《回周
　马帅虎一》，第5页上~5页下；卷六《回周马帅虎二》，第6页上~6页下；卷一一《回周
　马帅虎札子》，第19页上~21页下；卷一〇《通知泉州真侍郎德秀》，第9页下~10页下。

⑥ 刘宰：《漫塘集》卷二〇《嘉定己巳金坛粥局记》，第19页下。

年（1212），刘宰以"启"相贺黄度整编两淮军事有功、升任礼
部尚书，盛赞他有效解决受创甚重的江淮社会的难题，[①]并致诗感
谢黄度的荐举。[②]关于周虎，此人出身武将，在本文第三节有更多
介绍。从现存书信观之，刘宰与之通信时，周虎已卸甲乡居苏州。
刘宰赞扬周虎为金坛社仓的题字"笔力不啻千钧重，而更端庄停
匀"，也劝其看淡是非福祸。[③]嘉定十三年冬天，刘宰盛赞周虎开
禧守边的伟绩，也感谢周虎资助他的同年朱晞颜建造宅居之所。[④]

　　刘宰与真德秀结识，可能在嘉定八年，缘于他的堂兄刘桂嵒
及乡友王遂参与真德秀、李道传的江东救灾，已见于本书第二
章。[⑤]次年，真德秀为纪念范纯仁，在建康置"忠宣堂"，并请
刘宰作记。[⑥]虽因真德秀转任知泉州而未刊刻记文，但二人此后
互动频繁，[⑦]下节将进一步说明。刘宰与同年李埴的关系更密切。
嘉定十六年（1223）春，刘宰致书改任鄂州制置使的李埴，称颂
他大力备边，并答应撰写《勤武堂记》，[⑧]亦悼念李埴的大哥、刘
宰另一位同年李壁的辞世，更感谢获赠其父李焘所撰五朝《长

---

①　刘宰：《漫塘集》卷一六《贺江淮黄制置度除礼书再任》，第 6 页下 ~8 页上。

②　刘宰：《漫塘集》卷四《病鹤吟上黄尚书度并序》，第 14 页上 ~15 页上。

③　刘宰：《漫塘集》卷六《回周马帅虎》，第 5 页上 ~6 页下。

④　刘宰：《漫塘集》卷一一《回周马帅虎札子》，第 19 页上 ~21 页下。刘宰在嘉定十三年安
　　葬其妻梁氏之后，才致函周虎，梁氏之葬见卷三二《继室安人梁氏墓志》，第 15 页下 ~19
　　页上。

⑤　刘宰：《漫塘集》卷二〇《书真西山漕江东日与建平尉兄往复救荒历后》，第 20 页上 ~20
　　页下。

⑥　刘宰：《漫塘集》卷二一《忠宣堂记》，第 1 页上 ~3 页上。另见王遂《真文忠公祠堂记》，
　　时淳祐元年八月（1241）。

⑦　刘宰：《漫塘集》卷一〇《通知泉州真侍郎德秀》，第 9 页下 ~10 页下。

⑧　刘宰：《漫塘集》卷二一《鄂州建衙教场勤武堂记》，第 22 页下 ~23 页下。

编》中的四朝，最后在信中殷盼二人相聚的机会。①

上述黄度、周虎、真德秀和李埴四人中，黄度、周虎二人较早退出政坛，涉及的事务相对单纯。真德秀与李埴此时任路级官员，在政局变动中具有影响力；刘宰与二人理念相近，因此通过游宦各地的同乡官员如王遂、赵若珪等人传递书信，此后他与二人的联系更见频密。这些互动，是刘宰为尔后顺应政情的发展，与不同执政者建立关系的重要渊源。

三　理宗初期

从宝庆元年（1225）宋理宗即位到嘉熙三年（1239）前后十五年间，刘宰政治声望高涨，是人生最为辉煌的时期。然而，由于内外政治环境变动，其所乡居的镇江承受着巨大冲击。此时期刘宰与亲友、官员联络频率显著增加，人际网络的发展与涉及的事务有显著变化。本期时间明确的信札共有一百五十三件，包括致函镇江所辖各级官员五十二件、外地亲友及官员一百零一件。这些信件的联系对象人数众多，官阶层级亦高，且讨论内容多涉及当时内外的重要军政议题。若加上宝庆二年（1226）与端平元年（1234）刘宰二次被召任官与请辞的二十四件，不计其中仅存题目的八件，一共一百六十九件。

刘宰与镇江各级官员来往的五十二件信札中，州县幕职官员有十四件九人（一人不明），多属客套性的应酬文字或基层庶

---

① 刘宰说："大参蒉背，海内祷气。方其壮年，锐于立事，议论岂无少差，要于大义无愧；中间维持善类，破除奸党，厥功不细。"刘宰：《漫塘集》卷一〇《回鄂州制置李侍郎埴》，第2页下~3页下。

务，且搁置不论。重要的是另外三十八件信札，分别寄予知府何处久、韩大伦、赵善湘、赵范、冯多福、吴渊、桂如琥及总领岳珂等人。在官员到任、离任及刘宰奉召任官时致贺、感谢的应酬文字之外，涉及政事内容相当丰富而具体。其中，刘宰致书赵善湘、赵范、韩大伦、吴渊、何处久和冯多福等人，多反映镇江百姓的处境，特别是关于税赋、力役与刑狱的议题。

赵善湘在镇江及邻近的建康府任职长达十三年，承担边防及平乱重任，和刘宰的联络相当频繁。① 即使到宝庆三年五月，赵善湘改任江东安抚使、建康留守，肩负平定李全的重责后，二人仍多有联系；刘宰对续任的冯多福及赵范，也同样关切战情紧急下乡民的处境。② 在此后宋廷戡平李全之乱与端平入洛等一连串军事行动中，刘宰更联系继任的知府韩大伦、何处久和吴渊等人，反映镇江承受财赋与民力征调的压力，及镇江水军之变对乡里的破坏。③

值得关注的是，刘宰与镇江离任官员的互动与讨论也很频繁。或许是因这些官员在镇江任内和他建立了情谊，并看中他的身份与言论的分量，因此多针对军政事务，征询他的意见。刘宰与镇江以外亲友及官员的联络书信达一百零一件，包括知州以上高官七十二件、三十九人，低阶官员二十七件、二十二人，亲友

① 刘宰：《漫塘集》卷一三《代金坛县申殿最钱札子》，第 16 页下 ~19 页下；卷一三《回赵守问开七里河利便札子》，第 19 页下 ~21 页上；卷九《答知镇江赵龙图善湘一》，第 1 页上 ~3 页下。

② 刘宰：《漫塘集》卷九《通知镇江冯大卿多福札子》，第 9 页下 ~10 页下；同卷《回镇江冯大卿前人札子》，第 11 页上 ~11 页下；同卷《通知镇江赵大监札子》，第 7 页下 ~8 页下。

③ 刘宰：《漫塘集》卷一五《代邑人谢韩守大伦放苗启》，第 12 页下 ~13 页下；卷一五《回韩守公札报免总所吏摊上户和籴钱启》，第 13 页下 ~14 页上；卷一七《回韩守减苗斛札》，第 4 页上 ~4 页下。

两件、两人。刘宰二次被召入京时，许多官员借祝贺与他频繁联络，高官名儒比例尤高。由于此时宋廷内外多事，故而在应酬文字之外，讨论所涉的内容仍相当丰富多元。

高级官员中，除史弥远、郑清之、王塈外，尚包括赵善湘、吴渊、何处久、刘垕、真德秀、汪统、汪纲、李骏、魏了翁、李心传、李埴、谢采伯、余嵘及袁肃等人，共五十六封书札。内容不仅涉及李全和入洛的军政，更触及人事与政治变动的纷扰，乃至国祚安危等重大议题。借由书信，刘宰与具有政局影响力或被卷入政治纠葛的官员，交换军国政务与地方社会的重要意见，充分见证他丰厚的人脉，及对人事等诸多层面的深度关怀，具体内容已见于本书第五、六、七章的讨论。

值得注意的是，在理宗初期的两次政局变动中，从刘宰与真德秀、魏了翁的讨论中，可以看到他们立场的变化。① 宝庆元年（1225）冬天，魏了翁因济王案被罢，安置靖州，途经镇江时，与王遂、刘宰二人相见。② 此后，刘宰即与魏了翁多有联络。如绍定三年（1230）春，刘宰在信中论及李全坐大后的江淮处境，并寄望他振兴道学。③ 端平二年（1235）十一月，入洛之师溃败后，宋廷任魏了翁为同签书枢密院事，督视京湖军马，以重振军威。刘宰致信魏了翁，信中欣慰之余，也忧心局势；④ 随后建议魏

---

① 刘宰：《漫塘集》卷一〇《回真侍郎》，第 10 页下~12 页下。

② 魏了翁：《鹤山先生大全文集》卷六五《吕城李氏世藏名帖》，第 9 页下。

③ 刘宰说张栻、朱熹、吕祖谦等名儒谢世后，"学者怅然无所归……非有大力量如侍郎者，孰能是正之，愿言勉旃以副斯道之望"。刘宰：《漫塘集》卷一〇《通鹤山魏侍郎了翁札子》，第 16 页下；同卷《回夔帅魏侍郎》，第 17 页上。

④ 刘宰：《漫塘集》卷一〇《回都督魏枢密札子》，第 18 页上。

了翁邀请赵范同行，协助处理军务。[1] 真德秀在理宗继位之初，曾被任命为礼部侍郎，但随后因济王案而明显改变态度，刘宰曾期待他能改变心意。[2] 及理宗亲政，再召真、魏二贤入朝参政，刘宰对真德秀的角色寄予厚望，[3] 并说明自己扶病赴任及因疾坚辞的过程。[4]

真德秀与魏了翁是同年，交谊密切，又是晚宋享有盛名的理学名儒，却因耿直敢言，动见观瞻，官职也变动频繁。刘宰在绍定二年（1229）夏，给章泉先生赵蕃门人郑梦协的信中就很明白地说明："真、魏二丈，闻往还甚密……天步方艰，国论未有底止，二公行藏，实于世有系，方事未到手，或居闲，或治郡，信有可乐。一朝幡然，则天下颙颙望治矣，将何以待之！"[5] 这时虽值真、魏二人因济王案被贬，但刘宰已看到二人的影响力。不过，从信件中的内容，可观察到在真德秀、魏了翁两者间相较，刘宰与魏了翁的关系相对疏淡。这或许和刘宰堂兄刘桂嵒、挚友王遂均与真德秀关系较密切有关，即便如此，刘宰对真德秀的个性也仍直言评议。

此时刘宰与情谊最深厚的同年李埴，就实际事务交换意见，关切之情尤胜真、魏。嘉定十六年（1223）后，《漫塘集》记刘

---

① 刘宰：《漫塘集》卷一〇《回都督魏枢密札子》，第18页下~19页上。魏了翁任都督及赴任时间，参杨俊峰《魏了翁文集所见端平初年政治讯息》，稿本。

② 刘宰：《漫塘集》卷一〇《回真侍郎》，第11页下~12页上。详见本书第七章第一节。

③ "主上圣性高明，而有典学之功；圣度恢洪，而无偏听之失。诚千载之遇，内相甘盘旧学，伏想朝夕纳诲，以辅台德，必有非外庭所得知，而况远臣。"认为处理当前国政，应以多得人才为先，感慨二三十年来，"人才熟烂，不可振起"，能兼顾文笔与才学之人更少，期待真德秀关注人才。刘宰：《漫塘集》卷一〇《回真内翰》，第15页上。

④ 刘宰：《漫塘集》卷一〇《回真内翰》，第15页下。

⑤ 刘宰：《漫塘集》卷一二《回信州郑新恩梦协》，第23页下。

宰有四封信给李埴，除了互赠书文、文物及药品，关心健康外，[①]
对时事及自身处境的看法尤多。诸如绍定四年（1231）底，李埴
出任四川制置，他推荐幕僚人选，并建议李埴争取便宜从事的权
力，尤忧心宋廷平定李全后的无所作为。[②]

　　除高官名儒外，刘宰与邻近镇江的知县也有颇多互动，如与
镇江相邻辖的知宜兴县赵与悊、谢奕修，知溧水县史弥巩，知句
容县吴淇等基层官员的信札，多涉及地方教育与社会建设等事
务。[③] 至于涉及私人立场的事务，则见于给赵御干、袁乔兄弟与
何处恬的信件。宝庆二年（1226）夏，刘宰致信参知政事薛极
的赵姓部属，第一次完整地说明自己在嘉定初钱象祖与卫泾当权
时，选择乞祠与辞退的过程。[④] 在袁燮逝世后，刘宰在给袁乔、
袁肃兄弟的信中，感谢袁燮曾推荐自己以及袁乔致送杨简所撰袁
燮墓志铭。[⑤] 绍定四年（1231）夏，则去函感谢袁肃赠送袁燮的
文集。[⑥] 此外，刘宰亦应何处恬之请，为其先人何志同《勤王编》

---

① 如端平二年（1235），刘宰致信自四川归朝的李埴，除了欣喜能与他见上一面外，尤感谢
　他致赠药品及推荐自己入朝的盛情，并回赠其丹阳药院制作的珍贵黑锡丸。刘宰：《漫塘
　集》卷一〇《回李尚书》，第8页上~9页下。

② 刘宰：《漫塘集》卷一〇《回四川制置李侍郎》，第6页下~7页下。

③ 如绍定二年（1229），和赵与悊讨论赈济及撰漏泽院记事，次年（1230）完成《宜兴县漏
　泽院记》一文。回溧水县史弥巩，则是应允撰写鼓楼记。绍定四年后，则与知县谢奕修
　讨论社仓事。绍定五年则与句容知县吴淇讨论县学记的撰写情形。刘宰：《漫塘集》卷一二
　《回宜兴县赵知县与悊书》，第11页上~12页下；卷二二《宜兴县漏泽院记》，第28页上~
　30页下；卷一二《回溧水史知县札子》，第9页上~10页上；卷二三《溧水县鼓楼记》，
　第4页上~6页下；卷六《回宜兴谢百里奕修》，第10页下~11页下；卷六《回句容吴百
　里淇书》，第11页下~12页下；卷二三《句容重建县学记》，第14页上~17页下。

④ 刘宰：《漫塘集》卷六《回赵御干表》，第21页下~23页上。参见本书第三章。

⑤ 刘宰：《漫塘集》卷一〇《回袁知县乔》，第页25下~26页下；卷一一《回衢州袁大甫》，
　第10页上~11页上。

⑥ 刘宰：《漫塘集》卷九《回提举袁秘丞肃二》，第21页下~25页下。袁燮《絜斋家塾书钞》
　手抄本也于绍定四年正式刊刻，见袁甫《蒙斋集》，《景印文渊阁四库全书》，台北：台湾
　商务印书馆，1983，第26页上~27页上。参见黄宽重《宋代的家族与社会》，第78~80页。

写序，并称赞处恬在嘉定十二年（1219）以太学生的身份上书评论朝政、反对和议的行动。①

第二节　挚友王遂：罕有书信存留的枢纽人物

刘宰特殊之处，在其辞官归乡之后，不仅投入乡里建设，更持续就国政发声，意见更得以通达朝廷。刘宰辞官前仅仅是基层官员，此后又长期乡居，之所以能以具体行动关怀家国、实现理念，实归功于亲友大力协助。本书各章与本文第一节讨论已指出，刘宰任官时的同年、其岳父，以及乡居初期结识的王塈，都是助刘宰开展人际关系的贵人。然而，更为关键的人物则莫过于王遂这位与刘宰理念契合又兼具同乡、姻亲关系的忘年挚友。

单就《漫塘集》所存书信观之，王遂在刘宰生命中所扮演的角色并不突出。现存刘宰致王遂的唯一信件《回王殿院遂宣谕玉音》，是在理宗亲政后，刘宰回复王遂代宋廷转达的征召入朝讯息。由于《漫塘集》未见刘宰致王遂的其他书信，若仅以书信数量与通信对象来观察刘宰人际网络，很可能导致误解，以为刘宰与王遂的互动仅限于这次宋廷征召名贤的单一事件，而难以掌握两人关系，以及王遂在刘宰一生中的特殊地位。然而，若仔细检视《漫塘集》中十首刘宰送王遂的诗，及刘宰与各地亲友官员书信中提到王遂的 39 处内容，可以清楚地看到他们的关系远超过其他亲友。王遂既是刘宰的同乡，也是儿女亲家，更是抱持相同

---

① 刘宰：《漫塘集》卷六《回何抚干处恬书》，第 7 页上~8 页上。又见同书卷一九《何阁学遗文序》，第 29 页上~29 页下。

经世理念的同道，襄助刘宰从事乡里建设与救灾赈济。同时，王遂亦是刘宰乡居的对外联络桥梁，形塑了刘宰的政治形象，角色甚为关键。

王遂约生于孝宗淳熙十一年（1184），死于理宗淳祐十年（1250），享年六十七岁。[①] 他是活跃于王安石时代的王韶玄孙。祖父王彦融，在南宋政权初建时，参与御金与平乱，于淮南转运判官任内，奠居京口金坛。王彦融有二子，长子万全，曾任知辰州等官职，创常德贡闱，嘉惠举子；次子万枢，曾通判建康府，知兴国军事，死于赴知吉州任上。王彦融及其二子在金坛均以廉而喜施、对宗族亲戚有恩见称。王遂为王万枢继室蔡氏所生，自幼聪慧。[②] 嘉泰二年（1202）中进士，年仅十九岁。

王遂中举后，曾任地方亲民官及名宦幕职，著有劳绩。他与卫家为姻亲，并以卫泾为师，关系密切。[③] 任富阳主簿后，因卫泾之荐，改差楚州教授权通判，襄助制置使丘崈、杨辅、黄度处置两淮善政有功。[④] 嘉定八年（1215）他

---

① 《京口耆旧传》与《宋史·王遂传》都没有提到生卒年，不过前者记他死时年六十七。另外，《宋会要》关于庆元元年（1195）王遂应举疑似"代笔私取"之文件，有谓"遂方年十二"。根据这两条资料可以推知其生卒年。见刘宰著，王勇、李金坤校证《京口耆旧传校证》卷七，第212~217页。《宋会要辑稿》选举五《贡举杂录》，"庆元元年十一月一日"条。另承蒙童永昌博士提供《金沙王氏大成宗谱》卷二，第16页上~16页下。有《正肃公墓志》由丹阳人赵汝进于开庆元年（1259）所撰，则说王遂生于淳熙壬寅（九年，1182），卒年七十九。见王家义等修《金沙王氏大成宗谱》，美国耶稣基督后期圣徒教会藏，犹他家谱学会据哥伦比亚大学藏清光绪二十六年（1900）三块堂本影印。该墓志内容甚为简略，兼有错置，且生卒年亦不明确，未敢确信，本文暂以《京口耆旧传》所记推论。

② 王遂兄弟被弹劾事见《宋会要辑稿》选举五《贡举杂录》，"庆元元年十一月一日"条。

③ 刘宰：《漫塘集》卷二八《故知吉州王公墓志铭》，第1页上~5页下。

④ 刘宰著，王勇、李金坤校证《京口耆旧传校证》卷七，第213页。按丘崈于嘉定元年（1208）任江淮制置大使，时宋金已和，奉命措置淮军。参见不著撰者，汝企和点校《两朝纲目备要》，中华书局，1995，第195页。

任干办淮西总所漕使，逢两浙路、江南东西路大旱，协助真德秀与李道传救灾，受知于真德秀，后知当涂、溧水及山阴等县。

嘉定十年（1217），宋金于两淮爆发战争。江淮制置使李珏及镇江忠义军统制彭义斌合谋北伐，王遂与黄榦均参与其中，不幸战败，王遂与主政者同担败责。[①] 绍定二年（1229），王遂知邵武军，值刘安国肇乱，他辅佐提刑捉捕使陈鞾平乱。此时主政者对戡乱策略的意见不合，刘宰曾函请福建安抚使李骏与知泉州真德秀协助，后虽擒捕刘安国，王遂仍遭劾罢。不过，王遂凝重坚正，纯笃仁厚，勇于任事，性格敢于犯颜直谏，推动道学、讲读经书、崇教化、兴学校，因才学与吏能深获黄度、真德秀、魏了翁倚重。

理宗亲政后，王遂获擢任言官，积极参与新政。史弥远死，郑清之继相，标榜更化，王遂奉召入京，与洪咨夔并除监察御史。因不齿史弥远所为，王遂莅职后力持平反济王，批判史弥远与史嵩之的主和政策，并大力谏言理宗进君子、退小人，以端正政风。如乞褒赠旌表黄榦、李燔、李道传、陈宓、楼昉、徐瑄、胡梦昱等被史弥远贬抑的人；痛斥李知孝、梁成大、莫泽、赵善湘、郑损等故相史弥远的心腹，王遂因此有"端平第一台谏"之称。[②] 后任户部侍郎兼同修国史，权左侍郎，历知遂宁、成都、平江、庆元府，改知太平、泉、温诸州，徙宁国、建宁府，改江

---

① 郑丞良：《道学、政治与人际网络：试探南宋嘉定时期黄榦的仕宦经历与挫折》，《史学汇刊》第35期，2016，第167~170页。

② 王迈：《臞轩集》卷一六《读王伯大都承奏疏》，《景印文渊阁四库全书》，台北：台湾商务印书馆，1983，第22页下。

西转运副使、安抚使，工部尚书等职，所历职务均勋绩卓著；以龙图阁直学士致仕，死后谥正肃。①

王遂与刘宰结交甚早，关系密切。刘宰长王遂十八岁，早年交往情况不详。不过，刘宰任江宁尉时，王遂父亲王万枢任建康通判，刘宰为其辖属，当与王遂相识。②嘉泰三年（1203），王遂赴任富阳主簿时，刘宰为文相送，指王遂"童子有盛名，弱冠再名荐书，擢上第"，③勉励王遂效法苏东坡的"高节劲气"。④刘宰辞职居乡以后，减少参加公众活动或旅游，少数见于记载的活动多与王遂同行，如游青龙洞；⑤又如宝庆元年（1225），二人在吕城镇接待魏了翁，并观赏当地李氏世藏的名帖。⑥王家为金坛喜施贫的望族，王遂秉持家族传统与理念，⑦与居乡的刘宰共同创办并经营社仓。⑧绍定元年（1228），王遂知溧水县时，与乡绅赵崇帆、王虎文等集合众力，助刘宰完成第三次金坛赈饥任务。⑨可以说，推动地方救助及福利事业，是王遂与刘宰的共同志业。

---

① 刘宰著，王勇、李金坤校证《京口耆旧传校证》卷七，第212~217页。《宋史》卷四一五《王遂传》，第12460~12462页。

② 刘宰：《漫塘集》卷二八《故知吉州王公墓志铭》，第1页上~5页下。

③ 刘宰：《漫塘集》卷一九《送王颖叔主富阳簿序》，第2页下~3页下。

④ 刘宰：《漫塘集》卷二八《故知吉州王公墓志铭》，第1页上~5页下。

⑤ 刘宰：《漫塘集》卷八《通张寺丞前人》，第14页下~15页上。

⑥ 魏了翁：《鹤山先生大全文集》卷六五《题吕城李氏世藏名帖》，第7页上~7页下。

⑦ 王彦融一生，"门无一金之入，而食客常满，虽无以称其求，而为之宛转借助，不遗余力"，"悉所余买圩田二百亩，以为经久之利焉"。刘宰著，王勇、李金坤校证《京口耆旧传校证》卷七，第217页。

⑧ 时间约在端平元年、二年之间。刘宰：《漫塘集》卷一〇《回知遂宁李侍郎札子》，第5页上。

⑨ 刘宰：《漫塘集》卷二七《戊子粥局谢岳祠祝文》，第18页上~19页上。

　　刘宰乡居后，宦游外地的王遂更成为刘宰与外界的联络桥梁，协助刘宰与各地友人传递讯息，也对外推扬刘宰行谊。如嘉定十二年（1219）刘宰与友人游延陵，目睹吴季子庙破败，"乃因友人王遂白府，下县镇撤像之不经者，凡八十有四"。[①] 嘉定十四年（1221），金坛县尉潘汇征托王遂请刘宰为其祖父潘择师写墓志铭时说："致仕公（指择师）之子潘珌不鄙，属以铭文，某谢不能，而里中王君去非复助之请。王畏友，而君之事又所喜称乐道，夫复何辞。"[②] 宝庆三年（1227），刘宰在给新到任的知镇江府冯多福的信中说："比友人王颖叔书中又辱寄声，自顾猥琐，何足以当，第深愧荷。颖叔往谒黄堂下，念不可无一语以谢，谨附拜此。"[③] 约绍定元年（1228），刘宰在回知宜兴县赵与懃的信中也说："林下残生，不敢直以姓名自通，略因友人王颖叔附致拳拳。"[④] 绍定三年（1230），刘宰在回复浙东安抚使汪统的信中说："自王邵武吏山阴时，知大卿逢人说项斯。"[⑤] 在给知信州郑梦协书中，提到魏了翁与真德秀来往密切，期待将来朝局有变，但说："某久不通真丈门，方于王邵武处伺便。"[⑥] 同时，刘宰为绍兴府建尹和靖与朱熹二先生祠堂作记时也说："（堂）既成，而教授王君遂书来，道诸生之意，俾余为记。"[⑦] 并于得知李心传曾奏疏推荐他时，解释辞官不仕的原因是："某

①　刘宰：《漫塘集》卷二一《重修嘉贤庙十字碑亭记》，第 22 页上 ~22 页下。

②　刘宰：《漫塘集》卷二九《潘君墓志铭》，第 11 页下 ~14 页上。

③　刘宰：《漫塘集》卷九《通知镇江冯大卿多福札子》，第 9 页下 ~10 页上。

④　刘宰：《漫塘集》卷六《回宜兴赵百里与懃一》，第 9 页上。

⑤　刘宰：《漫塘集》卷一一《回浙东帅汪大卿统》，第 6 页下 ~8 页下。

⑥　刘宰：《漫塘集》卷一二《回信州郑新恩梦协》，第 23 页上 ~24 页上。

⑦　刘宰：《漫塘集》卷二三《绍兴尹朱二先生祠堂记》，第 6 页下 ~8 页下。

少也不才，况今已老，求之在昔，固未有四十辞官，七十复出者。所幸与王去非为姻家，备知此心，尝为请言于当路，已见谅矣。"①

王遂不仅向刘宰传递魏了翁、真德秀二人的动向，更协助刘宰与其他理学同道乃至与宋廷沟通。王遂与真德秀、魏了翁的关系密切，成为刘宰与真、魏的联络枢纽。嘉定八年（1215），王遂与真德秀结交后，②由于与魏、真二人对朝政的看法一致，往来联络更为频繁。宝庆元年（1225）秋，刘宰致书真德秀，表示理宗继位以来，真德秀职位的转变情况皆由王遂告知："友人之归，先辱手书，书所不具者，从友人得之。侍郎始之所以出，某不能尽知。今闻一意求去，无乃遽乎？"劝真德秀"事非大不可为，未须苦苦立异"，"友人必已为侍郎道之"。③此处所指的友人即是王遂。约于端平三年（1236），刘宰在给魏了翁的信中也说："比岁疾甚，朝路中惟王颖叔为亲家，间不免有书相往还。"④给佚名的士友书则说："某从里中王去非游，知执事好古，学行古道，自期以古之人。"⑤端平初，刘宰给赵蕃的信即是通过王遂传递。⑥因此，理宗亲政后，由郑清之主导新政、招揽在野贤良时，大批朝臣荐用刘宰，王遂衔理宗之命，居中与刘宰联络，期

① 刘宰:《漫塘集》卷六《回李秘书心传书》，第 3 页上。
② 王遂:《真文忠公祠堂记》，收入曾枣庄、刘琳主编《全宋文》卷九六五二，上海辞书出版社、安徽教育出版社，2006，第 321~323 页。另外，王遂原字"颖叔"，真德秀为其改为"去非"。真德秀:《西山先生真文忠公文集》卷三三《王去非字说》，第 16 页下~18 页下。
③ 刘宰:《漫塘集》卷一〇《回真侍郎前人》，第 10 页下~12 页下。
④ 刘宰:《漫塘集》卷一〇《回都督魏枢密》，第 18 页上。
⑤ 刘宰:《漫塘集》卷六《回士友书》，第 26 页上。
⑥ "某家金坛，去丹阳驿七十里，非时得枉道者不到，故欲寄音无从。今闻友人王去非将专人过番易，道玉山，谨以奉寄。"刘宰:《漫塘集》卷六《通赵章泉书》，第 2 页上。

待他出任新职。上述事迹, 显示王遂不仅与刘宰关系密切, 理念契合, 更是他一生中最亲密的盟友。①

第三节 以传记撰述传递价值理念

刘宰的一生, 不论在基层任职或乡居, 既参与推动关怀乡里事务, 也关切乡亲在多变时局中的处境。而他借编撰镇江府志的机会, 整理、撰写乡里先贤传记, 以及为众多乡亲及师友撰写墓志、行状等举措与成果, 都体现出他多方开展的人际网络交流与社会联结。

刘宰撰写的人物传记包含两方面: 作为镇江府志基础的《京口耆旧传》, 以及在《漫塘集》中保留的九十三份乡亲师友墓志、行状, 二者数量庞大、内容丰富。刘宰撰写镇江乡亲墓志等传记的情形, 已见于本书第八章。本节则聚焦于《京口耆旧传》及《漫塘集》中所见他为外地师友所撰的传记, 以见证他宽广多元的人际关系与社会网络。

一 《京口耆旧传》与乡里联结

地方志的编纂, 是中国社会很重要的传统。在宋代, 随着文化与社会经济的发展, 以及印刷术的普及, 地方志的编纂受到重视; 到南宋, 编纂地方志的风气更为普遍, 这方面学界有丰硕的

---

① 刘宰:《漫塘集》卷五《回王殿院遂宣谕玉音札子》, 第16页上~17页上。

研究成果。^① 地方志的重要项目与内容，除了地理沿革、官制、税役、风土民情等共通事项外，尤其强调地方建设、文教盛事，意在标举地方特色。足以呈现、形塑这些特色的，是由主政者与地方乡贤推动的、具有典范性的事迹；记录这些乡里人士所瞩目的事项，也是地方志编撰的要务之一，故往往敦请具有名望且熟悉当地社会事务与生态的地方缙绅整理、编纂。

嘉定六年（1213），宰相史弥远的亲弟史弥坚知镇江府。这是镇江社会在开禧战后，恢复繁荣的承平时期；史弥坚致力各项建设后，有感于镇江战略地位重要，商业、文教繁荣发达，应留下记录，遂责成府学教授卢宪组织人力，筹划编修府志。^② 刘宰辞官居乡后，积极参与乡里社会文化活动，由他来整理撰写，较之敦请在外任官的乡人或是外来的官员执笔，更为妥适；这当是史弥坚与卢宪等人邀请刘宰汇整人物志的重要原因。

对刘宰而言，他在第一次推动金坛赈饥的过程中，认识到与乡里社会联结，有利于推动各项关怀乡里的活动。因此在嘉定八年（1215）回知府史弥坚的信中，肯定编撰地方志是"尽还承平文物之旧"的壮举，接受他的邀请，并说明已完成《京口耆旧传》一书的初稿：

---

① 　除李萍《嘉定镇江志研究》的研究外，王德毅也分别就宋元两种镇江志和建康志（金陵志）进行比较研究，见王明荪主编《海峡两岸地方史志地方博物馆学术研讨会论文集》，南投：台湾文献委员会，1999，第84~101 页；及东吴大学历史学系主编《方志学与社区乡土史学术研讨会论文集》，台北：台湾学生书局，1998，第1~22 页。另可参考宋晞《方志学研究论丛》，台北：台湾商务印书馆，1999；林天蔚《方志学与地方史研究》，台北：南天书局，1995；及 Joseph Dennis. *Writing, Publishing, and Reading Local Gazetteers in Imperial China, 1100–1700*. Cambridge, Mass.: Harvard University Press, 2015。

② 　可参见邓广铭《〈京口耆旧传〉的作者和成书年份》，收录于刘宰著，王勇、李金坤校证《京口耆旧传校证》附录一四，第307~312 页。

　　　　某一介无所肖似，昨荷郡博士不鄙惠书，道使君将修方

　　志，以重此邦，令某搜访前辈行治，以裨荟萃。继邑大夫过

　　访，出所得台翰……辛巳就绪，名曰《京口耆旧传》，以私

　　居之纸札俱缪，缮写不虔，不敢径达，谨纳郡博士处。③

并希望史弥坚能赐序，"庶借品题，足传不朽"。

　　现存《京口耆旧传》是四库馆臣从《永乐大典》中搜罗编辑
后的辑本，并非完帙，其中也未见史弥坚的序文。④ 书中记北宋
初到南宋嘉定七年（1214）前，镇江境内有具体事功者的生平事
迹，不仅记传主的生平仕历与事功，也述及地区家族的不同样貌
及迁徙、繁衍的过程，有助于强化乡里的精神认同，是了解宋代
镇江社会与家族发展的重要资源。

　　现存《京口耆旧传》可能系辑录传记资料的初稿，因此记乡
里社会人物事迹繁简差异颇大。部分人物或家族如《米黻传》与
《洪兴祖传》的内容甚为翔实，均有足以补证宋史本传之处。⑤
又如卷三记邵氏家族六代十五人的生平事迹，尤有助于认识宋代
镇江社会与家族变动风貌。但像陈升之、王汉之、沈括、曾布、
苏颂等人的传中，则称"国史有传"，所记内容甚为简略；⑥ 反
之，《张悫传》虽也记"见国史"，内容却相当丰富。⑦

---

③　刘宰：《漫塘集》卷八《回知镇江史侍郎弥坚》，第 5 页上。

④　参见刘宰著，王勇、李金坤校证《京口耆旧传校证·绪论》，第 1~21 页。

⑤　刘宰著，王勇、李金坤校证《京口耆旧传校证·绪论》，第 4 页。

⑥　如苏颂部分仅记其子苏籍、苏来、苏攘及族人苏庠、苏钮可等人事迹。刘宰著，王勇、李
金坤校证《京口耆旧传校证》卷四，第 122~128 页。

⑦　刘宰著，王勇、李金坤校证《京口耆旧传校证》卷六，第 197~201 页。

此外，现存《京口耆旧传》也有不少记述简略或失误之处。如卷二的姜谦光、艾谦、向公庆、刘倬，[①] 卷五的张绚、郭珣瑜、吴致尧，[②] 卷七的张忞，卷九的侯晏、崔耕、李拱、赵善桦等人，事迹均甚简略。[③] 而卷二《吴交如传》称"吴大卿交如"；[④] 又据《目录》，卷二曾布之后有"弟开"，实则"子开"是曾布弟弟曾肇的字。[⑤] 同卷《许旸传》之后，未列其子许苍野于目录；又称"理宗甚器之"，"理宗"当为"孝宗"之误。[⑥] 卷七《王彦融传》中，其子万全死于嘉定六年，文中有"万全子遇"见科举类等字，或是误辑自《至顺镇江志》。[⑦]

《京口耆旧传》是编纂镇江人物志的基础，但现存《嘉定镇江志》仅存两卷人物传记，见于《京口耆旧传》者仅吴淑一人，显然遗失很多。不过有十一人传记（陈升之、钱弼、姜谦光、刘倬、艾谦、周孚、邵彪、邵彦、顾方、洪造、王康）见于所附淳祐及咸淳补志之中。《至顺镇江志》卷一八、一九著录乡里人物传记，内容简略，但有九十九人出自《京口耆旧传》，唯王彦融、王万全、王万枢、张镇、汤东野、邵墂、苏颂七人的资料亡佚。显见现存《京口耆旧传》虽非完帙，但与嘉定或至顺两本镇江志所记当地人物相比，内容更为丰富完备，仍是了解宋代镇江社会的重要资料。

---

① 刘宰著，王勇、李金坤校证《京口耆旧传校证》卷二，第 73 页。
② 刘宰著，王勇、李金坤校证《京口耆旧传校证》卷五，第 168~171 页。
③ 刘宰著，王勇、李金坤校证《京口耆旧传校证》卷九，第 280~282 页。
④ 刘宰著，王勇、李金坤校证《京口耆旧传校证》卷二，第 68 页。
⑤ 刘宰著，王勇、李金坤校证《京口耆旧传校证》卷二，第 54 页。
⑥ 刘宰著，王勇、李金坤校证《京口耆旧传校证》卷二，第 60 页。
⑦ 刘宰著，王勇、李金坤校证《京口耆旧传校证》卷七，第 211 页。参见王勇考订，第 220 页。

《京口耆旧传》的撰述，旨在表彰乡里先贤事迹，更可以看到刘宰借此与当代乡里士人、家族联结，借以推动慈善的理念及价值，因此有不少立传人物本人或后人与刘宰及其家族有关。现存《京口耆旧传》所收录的一百三十一位人物中，即有曾唤——曾肇后人，王汉之、弟涣之，周孚，杨樗年，汤鹏举、汤东野两家，钟将之，陈亢——陈从古，丁杈，王厚——王宷——王彦融——王遂，窦从周，陈东，陈升之——陈应岿，王资渊——王澄——王康，庄申强——庄松年，钱弼，艾谦，张纲——张镐等近二十人与刘宰有联结。其中汤东野（东明）、汤鹏举、王厚（王万枢、王遂）、杨樗年、陈升之（陈景周）、陈亢（陈从古）、张纲（张镐）等累世富贵显赫的金坛家族，与刘宰及其家族的关系尤为密切。从这里可以看到刘宰与镇江社会的联结网络；他更通过传记将在地人物照顾族人与乡里的善举，传递给镇江社会，对尔后他在乡里推动各项地方建设或慈善活动，当有助益（详见本书第四章）。刘宰甚至进一步从乡里向外扩展关系，例如他与洮湖陈氏的陈从古、陈稽古兄弟建立友谊，而陈氏兄弟的姻亲、常州人薛极在理宗绍定年间曾任参知政事兼权枢密使，更曾向史弥远推荐刘宰入京任官，可能即是基于这层渊源。[①]

二 《漫塘集》墓志书写

《漫塘集》所见刘宰撰写行状、墓志等的时间，从嘉泰三年

---

① 刘宰：《漫塘集》卷二三《洮湖陈氏义庄记》，第 10 页下 ~12 页上。刘宰著，王勇、李金坤校证《京口耆旧传校证》卷六，第 180~184 页。《宋史》卷四一九《薛极传》，第 12544 页。参考本书第七章第一节。

（1203）到嘉熙二年（1238），前后三十五年，共写了九十份计九十三位亲友。除七十一位乡亲外，本节聚焦讨论籍贯、地理较远的二十二位外地亲友。这些人可以分为三个群组：一是姻亲，以刘宰两次婚姻的亲友为主，包括刘宰元配陶氏的父、兄、堂姊及继室梁氏的父、母与姻亲各三人；二是墓主本人或其亲属曾在镇江任职者，共四人（潘择师、孔元忠、李仁垕、赵方妻胡氏）；三是同年、友人或其父母、亲戚，包括三位同年（陆埈、洪琰、朱晞颜），另有同道赵蕃、周虎、吴汉英夫妻、林复之、于缙、宗氏、项氏、桂山君王木等十二人，其中林复之是刘宰在元配陶氏家结识的友人。从这些亲友的传志，可以看到刘宰在乡里以外的人际关系及社会网络。

（一）陶、梁二岳家

刘宰为元配陶氏的父亲陶士达、仲兄陶大甄和堂姊所撰三份传记，都是其妻死后才撰写的。他的岳父陶士达辞世后，由好友周南撰写《陶宣义墓铭》，对他致富的过程及对嘉兴乡里的贡献颇多着墨。[1] 但到宝庆二年（1226）士达死后十四年，为迁葬而由刘宰撰写的《故宣议郎致仕陶公扩志》，内容相对简略。[2] 陶氏的仲兄陶大甄与其兄陶大章都是进士出身，大甄曾任府学教授，惜于五十四岁去世；[3] 而刘宰为陶氏堂姊所写的墓志，除强调堂姊妹"居相比，年相若，情若同生"的亲密关系外，也表彰她在夫死后主持家务、独力扶养五个儿子致力举业的辛劳，及捐

---

① 　周南：《山房集》卷五《陶宣义墓铭》，第 16 页上 ~18 页上。

② 　刘宰：《漫塘集》卷三二《故宣议郎致仕陶公扩志》，第 24 页下 ~25 页上。

③ 　刘宰：《漫塘集》卷二八《故庆元府教授陶公墓志铭》，第 27 页下 ~30 页下。

药、赈饥、捐棺的慈善事迹。①

刘宰撰写继室梁氏家人的传记资料也有三份，即岳父梁季珌、岳母吴氏行状，及梁氏姻亲柳谥墓志。梁、吴二氏都是处州丽水的望族。季珌的父亲梁汝嘉曾知临安府，是高宗、孝宗两朝的重臣。季珌以恩荫入仕，具理财与吏政长才，嘉定元年九月以劳死，享年六十六岁。②夫人吴氏虽出身富家，但生活单纯简朴，公私分明，"操持廉洁，宽厚待人"，与当时士大夫家庭"以声色相尚"的风气完全不同。嘉定十三年（1220）逝世，享年七十五岁。③柳谥也是丽水（今浙江丽水）人，家境富裕，乐于援助贫疾者、整修道路，以家财助边，授承信郎，女嫁梁季珌的次子梁钥，因而与梁氏结为亲家。④

刘宰对陶、梁二岳家人物传记的记述，重点有别。刘宰与元配只生活三年，刘宰于陶氏死后再娶，两家的关系较为疏远，故仅以表述陶氏家境以及他们对乡里慈善事业与公共建设的推动为主。不过刘宰结识当时在陶家执教的林复之，结为好友。⑤相较之下，刘宰与梁氏家人的关系更为密切，在梁氏夫妻的行状、墓志中留下的内容较为丰富多样。这一方面是因梁季珌在宁宗朝历任地方与中枢要职，有众多参与事务、建立人脉的具体事迹，丰富了书写的内容；另一方面是，梁季珌在从任职淮东总领到晋升侍从的十年间，刘宰因岳父的身份，得以在开禧、嘉定之际开拓

---

① 刘宰：《漫塘集》卷三〇《故安人陶氏墓志铭》，第21页下~23页下，引文在第23页上。

② 刘宰：《漫塘集》卷三三《故吏部梁侍郎行状》，第1页上~8页上。

③ 刘宰：《漫塘集》卷三四《吴夫人行状》，第7页下~10页下。

④ 刘宰：《漫塘集》卷二八《柳宫巡墓志铭》，第6页下~9页上。

⑤ 刘宰：《漫塘集》卷三〇《知潮州侍左林郎中墓志铭》，第10页下~17页下。其生平事迹详后。

人脉，并与朝中宰执建立关系，甚至对朝政建言。此外，刘宰与岳父母绵密的互动，及与继室梁氏的深切情谊，更深化了文字叙述的内涵。通过刘宰记述岳父母行状的文字，有助于认识刘宰早期仕历、人际关系，以及对家人的照顾。

（二）京口官员与眷属

刘宰基于不同的机缘，为曾任镇江地方官的士人或其亲属撰写墓志传记，包括曾知金坛县的孔元忠、知镇江府赵葵的母亲胡氏、金坛县尉潘汇征的祖父潘择师，以及监镇江都税务的李仁垕四人。镇江是这些官员仕历生涯的其中一个阶段。

曾知金坛县的孔元忠，字复君，平江人，是孔子的后裔，也是叶适门人；他以武职换文阶，即知金坛县。① 在任上处理诉案、赋税，果决明快，百姓深受其惠。改任常州通判后，疏通河道，便利运米，并仿平江置义廪以养士，造福士人。其后历临安通判、知徽州（今安徽歙县）、抚州（今江西抚州）、处州（今浙江丽水）等职。② 宝庆二年（1226）逝世，享年六十八岁。元忠是周南同门，且知金坛时与刘宰的父亲有深交，故家属特请刘宰撰述其行谊。③

刘宰也应时任金坛县尉潘汇征之请，为其祖父潘择师写墓志铭。潘汇征是溧阳人，嘉定七年（1214）进士，任金坛县尉。④ 在金坛秉政清廉，于维护治安之余，尤着重修缮县学、致力文

---

① 刘宰:《漫塘集》卷三五《故长洲开国寺丞孔公行述》，第 1 页上 ~3 页下。

② 刘宰:《漫塘集》卷三五《故长洲开国寺丞孔公行述》，第 4 页上 ~7 页下。

③ 刘宰:《漫塘集》卷三五《故长洲开国寺丞孔公行述》，第 7 页上。

④ 刘宰:《漫塘集》卷二九《潘君墓志铭》，第 11 页下 ~12 页下。

教，并为陈东遗书题跋，表彰其忠义事迹。刘宰赞许潘汇征在金坛的治绩，曾于宝庆元年（1225）婉辞赴京任官时，向宋廷加以荐举。① 刘宰也认同潘择师反对巫觋干扰丧家的事迹，而应允为其撰写墓志。②

绍定三年（1230），刘宰为晚宋名将赵方的妻子胡氏撰写行状。胡氏家由庐陵迁居湘潭，二十二岁嫁给赵方，生三子赵蒇、赵范、赵葵。赵方有大志，在外征战屡屡建功。③ 胡氏则节俭辅家，督责三子力学，并勉其任官当以民为先。赵范任知镇江府时，适逢灾荒，即极力平稳米价。④ 绍定三年（1230）二月，胡氏死于镇江，享年七十八岁。时值国事多艰，镇江、滁州皆为边防重镇，宋廷下诏起复赵范、赵葵，而由长子赵蒇奉柩归葬长沙，并请刘宰写行状。⑤

最特别的是，刘宰为英年早逝的李仁垕写了很感性的墓志。李仁垕，饶州德兴（今江西德兴）人，是时任福建安抚使李骏的第三子，自幼读书明理，二十五岁任监镇江府都税务，绍定三年（1230）因病骤死，年仅二十八岁。其父李骏以刘宰更为清楚李仁垕在镇江的行谊，特致书相邀：

> 吾（季子）不幸死矣，而家之人在远，不及闻其言，不
> 及见其死。某不胜父子之情，闻其故岁行县，获登子之门，

---

① 见本书第七章第一节。

② 刘宰:《漫塘集》卷二九《潘君墓志铭》，第13页上~13页下。

③ 刘宰:《漫塘集》卷三五《故齐国太夫人胡氏行状》，第8页下~9页上。

④ 刘宰:《漫塘集》卷三五《故齐国太夫人胡氏行状》，第10页下。

⑤ 刘宰:《漫塘集》卷三五《故齐国太夫人胡氏行状》，第12页上~12页下。

> 及其奉檄而行，又尝告别于子，子幸而与之进。则吾儿莅官
> 以来，日言日行，我之知固不若子之详，子幸为我书之。①

　　刘宰与仁垕因好友胡泳介绍而认识，二人互动频繁，刘宰亦深知仁垕怜悯社会底层，对督税一职给百姓的压力尤为感悟。此时福建邵武军生乱，刘宰的好友王遂受命戡乱，刘宰利用写墓志的机会，向李骏介绍王遂的处境，并在墓志中揭示为官当宽民力，隐示对福建乱事的看法。

　　刘宰基于情谊及人际关系，就所知叙述地方长官或其眷属的事迹，内容长短有别。孔元忠、潘择师与赵方的夫人胡氏，与刘宰的关系较疏，墓志内容多得自转述。对孔元忠，刘宰记述其仕历与政绩较多，尤表彰他在常州疏通漕运及将沙田充作义廪等与社会风教相关的事迹；对潘择师，则举他不攀附秦桧的事例，刻画其耿直不阿的个性；对胡氏，则侧重书写赵氏父子三人成功的背后，有一位深明大义、善于协调的女性作推手。

　　相对地，刘宰接受福建安抚使李骏之托，写李仁垕的墓志铭，内容虽不长，却充满感情。这一年刘宰六十七岁，李仁垕二十八岁，二人相差近四十岁，交往时间不及半年，但互动频繁。刘宰借墓志揭示仁垕纯然的本质、豁达的个性，以及关心福建吏治、乱事及其父亲的处境。文字虽委婉含蓄，但关切与忧心之情溢于言表。此时，邵武乱事正炽，李骏身陷军政旋涡而焦头烂额，这份篇幅不长的墓志，深刻表达人性的关怀，与一般格套化的墓志内容有别。

---

① 　刘宰：《漫塘集》卷三一《故监镇江都税院李迪功墓志铭》，第15页下。

（三）好友及其亲属

刘宰为外地师友撰写十二份墓志。其中他与同年陆埈、朱晞颜、洪琰、早年认识的林复之、联络频繁的武将周虎及名儒赵蕃六人关系较密切；另外吴汉英夫妇、吴景的夫人宗氏、陈说之的继室项氏、毗陵人于缙以及台州人王木六人的关系较疏，除吴汉英夫妻外，记述较少。

1. 六位同年、好友

刘宰三位同年中，以陆埈官职较高，朱晞颜、洪琰则久任低阶的幕职官。

陆埈字子嵩，秀州（嘉兴府，今浙江嘉兴）崇德人。他登进士后，历滁州州学教授、两浙转运司干办公事及秘书郎等职。嘉定元年因助参知政事卫泾，被讥谋营私利，罢归。嘉定三年（1210）起，陆埈相继在和州（今安徽和县）和濠州（今安徽凤阳）任职。当时宋金由战转和，陆埈协助长官黄度安顿易肇事端的归农民兵，严格训练州辖使校军，维护边境秩序；强化城守，政绩卓越。后因不私受托，致遭劾罢返乡。时崇德（今浙江桐乡）饥荒，他联合志同道合的乡亲，设置粥局，赈济数千人长达三个月。因积劳成疾，于嘉定九年（1216）二月逝世，享年六十二岁。① 刘宰与陆埈不仅是同年，且均参与卫泾、黄度军政事务，对其为人处事知之甚详，因此在墓志中以相当长的篇幅，称扬陆埈修身齐家、善待乡里的卓越表现，并赞许他言行一致、表里如一，是才德兼备的君子。②

---

① 刘宰：《漫塘集》卷二八《故知和州陆秘书墓志》，第 26 页上 ~26 页下。

② 刘宰：《漫塘集》卷二八《故知和州陆秘书墓志》，第 21 页上 ~27 页下。

刘宰为好友朱晞颜所写的墓志，既表彰他的才学、吏能与清介的个性，也感慨他久历基层、难以施展才能的遗憾。朱晞颜长于吏治，在湖州归安县（今属浙江湖州）任上，治绩受到名臣倪思的赞许；他的继室是卫泾的妹妹，但他秉性直亮，不谋求私利。通判湖州期间，与部属共同解决经总制虚额的难题，却被罢归乡，是一位笃志守贫、不攀附权贵的干吏。嘉定十四年病逝，享年五十九岁。朱晞颜居室简陋，因友人周虎赞助才重建房舍，却无力偿债。[①] 关于朱晞颜，已在本书第三章论及，此处不再赘述。

另一位同年洪琰也长期浮沉基层。洪琰字叔毅，严州淳安（今浙江淳安）人，与弟洪璞同由太学登第，历任宁国军南陵（今安徽南陵）州县等职；在淮边严格执法，力阻巨寇胡海犯境，因功改知清江县，嘉定十七年（1224）死，享年七十一岁。洪琰曾与刘宰同赴上饶选士，也在嘉定三年（1210）于赴盱眙军途中，专程探望已乞祠的刘宰。[②]

林复之与刘宰结识于陶氏家塾，是他早年结识且敬重的师友。林复之，字几叟，一字亦颜，福建人，生于绍兴二十一年（1151）。绍熙四年（1193）中进士，首任筠州（今江西高安）教授，任上充实养士经费，建大成殿；置先贤祠，设学舍，获江南西路安抚使张孝伯的赞赏且与之缔结友谊；在潭州（今湖南长沙）教授任上，致力推明张栻、朱熹之学，改变士风。嘉泰四年

---

① 刘宰：《漫塘集》卷二九《故湖州通判朱朝奉墓志铭》，第15页下~18页下。

② 洪琰和洪璞家境清苦，兄弟中举后也仅任基层亲民官。刘宰曾为洪琰撰写墓志铭，也为其子洪扬祖撰文送别。相关资料见刘宰《漫塘集》卷二九《故仙都隐吏知县洪朝散墓志铭》，第21页上~22页下、29页上。卷二二《洪氏如堂记》，第22页上~23页下。

（1204），林复之特致书获韩侂胄信任的签书枢密院事张孝伯，期望化解对立。他指出当前士大夫的议论观点虽异，但并无结党的现象："权是非之柄，公是公非，而不使私恩私怨参乎其间，则党论息，人心安矣。"① "一二十年来，人才英特之气不振甚矣，振而起之，纳之中和，而收之以为用，独无望于今日乎。"② 张孝伯接受林复之的建议，在消除党论、激昂人物方面发挥相当作用。③ 开禧三年（1207）冬韩侂胄被杀，钱象祖、卫泾等人推动更化。林复之被召入朝，对君德、边帅多所建言。后历任司农寺主簿、太府寺丞、太常丞等职。嘉定六年（1213）逝世于知潮州（今广东潮州）任上，享年六十三岁。刘宰并未详述与林复之具体交往的内容，但复之死后十五年，其子仍托人请刘宰写墓志，显示彼此的情谊颇笃。④

刘宰另一位诗文相交甚密的好友，是淡泊明志、辞官乡居的章泉先生赵蕃。赵蕃字昌父，信州玉山（今江西玉山）人，因曾祖恩荫入仕。在吉州太和（今江西泰和）主簿任上，受知于吉州先贤杨万里，后改任监衡州安仁县（今湖南安仁）酒库。他曾受学于知州刘清之，本欲再往从学，得知清之遭解职，毅然弃官归乡。赵蕃个性刚介耿直，与周必大是同乡好友，但在必大任相后婉辞其引荐。五十岁时，专程向朱熹求学，学问人品俱高；道学诸儒去世后，成为学者归往的代表性人物。⑤ 理宗继位后，宰

---

① 刘宰：《漫塘集》卷三〇《故知潮州侍左林郎中墓志铭》，第 14 页上。

② 刘宰：《漫塘集》卷三〇《故知潮州侍左林郎中墓志铭》，第 14 页上 ~14 页下。

③ 刘宰：《漫塘集》卷三〇《故知潮州侍左林郎中墓志铭》，第 14 页上 ~14 页下。

④ 刘宰：《漫塘集》卷三〇《故知潮州侍左林郎中墓志铭》，第 16 页上 ~17 页下。

⑤ 刘宰称他："虽退然不敢以师道自任，而天下学者凡有一介之善，片文只字之长，皆裹粮负笈，就正函丈。"刘宰：《漫塘集》卷三二《章泉赵先生墓表》，第 12 页下。

相史弥远欲延揽他入京任官，不受，绍定二年逝世，享年八十七岁。刘宰据赵蕃门人郑梦协的行状，写成墓表。①

刘宰笔下的武将，则是在开禧战中捍卫边防有大功的周虎。周虎因与刘宰好友周南和朱晞颜的关系而结识，彼此常通书信。除了圹志与祭文外，《漫塘集》中也有二人的书札往来。② 周虎，字叔子，苏州人，家境富饶。他为人豪爽，感于文武太分，乃弃举业就右科。庆元三年（1197）高中武状元，先后任武学谕、阁门舍人等职。嘉泰四年（1204）出知光州（今河南潢川），严守备，补城壁，增楼橹，营建军寨，严肃军政，改知楚州，因与招抚使议不和，被罢。开禧三年（1207）秋，金兵进犯，淮西情势紧急，宋廷起周虎知和州，他携母亲何氏和儿子良贵赴任。③ 当时金兵进犯和州，都统制戚拱逃遁，制置司下令退保江南，和州城内兵卒不满四千，孤立无援，情势危急；周虎与百姓则极力守城，经历十七天、三十四回合的苦战，终于挫败金兵。当韩侂胄被杀之际，和州力退金兵，使江淮转危为安，周虎因功拜武功大夫、文州（今甘肃文县）刺史；和州人更立生祠，感念周虎守城之功，时周虎仅三十九岁。④

嘉定元年起，周虎先后担任宋廷武官要职，包括主管侍卫马军行司公事、侍卫马军都虞候，除带御器械、兼干办皇城司等，以母老请祠，除提举佑神观。至绍定二年（1229）死，享年

---

① 刘宰：《漫塘集》卷三二《章泉赵先生墓表》，第12页下。
② 刘宰，《漫塘集》卷六《回周马帅虎一》，第5页上～5页下；卷六《回周马帅虎二》，第6页上～6页下；卷一一《回周马帅虎札子》，第19页上～21页下。
③ 刘宰：《漫塘集》卷三二《故马帅周防御圹志》，第20页下～21页下。
④ 刘宰：《漫塘集》卷三二《故马帅周防御圹志》，第19页下～21页上。

六十九岁。^① 周虎文辞敏赡，书法端劲，独步当世。五十二岁时即预建坟墓，绍定元年（1228）冬，请刘宰为他写生平出处，立于墓上。宰自承与虎未曾见面，是因周南和朱晞颜之故而结为好友，可谓"定交书尺中"。嘉定十年，刘宰在《回周马帅虎》的信中述及他与周虎、朱晞颜的情谊：

> 景渊（朱晞颜）生理素薄，历州县俸入无赢，求一廛以宁其亲，盖三十年在怀而卒未遂，执事捐旧宅与之，景渊乃克经始。于今仰事俯育，室处晏然。岂惟景渊知德，凡景渊之友，盖皆如身受惠也。^②

嘉定十三年，朱晞颜乞祠，仍无力偿还周虎租屋之费；周虎则婉辞。^③

刘宰的六位友人中，朱晞颜和洪琰关系较密，但事迹较少，另外四个好友的仕历较多；他在记诸人职涯经历的同时，也表彰他们的不同风范。其中陆埈与林复之与他的交往较密切，赵蕃与周虎则纯为文字道义之友。但从记述的内容及《漫塘集》保留的文字来看，他和周、赵共同关注的议题与朋友较多，对这一文一武的个性与人格的刻画相当鲜明。陆埈与林复之可能受限于官职仕历及辞官后不久即逝世，彼此留下的文字较少，但刘宰对他们的风格与政绩的描绘也很深刻。

这些传记，除了刻画友人的际遇与性格，更能具体看到南宋

---

① 刘宰：《漫塘集》卷三二《故马帅周防御圹志》，第23页上~23页下。

② 刘宰：《漫塘集》卷一一《回周马帅虎》，第19页下~20页上。

③ 刘宰：《漫塘集》卷一一《回周马帅虎》，第20页上。

中期政局变动下的若干军政、社会讯息。一是庆元党禁，他借林复之入仕的经历，呈现此时说论的态度与党禁的发展。这些记事虽属片段，却深刻地呈现出其意义及影响。[1] 另一件则是从周虎与陆埈守边抗金的事迹，看到开禧北伐及其后和州等淮南边郡之军备乃至文教事业的实况。从周虎的墓志，可以看见官民守城抗敌的一面；[2] 而从陆埈墓志所见到的，则是战后安顿百姓、兴复县学等重建基层政治社会秩序的工作。[3] 这些都是大的历史叙述中未能看见的细节，也是刘宰挂怀、记录的重点。

2. 六位好友亲属

刘宰受托撰写友人亲属的墓志中，事迹较为丰富的是吴汉英和他的夫人陈道蕴。至于关系较疏的陈说之夫人项氏、吴景妻子宗氏，和曾知分宜县（今江西分宜）的于缙及王木四人，刘宰则依其亲人提供的资料撰志，因所记事迹简略，此处不拟介绍。

刘宰受友人吴藻之托，撰写其父吴汉英、母陈氏的墓志，聚焦于开禧、嘉定政局变动。吴汉英字长卿，江阴（今江苏江阴）人。乾道五年（1169）中进士，先任无为军庐江县（今安徽庐江）主簿，捐俸兴学，及救助灾荒有功，迁主管湖南运司帐司，以裁处湖南月桩钱；受陈傅良等湖南官员的力荐，晋升繁昌知县；改滁州（今安徽滁州）通判。[4] 开禧元年（1205），汉英除监都进奏院。当时给事中邓友龙宣谕两淮，亟谋开边，请他筹谋相助；他反对贸然开边，邓不听。韩侂胄死后，他负责清查史达祖、耿

---

①　刘宰：《漫塘集》卷三〇《故知潮州侍左林郎中墓志铭》，第 14 页上~14 页下。

②　刘宰：《漫塘集》卷三二《故马帅周防御圹志》，第 21 页上~21 页下。

③　刘宰：《漫塘集》卷二八《故知和州陆秘书墓志》，第 21 页上~27 页下。

④　刘宰：《漫塘集》卷二八《故兵部吴郎中墓志铭》，第 11 页下~12 页上。

桯和董如璧等人的奸赃罪行。[1] 及任大宗正丞，所提顺祖宗之法、清中书之务、减四川之赋三政策，均获宰相钱象祖和参知政事卫泾认同，迁太常丞，兼职兵部郎官。钱象祖罢政后，汉英亦遭论罢，退闲居家，嘉定七年（1214）六月死，年七十四。[2]

吴汉英的夫人陈道蕴，是金华名臣陈严肖之弟严震的女儿，由严肖做主将她嫁给汉英。汉英任基层幕职时，适逢各地饥荒，夫人勉以救民为先，并以达官互送为戒。汉英死后，家无余钱；岁时祭祀，她自作器物，"其苦节于日用之间，服勤于女工之事，盖终老不渝"。嘉定十六年（1223）死，年八十岁。[3] 汉英与刘氏生四子：吴渥、吴沐、吴藻、吴淡，其中吴藻曾任嘉兴府司户参军，因与刘宰元配的陶家相熟，且与刘宰好友丁宗魏、汤镇相交，丁、汤均盛赞吴氏夫妻；刘宰依丁宗魏所写与汤镇所撰汉英与夫人行状，分别为二人写墓志。

＊　＊　＊

《漫塘集》中保留有丰富的书信和墓志传记，是观察刘宰建立、开展人际关系及社会网络的珍贵资料。书信是刘宰与外地朋友、地方长官乃至当朝宰执联络的主要载体。早期因同年、岳父之助，他得以与中枢官员建立关系，除评论时局，亦为政策献议；退居乡里之后则聚焦地方事务，联络对象多为各级地方长官。到理宗以后，由于国政纷扰，镇江临敌，刘宰乃利用被征召与征

---

① 刘宰：《漫塘集》卷二八《故兵部吴郎中墓志铭》，第14页下~15页上。

② 刘宰：《漫塘集》卷二八《故兵部吴郎中墓志铭》，第16页下~17页下。

③ 刘宰：《漫塘集》卷三一《故宜人陈氏墓志铭》，第8页下~12页下。

询的机会，通过书信频繁与中枢宰执及理念相近的同道、高官名儒、地方长官等人交换国政意见；相较之下，他与乡里亲友联络的频率则较低。

刘宰撰写的人物墓志则以镇江为多。《京口耆旧传》所记固然全是镇江人，保留在《漫塘集》中的人物传记，镇江亲友也较外地师友为多；通过乡里亲友的墓志传记，可以了解刘宰与乡里社会的联结、镇江士人的形象与地方社会的实况，乃至他与乡亲共同致力建设的动力。至于为外地亲友所写的传记内容繁简与否，则视情谊而别。但结合书信，有助于了解他扩展人际关系的脉络，更能从他的书信与外地师友的墓志中，看到他与师友的政治取向——亲近卫泾、钱象祖及道学家，而与史弥远保持距离。

在宋代，人际网络的建立与扩展，关系到个人仕途与事业的发展，士人乃往往积极寻求各种可能的途径，力求建立人际关系，但实际情况相当复杂。从刘宰的案例来看，书信和人物传记确有助于建立或扩展人脉，也可以展现多元的面貌。以书信为例，刘宰有时是主动联络，也曾被动回应征询；他所联系的官员亦不仅是时任地方官，也有在离任后维持联络者。墓志传记的撰写同样存在着差异，刘宰与诸多外地师友（如李仁垕、林复之、周虎、吴汉英等）是先建立关系，之后才受邀撰写传记。此外为他扩展人际关系的诸人，不论是同年、岳父、挚友王遂或王塈，皆因赏识他的才学或有共同理念，而在不同阶段向上级荐举其才，并因不同机缘，而成就他的事业与名声。

近年来借数字人文的方法，以书信的数量或频率，来探讨人际关系与社会网络、见证彼此关系的研究途径，受到学界的重视。刘宰一生的事业历程显示，书信的数量或频率，固然可以观察到较宏观的迹象，如他与好友李埴及知镇江府赵善湘、韩大伦、知金坛县的王塈等人，通信的频率相当高，这些绵密讨论，确实见证了彼此关系的亲近。不过，过于看重频率，却可能忽略一些实情。部分刘宰生命中关系密切的亲友，如岳父梁季珌、好友王遂、赵若珪与赵若琚兄弟，以及周南、朱晞颜和张敏则等人，几乎不见于《漫塘集》的书信中，仅能从给其他人的书信中看到；但这些亲友与所论议题对刘宰的重要性，显然超过通信频率高的官员、师友。这一现象提醒我们，观察人际关系的疏密，数量或频率固然具有参考价值；但深入掌握文献的内容，梳理其关系脉络，当能更清楚掌握彼此的亲疏关系，重现具体历史图像。

附录二 《漫塘集》中墓志行状传记

一 《漫塘集》墓志铭资料

编号	篇名	墓主	居地	终官职	与刘家的关系	出身	卒年	墓主年龄	夫/妻	父/母	子	出处
1	故知吉州王公墓志铭	王万枢，字赞元	金坛（彦融移居）	知吉州	长官、同乡	父任入官	开禧元年（1205）	64（1142~1205）	范氏 蔡氏	彦融	适 逢 逮 逯 近 选	卷二八
2	霍氏墓志铭	霍氏			友人之妻		开禧三年（1207）	45（1163~1207）	窦从谦	瀛	湘 江 准	卷二八
3	柳官巡墓志铭	柳谥，字仲静		充昭慈永祐陵攒宫内外巡检	姻亲（女婿之父）		嘉定二年（1209）	57（1153~1209）			道宁 道徽 炳①	卷二八
4	薛翁媪墓志铭	薛氏	宁海		友人之母		嘉定七年（1214）		薛某（薛冰之父）		冰	卷二八
5	故兵部吴郎中墓志铭	吴汉英，字长卿	江阴	权兵部郎官	友人之父	进士第乾道己丑（1169）	嘉定七年（1214）	74（1141~1214）	陈严肖之侄女	观	渥 沐 澡 淡	卷二八

续表

编号	篇名	墓主	居地	终官职	与刘家的关系	出身	卒年	墓主年龄	夫/妻	父/母	子	出处
6	故徐府君墓志铭	徐蒙，字叔珍			父亲之友		嘉定七年（1214）	72（1143~1214）	谭氏②	璋	春申 石逵	卷二八
7	仲益侄墓志铭	刘益之，字仲益	金坛		堂侄	太学生	嘉定七年（1214）	39（1176~1214）	徐氏	桂岊	日严 喜	卷二八
8	故知和州陆秘书墓志铭	陆埈，字子高	崇德	知和州	同年	礼部奏名	嘉定九年（1216）	62（1155~1216）	钱氏	光朗	镇③	卷二八
9	故庆元府教授陶公墓志铭	陶大甄，字成之	嘉兴之思贤乡	庆元府学教授	元配之兄	国学上舍，赐进士	嘉定九年（1216）	54（1162~1216）	陆氏	士达	子蒙 子沂 子渊	卷二八
10	故瞿文学母周氏墓志铭	周氏	金坛		父亲同学之妻		嘉定十年（1217）	76（1142~1217）	瞿汝霖	逵	起宗 兴宗 绍宗	卷二九
11	费进士墓志铭	费元之，字符善	金坛之丹凤里		乡人	不仕（举进士）	嘉定十年（1217）	53（1165~1217）	王氏		渊 源	卷二九
12	丁清斋墓志铭	丁清斋，字国宾	金坛		乡人	待补太学生	嘉定十二年（1219）	64（1156~1219）	刘氏 钱氏	铋	大醇 大璋	卷二九
13	故张氏孺人墓志铭	张氏	丹徒（夫家）		姻亲（妹之母）		嘉定十二年（1219）	78（1142~1219）	孙大成	大用	孙沂 孙渊 孙泳	卷二九

续表

编号	篇名	墓主	居地	终官职	与刘宰的关系	出身	卒年	墓主年龄	夫/妻	父/母	子	出处
14	故广西经略司干官范承事墓志铭	范克信，字允诚	丹阳	广西经略司干官	乡校前辈、姻亲（母亲族人）	特恩对策	嘉定十年（1217）	69（1149~1217）	赵氏	迪	燮、霖	卷二九
15	信庵老人墓志铭	王洪，字国兴			友人		嘉定十四年（1221）	71（1151~1221）		康		卷二九
16	潘君墓志铭	潘择师，字希明	溧阳		友人之祖父		庆元六年（1200）	78（1123~1200）	吴氏、寇氏	积	珫、磷	卷二九
17	故湖北安抚司参议汤朝议墓志铭	汤末彦，字时美	金坛	湖北安抚司参议官	友人	以汤鹏举郊恩补登仕郎	嘉定十五年（1222）	69（1154~1222）	蒋氏①	某	逾	卷二九
18	故湖州通判朱朝奉墓志铭	朱晞颜，字景渊	平江吴门	湖州通判	同年进士		嘉定十四年（1221）	59（1163~1221）	周氏、卫氏	彦	某、策、木、棠	卷二九
19	故宗氏安人墓志铭	宗氏			友人之母		嘉定十四年（1221）	79（1143~1221）	吴景	奕	晨、应龙、应雷	卷二九
20	故仙都隐吏知县洪朝散墓志铭	洪珠，字叔毅		知县	同年进士	进士	嘉定十七年（1224）	71（1154~1224）	胡氏	师骞	宁祖、念祖、承祖、象祖	卷二九

续表

编号	篇名	墓主	居地	终官职	与刘家的关系	出身	卒年	墓主年龄	夫/妻	父/母	子	出处
21	通伯侄墓志铭	刘用辰,字通伯	金坛		侄子		嘉定十七年(1224)	46(1179~1224)	汤氏	桂翁	子勤 子才 同老	卷二九
22	故诸葛贡元墓志铭	诸葛磁,字大本			友人、同年进士之兄		嘉定十六年(1223)	66(1158~1223)	周氏⑤	深	埙	卷二九
23	故陆文学墓志铭	陆从龙,字子云,号复斋	金坛	信州文学	乡人、友人之友		宝庆元年(1225)	85(1141~1225)	张氏	舆	坦之 渐之	卷二九
24	故分宜知县于奉议墓志铭	于璋,字伯玉	毗陵	知分宜县	友人之岳父	以父仕	宝庆二年(1226)	59(1168~1226)	徐氏	傚⑥	椒 杲 格	卷二九
25	巫伯正墓志铭	巫大方,字伯正			乡人		宝庆二年(1226)	63(1164~1226)	张氏 胡氏	哲	谦亨 泰亨	卷三〇
26	故谱轩先生艾公及其妻李氏墓志铭	艾谦,字益之	京口		乡先生	丙午壬子再举于乡	嘉定元年(1208)	56(1153~1208)	李氏	钦文	庆洪 庆远 庆长 庆增 后改名为庆善	卷三〇

续表

编号	篇名	墓主	居地	终官职	与刘家的关系	出身	卒年	墓主年龄	夫/妻	父/母	子	出处
27	故通判滁州朝散大夫钟仲山墓志铭	钟将之，字仲山	丹阳练塘	滁州通判	友人之友	绍兴十八（1148）进士第	庆元二年（1196）	70（1125~1196）	李氏（元配）李氏（继室）① 诸葛氏（继室）	久	衮 颖	卷三○
28	王进士墓志铭	王士朋，字致远	金坛		乡人	业进士	嘉定十二年（1219）	43（1177~1219）		显道	筠 仲 季	卷三○
29	故知潮州侍左林郎中墓志铭	林复之，字几叟，一字亦颜	闽	知潮州	岳父家教亲	以进士起绍熙四年（1193）	嘉定六年（1213）	63（1151~1213）	吴氏	椿	梦庚	卷三○
30	故知麻城县瞿承事墓志铭	瞿起宗，字符振	金坛	知麻城县	乡人	举进士（1187）	宝庆二年（1226）	57（1170~1226）	蔡氏 赵氏	某	大任	卷三○
31	茅进武墓志铭	茅拱，字国老	金坛	补进武副尉	乡人		宝庆三年（1227）	81（1147~1227）	许氏	守全	焕 岊	卷三○
32	李氏墓志铭	李氏	金坛		姻亲（堂兄之亲家）		宝庆三年（1227）	78（1150~1227）	徐汝士		椿 自疆	卷三○
33	故安人陶氏墓志铭	陶氏		安人	姻亲（首任妻之堂姐）		绍定元年（1228）	60（1169~1228）	叶时可	逢	观 茵	卷三○

续表

编号	篇名	墓主	居地	终官职	与刘宰的关系	出身	卒年	墓主年龄	夫/妻	父/母	子	出处
34	故王武德墓志铭	王元实，字辉之	宜兴	都统司计议官，武德郎	姻亲	擢淳熙丁未（十四年1187）甲科（武举）	绍定元年（1228）	72（1157~1228）	张氏⑧		楗、炜、煃	卷三〇
35	故孺人项氏墓志铭	项氏	黄岩	孺人	友人之姐		绍定二年（1229）	37（1193~1229）	陈说之		梦蟾、梦庚、梦龄⑨	卷三〇
36	故汤氏宜人墓志铭	汤氏		宜人	乡人		端平三年（1236）	55（1182~1236）	赵必愿	邦彦⑩	良志	卷三〇
37	故赵武训墓志铭	赵崇悫，字寿伯	丹阳	训武郎	进士同年	进士	绍定元年（1228）	65（1164~1228）	刘氏	汝永	必法（进士）	卷三一
38	故知安吉县赵奉议墓志铭	赵若佳，字玉父	金坛	知安吉县	乡人	以父任	绍定二年（1229）	43（1187~1229）	张氏⑪	时侃⑫	嗣永	卷三一
39	故溧阳县尉陈修职墓志铭	陈景周，字仲思	丹徒	溧阳县尉	乡人、乡举同年	为举首	绍定二年（1229）	63（1167~1229）	诸葛氏	陈嘉言	虎、箕、节	卷三一
40	故芜湖县尉陆迪功墓志铭	陆垣之，字千里		芜湖县尉	友人之子	举于乡	绍定二年（1229）	62（1168~1229）	诸葛氏、陈氏	陆从龙	仲行	卷三一

续表

编号	篇名	墓主	居地	终官职	与刘宰的关系	出身	卒年	墓主年龄	夫/妻	父/母	子	出处
41	故宜人陈氏墓志铭	陈道蕴	金华		友人之母		嘉定十六年（1223）	80（1144~1223）	吴汉英	严震⑬	渥 沐 藻 淡	卷三一
42	故韦氏孺人墓志铭	韦氏	金坛	孺人	姻亲（亲家）		绍定三年（1230）	63（1168~1230）	张镇	世将	介 儒藻	卷三一
43	故溧阳县丞张承直墓志铭	张汝永，字端表	金坛	溧阳县丞	友人、乡举同年	廷对中选（嘉定七年1214）	绍定三年（1230）	71（1160~1230）	蒋氏 李氏	损	樊 橐	卷三一
44	故监镇江都税院李迪功墓志铭	李载叔，名仁星		镇江都税院监	友人之友	以先所受捧表恩铨试中程	绍定三年（1230）	28（1203~1230）	丁氏⑮	李骏	焕孙⑯	卷三一
45	西园陈居士墓志铭	陈武龄，字寿朋	金坛		父亲之学生		绍定四年（1231）	84（1148~1231）	张氏	任	蔚然 浩然	卷三一
46	蔡希孟墓志铭	蔡大醇	丹阳		姻亲（侄女之夫）		绍定三年（1230）	49（1182~1230）	刘氏⑰	璪	子茂	卷三一
47	徐处士墓志铭	徐处士	金陵		姻亲（儿媳之父）		嘉定十年（1217）	86（1132~1217）	王氏		济 滋 藻 洪 法	卷三一

续表

编号	篇名	墓主	居地	终官职	与刘宰的关系	出身	卒年	墓主年龄	夫/妻	父/母	子	出处
48	故贵池卫主簿墓志铭	卫翼，字翼之	金坛	主簿	乡人	廷对入等（理宗宝庆元年1224）	绍定四年（1231）	60（1172~1231）	吴氏	卫九思	以直 以敬 以成 以中	卷三一
49	故知建昌军朝议钟开国墓志铭	钟颖，字符达	丹阳	知建昌军	乡人，友人	以宣奉（钟将之）明堂恩补（绍熙五年1194），庆元二年进士（1196）	绍定五年十一月（1232）	74（1159~1232）	张氏、李氏	将之	焆 炜	卷三一
50	故常熟县丞孙承直墓志铭	孙泝，字彦与	丹徒大港镇	常熟县丞	兄长之学生，姻亲（侄孙之岳父）	辛未进士第（嘉定四年1211）	端平元年（1234）	66（1169~1234）	朱氏	大成	天泽	卷三一
51	医僧宗可塔铭	张宗可，字与之			乡人		绍定四年（1231）	61（1171~1231）		汝为		卷三一
52	故宁国通判朝奉赵大夫墓志铭	赵时佐，字宣仲	金坛	宁国府通判	乡人	漕举免铨	绍定六年十一月（1233）	53（1181~1233）	叶氏	亮夫/况氏	若琭 若璠 若琨	卷三二

续表

编号	篇名	墓主	居地	终官职	与刘宰的关系	出身	卒年	墓主年龄	夫/妻	父/母	子	出处
53	高与之墓志铭	高天赐，字与之			姻亲（次子岳父）		端平二年（1235）	42（1194~1235）	陈氏	志崇	元龟 元龙	卷三二
54	故监江陵府粮料院诸葛直墓志铭	诸葛埴，字子直		监江陵府粮料院	父亲之学生	绍熙壬子特奏名	端平二年（1235）	80（1156~1235）	朱氏	汝贤	烈	卷三二
55	江进士墓志铭	江模，字君范		业进士	姻亲（侄孙岳父之兄）		端平三年（1236）	48（1189~1236）	邢氏	南一/叶氏	无子	卷三二
56	故监行在北酒库张宣教墓志铭	张汝开，字端衡	金坛	监行在北酒库	姻亲（侄儿岳父之兄）、乡人、友人	嘉定庚辰廷试入等	端平二年（1235）	71（1165~1235）	余氏	损	蔡	卷三二
57	章泉赵先生墓表	赵蕃，字昌父	信州	监衡之安仁赡军酒库	友人	用曾祖龙图恩致仕恩入仕	绍定二年（1229）	87（1143~1229）		浟	遂 远 遥 邋 遗	卷三二
58	继室安人梁氏墓志	梁氏			妻		嘉定十二年十二月（1219）	50（1170~1220）	刘宰	季秘/叶氏		卷三二
59	故马帅周防御圹志	周虎，字叔子	苏州	侍卫马军都虞候	友人	庆元丙辰擢第（武举第一）	绍定二年（1229）	69（1161~1229）	张氏	宗礼/何氏	良贵	卷三二

续表

编号	篇名	墓主	居地	终官职	与刘家的关系	出身	卒年	墓主年龄	夫/妻	父/母	子	出处
60	故提举宗丞朝散杨大夫圹志	杨恕，字可久		提举常平茶盐公事	乡人、友人	以世赏补官	宝庆元年（1225）	64（1162~1225）	赵氏	梼年	兖己 立己	卷三二
61	故宣议郎致仕陶公圹志	陶士达，字仲和	嘉兴	宣议郎	岳父	遇寿恩、郊恩各一，明堂恩再	嘉定五年（1212）	76（1137~1212）	沈氏		大章 大甄	卷三二
62	袁清卿妻邵氏圹志	邵氏			父亲友人之妻		宝庆元年（1225）	82（1144~1225）	袁清卿	峙	汝贤 汝祐 汝砺⑩ 汝楫	卷三二
63	王居士圹志	王光逢，字庆会	金坛		乡人		绍定二年（1229）	77（1153~1229）	张氏 黄氏	楹	准 虎文 景龙	卷三二
64	故衡州判官庄承直圹志	庄松年，字伯坚	金坛	衡州军事判官	乡人	以遗泽入仕	端平元年（1234）	56（1179~1234）	赵氏 蒋氏	邑	润 泽	卷三二
65	施俊卿墓碣	施世英，字俊卿	句容	将仕郎	乡人、父亲友人	以助边补	嘉定元年（1208）	45（1164~1208）	巫氏	泾	嗣子宗旦 宗泽 弟宗惠	卷三二

续表

编号	篇名	墓主	居地	终官职	与刘家的关系	出身	卒年	墓主年龄	夫/妻	父/母	子	出处
66	雷翁墓碣	雷震	金坛		姻亲（从侄女婿之父）		嘉定元年（1208）	77（1132~1208）	施氏	彦强	伯文 仲选 应龙	卷三二
67	桂山君墓表	王木，字伯奇			友人		宝庆三年（1227）	60（1168~1227）	郑氏	士宁	汶 澄 汲 王潘	卷三二
68	先祖十九府君墓志	刘祀（原名刘微），字成德	金坛		祖父		绍兴三十二年十一月（1162）	72（1091~1162）				卷三二
69	皇考云茅居士朝奉圹铭	刘蒙庆，字茂先	金坛		父亲	贡	嘉泰三年（1203）	72（1132~1203）				卷三二
70	前室安人陶氏圹铭	陶氏			元配		绍熙四年（1193）	24（1170~1193）	刘宰		宰	卷三二
71	继室安人梁氏圹铭	梁氏			继室		嘉定十二年（1219）	50（1170~1219）	刘宰			卷三二
72	朱进士埋铭	朱士聪，字敏仲	金坛	业进士	乡人			75				卷三二

续表

编号	篇名	墓主	居地	终官职	与刘宰的关系	出身	卒年	墓主年龄	夫/妻	父/母	子	出处
73	周氏埋铭	周氏	金坛		乡人		嘉定十五年（1221）归葬	（1169~？）				卷二二

注：① 道宁以疾废，道徽甫冠而夭；命炳以嗣。

② 谭知柔之族。

③ 媳赵氏为陆埈之外甥女。

④ 蒋继周之女。

⑤ 周宗易之女。

⑥ 其母为徐氏宜人。

⑦ 李祥之家族，继室为元配之妹。

⑧ 张汝永之妹。

⑨ 梦庚、梦龄为前妻之子。

⑩ 元配龚氏，继室邓氏。

⑪ 张金之孙、张宗涛之女。

⑫ 母汤氏为汤国彦之女。

⑬ 长子早夭。篯，篡为应岈之子，而以箅继陈升之嗣。篯为岈之子。

⑭ 陈严肖之弟。

⑮ 丁木之女。

⑯ 侧室所生。

⑰ 刘桂喦之女。

⑱ 汝砺为邵氏亲生。

二 《漫塘集》行状资料

编码	篇名	墓主	居地	终官职	与刘宰的关系	出身	卒年	墓主年龄	夫/妻	父/母	子	出处
1	故吏部梁侍郎行状	梁季珌，字饰父		尚书吏部侍郎	岳父	以遗泽入仕	嘉定元年（1208）	66（1143~1208）	吴氏		铖钘铢	卷三三
2	钱贤良行述	钱顗，字圣俞	金坛	鄂州蒲圻县西尉、兼新店纯湖市镇烟火公事，累荐恩	宰从兄之师。其子为宰的学生		嘉泰三年（1203）	73（1131~1203）	邹氏	邦杰/邹氏	纯绩	卷三三
3	陈府君行述	陈嘉言，字圣谟			友人之父		嘉泰四年（1204）	81（1124~1204）	姚氏	琳	应峰景同	卷三三
4	汤贡士行述	汤颐年，字养正	丹阳之珥陵		世交	以词赋贡名礼部	嘉泰四年（1204）	66（1139~1204）	周氏	东明	渊	卷三三
5	杨提举行述	杨樗年，字茂良		提举福建市舶	乡友		开禧元年（1205）	74（1132~1205）	钱氏①谢氏	子存	杨恕杨思	卷三三
6	孙府君行述	孙大成，字振道			姻亲（宰妹夫之父）、师生		嘉定四年（1211）	72（1140~1211）	张氏	元方	渊泳沂（进士第）	卷三三
7	纪通判行述	纪极，字极之		通判广德军	乡友	以遗泽出仕	嘉定十二年（1219）	73（1147~1219）	张氏孙氏		津	卷三三

续表

编码	篇名	墓主	居地	终官职	与刘宰的关系	出身	卒年	墓主年龄	夫／妻	父／母	子	出处
8	故皆将军行述	昔横，字飞脚		强勇军统领			开禧二年（1206）	30（1177~1206）	余氏	世新	汝良	卷三四
9	李通直行述	李绅，字绶脚	京口	太平州当涂丞	乡友	礼部奏名，既赐赐第	嘉定十二年（1219）	78（1142~1219）	朱氏 陈氏	彦	彬 瑀 琚	卷三四
10	吴夫人行状	吴静贞		孺人	岳母		嘉定十二年（1219）	75（1145~1219）	梁季珌	朔	钺 钥 铢	卷三四
11	故湖北参议汤朝议行述	汤末彦，字时美	金坛	湖北安抚司参议官	友人	用敏肃（鹏举）荫入仕	嘉定五年（1212）	69（1144~1212）	蒋氏		遹	卷三四
12	故吉州王使君夫人蔡氏行状	蔡氏	润州金坛（夫家）	太令人	友人之母		嘉定十六年十二月（1223）	70（1154~1223）	王万枢	楏	适 遻 遂 遫 近 迶	卷三四
13	故公安范大夫夫人张氏行述	范如山，字南伯	丹徒县	江陵之公安令	友人	以通判荫入任	庆元元年（1195）	67（1129~1195）	张氏	邦彦	炎 昌	卷三四
14	故广西经略司范干孺人赵氏行述	赵悟真	丹阳	孺人	乡校前辈、姻亲（母亲族人）		嘉定十七年十一月（1224）	71（1154~1224）	范克信		燮 霖	卷三四

续表

编码	篇名	墓主	居地	终官职	与刘家的关系	出身	卒年	墓主年龄	夫/妻	父/母	子	出处
15	故长洲开国寺丞孔公行述	孔元忠，字复君	吴门	知饶州	刘宰之父友人	以世赏入仕 蕫试中第	宝庆二年（1226）	68（1159~1226）	阮氏	道	炳 烨 煽 灼	卷三五
16	故齐国太夫人胡氏行状	胡氏	潭之湘潭		地方长官之母		绍定三年（1230）	78（1153~1230）	赵方		葵 范 葵	卷三五
17	故令人汤氏行状	汤氏		令人	乡友之母		绍定三年（1230）	69（1162~1230）	赵时侃	国彦	若瑑 若珪 若瑶	卷三五

注：① 钱忧之曾孙女。

附录三 《漫塘集》书信定年

《漫塘集》中刘宰（1166~1239，74岁）总书信数共二百四十四封。下表按"刘宰乞退归乡"及"理宗即位"两个时间点分为三个时期，可考通信对象有一百一十二名。

一是"仕进时期"：绍熙元年（1190）至嘉定元年（1208），书信三十九封，可考通信对象共十八名，身份不明者十二名。

二是"嘉定乡居"：嘉定二年（1209）至十七年（1224），书信五十二封，可考通信对象共二十八名，身份不明者四名。

三是"理宗初期"：宝庆元年（1225）至嘉熙三年（1239），书信一百五十三封，可考通信对象共七十六名，身份不明者一名。

一 "仕进时期"：绍熙元年（1190）至嘉定元年（1208）

公元	年号	刘宰年龄	相关时事	编码	收信人	篇名	书信要点	出处
1190	绍熙元年	25	刘宰中进士	1	不明	代贺孝宗瑞芝表		卷一四
				2	不明	代贺光宗瑞芝表		卷一四
1192~1195	绍熙三年至庆元元年	27~30	绍熙四年刘宰任江宁尉	3	不明	上江东安抚		卷一四
				4	不明	通上元知县		卷一四
				5	不明	通江宁簿		卷一四
1196~1197	庆元二年至庆元三年	31~32	庆元二年刘宰改调淮南东路真州司法参军	6	吴洪	通吴真州洪		卷一四
				7	程桂	回程司理桂		卷一四
				8	吴洪	代兵官上吴守请假赴省		卷一四
1198	庆元四年	33		9	石宗昭	通石漕宗昭		卷一四
1200	庆元六年	35		10	郑炤	通郑倅炤		卷一四
1201	嘉泰元年	36		11	韩樾	谢韩漕樾举练达科		卷一四
1202~1203	嘉泰二年至嘉泰三年	37~38	嘉泰二年改授泰兴县令 嘉泰三年刘蒙庆逝世，丁父忧	12	赵师霉	通扬帅赵尚书师霉		卷一四
				13	不明	通郭倅		卷一四
				14	不明	通蔡仓		卷一四
				15	不明	通参议		卷一四
				16	不明	回泰兴向尉		卷一四
				17	赵元正	贺赵帅元正		卷一四
				18	李壁	贺李参政壁冬节		卷一四
				19	梁季秘（对象不明）	代外舅梁漕谢举自代		卷一六
				20	梁季秘（对象不明）	代外舅贺司谏		卷一六

公元	年号	刘宰年龄	相关时事	编码	收信人	篇名	书信要点	出处
1204~1205	嘉泰四年至开禧元年	39~40		21	赵时侃	通常州赵通判时侃札子	赞常州任上处理经总制钱及试务有成	卷八
				22	辛弃疾	贺辛待制弃疾知镇江		卷一五
				23	辛弃疾	谢辛待制弃疾		卷一五
1206	开禧二年	41	出任浙东仓司干官	24	不明	通永嘉留教授		卷一四
				25	不明	通唐提干		卷一四
				26	不明	通台州刘倅		卷一四
				27	辛弃疾	上安抚辛待制		卷一四
				28	章爕	谢章仓爕举改官启		卷一四
				29	邓友龙	上邓侍郎友龙启	国力未裕，宜谨边备，勿轻用兵	卷一六
1207	开禧三年	42		30	丘崈	代外舅贺丘宣抚崈启	贺丘崈膺重任，坐镇建康	卷一六
				31	钱象祖	上钱丞相	吁调整政出多门，中书失权之弊，批评韩侂胄坏成宪	卷一六
				32	卫泾	上卫参政泾		卷一六

公元	年号	刘宰年龄	相关时事	编码	收信人	篇名	书信要点	出处
1208	嘉定元年	43	嘉定元年岳父梁季珌逝世	33	钱象祖	上钱丞相论罢漕试太学补试札子	请朝廷增加解额，取消漕试，回归乡贡，罢太学补试	卷一三
				34	钱象祖	代钱丞相奏札	吁宁宗回归中书机制，调整人事任用模式	卷一三
				35	赵时侃	回临安赵通判札子 前人	报告以病乞退，未能朝命堂审，期秋天赴京	卷八
				36	倪思	通知镇江倪尚书思札子	迎尚书莅任京口（倪思未赴任）	卷八
				37	倪思	通知镇江倪尚书思	迎尚书莅任京口（倪思未赴任）	卷一五
				38	陈卓	通宁国陈宗卿卓札子	致同年荐二位任县尉乡人，请照顾	卷一一
				39	赵师鬶	通知临安赵尚书师鬶札子	贺知临安府	卷八

二 "嘉定乡居"：嘉定二年（1209）至十七年（1224），宁宗朝

公元	年号	刘宰年龄	相关时事	编号	收信人	篇名	书信要点	出处
1209	嘉定二年	44	刘宰乞退归乡	1	张镐	通张潮州札子一前人	述说乞退未允	卷八
				2	赵时侃	贺赵滁州札子前人	乞退中，乡里饥荒	卷八
				3	赵时侃	回赵滁州札子前人	谢赠礼物	卷八
				4	张镐	通张潮州札子二	报告乞退返乡	卷八
1210	嘉定三年	45		5	曾晚	通新太平曾侍郎晚		卷一六
				6	傅伯成	通知镇江傅侍郎伯成札子	刘宰曾受荐，迎伯成莅任，述家境及归乡后生活	卷八
1211	嘉定四年	46						
1212	嘉定五年	47		7	黄度	贺江淮黄制置度除礼书再任		卷一六
				8	俞烈	通俞尚书烈札子	期登用堂兄①	卷八
1213	嘉定六年	48		9	张镐	通张寺丞镐札子		卷八
				10	张镐	回张寺丞札子一前人		卷八
				11	不明	代侄用辰谢乡举启		卷一六
				12	不明	代侄用辰谢乡举启二		卷一六
				13	汤镇	回汤德远镇书	评朱熹书盛行，唯《近思录》切于学者日用，拟置于申义书院中	卷六

续表

公元	年号	刘宰年龄	相关时事	编号	收信人	篇名	书信要点	出处
1214	嘉定七年	49		14	赵时侃	回浙西安抚赵侍郎札子一 前人	谢赠礼物	卷八
				15	张镐	贺张寺丞镐得郡		卷一六
				16	张镐	回张寺丞札子二	张镐归乡后与乡友共游	卷八
				17	张镐	通张寺丞札子 前人		卷八
				18	赵蕃	通赵章泉书	托王遂奉函,赵蕃时年过七十	卷六
				19	史弥坚	谢史守弥坚招鹿鸣宴		卷一五
				20	史弥坚	回知镇江史侍郎弥坚札子一	谢知府莅任后赠礼,并称颂善政,百姓受惠	卷八
1215	嘉定八年	50		21	史弥坚	回知镇江史侍郎弥坚札子二	感谢邀请参与搜集方志资料,已撰成《京口耆旧传》并请赐序	卷八
				22	史弥坚	回知镇江史侍郎弥坚札子三	感谢并婉辞邀参与救灾,特呈《荒政编》供参考	卷八
				23	柴叔达	回柴安抚叔达书	赞守浮光有功,后请辞归乡,邑民饥	卷六
				24	钱仲彪	代恭靖兄调建平尉谢钱总领启		卷一六
				25	赵时侃	回浙西安抚赵侍郎札子二	谢赠礼,贺辖内,年岁丰	卷八
				26	李道传	代建平尉兄谢李仓举关升启		卷一六

公元	年号	刘宰年龄	相关时事	编号	收信人	篇名	书信要点	出处
1216	嘉定九年	51						
1217	嘉定十年	52		27	周虎	回周马帅虎书一	乡里创社仓，请虎题"社仓"二字	卷六
				28	周虎	回周马帅虎书二	浮言多，请勿介意。赞"社仓"二字笔力钧重	卷六
				29	真德秀	通知泉州真侍郎德秀札子	撰《忠宣堂记》上呈，然真德秀已改任泉州	卷一〇
				30	袁燮	谢袁侍郎燮举自代		卷一四
1218	嘉定十一年	53		31	丘寿隽	贺丘守寿隽再任		卷一五
				32	朱天锡之子	回朱丹阳令嗣书	回县令朱天赐之子勿以佛道葬其父	卷六
1219	嘉定十二年	54		33	不明	代侄应龙谢乡举启		卷一六
1220	嘉定十三年	55		34	周虎	回周马帅虎札子	赞开禧淮边抗金之功，对旧友周南、朱景渊情谊与襄助并谢赠礼物	卷六
				35	倪祖智	回倪监盐祖智札子	记祖智为延陵吴季子庙门植表，赠其父倪思遗表等事	卷一二
1221	嘉定十四年	56						
1222	嘉定十五年	57		36	潘汇征	回潘尉汇征到任启		卷一五
				37	潘汇征	回潘尉汇征到任札子		卷一二
				38	赵善湘	贺赵守善湘到任		卷一五
				39	赵善湘	答知镇江赵龙图札子一	旱征稍解，期行善政	卷九

续表

公元	年号	刘宰年龄	相关时事	编号	收信人	篇名	书信要点	出处
1222	嘉定十五年	57		40	赵善湘	回赵守贺冬		卷一五
				41	高不倚	回镇江高倅不倚札子	不倚父高子莫, 叶适为撰墓志铭	卷九
				42	高不倚	回高倅不倚贺冬		卷一五
				43	余嵘	代张句容尉谢余帅举关升启	代姻亲张汝开谢举关升	卷一六
				44	史弥远	代陶惠民上史丞相启②		卷一六
1223	嘉定十六年	58		45	王抙	谢王料院林免起夫运上供米纲启	感谢漕运困于干旱时, 下令免由陆运搬运米粮, 纾民困	卷一五
				46	李埴	回鄂州制置李侍郎埴札子	感慨李壁之死, 允诺撰《勤武堂记》感谢赠李焘五朝《长编》	卷一〇
				47	王元春	回太平王大卿元春札子	感谢赠钱, 王遂述其善政	卷一一
1224	嘉定十七年	59		48	叶岘	回叶知县岘到任札子	岘为叶梦得后人	卷一三
				49	叶岘	回叶知县岘到任启	批评经总制钱累增, 百姓负担重	卷一五
				50	乔行简	谢乔左史行简特荐		卷一四
				51	余嵘	送金陵余帅嵘奉祠归		卷一六
				52	不明	回沈秘读札子	其舅为史宅之	卷一二

注: ①　俞烈曾于嘉定元年至三年知镇江。

　　②　陶惠民不知其人, 文中有"越十二年规模略定", 推估在嘉定十五年。

三 "理宗初期": 宝庆元年（1225）至嘉熙三年（1239），理宗朝

公元	年号	刘宰年龄	相关时事	编号	收信人	篇名	书信要点	出处
1225	宝庆元年	60	理宗即位	1	季直柄	回季理卿直柄札子	谢赠礼及说明朝廷召用	卷一一
				2	王唐卿	回王丞唐卿到任		卷一五
				3	李燔	回李司直燔札子	感谢赠诗、药，追述乞退及婉辞理宗之召	卷一〇
				4	范光	回建康范教授光		卷一二
				5	刘垕	通浙西刘提举垕札子	述去年金坛灾荒及乡民赈饥事兼及官府善后之策	卷九
				6	史弥坚	通史尚书札子前人	感谢尚书荐举，以疾辞	卷九
				7	赵善湘	代金坛县申殿最钱札子	代金坛县向知府陈述经总制钱不合理增加，及征收方式之不当，请求改变	卷一三
				8	张霆	回司农张寺簿霆札子	回书说明被召及辞退的理由	卷一一
				9	恽子肃	回恽上舍子肃书	说明对被召态度	卷六
				10	王塈	通王中书塈一	请辞建康通判兼代转致史丞相效法其父史浩请辞相位	卷七
				11	王塈	通王中书塈二	再辞建康通判，唯为免误会，以访医为辞	卷七
				12	赵善湘	答知镇江赵龙图二	回知府关怀灾情，期待无科抑，免民忧惶，并述二人与袁燮的关系	卷九
				13	赵善湘	回赵守贺除司令	感谢祝贺，表明辞意	卷一五
				14	刘倬	回盱眙刘帅琸	感谢馈赠，乡友王遂。盛赞其才，期能兵民相安，维护民生	卷一一
				15	刘倬	回知盱眙刘都统倬贺除司令	感谢祝贺，表明辞意	卷一六

续表

公元	年号	刘宰年龄	相关时事	编号	收信人	篇名	书信要点	出处
1225	宝庆元年	60	理宗即位	16	叶岘	回叶知县贺年		卷一五
				17	史弥远	上史丞相札子一 谢除籍令及改秩添倅	感谢史相奖拔，晋佐大府，唯以病辞，尤劝史弥远效法其父史浩晚年辞归，奉身引退	卷七
				18	史弥远	特旨改秩谢史丞相	谢改任建康府通判	卷一四
1226	宝庆二年	61		19	赵善湘	贺赵守除集撰再任		卷一五
				20	赵善湘	答知镇江赵龙图札子 三	谢赐书，并说明已辞及被召之事	卷九
				21	薛极	谢薛参极		卷一四
				22	吕好问	回吕制干好问贺除直秘阁		卷一六
				23	赵御干	回赵御干书	致书谢薛极参政举荐与婉辞，并追述嘉定初年出处之变	卷六
				24	魏文中	回魏知县文中到任札子		卷一三
				25	魏文中	回魏知县文中到任启		卷一五
				26	李埴	回知遂宁李侍郎札子 前人	感谢赐九老绣像及药，报告创社仓有成及进王遂记文	卷一〇
				27	史弥远	上史丞相札子二 谢除直秘阁宫观	回书谢丞相宽容建言，及除直秘阁	卷七
				28	史弥远	上史丞相札子三 辞直秘阁	回书接受宫观，辞直秘阁	卷七
				29	袁甫	回衢州袁大著甫	感谢赠礼，追述其父荐举	卷一一
				30	王塈	回王中书一 前人	再致函说明因病无法赴任，请代转达	卷七

续表

公元	年号	刘宰年龄	相关时事	编号	收信人	篇名	书信要点	出处
1226	宝庆二年	61		31	王塈	回王中书二	因病无法赴任，请王塈再议继王案相关人员	卷七
				32	王塈	通王中书 前人	延医治病，已逾假期，请准守本官致仕或畀一岳祠	卷七
1227	宝庆三年	62		33	王唐卿	回王县丞唐卿到任		卷一二
				34	杨绍云	回知镇江杨大监绍云札子	谢知府邀撰濠州新建石韩将军庙记，并谢赠礼物、家传	卷九
				35	宣缯	谢宣参政		卷一四
				36	王塈	郊赠谢王侍郎塈		卷一四
				37	陆子禰	复严州陆守子禰①	感谢赐礼及回赠虎皮	卷一一
				38	冯多福	通知镇江冯大卿多福札子	托王遂转达谢语，以边遽数至，民力已困，请薄赋以宽民	卷九
				39	葛洪	谢葛参政洪		卷一四
				40	赵善湘	贺赵守除待制帅金陵并前人	贺改知建康府	卷一五
				41	史弥远	秘阁奉祠谢史丞相兼贺除少师	贺史相除少师	卷一四
				42	王塈	回王中书 前人	辞新颁直秘阁宫观，以雷雪交作，请王塈佐丞相调整政策	卷七
				43	王塈	通王中书 一前人	表明仍辞直秘阁并谢丞相	卷七
				44	王塈	通王中书 二	仍辞直秘阁并谢参枢	卷七
				45	王塈	通王侍郎 前人	贺王塈升吏部侍郎，兼率论国政、士风	卷一〇

续表

公元	年号	刘宰年龄	相关时事	编号	收信人	篇名	书信要点	出处
1228	绍定元年	63		46	汪纲	回绍兴汪侍郎前人	回函致谢问候	卷一一
				47	汪纲	回绍兴帅汪大卿纲	赞汪纲帅有劳，淮地未靖，吁请来镇守镇江，另推荐两位乡友	卷一一
				48	冯多福	回镇江冯大卿前人札子	京口民力凋敝，请宽民政	卷九
				49	冯多福	送冯守多福奉祠归启	赞冯守于备御军需，常念民生之劳，善待乡民	卷一五
				50	史弥巩	回溧水史知县弥革（误，当作巩）一	托乡友江遂良，回知县书，请免民力	卷一二
				51	余铸	通浙东余提举铸②		卷一一
				52	袁乔	回袁知县乔	吊袁燮，得杨简铭文	卷一〇
				53	赵与悊	回宜兴赵知县与悊	撰宜兴县漏泽园记，并荐友人为县学训导官	卷一二
				54	司马述	回司马提举述③		卷一七
1229	绍定二年	64		55	郑万	通郑常州万	常州久罹疾，望知州行善政	卷一二
				56	赵范	通镇江赵守范札子		卷一七
				57	赵范	回知镇江赵大监范札子	感谢赠厚礼，忧心地方吏治日坏，非久安长治气象，期嘉惠乡里，流福京师	卷九
				58	郑梦协	回信州郑新恩梦协	从傅伯成知梦协撰赵蕃行状，又知他与真德秀、魏了翁往返密切	卷一二
				59	岳珂	通总领岳侍郎珂札子	指北警虽撤而楚氛未靖（李全之乱）	卷一一
				60	赵与悊	回宜兴赵百里与悊书一	回赵知县书并赠《朱子语录》	卷六

公元	年号	刘宰年龄	相关时事	编号	收信人	篇名	书信要点	出处
1229	绍定二年	64		61	滕嘉	回滕主簿嘉书	乡友，叙赵时佐、若珪及王遂近况	卷六
				62	赵范	通知镇江赵大监札子	另纸呈报知府垂询民瘼	卷九
				63	赵范	回赵守问开七里河利便札子	针对知府询问七里河的开拓，提出具体建议	卷一三
1230	绍定三年	65		64	陈畏	回严州陈寺丞畏札子	感谢赠礼，并感慨故友逝世	卷一〇
				65	赵范	慰赵守冬至		卷一七
				66	赵范	贺赵守范冬至		卷一五
				67	赵范	回赵守送节物前人		卷一五
				68	赵与懃	回宜兴赵百里与懃书二	赞赵若愚赈济，知其将离任	卷六
				69	何处恬	回何抚干处恬书	赞扬于嘉定十二年上书反和，为其曾祖何粟遗文作序	卷六
				70	史弥巩	回溧水史知县弥革（误，当作巩）二	辞知县请撰谯楼记，后撰就《溧水县鼓楼记》	卷一二
				71	韩大伦	回镇江守韩监丞大伦到任札子	欢迎韩世忠后人任知州，泽及乡里，自述因疾归乡	卷一三
				72	汪统	回浙东帅汪大卿统札子	回函感谢赠厚礼，乡友赞汪纲、汪统兄弟杰出表现，对时局忧心及述王遂抵邵武参与平乱	卷一一
				73	李骏	回福帅李大卿骏札子	回函答应为李骏之子李仁屋撰墓志铭，并述姻亲王遂在邵武平乱与他人意见不同，请李骏评断。更祈如李仁屋所期宽政薄役	卷一一
				74	魏了翁	通鹤山魏侍郎了翁札子	说明李全乱后，镇江情况，对当前人物评论，及对魏了翁期待	卷一〇

续表

公元	年号	刘宰年龄	相关时事	编号	收信人	篇名	书信要点	出处
1230	绍定三年	65		75	李心传	回李校勘心传札子	获赠《旧闻正误》及《系年录》赞兄弟均杰出，知已赴京	卷一〇
				76	真德秀	通真侍郎 前人	允诺撰写先贤祠记，并请侍郎撰先人墓志	卷一〇
				77	陆衍	通江宁陆知县衍札子	军情虽遽，仍宜宽民	卷一二
				78	吴淇	回句容吴知县淇札子		卷一二
1231	绍定四年	66		79	韩大伦	代邑人谢韩守大伦放苗启	谢蠲积负，宽征赋	卷一五
				80	韩大伦	回韩守公札报免总所吏摊上户和籴钱启		卷一五
				81	韩大伦	回韩守大伦札子		卷一七
				82	赵善湘	回江东安抚赵尚书札子	李全已死，建议不必绝江建台，合围攻贼，宜开其去路	卷九
				83	李骏	回福帅李大卿二	慰吊李骏二子之逝，述王遂邵武平乱处境，及淮东饥乏米，请招客贩	卷一一
				84	赵善湘	回金陵赵帅善湘惠酒兼贺诛李全	回函感谢赠礼，并贺平李全之乱	卷一六
				85	李埴	回四川制置李侍郎 前人	叹朝廷未久任蜀人守蜀之后，改命李埴。建议争取便宜行事之权，推荐可备监司守臣之人，议李全后政局	卷一〇
				86	张元简	回荆门守张寺簿元简札子	回黄榦门人张元简，论李全死后二赵（赵善湘、赵范）轻敌，王遂在邵武遭遇及赵善湘苟钦、韩大伦宽政	卷一一

续表

公元	年号	刘宰年龄	相关时事	编号	收信人	篇名	书信要点	出处
1231	绍定四年	66		87	赵善湘	回江淮大使赵端明札子 前人	回函谢善湘赠礼，知李全已死，蜀道、浮光告急	卷九
				88	谢奕修	回宜兴谢百里奕修书	谢赠礼，述宜兴社仓始末，及回赠罗愚所作《琴堂箴》	卷六
				89	吴渊	回平江守吴秘丞渊	谢赠礼，述江浙之外，事变多，两浙灾民饥，请劝寺庙捐赠租赈恤民	卷九
				90	袁肃	回提举袁秘丞肃一	感谢赠礼及维护常熟孙丞，评论三赵（赵范、赵葵、赵善湘）于李全死后追穷寇，叹王遂被论	卷九
				91	袁肃	回提举袁秘丞肃二	感谢赠袁燮家集，忧淮东乱事及水灾民困	卷九
				92	不明	回丹徒赵知县		卷一二
				93	谢采伯	通徽州谢守采伯④	为同年及姻亲张镇求荐	卷一一
1232	绍定五年	67		94	魏了翁	回夔帅魏侍郎前人札子	谢惠书、文，托罗愚代致李埴文副本	卷一〇
				95	赵善湘	回端明赵大使贺年	回赵善湘贺年	卷一六
				96	林佑卿	回林知县佑卿到任		卷一三
				97	林佑卿	回林知县佑卿到任		卷一五
				98	吴渊	回提刑吴秘丞前人	谢致赠厚礼，评论妖党炽，闻治沈三之狱，大快人心	卷九
				99	吴淇	回句容吴百里淇书一	允为吴淇撰句容县重建县学记	卷六

公元	年号	刘宰年龄	相关时事	编号	收信人	篇名	书信要点	出处
1232	绍定五年	67		100	吴淇	回句容吴百里淇书二	知吴淇将离任	卷六
				101	臧镛	回丹阳臧知县镛到任		卷一三
1233	绍定六年	68		102	胡泳	通胡伯量泳	介绍乡里社仓,及为南康胡氏社仓作记	卷六
				103	赵熙	回句容赵知县熙		卷一二
				104	韩大伦	贺韩守除总郎	贺韩守改除淮东总领所,谢改平斛输苗米	卷一五
				105	程焘	回前於潜程知县焘	谢来书、赠礼,述得疾弃官之由	卷一二
				106	余嵘	通潭帅余侍郎嵘	评真德秀与余嵘,述退归后家境	卷一〇
				107	韩大伦	回韩守请鹿鸣		卷一七
				108	韩大伦	回韩守减苗斛札		卷一七
				109	史时之	回镇江权倅史延陵时之书一	述说与史家诸莅任者关系密切,时之更以前辈相待。请其宽待郡民	卷六
				110	史时之	回镇江权倅史延陵时之二	批评时之升官过速	卷六
1234	端平元年	69		111	张汝开	代张穿山盐场回交代		卷一六
				112	艾庆长	回艾节干庆长书⑤	回书致谢艾庆洪、庆长兄弟贺宰任官,并述婉辞	卷六
				113	王遂	回王殿院遂宣玉音札子	回王遂得玉音,述去年半途致病,医治无效,无法赴任	卷五
				114	何处久	回何守处久送贺七帙礼		卷一七

公元	年号	刘宰年龄	相关时事	编号	收信人	篇名	书信要点	出处
1234	端平元年	69		115	吕好问	回吕节干好问	贺任制阃幕僚,并述婉辞朝命	卷一二
				116	李心传	回李秘书心传书	感谢荐举,婉拒朝命	卷六
				117	赵善湘	回金陵赵帅善湘	回函忧心朝廷兴师入洛	卷一六
				118	臧镛	回臧丹阳镛贺除宝谟奉祠		卷一六
				119	韩大伦	回韩守送物并贺除宝谟再任		卷一五
				120	何处久	通何守处久到任		卷一五
				121	张文德	张尉文德贺除常丞		卷一六
				122	何处久	回何守贺符请举		卷一五
				123	韩大伦	回韩总贺符请乡举		卷一七
				124	韩大伦	回韩总送贺新除礼		卷一七
				125	赵必愿	回婺守赵告院必愿⑥	赞守婺州有劳,将返朝并述朝廷征召及婉辞事	卷一二
				126	韩大伦	回韩总贺除宝谟奉祠		卷一五
				127	韩大伦	回韩总贺除常丞		卷一五
				128	王渝	通泰兴王大夫渝书	致书为乡友求保明书	卷六
				129	余嵘	回余侍郎 前人	谢友人来之书信。述各地贼寇骚扰,余帅备边有劳;知将还朝,请汰斥不适任	卷一〇
				130	何处久	回镇江守何秘监处久到任		卷一三

续表

公元	年号	刘宰年龄	相关时事	编号	收信人	篇名	书信要点	出处
1234	端平元年	69		131	李埴	回李尚书 前人	谢赠书、药物、荐举，述若辞不即启程；评入洛之役，赏罚不明	卷一〇
				132	真德秀	回真内翰 前人	谢王遂带来之书信。述疾赴任至平江时，旧疾复发，再辞	卷一〇
				133	陆镇	回湖南陆提干⑦	回谢赠礼	卷六
				134	赵汝橚	回提刑焕章赵大监汝橚 一⑧		卷九
				135	郑清之	除直宝谟阁宫观寻除常丞谢郑丞相启	谢除太常丞，忧入洛之举启边衅	卷一四
				136	郑清之	答郑丞相札子谢除太常丞	诸贤荐举，朝廷发轿启发，将赴任。忧入洛败后朝政	卷七
				137	郑次甲	回真州倅权州郑运管次甲书	回谢获召	卷六
				138	徐渭礼	回溧阳徐百里渭礼		卷一七
				139	何处久	贺知镇江何秘监除太府卿处久	盛赞知府莅任后，乡民安居，免于科扰	卷九
1235	端平二年	70		140	袁肃	回提举袁秘丞札子 三	回函允诺撰《龙庙记》但以二地盖庙丐爵难契合	卷九
				141	陈铧	回江东帅陈侍郎铧	谢平防江军叛乱并致书礼	卷一一
				142	吴渊	回吴守渊到任		卷一七
				143	张嗣古	回张平江嗣古送七峡礼		卷一七
				144	张谦亨	回张和州谦亨		卷一七

续表

公元	年号	刘宰年龄	相关时事	编号	收信人	篇名	书信要点	出处
1235	端平二年	70		145	尤大夫	回新於潜尤大夫书	回谢致书及礼	卷六
				146	魏了翁	回都督魏枢密前人 一	回函述去年病后，除王遂外，未与亲友联络。贺膺重任，忧时势	卷一〇
				147	吴渊	回吴守中秋送物		卷一七
1236	端平三年	71		148	赵汝櫄	回浙西提刑焕章赵大监 二	赞浙西治理得宜	卷九
				149	何处久	回嘉兴何知府前人	述镇江防江军叛变，导致百年文物隳坏	卷九
				150	赵与懃	回赵抚机与懃通问	回函述与其兄宜兴县知赵与惄往来密切	卷一三
				151	魏了翁	回都督魏枢密札子 二	得知魏了翁赴任准备迎接，因旧疾发作遂罢。建议邀赵葵同行，期待新旧年间成功	卷一〇
1237	嘉熙元年	72		152	吴渊	通知镇江吴侍郎 前人	述说体弱，无法亲迎吴渊抵任	卷九
				153	桂如琥	回知镇江桂吏部如琥	回函述淮南骚乱，导致镇江苛政残民。谢知府莅任后宽政待民	卷九
1238	嘉熙二年	73						

注：① 陆游子子遹，宝庆二年到任。
　　② 刘宰同年，与赵蕃交往密。
　　③ 司马述于宝庆三年任浙东提举。
　　④ 谢采伯为谢深甫长子。
　　⑤ 艾庆长为艾谦之子。
　　⑥ 赵必愿为赵汝愚之孙。
　　⑦ 陆镇为湘帅余嵘幕僚。
　　⑧ 赵汝櫄为赵善湘之子，时任浙江提刑。

四 可考通信对象与次数

嘉定元年（1208）以前

编码	人名	次数
1	辛弃疾	3
2	钱象祖	3
3	赵师霂	2
4	吴洪	2
5	倪思	2
6	梁季秘	2
7	赵时侃	2
8	丘崈	1
9	石宗昭	1
10	程桂	1
11	章燮	1
12	蔡金	1
13	卫泾	1
14	赵元正	1
15	李壁	1
16	邓友龙	1
17	郑炤	1
18	陈卓	1
19	韩梴	1

嘉定二年（1209）至十七年（1224）

编码	人名	次数
1	张镐	7
2	史弥坚	4
3	赵时侃	4
4	周虎	3

续表

编码	人名	次数
5	赵善湘	3
6	余嵘	2
7	高不倚	2
8	叶岘	2
9	潘汇征	2
10	王元春	1
11	王抶	1
12	丘寿隽	1
13	史弥远	1
14	朱天锡之子	1
15	李埴	1
16	李道传	1
17	俞烈	1
18	倪祖智	1
19	柴叔达	1
20	真德秀	1
21	袁燮	1
22	黄度	1
23	傅伯成	1
24	乔行简	1
25	曾晫	1
26	汤镇	1
27	赵蕃	1
28	钱仲彪	1

宝庆元年（1225）至嘉熙三年（1239）

编码	人名	次数
1	韩大伦	12
2	赵善湘	11

续表

编码	人名	次数
3	王塈	9
4	赵范	7
5	何处久	6
6	史弥远	5
7	吴渊	5
8	魏了翁	4
9	李埴	3
10	赵与悊	3
11	吴淇	3
12	冯多福	3
13	袁肃	3
14	魏文中	2
15	王唐卿	2
16	臧镛	2
17	余嵘	2
18	刘倬	2
19	李心传	2
20	史时之	2
21	李骏	2
22	赵汝櫄	2
23	汪纲	2
24	史弥巩	2
25	林佑卿	2
26	真德秀	2
27	郑清之	2
28	李燔	1
29	恽子肃	1
30	余铸	1
31	岳珂	1

编码	人名	次数
32	叶岘	1
33	王遂	1
34	赵熙	1
35	宣缯	1
36	陆衍	1
37	胡泳	1
38	何处恬	1
39	范光	1
40	王瀹	1
41	徐渭礼	1
42	赵御干	1
43	桂如琥	1
44	赵与懃	1
45	王曁	1
46	季直柄	1
47	袁甫	1
48	陆镇	1
49	袁乔	1
50	程焘	1
51	吕好问	1
52	杨绍云	1
53	葛洪	1
54	郑次甲	1
55	赵必愿	1
56	郑万	1
57	史弥坚	1
58	薛极	1
59	尤大夫	1
60	谢奕修	1

续表

编码	人名	次数
61	汪统	1
62	吕好问	1
63	刘垕	1
64	陈畏	1
65	滕嘉	1
66	陈铧	1
67	陆子禕	1
68	张文德	1
69	郑梦协	1
70	张嗣古	1
71	谢采伯	1
72	张汝开	1
73	司马述	1
74	张霆	1
75	艾庆长	1
76	张谦亨	1
77	张元简	1

附录四　镇江知府与淮东总领所任期 [*]

时间从绍熙元年至嘉熙三年（1190~1239）。

括号内为任期起始月份。

并未出现镇江知府兼权或暂权淮东总领的例子。

时间	公元	淮东总领	镇江知府	备注
绍熙元年	1190	赵师𪧐	张子颜	
		钱端忠	叶翥（四月）	
		刘颖（七月）		
二年	1191	刘颖	赵彦逾（二月）	
三年	1192	吴珽（正月）	赵彦逾	
			马大同（十二月）	
四年	1193	吴珽	马大同	

[*]　淮东总领年表据雷家圣《聚敛谋国——南宋总领所研究》，第 174~178 页。镇江知府年表据《嘉定镇江志》卷一五《宋润州太守》，第 13 页上 ~15 页上；《至顺镇江志》卷一五《刺史·宋太守》，第 589~592 页。

续表

时间	公元	淮东总领	镇江知府	备注
五年	1194	吴珽	马大同	
		叶适（十二月）	陈居仁（十月）	
庆元元年	1195	叶适	陈居仁	
二年	1196	叶适	陈居仁	
		朱晞颜（四月）	杨大瀍（七月）	
三年	1197	朱晞颜	杨大瀍	
			朱晞颜（八月）	
			万钟（九月）	
四年	1198	朱晞颜	万钟	
		沈作宾（二月）		
五年	1199	沈作宾	沈作宾（元月）	
		薛绍（十月）	张叔椿（五月）	
			薛绍（十一月）	
六年	1200	薛绍	李沐	
嘉泰元年	1201	薛绍	黄由（九月）	
二年	1202	薛绍	张孝伯（闰十二月）	
		梁季珌（八月）		
三年	1203	梁季珌	张孝伯	
			梁季珌（十月）	
四年	1204	梁季珌	梁季珌	
			辛弃疾（三月）	
开禧元年	1205	梁季珌	辛弃疾	
		赵不儳（十月）	李大异（七月）	
二年	1206	赵不儳	李大异	
		林祖洽（四月）	宇文绍节（八月）	
		程准（八月）		
三年	1207	程准	宇文绍节	
			沈作宾（三月）	
		叶籈（六月）	叶籈（六月）	
			钱廷玉（七月）	
			叶籈（十二月）	

续表

时间	公元	淮东总领	镇江知府	备注
嘉定元年	1208	叶籈	赵师罩	【汪文振】浙西提刑被旨权淮东总领兼权镇江府事
			叶籈（八月）	
		汪文振（九月）	汪文振（九月）	
			俞烈（十一月）	
二年	1209	汪文振	俞烈	
		林祖洽（七月）		
三年	1210	林祖洽	俞烈	
			林祖洽（二月）	
			傅伯成（六月）	
四年	1211	林祖洽	傅伯成	
		钱仲彪（六月）	钱仲彪（七月）	
五年	1212	钱仲彪	钱仲彪	
			宇文绍彭（三月）	
六年	1213	钱仲彪	宇文绍彭	
			钱仲彪（八月）	
			史弥坚（九月）	
七年	1214	钱仲彪	史弥坚	
八年	1215	钱仲彪	史弥坚	
		宋均（八月）	丘寿隽（十月）	
九年	1216	宋均	丘寿隽	
十年	1217	宋均	丘寿隽	
十一年	1218	宋均	丘寿隽	
		汪纲（七月）		
十二年	1219	汪纲	丘寿隽	
			葛洪（三月）	
		程覃（三月）	李大东（五月）	
			程覃（七月）	
			丰有俊（十月）	
			程覃（十二月）	

续表

时间	公元	淮东总领	镇江知府	备注
十三年	1220	程覃	程覃	
			乔行简（二月）	
十四年	1221	程覃	乔行简	
		岳珂（九月）	岳珂（十月）	
			赵善湘（十二月）	
十五年	1222	岳珂	赵善湘	
十六年	1223	岳珂	赵善湘	
十七年	1224	岳珂	赵善湘	
宝庆元年	1225	岳珂	赵善湘	
二年	1226	岳珂	赵善湘	
三年	1227	岳珂	赵善湘	
			杨绍云（二月）	
			岳珂（三月）	
			冯多福（五月）	
绍定元年	1228	岳珂	冯多福	
			岳珂（十二月）	
二年	1229	岳珂	岳珂	
			赵范（六月）	
三年	1230	岳珂	赵范	
			韩大伦（十二月）	
四年	1231	岳珂	韩大伦	
五年	1232	岳珂	韩大伦	
六年	1233	岳珂	韩大伦	【韩大伦】绍定六年十二月改除淮东总领
		韩大伦（十二月）	？	
端平元年	1234	韩大伦		【何处久】朝散大夫直宝谟阁端平元年六月至二年五月
			何处久（六月）	

时间	公元	淮东总领	镇江知府	备注
二年	1235	韩大伦 吴渊（七月）	何处久	【韩大伦】端平二年五月兼权府事六月去
			韩大伦（五月）	【吴渊】朝请郎右文殿修撰端平二年六月至三年十二月
			吴渊（六月或十二月）	《宋史》作："十二月戊戌，以吴渊户部侍郎、淮东总领财赋兼知镇江府。"
三年	1236	吴渊	吴渊	【吴渊】召除兵部侍郎桂如琥
			桂如琥（十二月）	
嘉熙元年	1237	吴渊	桂如琥	【吴渊】嘉熙元年六月再至二年召还改知太平州吴潜代
			吴渊（六月）	
二年	1238	吴渊	吴渊	【吴潜】淮东总领兼知府事
		吴潜（七月）	吴潜（七月）	
三年	1239	吴潜 丁煜（七月）	吴潜	

附录五 建康知府与淮西总领所任期 *

时间从绍熙元年至嘉熙三年（1190~1239）。

括号内为任期起始月份，备注载《景定建康志》之内容。

时间	公元	淮西总领	建康知府	备注
绍熙元年	1190	张抑 钱端忠（八月）	章森 ［自淳熙十五年（1188）八月始］	九月二十一日【森】转朝议大夫除显谟阁待制再任
二年	1191	钱端忠	章森	正月【森】改知江陵府 二月焕章阁直学士通议大夫江东安抚使【余端礼】知府事
			余端礼（二月）	三月【端礼】召赴行在 七月显谟阁学士通奉大夫江东安抚使【郑桥】知府事 十二月授正议大夫

---

* 淮西总领年表据雷家圣《聚敛谋国——南宋总领所研究》，第174~178页。建康知府年表据《景定建康志》卷一四，第31页上~39页上。

续表

时间	公元	淮西总领	建康知府	备注
三年	1192	刘颖（正月） ［杨万里］① 郑湜（九月）	余端礼	
四年	1193	郑湜	余端礼	三月【端礼】召赴行在 七月显谟阁学士通奉大夫江东安抚使【郑侨】知府事 十二月授正议大夫
			郑侨（七月）	
五年	1194	郑湜	郑侨	正月二十三日【侨】除吏部尚书固辞改除龙图阁学士依旧知建康府 七月二十五日仍除吏部尚书
		赵师羃（三月）		
庆元元年	1195	赵师羃	张构（正月）	正月二十二日宝文阁学士太中大夫江东安抚使【张构】知府事
		胡琢（六月）		
二年	1196	胡琢 张釜 万钟（七月）	张构	
三年	1197	万钟	张构	二月【构】除龙图阁学士知隆兴府 五月二十日资政殿学士中大夫江东安抚使【赵彦逾】知府事
		杨文昺（四月）	赵彦逾（五月）	
四年	1198	杨文昺	赵彦逾	三月三十日【彦逾】除资政殿大学士依所乞与宫观 十二月二十七日华文阁学士中大夫江东安抚使【钱象祖】知府事
		曾炎（七月）	钱象祖（十二月）	
五年	1199	曾炎	钱象祖	十一月【象祖】除徽猷阁学士提举江州太平兴国宫
		曾栗（八月）		
六年	1200	曾栗	钱象祖	闰二月四日镇安军节度使开府仪同三司江东安抚使【吴琚】知府事
		韩亚卿（十二月）	吴琚（闰二月）	

续表

时间	公元	淮西总领	建康知府	备注
嘉泰元年	1201	韩亚卿	吴琚	
二年	1202	韩亚卿	吴琚	正月七日【琚】再任 三月二十三日特授少保 十月十四日致仕 十二月二十日徽猷阁学士朝议大夫江南东路安抚使【李林】知府事
		王补之（九月）	李林（十二月）	
三年	1203	王补之	李林	
四年	1204	王补之	李林	三月【林】除宝文阁学士宫观
		叶籈（四月）	丘崈（四月）	四月五日敷文阁学士通议大夫江东安抚【丘崈】知府事
开禧元年	1205	叶籈	丘崈	
		商飞卿（正月）		
二年	1206	商飞卿	丘崈	四月【崈】除宝文阁学士令再任 六月六日除刑部尚书江淮宣抚使
			叶适（六月）	二十二日朝请大夫宝谟阁待制江东安抚使【叶适】知府事 七月十一日兼沿江制置使
三年	1207	商飞卿	叶适	二月【适】除宝文阁待制改兼江淮制置使专一措置屯田 七月召赴行在
		徐邦宪（三月）	徐谊（九月）	九月朝散大夫宝谟阁待制江东安抚使【徐谊】知府事兼江淮制置使专措置屯田 九月十八日免兼制置使依旧知府事
			丘崈（十二月）	十一月九日改知隆兴府 十二月十六日资政殿学士通奉大夫江东安抚使【丘崈】知府事

时间	公元	淮西总领	建康知府	备注
嘉定元年	1208	徐邦宪	丘崈	正月五日【崈】除江淮制置大使兼知府事 六月召赴行在
		李洪（二月）	何澹（八月）	八月十四日观文殿学士金紫光禄大夫江东安抚使【何澹】知府事兼江淮制置大使
二年	1209	李洪	何澹	六月二十九日【澹】丁母忧 八月二十五日龙图阁学士通奉大夫江南东路安抚使【杨辅】知府事
		赵不儳（五月）	杨辅（八月）	九月十三日致仕
三年	1210	赵不儳	黄度（正月）	正月二十七日朝请大夫龙图阁待制江东安抚使【黄度】知府事兼江淮制置使
四年	1211	赵不儳	黄度	六月十六日【度】除宝谟阁直学士 十二月六日磨勘转朝议大夫
五年	1212	赵不儳 胡榘（十一月）	黄度	十月五日【度】除权礼部尚书兼侍读
六年	1213	胡榘	刘榘（正月）	正月十日中奉大夫宝文阁待制江东安抚使【刘榘】知府事兼江淮制置使 十四日转中大夫
七年	1214	胡榘	刘榘	十月二十八日【榘】转太中大夫
八年	1215	胡榘	刘榘	七月八日【榘】除权工部尚书兼太子詹事 九月十日致仕
			李大东（十一月）	十一月十日朝请大夫右文殿修撰主管江南东路安抚司公事兼主管江淮制置司公事【李大东】知府事

续表

时间	公元	淮西总领	建康知府	备注
九年	1216	胡槻	李大东	
十年	1217	胡槻	李大东	二月十五日宝谟阁学士中大夫江淮制置使江东安抚使【李珏】知府事 七月二十五日转太中大夫
			李珏（二月）	
十一年	1218	胡槻	李珏	
十二年	1219	胡槻	李珏	正月三日【珏】进封开国伯 四月二十四日丁母忧
		商硕（八月）	李大东（七月）	七月十日中奉大夫显谟阁待制江东安抚使【李大东】再知府事 九月十六日除宝文阁待制浙江制置使仍知府事
十三年	1220	商硕	李大东	
十四年	1221	商硕	李大东	十月【大东】转中大夫
十五年	1222	商硕	李大东	四月【大东】以玉宝赏转太中大夫进封开国伯 七月除华文阁直学士 九月十日除显谟阁直学士特转一官差提举凤翔府上清太平宫 十月十六日朝议大夫焕章阁待制浙江制置使江东安抚使【余嵘】知府事
		陈宗仁（六月）	余嵘（十月）	
十六年	1223	陈宗仁	余嵘	
		李骏（三月）		
十七年	1224	李骏	余嵘	十一月二十五日【嵘】除显谟阁待制特转一官
宝庆元年	1225	李骏	余嵘	正月【嵘】致仕朝议大夫直焕章阁江东转运副使
			丘寿迈（正月）	【丘寿迈】暂兼权浙江制置司江东安抚司建康府职事

续表

时间	公元	淮西总领	建康知府	备注
二年	1226	李骏 戴桷（十月）	丘寿迈	十一月二十九日【寿迈】除司农少卿
三年	1227	戴桷	丘寿迈	二月初五日【寿迈】赴阙中奉大夫宝章阁待制沿江制置使江东安抚使【赵善湘】知府事
			赵善湘（二月）	
绍定元年	1228	戴桷	赵善湘	四月【善湘】转中大夫 六月转太中大夫 十月转通议大夫除龙图阁待制兼江东运使
二年	1229	戴桷	赵善湘	
三年	1230	戴桷	赵善湘	正月【善湘】除焕章阁直学士 十一月除焕章阁学士江淮制置大使余仍旧
四年	1231	戴桷 杨绍云（二月）	赵善湘	三月【善湘】以庆寿恩转通奉大夫进天水郡开国侯 五月除兵部尚书仍任 十二月转宣奉大夫除江淮安抚制置大使余仍旧
五年	1232	杨绍云 吴潜（五月）	赵善湘	正月一日【善湘】除端明殿学士与执政恩例仍旧任升留守 九月除资政殿学士转光禄大夫仍旧任进封郡公
六年	1233	吴潜	赵善湘	二月【善湘】奉御笔带职入奏续奉御笔依前资政殿学士提举万寿宫 七月十日朝议大夫试大理卿江东安抚使兼沿江制置使【李寿朋】知府事 十二月十六日召赴行在
			李寿朋（七月）	
端平元年	1234	吴潜 蔡范（吴潜五月离任，范应在此后）	李寿朋	十月十一日朝请大夫新除工部侍郎沿江制置使兼江东安抚使【陈铧】知府事
			陈铧（十月）	

续表

时间	公元	淮西总领	建康知府	备注
二年	1235	蔡范	陈铧	正月九日【铧】被旨带职入奏讫回任 闰七月十日除权工部尚书依旧任 十月二十八日除权刑部尚书加制置大使累辞依所乞
三年	1236	蔡范	陈铧	
嘉熙元年	1237	蔡范	陈铧	三月十八日【铧】特转两官除焕章阁学士依旧淞江制置使兼淮西制置使余仍旧
二年	1238	蔡范 何元寿（闰四月）	别之杰（正月）	正月初八日朝请大夫宝章阁待制淞江制置使江东安抚使【别之杰】知府事 六月十一日除工部侍郎 十一月二十九日转朝议大夫
三年	1239	何元寿 李曾伯（十一月）	别之杰	三月三日【之杰】除权兵部尚书兼督府参赞军事

注：① 在《聚敛谋国》的年表中，杨万里定年在绍熙三年，并无月份。查对马光祖修，周应合纂《景定建康志》总领所历任总领并无杨万里。而在《宋史·杨万里传》中则载："绍熙元年，借焕章阁学士为接伴金国贺正旦使兼实录院检讨官。会孝宗日历成，参知政事王蔺以故事俾万里序之，而宰臣属之礼部郎官傅伯寿。万里以失职力丐去，帝宣谕勉留。会进孝宗圣政，万里当奉进，孝宗犹不悦，遂出为江东转运副使，权总领淮西、江东军马钱粮。朝议欲行铁钱于江南诸郡，万里疏其不便，不奉诏，忤宰相意，改知赣州，不赴。乞祠，除秘阁修撰、提举万寿宫，自是不复出矣。"

附录六　甲申金坛粥局捐赠情况 *

姓名	献金	捐米	其他
承事郎知镇府县事赵	官会伍拾仟	米拾伍硕	
朝议大夫新知岳州军州事孙	官会壹佰仟		
朝散郎新通判湖州军事张		米叁拾硕	
朝散郎金书平江军节度判官厅公事牛（大年）	官会陆拾仟		
文林郎权浙西提举司干办公事	官会叁拾仟		
孤哀子王		米壹拾伍硕	
修职郎新辟差监潘葑酒库张		米贰硕柒斗	
修职郎建康府句容县尉张		米贰硕柒斗	
从政郎张		米贰硕壹斗	
承奉郎前监建康府户部太军军门张		米贰拾硕柒斗	
修职郎前嘉兴府海盐□□盐官张		梗米贰拾壹硕	
从事郎新泰州如皋县尉张		米贰拾叁硕捌斗	

---

* 本表见于缪荃孙《江苏金石记》卷一五《金坛县嘉定甲申粥局记》，江苏通志局，1927，第15页下~20页上。原刻碑拓本收藏于北京大学图书馆。

姓名	献金	捐米	其他
文林郎前知严州寿昌县事赵若珪		米肆拾叁硕	
忠翊郎新监平江府梅里镇丁		米伍硕	
乡贡进士丁桂		米陆硕柒斗	
乡贡进士汤逄	官会壹拾仟	米壹硕叁斗	
乡贡进士府学学谕严		米柒硕	
乡贡进士朱拱辰	官会贰拾仟		
国学进士费熙朝	官会柒仟	米壹拾捌硕	
国学待补生许友龙	官会壹拾仟		
国学待补生汤桂孙		米柒硕	
国学待补生府学学谕崔振龙		米拾壹硕肆斗	
国学待补生吴成		米捌硕伍斗	
国学待补生魏采		米柒硕	
国学待补生汤南发		米壹拾肆硕	
国学待补生潘		米拾壹硕壹斗	
国学待补生戴		米贰硕叁斗	
玉牒赵暨		米陆硕	
玉牒赵崇献		米壹拾肆硕	
将仕郎高震	官会壹佰伍拾仟		
将仕郎庄震	官会叁拾仟		
将仕郎倪举	官会贰拾仟		
进义副尉茅拱	官会伍拾仟		
故武翼郎孙刘师国		米柒硕	
进士王		米壹拾叁硕柒斗	
进士丁钮		米伍硕	
进士邓子仪		米壹拾叁硕	
进士邓楝		米壹拾叁硕	
进士邹子龙		米捌硕伍斗	
府学学谕洪铸		米陆硕陆斗	
进士汤选		米伍硕柒斗	

姓名	献金	捐米	其他
进士蒋友		米贰拾捌硕	
进士蒋拱	官会叁拾仟		
进士钱德民	官会贰拾肆仟		
进士陈廷		米柒硕	
进士朱		米陆硕	
进士路		米柒硕	
邑人		米柒硕	
邑人钱树德	官会壹拾仟		
邑人韦		米壹拾肆硕	
邑人戴元善		米陆硕陆斗	
邑人戴元德	官会壹拾仟		
邑人潘理		米壹拾肆硕	
邑人杨彦通		米壹拾肆硕	
邑人潘瑜		米肆硕贰斗	
邑人王汝舟	官会伍仟		
邑人吕启祖			柴贰仟束
邑人吕光祖			柴贰仟束
邑人吕琛	官会壹拾仟		
邑人何守贵			柴贰仟束；措置一行锅金
邑人易荣祖			柴贰仟束
邑人陈仲			柴贰仟束
清凉寺住持僧显高		米壹拾壹硕柒斗	
道士邹端方		米陆硕玖斗	

后　记

本书是我从事学术研究以来，费时最久的专题著作。早在四十年前，受刘子健教授的启发，便留心刘宰与乡居士人这个题目。直到退休前，希望有比较充裕的时间，集中心力研究此专题。不想从计划开始至书稿完成，又经历了六载岁月。

书稿撰写的过程多历转折。在"国科会"人文行远专书写作计划的安排中，向同道请教是重要的一环，交流讨论有助于拓展视野，并丰富议题、内容。虽然内容更迭、删改频繁而迁延时日，但内容增删、议题更动的转折过程，也让我进一步体认专书写作的学术意义，获益甚多。因此要特别感谢"国科会"的计划资助，以及中研院历史语言研究所提供丰富的设备与资源，让我得以从容执行这项专书写作计划。

为应对该计划，我新增了许多具体工作项目，如到刘宰乡居的镇江实地考察、举办两次工作坊，并赴香港、杭州、东京，向海内外同道报告计划和书稿内容，听取建议，以为修订参考，这些意见对调整内容、充实论述都极有帮助。在撰写各章内容时，更不断和朋友讨论、请教。经多次修改议题，多番更动文稿，最终才得以现今面貌呈现。

在繁复的调整过程中，承蒙众多师友的大力协助或提供修改意见，如今得以撰就书稿，特别要向贡献心力的师友敬致谢意。2019 年 5 月 8 日至 13 日我到镇江访察，得到林小异、丁义珏、于磊、王勇、许卫等人全程陪同；而且在林小异先生的协助下，承钱永波、王玉国、笪远毅等众多从事镇江文史研究工作的前辈，提供许多宝贵的资料和意见。在各项工作坊或私下请教中，更获得诸多师友同道惠赐修正意见，囿于篇幅，在此不一一列举，谨致谢意。鲁西奇协助绘制地图，尤为感铭。四位助理邹武霖、郑庭钧、黄方硕和施天宇费心查找资料，处理大量文书。社会科学文献出版社的郑庆寰、窦知远精细编辑、校对，让本书简体版得以顺利出版，在此也向他们表达诚挚谢意。

我更借此向王锦萍和熊慧岚深致谢忱。二人全程参与书稿修订，通过一次次的远途电话，对文字、章节、理路乃至议题，都提供具体修正建议。特别是锦萍博士，在教学行政的百般忙碌中，仍花费许多宝贵时间，详读初稿，并建议扩大结论的讨论范围，将本研究所提的若干看法，凝成与欧美学友对话的议题。这个期待对我而言，是一次十分艰辛的挑战，但经多次交换意见，让我改变既有思考和写作模式，终能以目前的形呈现。如果没有她们的不断叮咛、督促，我不会有毅力和勇气做如此大的改变。这是我人生中最珍贵的经验，也是最要向她们致谢的。

我也要借此后记向王德毅老师、陶晋生老师和斯波义信教授致上万分的谢意。王、陶二位老师是我进入台大历史研究所的指导教授，引领、护持我迈向学术殿堂，迄今超过五十年。王老师质朴的生活、笃实的治学风格，不仅树立学者典范，更为台大留下丰厚的学术资产。陶老师的为学处事展现师道风范，我有幸长期亲炙其教，深刻领受他对待学术的态度。陶老师外表俨然，但内心温暖，在我学习历程中照顾我及家人最多。尤其最近他和师妹若麟女士在物质和精神上费心协助、支持，让家人在关键时刻凝聚亲情，这一盛情虽无法言谢，但永铭于心。斯波教授则长期通过他的高足妹尾达彦教授关注我的研究议题，多次陪伴参观东洋文库书库，细心介绍库藏宋代重要典籍的版本，邀我参与重要的学术活动，让我得以长期与日本学界保持密切联系，促进交流合作。本书计划开始时，斯波教授便多次关心，近年虽身体违和，仍为本书撰序勉励。他为学的风范和长期关照，均于心感铭。

此外，我衷心感谢在长庚大学结识的廖运范院士、方基存、柯毓贤、赖旗俊、林俊彦和刘嘉逸等各领域杰出的专业医师。他们的细心照顾，让年迈多病的我及家人能安然面对病痛，不再忧惧。亦得以追随他们，为栽培医界新秀克尽心力，度过人生中有意义的十年。

本书完稿后，我进一步认识到南宋中低阶层士人官员的一生，以及他们在地方社会的耕耘，既丰富了对士人生命世界的认识，又对掌握南宋基层政治社会的发展面貌尤有帮助。本有意经由更多个案的比较、联结与观察，持续深化此一议题。不过鉴于个人研究一向由搜集、阅读、整理史料着手，是典型的传统手工技艺，衡诸目前的体力和心力，实难在短时间内继续扩展相关课题，仅借参与 2023 年 6 月于耶鲁大学举办之第三届中古中国人文会议的机会，提出若干初步观察意见，冀请学界关注此议题，更期待继起者能接续投入研究。不过，在数字人文的风潮下，这种以传统工艺进行的研究方式，还能发挥什么样的效果实未可知。

几经思考后，我想暂且放下专题研究，转换视角，用剩下的精力和时光，关注七十年来宋辽金元研究发展史。这是一个与台湾人文学界及我自身生命世界都很贴近的课题。我将利用前辈学者留下来的丰厚书信和文献资料，检视七十年来台湾学界宋辽金元史研究发展的脉络和成果，希望能呈现在特殊环境冲击与发展中，几代学人在这块土地上的耕耘，也可以见证台湾人文学的发展脉络。

眼下正是我迈入残年余生的岁月。检视自己的一生，虽然资质平庸鲁钝，总抱持正向积极的态度面对人生，且能在家人、师友护持下，致力终生钟情的南宋史，并从事若干服务学术及社会环境的事务，成果虽不足挂齿，但尚堪告慰。不过在传统的环境成长，长期养成以公共事务为重的个性，忽视家庭及亲情的耕耘，在子女成长期间，让他们孤独承担各项挑战；尤其在妻子与子女最需要的几个关键时刻，没有及时在他们身旁，尽心陪伴、慰藉和支持，是我一生中最深层的愧疚与心酸的印记。如今挚爱辞世，任何歉悔，均无济于事。谨以此书献给英年早逝的女儿奕雯，纪念这段父女情缘，并告慰她在天之灵。

黄宽重敬识

2023 年 8 月 16 日于台北南港

图书在版编目（CIP）数据

居乡怀国：南宋乡居士人刘宰的家国理念与实践 /
黄宽重著. -- 北京：社会科学文献出版社，2024.3
（鸣沙）
ISBN 978-7-5228-2954-8

Ⅰ.①居… Ⅱ.①黄… Ⅲ.①刘宰-人物研究 Ⅳ.
①K827=442

中国国家版本馆CIP数据核字（2023）第229337号

·鸣沙·

居乡怀国：南宋乡居士人刘宰的家国理念与实践

著　　者 / 黄宽重

出 版 人 / 冀祥德
责任编辑 / 郑庆寰　窦知远
责任印制 / 王京美

出　　版 / 社会科学文献出版社·历史学分社（010）59367256
　　　　　 地址：北京市北三环中路甲29号院华龙大厦　邮编：100029
　　　　　 网址：www.ssap.com.cn
发　　行 / 社会科学文献出版社（010）59367028
印　　装 / 南京爱德印刷有限公司

规　　格 / 开　本：787mm×1092mm　1/16
　　　　　 印　张：28　字　数：346千字
版　　次 / 2024年3月第1版　2024年3月第1次印刷
书　　号 / ISBN 978-7-5228-2954-8
定　　价 / 89.00元

读者服务电话：4008918866